Lola Montez hatte viele Gesichter und viele Namen. Die Tochter eines britischen Offiziers, die eigentlich Eliza Gilbert hieß, widersetzte sich bereits früh moralischen Konventionen. Was Männer betraf, so hatte sie ihre eigene, kühne Agenda: Mit 16 brannte sie durch, heiratete ihren Liebhaber und zog mit ihm nach Indien, mit 22 tingelte sie als «spanische Tänzerin» durch die Hauptstädte Europas, und mit 25 begann sie ihre Affaire mit König Ludwig I. Als man sie deswegen aus München vertrieb, vermarktete Lola Montez ihre Geschichte am Broadway in New York und in den Outbacks Australiens. Das Schicksal der selbstbewussten Tänzerin, die als Geliebte des Königs zur Gräfin Landsfeld erhoben wurde und sich nie von der Männerwelt einschüchtern ließ, inspirierte Filmemacher und Theaterregisseure. Die Historikerin Marita Krauss hat nun – gestützt auf zahlreiche Quellen, darunter auch bislang unzugängliche Tagebuchaufzeichnungen König Ludwigs I. – den Weg der Lola Montez in all seinen Höhen und Tiefen beschrieben. Entstanden ist eine ebenso seriöse wie unterhaltsame Biografie, die zugleich ein facettenreiches Bild der Geschlechterverhältnisse im 19. Jahrhundert bietet.

Marita Krauss lehrt als Professorin für Europäische Regionalgeschichte sowie Bayerische und Schwäbische Landesgeschichte an der Universität Augsburg.

MARITA KRAUSS

«Ich habe dem
starken Geschlecht
überall den
Fehdehandschuh
hingeworfen»

Das Leben der LOLA MONTEZ

btb

MIX
Papier | Fördert
gute Waldnutzung
FSC® C014496
FSC
www.fsc.org

Penguin Random House Verlagsgruppe FSC® N001967

1. Auflage
Genehmigte Taschenbuchausgabe November 2022
by btb Verlag in der Penguin Random House Verlagsgruppe GmbH,
Neumarkter Straße 28, 81673 München

Covergestaltung: semper smile, München nach einem Entwurf von
Kunst oder Reklame, München unter Verwendung eines Motivs von
© Lola Montez, Photo um 1860, © akg-images/ De Agostini /A. De Gregori
Druck und Einband: GGP Media GmbH, Pößneck
MK · Herstellung: sc
Printed in Germany
ISBN 978-3-442-77198-1

www.btb-verlag.de
www.facebook.com/btbverlag

INHALT

1.

LOLA MONTEZ – EINE KUNSTFIGUR?

Als Maria de los Dolores Porrys y Montez, spanische Adelige aus Sevilla, im Juni 1843 erstmals in London auftrat, war Elizabeth Rosanna Gilbert, geschiedene James, bereits 22 Jahre alt. Die Kunstfigur Lola Montez übernahm seitdem die Deutung über das frühere und zukünftige Leben von Eliza Gilbert, sie konstruierte Abstammung und Geburtstage, Geburtsorte und Lebensstationen. Erst nach ihrem Tod 1861 ließ Lola Montez los; auf dem Grabstein stand: «Mrs Eliza Gilbert».

An sich stellte die Erfindung der Lola Montez eine Verzweiflungstat dar: Eliza stammte aus einer guten englischen Familie; wie eine Figur eines Jane-Austen-Romans brannte sie aus dem Internat in Bath durch. Nach einer unglücklichen Ehe wurde sie schuldig geschieden. Im hochmoralischen viktorianischen England gab es für sie danach fast keine Möglichkeiten, ihren Lebensunterhalt zu verdienen. In ihren Memoiren von 1851 schrieb Lola: «Nur eine einzige Ausflucht schien mir das Schicksal zu lassen. Es war das abenteuerliche Leben einer Künstlerin.»[1]

Für den Erfolg als Künstlerin reichte es aber nicht, die bildschöne, wenn auch moralisch bedenkliche Eliza James zu sein. Spanien war damals in Mode und als spanische Tänzerin Lola Montez erfand sich Eliza neu. Nach dem Identitätswechsel reiste sie ohne gültige Ausweispapiere durch das Europa des Vormärz. Sie galt dort als unerwünschte Ausländerin unbekannter Herkunft und lief jederzeit Gefahr, von der Polizei eingesperrt oder ausgewiesen zu werden. Doch Lola Montez erhob sich bald über ihre Situation, sie tanzte vor dem preußischen König und dem russischen Zaren. Ihr Aufstieg zur Favoritin des bayerischen Königs Ludwig I. sowie die Tumulte in München um ihre Person, die fast unmittelbar in die Revolution von 1848 und in die Thronentsagung Ludwigs I. mündeten, waren es dann vor allem, die sie weltweit bekannt machten: Die Zeitungen berichteten ausführlich; sie selbst brachte die Geschichte seit 1852 als eine Art dokumentarische Revue mit dem Titel «Lola Montez in Bavaria» auf die Bühne und ging damit höchst erfolgreich in den USA und Australien auf Tournee. Lola Montez wurde ein weltberühmter Star, sie füllte spielend die größten Theater ihrer Zeit und verdiente als selbstbestimmte Theaterunternehmerin reichlich Geld, das sie gerne großzügig ausgab. Letztlich wurde sie mit ihren «Lectures» auch noch zur gefeierten Vortragsreisenden. Sie war nicht Opfer, sondern Herrin ihres Schicksals.

Die Frage nach Wahrheit oder Lüge führt mit Blick auf die bereits von Lola selbst in jeder Lebensphase neu justierte Biografie in die Irre. Obwohl ihre Behauptung, Lola Montez zu sein, immer wieder ins Wanken geriet, so war diese Figur doch die Form, in die sie sich weiterhin fasste. Als sie im August 1847 von König Ludwig I. von Bayern zu Marie Gräfin von Landsfeld erhoben wurde, trug diese Kunstfigur sogar einen legalen Adelstitel. Selbst bei ihrer zweiten Heirat mit dem viele Jahre jüngeren, steinreichen George Trafford Heald behielt sie den Titel bei und nannte sich Marie de Landsfeld-Heald; in einem Bigamieprozess wurde die Ehe annulliert, da Lolas vorhergehende Scheidung nach englischem Recht keine zweite Heirat erlaubte. Später nutzte sie den Namen Mrs Heald, wenn sie inkognito reisen wollte. Doch als Lola Montez war sie berühmt geworden, dieser Name zog das Publikum ins Theater und war ihre Geldquelle. Wie gut sich Lola Montez verkaufen ließ, zeigen auch zeitgenössische Satiren und Parodien, die Theater von London bis San Francisco füllten. Den Anfang machte der 1848 in London aufgeführte Einakter von J. Sterling Coyne, «Lola Montes, or a Countess for an Hour», der wohl nach der Intervention des bayerischen Botschafters vom Spielplan verschwand, jedoch mit geändertem Namen als «Pas de Fascination, or, Catching a Governor» wiederauferstand und in der englischsprachigen Welt viel gespielt wurde, oft gleichzeitig mit Lolas Auftritten in den entsprechenden Städten. Nach ihrem Tod wurde sie in New York auch noch von einer evangelikalen Gruppe vereinnahmt, die aus ihr eine reuige Sünderin machen wollte; die Broschüre mit ihren angeblichen religiösen Tagebuchaufzeichnungen erlebte sieben Auflagen. Lolas Marktwert war und ist hoch.[2]

Zur Legendenbildung um Lola Montez trug nicht nur sie selbst aktiv bei. Sie war ein Star und bereits zu ihren Lebzeiten wie nach ihrem Tod

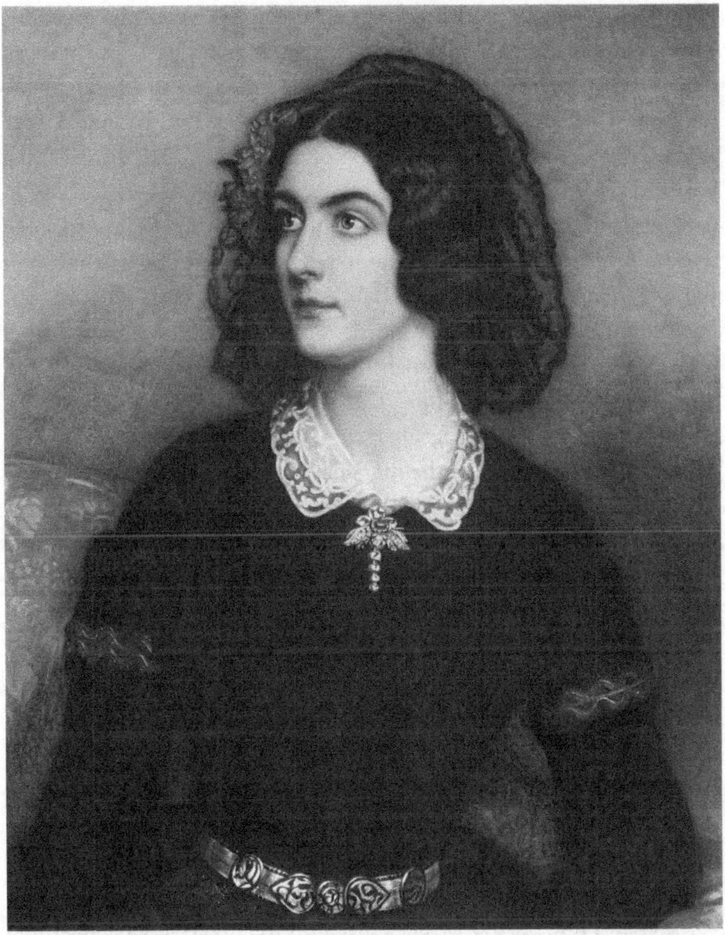

Die Bildikone. Porträt der Lola Montez von Joseph Karl Stieler, 1847

fügten weltweit hunderte Journalisten, Romanciers, Filmemacher und Historiker neue Details und Facetten zur Lebensgeschichte dieser Frau hinzu, übernahmen alte Berichte und schmückten sie aus, versuchten die «Wahrheit» herauszufinden und empörten sich über die fast undurchdringlichen Gespinste aus Erfindungen und Halbwahrheiten, die sie nicht zuletzt in Lola Montez' autobiografischen Texten wie ihren Memoiren von 1851 und auch noch in der «Autobiography» von 1858 vorfanden.[3] Viele kapitulierten und glaubten, die Geschichte der Lola Montez nur als Roman erzählen zu können. In mancher Hinsicht sagen diese Produktionen jedoch mehr über Frauenbilder und Moralvorstellungen der jeweiligen Entstehungszeit aus als über Lola Montez.

Sie selbst gab dazu in ihrer «Autobiography» von 1858 die Richtung vor: «Also wenn ich Lola Montez wäre, würde ich zu zweifeln beginnen, ob ich jemals einen Vater hatte und ob ich überhaupt geboren wurde, ausgenommen vielleicht auf die Art, in der Minerva dem Haupt Jupiters entsprungen sein soll: Lola Montez kam und kommt sogar noch komplizierter auf die Welt, da sie wieder und wieder im Kopf jedes Menschen geboren werden muss, der den Versuch unternimmt, ihre Geschichte zu schreiben.»[4] Das stimmt: Die Erkenntnis über die Subjektivität und Zeitbezogenheit des eigenen Blicks muss jede Lola-Montez-Biografie wie überhaupt jede biografische Arbeit begleiten. Von Lola Montez' Zeitgenossen bis heute gab es faszinierte, moralinsaure, sensationslüsterne, leichtgläubige, aber auch gründliche Autoren und Autorinnen, die sich aus sehr unterschiedlichen Perspektiven dem Leben dieser außergewöhnlichen Frau näherten. Es ist daher nötig, viele Schichten von Projektionen abzutragen, bevor man Lola Montez wieder neu erfinden kann. Auch hier ist zu berücksichtigen, was Barbara Stollberg-Rilinger in ihrer Biografie über Kaiserin Maria Theresia schrieb: Es gilt, jede falsche Komplizenschaft zu vermeiden und die Andersartigkeit der historischen Situation, ihrer Regeln, Konventionen, sozialen Unterscheidungen und Selbstverständlichkeiten in den Blick zu nehmen, denn nur vor diesem Hintergrund ist das Handeln der betrachteten Personen zu deuten.[5] Für Lola Montez bedeutet dies: Erst vor diesem Hintergrund ist das Ausmaß ihrer Regelverletzungen und Konventionsbrüche zu erkennen.

Zieht man nur die seriösen Biografien der letzten dreißig Jahre heran,[6] so fällt auf: Die Biografen waren meist Männer und nicht primär Historiker. Die in ihrer Gründlichkeit alle anderen überragende Publikation stammt von Bruce Seymour: Dieser kalifornische Rechtsanwalt befasste sich nach dem Gewinn eines Preisausschreibens sechs Jahre lang mit Lola Montez, er war der Erste, der Licht in das Dunkel um etliche ihrer Lebensstationen brachte, auf seine akribische Vorarbeit stützen sich alle, die sich nach ihm des Themas annahmen und annehmen. Zusammen mit dem ersten deutschen Lola-Montez-Biografen Reinhold Rauh edierte Seymour auch erstmals Teile des in der Bayerischen Staatsbibliothek in München aufbewahrten Briefwechsels zwischen König Ludwig I. und Lola Montez; dieser wurde größtenteils in Spanisch geführt, das beide Briefpartner nicht gut beherrschten.[7] Seymour stellte seine Arbeitsmaterialien der Forschung zur Verfügung, teilweise frei zugänglich im Internet mit dem ausdrücklichen Auftrag, dort weiterzuarbeiten, wo er aufgehört hatte. Dazu gehören eine Art Lola-Montez-Personenlexikon, in dem alle, die ihr begegneten, biografisch erfasst und eingeordnet werden, sowie eine kommentierte Bibliografie mit erfrischend deutlichen Bewertungen.[8] Seymours Arbeit ist eine zentrale Grundlage für jede Lola-Montez-Biografie.

Gibt es also 200 Jahre nach ihrer Geburt noch etwas zu entdecken, das über neue Perspektiven und Interpretationen hinausgeht? Ja, es gibt Quellen, die bisher nicht zugänglich waren: die Tagebücher König Ludwigs I. in der Bayerischen Staatsbibliothek. Bisher konnten sie nur Heinz Gollwitzer für seine Biografie Ludwigs I. und Hubert Glaser für die Edition des Briefwechsels zwischen Ludwig I. und Leo von Klenze einsehen.[9] Großzügig ermöglichte Herzog Franz von Bayern nun die Einsichtnahme für Ludwigs Beziehung zu Lola Montez.[10] Die Tagebücher bieten Innensichten dieser so oft beschriebenen Beziehung zwischen dem König und der Tänzerin. Sie zeigen aus der Perspektive des Königs Lolas große Strahlkraft wie ihre Grenzüberschreitungen, ihre zugewandte Liebe wie ihr Machtstreben. Diese Tagebücher sind eine besondere Quelle; eilig, in nicht orthografisch korrekten oder grammatikalisch durchgeformten Satzfetzen, notierte sich Ludwig die Tagesereignisse als eine Art persönlichen Rechenschaftsbericht über das am jeweiligen Tag Geleistete, ergänzt durch Kurzkommentare zu seinen Gefühlen und Gedanken. In den Jahren 1846 bis 1849 spielte Lola bei Ludwig und daher auch in den Tagebüchern eine Hauptrolle.

Ludwigs Tagebücher zeichneten ein positives, unermüdlich idealisierendes Bild von Lola Montez, dem die meisten Zeitgenossen ebenso wie spätere Historiker heftig widersprachen. Viele sahen sie nur, wie noch in den 1990er Jahren Heinz Gollwitzer, als eine Abenteurerin, habgierig und herzlos, «ordinär und arrogant, niederträchtig und verlogen […], exzentrisch bis zur Verrücktheit und ganz gewiß, wie man heute sagen würde, ein Fall für den Psychiater».[11] Lola Montez polarisierte und polarisiert bis heute: War sie eine der großen Kurtisanen der Weltgeschichte, die man Frauen wie Madame de Pompadour an die Seite stellen sollte?[12] War sie eine freche, eitle, indiskrete und machtgierige Hochstaplerin, die nicht einmal als Tänzerin Qualität hatte und nur von ihren Skandalen lebte? War sie ein Opfer der Presse oder eine Meisterin der Selbstvermarktung? Oder war sie eine selbständige und emanzipierte Frau, die nur nicht in das Weiblichkeitsbild ihrer Zeit passte und daher von Frauen gemieden und von Männern verleumdet wurde? Die Urteile divergieren enorm, nur ihre Schönheit und ihr bezaubernder Charme werden nicht einmal von den erbittertsten Gegnern bestritten. Doch neben allem anderen war Lola Montez auch noch blitzgescheit, sie verfügte über ein breites Spektrum an Fähigkeiten und Verhaltensmöglichkeiten, war großzügig, begabt und eloquent: Lola Montez war und ist ein Phänomen.

Lola gehört mit ihrem abenteuerlichen Leben auch zu den wenigen Frauen ihrer Zeit, die ihr Leben weitgehend auf Reisen verbrachten. Das allein war unerhört, sensationell, ja unanständig: Die bürgerliche oder adelige Frau blieb generell auf das eingesperrte Dasein innerhalb von «Gehäusen» beschränkt, sei es das Haus oder das rollende Heim der Kutsche. Beim Betreten oder Verlassen dieser Gehäuse überschritt sie tabuisierte Grenzen.[13] Lola schrieb dazu in ihren Memoiren: «Von den ersten Tagen meiner Geburt an führte ich ein unstätes Leben, voller Romane, Dramen und Wechselfälle. Die Vorsehung scheint in Wirklichkeit mich zu einem rastlosen Umherirren verdammt zu haben. Von Natur zart und schwächlich, ist dennoch die Veränderung mein Element. Ich habe mir stets eingebildet, daß im Momente meiner Geburt irgend eine Fee Rollen an meiner Wiege befestigt hat, um mich so ununterbrochen von einem Ende der Welt zum anderen zu bringen.»[14] Als sie die Memoiren 1851 veröffentlichte, hatte Lola bereits in Indien, Schottland, England und Spanien, Paris, München sowie Genf gelebt und halb Europa bereist, es sollten Jahre in den USA und in Australien folgen. Sie beherrschte mehrere Sprachen und verfügte über eine Welterfahrung, die sie auch weit über die meisten Männer ihrer Zeit hinaushob. Wie die wenigen anderen weitgereisten Frauen ihrer Zeit war auch sie immer weniger bereit, sich den von ihr als unnötig beengend und einschränkend empfundenen Regeln kleiner europäischer Residenzstädte wie München zu fügen. Das trug sicher dazu bei, dass sie als «Fremde» angefeindet wurde.

Doch Lola Montez war wehrhaft: Pistolen, Dolch und Reitgerte wurden zu ihren Requisiten; Zeitgenossen sahen in ihr daher eine grausame Frau, eine Domina.[15] Sie nahm sich viele Freiheiten, um ihre Unerschrockenheit und Unabhängigkeit zu demonstrieren. Gegenüber Männern in Uniform oder auch in Zivil, die Autorität über sie ausüben wollten, reagierte sie mit Ohrfeigen oder mit der großen Theaterszene als «Furie» gegenüber dem Gesetz: Das war die Rolle einer Frau, die nicht bereit ist, die bürokratische Ordnung für sich als Maßstab und Autorität zu akzeptieren.[16] Sie war aber nicht nur physisch wehrhaft. Wie nicht zuletzt an ihren oft witzigen Leserbriefen und autobiografischen Texten zu sehen ist, konnte sie auf den Punkt formulieren und sich auch verbal kenntnisreich wehren. Wenn sie mit dem Rücken zur Wand stand, machte sie sich nicht klein, sondern ging offensiv und aggressiv nach vorne. Diese unbekümmerte Selbstsicherheit wurde zeitgenössisch oft als «Frechheit» bewertet. Doch es war mehr als das: Ihre ungezügelten Temperamentsausbrüche standen quer zu den gesellschaftlichen Tugenden von Disziplin und Selbstbeherrschung; manchmal benahm sie sich wie ein trotziges und ungezogenes kleines Mädchen. Bei einer Frau, besonders bei einer Fremden, wurde solches Verhalten nicht akzeptiert.

Lola Montez galt bereits bevor sie nach München kam als berüchtigt, als unmoralisch, als eine Frau, die Skandale auslöst. Geht man diesen Gerüchten nach, so bleibt wenig übrig; es ist nicht einmal klar, ob hinter den Zeitungsmeldungen, sie habe in Berlin einem Polizisten einen Schlag mit der Reitgerte gegeben, in Warschau dem zischenden Publikum ihr Hinterteil zugewandt und in Baden-Baden einem Herrn den Dolch in ihrem Strumpfband gezeigt, tatsächliche Ereignisse stehen. Als skandalös galt bereits, dass sie als Tänzerin auftrat und allein reiste, dass sie in einem Strafprozess öffentlich zugab, in Paris mit einem Mann zusammengelebt zu haben, dass Gerüchte über Liebhaber kursierten. «Skandale sind streitlustige Rituale der Gesellschaft, die Einigung in Aussicht stellen, indem sie Abweichung thematisieren», schrieb der Soziologe und Skandalforscher Stefan Joller.[17] Mit der Ablehnung gegenüber Lola Montez konnte sich die jeweilige Gesellschaft über die eigenen Werte und Normen verständigen. Das war umso leichter, als Lolas Ruf viele unterdrückte Phantasien und Wünsche aktivierte. Zu sehen ist das zeitgenössisch an den «Memorabilien» des Münchner Stararchitekten Leo von Klenze, der Lolas Einfluss auf Ludwig I. neidete und jede schmutzige Einzelheit notierte, die er irgendwo erfahren hatte.[18] Auch heute noch nehmen manche Biografen jedes Skandalgeschwätz auf.[19] Das Biografie-Genre lebt ohnehin von Skandalisierung – Skandale erhöhten damals wie heute den Marktwert.

Am Schluss ihrer Memoiren schrieb Lola, sie habe «dem starken Geschlecht überall den Fehdehandschuh hingeworfen und ihm gezeigt, wie wenig Recht es hat, sich in moralischer Hinsicht über uns Frauen zu erheben. Ich habe den Frauen gezeigt, daß, – wenn sie verständen, die Schwächen der Männer zu nützen, sie überall aufhören würden, das schwache Geschlecht zu sein.»[20] War sie eine Vorkämpferin der Frauenbewegung? Wohl eher nicht: Sie versprach sich viel von der individuellen Stärke von Frauen, wenig indes von organisierten Zusammenschlüssen. Ihr Ausspruch war aus der Erfahrung geboren, dass die gesellschaftliche Doppelmoral Frauen besonders hart trifft und dass Frauen Strategien brauchen, um einen Ausgleich zu schaffen. Ihrem Schönheitsratgeber «The Arts of Beauty» stellte sie 1858 als Widmung voran: «Allen Männern und Frauen aller Länder gewidmet, die sich nicht vor sich selbst fürchten und die genügend Zutrauen zu ihrer eigenen Seele haben, mit der Kraft ihrer eigenen Persönlichkeit aufzustehen und das Wagnis einzugehen, sich den Gezeitenströmen der Welt auszusetzen.»[21]

Lola Montez spiegelt in allen Farben. Auch sie selbst könne nicht, wie sie in ihrer «Autobiography» schrieb, das «Rätsel Lola Montez» lösen.[22] Doch man kann sich ihm multiperspektivisch annähern.

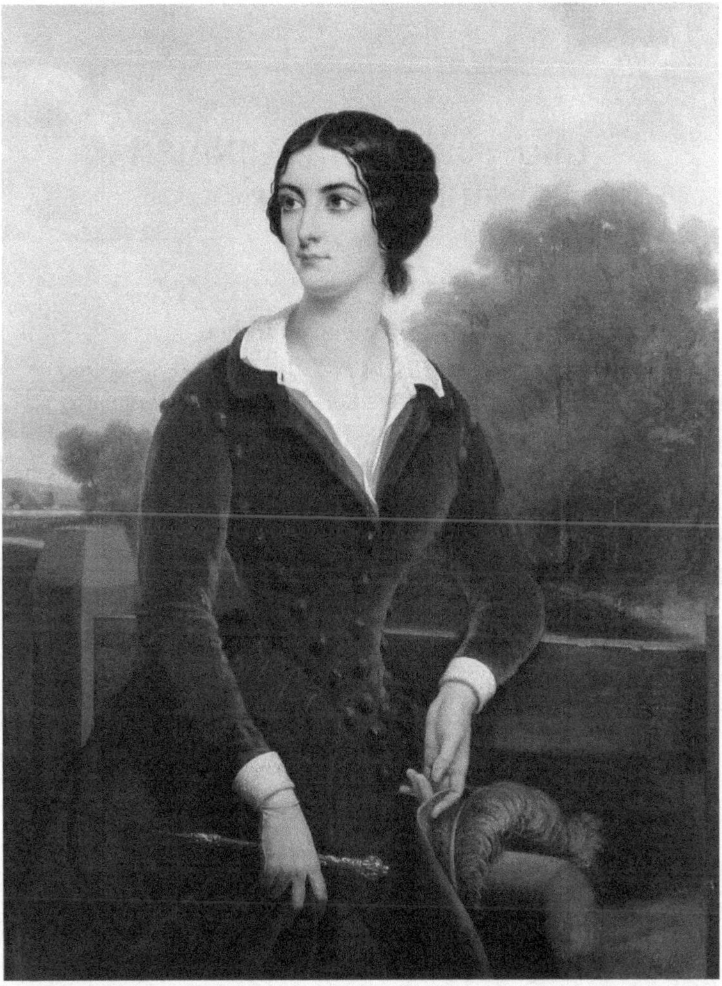

Lola Montez im samtroten Reitkostüm mit Reitgerte und Federhut. Gemälde von Jules Laure, Paris 1844, Vorlage für eine weitverbreitete Lithografie von 1846

2.

GROSSBRITANNIEN, INDIEN UND ZURÜCK

Frühe Prägungen in Indien

Eliza Rosanna Gilbert, die spätere Lola Montez, kam wohl am 17. Februar 1821 zur Welt.[1] Die Eltern hatten am 29. April 1820 im irischen Cork geheiratet. Der Vater Edward Gilbert, ein Fähnrich der englischen Armee, gehörte einem Polizeiregiment an, das die aufrührerischen Iren im Zaum halten sollte. Er entstammte vermutlich, ob legal oder illegal, dem Adel. Die bei Elizas Geburt gerade 15-jährige Mutter, Elizabeth Oliver, war das jüngste von vier unehelichen Kindern, die Charles Silver Oliver, renommierter Parlamentsabgeordneter aus einer wohlhabenden und einflussreichen Familie, mit seiner Geliebten Mary Green in die Welt gesetzt hatte, bevor er eine standesgemäße Frau heiratete und mit ihr weitere Nachkommen zeugte. Er sorgte dennoch auch für seine unehelichen Kinder: Sie trugen seinen Namen, konnten eine Lehre machen und er vererbte jedem Kind die stattliche Summe von 500 Pfund. Elizabeth Oliver, ein hübsches Mädchen mit dunklen Augen und tiefschwarzem Haar, machte eine Lehre zur Putzmacherin – was man heute als Modistin bzw. Hutmacherin bezeichnen würde – in Cork. Dort lernte sie Edward Gilbert kennen und lieben. Am 6. Mai 1820 stand die Heirat im irischen Ennis Chronicle: «Edward Gilbert, wohlgeboren, 25. Regiment, mit Eliza, der Tochter von Charles Silver Oliver, wohlgeb., aus Castle Oliver, Mitglied des Parlaments».

Nach der Eheschließung zog das Paar mit dem Regiment von einer Stadt zur anderen. So wurde die Tochter Eliza zufällig im irischen Grange nahe Sligo geboren. Lola Montez schrieb 1858 in ihrer «Autobiography», die im Rahmen ihrer «Lectures» entstanden: «Lola wurde im zweiten Jahr dieser Ehe geboren. Sie vollzog ihr kleines Debüt auf dieser irdischen Bühne in der Mitte der Flitterwochen der jungen Leute, zu einem Zeitpunkt, als diese wenig gestimmt waren für den angemessenen Empfang einer so außergewöhnlichen Persönlichkeit.»[2] Sie beklagte ihr Leben lang, dass ihre Mutter sie vernachlässigt habe. Die sehr junge Frau war vermutlich mit ihrer Aufgabe überfordert, sie war lebenslustig und entwickelte zunehmend auch gesellschaftlichen Ehrgeiz.

Als Eliza zwei Jahre alt war, wechselte der Vater, sei es aus finanziellen Überlegungen oder aus Abenteuerlust, zur britischen Kolonialarmee in Indien, zum 44. Regiment, und trat mit der kleinen Familie die vier Monate dauernde Überfahrt an. Im Sommer 1823 landeten die Gilberts in Kalkutta. Edward Gilberts neues Regiment hatte sich bereits nach Danapore, 600 Meilen den Ganges aufwärts, eingeschifft. Auch die Gilberts traten diese beschwerliche Reise an. Doch Captain Edward Gilbert infizierte sich mit der Cholera und erreichte Danapore nur, um dort zu sterben. Die 17-jährige Witwe stand nun mit ihrer zweijährigen Tochter allein da. Im November trat sie die Rückreise nach Kalkutta an. Viele Möglichkeiten blieben ihr nicht, da das Geld für die Rückkehr nach Großbritannien nicht reichte: Ihr Ziel musste es sein, sich möglichst schnell wieder zu verheiraten. Und das gelang ihr auch: Mit dem 24-jährigen Leutnant Patrick Craigie, den sie 1824 ehelichte, hatte sie Glück. Er gehörte dem Einheimischen-Infanterieregiment der Ostindienkompanie an und entstammte einer guten Familie aus dem schottischen Montrose. Als fähiger Verwaltungsoffizier war er beliebt, verfügte über beste Verbindungen und stieg im Laufe der Jahre in der Kolonialhierarchie weit nach oben. Der Stiefvater war der kleinen Eliza sehr zugetan. Doch als sie fünf Jahre alt war, wurde sie, wie für Offizierskinder üblich, zur Erziehung nach England geschickt.

So weit eine nüchterne Beschreibung einer Kindheit voller Verluste, Trennungen und großer Reisen. Diese Zeit verlangte sicherlich viel Selbstbehauptungswillen von der kleinen Eliza, wollte sie nicht untergehen. Bis zu ihrem sechsten Lebensjahr war sie fast immer unterwegs, musste sich mit unbekannten Menschen und Situationen zurechtfinden. Auch die Kinderfrauen, die Ayas, die engsten Bezugspersonen des kleinen Mädchens, wechselten: Erst war es wohl eine junge Irin, dann betreuten ab dem dritten bis zum fünften Lebensjahr indische Ayas das Kind. Sie sei verhätschelt und verzogen worden, schrieb Lola später.[3]

Als Tochter und später Stieftochter eines britischen Offiziers gehörte Eliza zur europäischen Oberschicht in Indien. Dort wurden die Handelsinteressen der British East India Company durch reguläre britische Truppenkontingente und durch Eingeborenenregimenter unter britischer Leitung gesichert. Die Kompanie führte in Indien eine Art expansiver privatwirtschaftlicher Kolonialherrschaft: Es ging um den Handel mit Tee, Baumwolle, Salpeter, Seide und Indigo-Farbstoff, später dann auch vor allem um Opium. Sie hatte quasistaatliche Rechte, durfte Münzen prägen und über Krieg und Frieden bestimmen; für ihr brutales Vorgehen gegen die Einheimischen war sie berüchtigt. In Handelsdingen weitgehend selbständig, wurde sie jedoch seit dem 18. Jahrhundert zunehmend unter staatliche Verwaltung gestellt. 1823 verlor sie ihr Handelsmonopol, 1858 wurde British India zur Kronkolonie.[4] Die Offiziere der Kompanie mussten sich ihre Offizierspatente nicht wie in anderen Regimentern kaufen; das eröffnete Karrierechancen jenseits der ständischen Strukturen. Dieses Angebot bestand zur Kompensation der widrigen Lebensbedingungen mit Hitze, Seuchen, kriegerischen Auseinandersetzungen und staubigen Außenposten, die vielen Soldaten das Leben kosteten.

Dem kleinen Mädchen präsentierte sich Indien in seiner unendlichen Fülle von Blumen, Tieren, Gerüchen. Lola beschrieb in ihren Memoiren die Maßnahmen gegen die Hitze: An den hohen Decken waren große Fächer, «ponkas», befestigt. Die «Beira», Diener, hielten die Fächer auf dem Rücken liegend mit Schnüren unaufhörlich in Bewegung.[5] Selbst ein einfacher Offiziershaushalt beschäftigte über zehn Diener; dazu gehörte auch eine einheimische Aya. Gegen die Schmerzen der durchbrechenden Zähnchen kaute das Kind wie die Einheimischen Betelkraut, sie wurde mit Ananas, Bananen und Mangos aufgepäppelt, man aß auf dem Boden sitzend aus einer gemeinsamen Schüssel Reis. Gekleidet war sie nur in ein leichtes Hemd aus Gaze. Die Rückreise von Danapore nach Kalkutta über den Ganges führte vorbei an Kokospalmen, in denen Affen spielten, und an Krokodilen. Einmal fiel Eliza ins Wasser und wurde wieder herausgefischt.[6] Sie beschrieb sich als ein Kind, das immer hüpfen, tanzen und klettern musste. Auch die Tänze der jungen Inderinnen mit ihren «wunderlichen Windungen» der Körper hätten sie sehr beeindruckt. Diese unbeschwerte Lebensphase ging jedoch früh zu

Ende: «So verließ ich denn mein erstes Vaterland, voll der poetischen Erinnerungen, der zauberhaften Schauspiele, der berauschenden Tänze, schied aus der Mitte derjenigen, bei welchen ich meine Kindheit verlebt hatte.»[7]

Erziehung in Großbritannien

Mit Patrick Craigies früherem Kommandanten, Oberstleutnant William Innes, und seiner Familie trat die fünfjährige Eliza Gilbert auf dem Segelschiff «Malcolm» am 26. Dezember 1826 die lange Rückreise nach England an. Nach einem Halt in Madras (heute Chennai) und einer Fahrt quer über den Indischen Ozean umfuhr man die südlichste Spitze Afrikas. Nach fünf Monaten auf See erreichte die «Malcolm» London am 19. Mai 1827. Die Verwandten des Stiefvaters nahmen Eliza in Obhut und brachten sie nach Schottland.

Eliza lebte die nächsten fünf Jahre im schottischen Montrose. Patrick Craigies Vater – auch er hieß Patrick Craigie – war als Apotheker und langjähriger Bürgermeister von Montrose ein angesehener Mann in der Stadt; er wurde später geadelt. Das jüngste seiner insgesamt neun Kinder war nur sieben Jahre älter als Eliza. Lola Montez überliefert mit Blick auf das Kind Eliza in ihrer «Autobiography», dass «die Ankunft dieses sonderbaren, eigensinnigen kleinen indischen Mädchens sofort in ganz Montrose bekannt war. Die Eigentümlichkeiten ihrer Kleidung und, wie ich zu sagen wage, die nicht geringe Exzentrizität ihres Benehmens machten sie zu einem Objekt von Neugierde und Gerede und vermutlich nahm das Kind wahr, dass es so etwas wie eine öffentliche Person war, und mag sogar schon in diesem frühen Alter begonnen haben, ein eigenes Verhalten und eigene Gewohnheiten anzunehmen».[8] Sie habe weder ordentlich sprechen noch lesen oder schreiben können und nur den Gott Brahma gekannt, berichtete sie.

Über die Zeit in Montrose ist wenig überliefert. Eliza besuchte offenbar eine lokale Boarding School mit Französischklassen für Mädchen, hörte Vorträge über Astronomie und ging für den Religionsunterricht in die Samstagsschule. Sie war eine Rebellin, die sich immer wieder gegen das viktorianische Ideal des gehorsamen Kindes auflehnte. Eine von Elizas damaligen Schulkameradinnen, Mary Thompson, später verheiratete Buchanan, überlieferte: «Sie war störrisch und eigensinnig, aber gleichzeitig warmherzig und impulsiv; die harte Behandlung, die Teil des schottischen Erziehungssystems jener Zeit war, scheint sehr unklug und unglücklich in seinen Auswirkungen auf ein Temperament wie ihres gewesen zu sein.»[9] Die Neunjährige soll sich im Sommer 1830 in einem Wutanfall die Kleider vom Leib gerissen haben und nackt durch die historische High Street von Montrose gelaufen sein, um ihre Gastfamilie zu provozieren oder um gegen das disziplinierte Leben, das sie führen musste, aufzubegehren.[10] Sie selbst schrieb in ihren Memoiren: «Die kalte Temperatur zwang mir wärmere Kleidung und Fußbedeckung auf. Jedoch die Gewohnheiten meiner ersten Jugend, während welcher ich fast vollständig unbekleidet ging, übten einen solchen Einfluß auf mich, daß ich mir in meiner warmen, bequemen Bekleidung wie in einem Gefängnisse erschien.»[11] Sie sei als «anders», als exotisch und fremd wahrgenommen worden. Ihre Aussagen, sie sei anfangs immer noch von ihrer indischen Aya getragen worden und habe daher nicht richtig gehen können und es sei ihr unmöglich gewesen, gerade auf einem Stuhl zu sitzen, sind wohl auch als Chiffren dafür zu lesen, dass sie nicht «passte», als «unzivilisiert» und ungebildet galt, dass viele Blicke auf sie gerichtet waren und sie nicht genügen konnte.

Als Zehnjährige verließ Eliza die Familie Craigie. Lola vermutete in ihrer «Autobiography», dass ihre Eltern meinten, sie werde dort zu sehr verhätschelt und verwöhnt.[12] Sie wurde von der älteren Schwester ihres Stiefvaters, Mrs Catherine Rae, und deren Mann William nach England mitgenommen; das Paar eröffnete eine kleine Internatsschule in Durham. Solche Schulen waren von höchst unterschiedlicher Qualität. Meist wurde hier eine kleine Gruppe Mädchen zwischen zehn und 18 Jahren nach selbst erarbeiteten Lehrplänen unterrichtet; im Mittelpunkt stand der Erwerb von als weiblich angesehenen Fertigkeiten wie Handarbeiten, Zeichnen und Tanzen. Oft waren Mädchenpensionate erweiterte Familieneinrichtungen, die nicht mehr als sieben oder acht Mädchen beherbergten. Mädchenerziehung bedeutete in diesen Jahren auch meist Erziehung zum geltenden Weiblichkeitsbild, zu Anpassung und Unterwürfigkeit. Als weiblich galten Güte, Mitgefühl, Demut, Bescheidenheit, Sittlichkeit, Geduld, Feinfühligkeit und Takt. Darauf richtete sich dementsprechend die Erziehung.[13] Körperliche Züchtigung war Teil des Alltags, Rebellion wurde streng bestraft. Es gehörte zu den pädagogischen Glaubenssätzen der Zeit, dass man den starken Willen eines Kindes «brechen» müsse, bevor man ihn nach eigenen Vorstellungen wiederaufbauen könne.

Im zeitgenössischen Roman «Jane Eyre» von Charlotte Brontë wird die Ich-Erzählerin als Kind nach einem Temperamentsausbruch, mit dem sie sich gegen ungerechte Behandlung auflehnte, stundenlang allein in einen Raum eingesperrt, in dem vor vielen Jahren ihr Onkel gestorben war. Sie erlebt dort einen traumatischen Schrecken und fällt in eine tiefe Ohnmacht. Die Dienstboten beschuldigen sie, böse und hinterhältig zu sein, die Tante nennt sie lügnerisch und droht, Gott werde das Kind bei einem Wutanfall mit dem Tod bestrafen. Oliver Twist, der Held von Charles Dickens' gleichnamigem Roman, wird im Armenhaus eine Woche im Kohlenkeller eingesperrt.[14] Ähnliche Bestrafungen erlebte Eliza. Ein Zeichenlehrer aus der Schule in Durham, J. G. Grant, schilderte das junge Mädchen: «Tatsächlich gaben die Heftigkeit und Halsstarrigkeit ihres Wesens ihrer gutmütigen, freundlichen Tante nur allzu häufig Anlaß zu schmerzlicher Besorgnis; ich erinnere mich, daß Eliza einmal erst aus ihrer Einzelhaft entlassen werden mußte, in der sie den ganzen vorherigen Tag wegen eines rebellischen Ausbruchs von Leidenschaft gehalten worden war, damit sie den Unterricht besuchen konnte. Die Tür wurde aufgeschlossen und heraus kam bereits eine kleine Lola Montez, die wie eine junge Tigerin aussah, die gerade von einer Höhle in die andere entkommen war.»[15] Nein, Eliza wurde nicht ohnmächtig in Einzelhaft wie Jane Eyre, doch diese Willensstärke galt als Makel. Der Zeichenlehrer beschrieb sie als anmutig und hübsch, ihr Charme sei jedoch beeinträchtigt worden «von einem Ausdruck von dreister Selbstgefälligkeit – ich würde fast sagen von hochmütiger Ungeniertheit [...] in völliger Übereinstimmung mit dem Ausdruck ihres sonst schönen Antlitzes, nämlich dem des unbezähmbaren Eigenwillens – eine Eigenschaft, die sich, glaube ich, schon seit ihrer frühen Kindheit gezeigt hatte. Ihre Züge waren regelmäßig, konnten jedoch ihren Ausdruck rasch und stark verändern. Ihr Teint war orientalisch dunkel, aber durchscheinend klar, die Augen waren tiefblau und, wie ich mich genau erinnere, von außerordentlicher Schönheit, strahlten hell und gaben wenig Hinweis auf die sanften und zarten Gefühle ihres Geschlechts als vielmehr auf stürmischere und leidenschaftliche Erregungen»; man sei sehr schnell zu der Überzeugung gekommen, «daß sie sehr eigenwillig und schwierig war». Auch von der 1819 geborenen späteren Königin Victoria von England wird berichtet, dass sie als willensstark galt und als Kind gelegentlich Tobsuchtsanfälle hatte. Sie wurde vom Personal als «Miniaturherkules» bezeichnet.[16] Später vertraute sie ihrer ältesten Tochter an, sie habe eine unglückliche Jugend gehabt: Es fehlte ihr ein vertrauensvolles Verhältnis zur Mutter, sie hatte keine Brüder und Schwestern. Vor allem habe ihr aber ein «Auslauf für meine starken Gefühle und Zuneigungen» gefehlt. Das Problem bestand also für englische Mädchen aller Gesellschaftsschichten.

Ein temperamentvolles, phantasiebegabtes und eigenwilliges Kind wie Eliza, das sich bereits sehr früh auf sich allein gestellt sah und einen großen Selbstbehauptungswillen entwickelte, um nicht unterzugehen, passte nicht in den Rahmen konventioneller englischer Erziehung. Die Lehrer sahen sich im Einklang mit den zeitgenössischen Gesellschaftsentwürfen, wenn sie alles unterdrückten, was nach Rebellion oder Unangepasstheit aussah. Der Zeichenlehrer gab überdies, das zeigt die Namensnennung als «kleine Lola Montez» und nicht als Eliza Gilbert, sein Statement zu einem Zeitpunkt ab, zu dem aus Eliza schon die berüchtigte Lola Montez geworden war. Dies bestimmte sicher seine Erinnerung mit.

Eliza blieb nur ein Jahr in Durham. Als Hauptmann Craigies ehemaliger Kommandeur, Generalmajor Sir Jasper Nicolls, nach England zurückkehrte, bat ihn Craigie, für eine bessere Erziehung seiner Stieftochter zu sorgen: Nicolls, ein Offizier alter Schule, hatte selbst etliche Töchter. Als Mrs Rae und Eliza am 14. September 1832 bei ihm in Reading eintrafen, machte die elfjährige Eliza auf den strengen Mann keinen guten Eindruck. «Heute kam aus Durham Hauptmann Craigie's Schwester mit Mrs C's Tochter an, die wir, ihrer Bitte gemäß, in eine Schule geben sollten. Wenn das so weitergeht, werde ich eine hübsche Anzahl von Kindern haben, auf die ich aufpassen muss.»[17] In ihren Memoiren schrieb Lola Montez über ihn: «Der alte General mit seinen noblen und strengen Sitten imponierte durch seine stolze Kälte erwachsenen Personen, und flößte den kleinen Furcht ein. Seine Züge waren

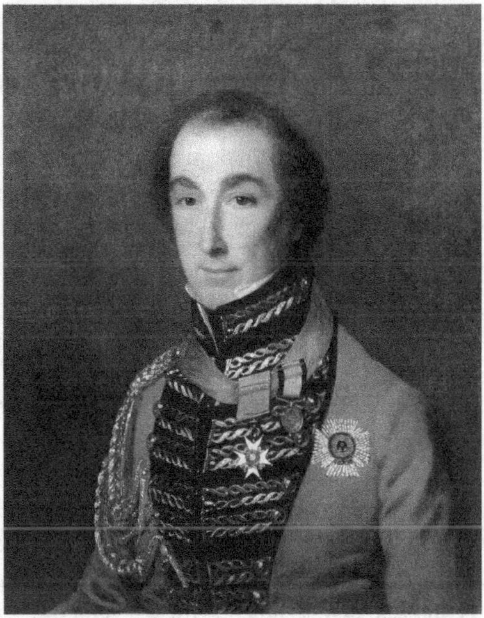

In strenger Verantwortung für Eliza. Generalmajor Sir Jasper Nicolls, Gemälde, um 1827

durch die Gewohnheit der Macht, welche er in seinen Händen gehabt, und die große Verantwortlichkeit, mit welcher sie ihn belastet hatte, sehr strenge geworden. Sein Aufenthalt in Indien, die Gewohnheit des Befehlens, die beständige Berührung mit dem eingebornen Militär hatten den General zu einem Haustyrannen gemacht.»[18] Sie habe, so Lola, bei ihrem Aufenthalt das ganze Haus auf den Kopf gestellt und «die Dienerschaft in eine wahre Revolution versetzt». Ihre vielen Mutwilligkeiten hätten den General dazu gebracht, «sogar den Mund zu öffnen und sich über mich zu erzürnen». In seinem Tagebuch schrieb Nicolls später von Elizas «Eitelkeit und Lügen», er prognostizierte diesem Mädchen keine gute Zukunft. Doch wie mit Patrick Craigie vereinbart, brachte er sie in einem vornehmen Internat in Bath unter.[19]

Englands starre Klassengesellschaft spiegelte sich in seinem Erziehungswesen:[20] Schulen waren Geldsache. Den Unterschichten standen nur rudimentäre Möglichkeiten zur Verfügung, die Analphabetenquote war vor allem bei den Frauen hoch. Eine Ausbildung erhielten Mädchen mit Blick auf ihre Rolle für die nächste Generation, galt doch die

Erziehung durch die Mutter als wichtigster Faktor der kindlichen Sozialisation. Meist wurden Töchter der wohlhabenden Mittelschicht, die im früh industrialisierten Großbritannien entstanden war, ebenso wie Kinder der Oberschicht von Gouvernanten zu Hause erzogen oder eben in eines der vornehmen und anspruchsvolleren Pensionate, z. B. in Bath, gegeben.[21] Bath war dank seiner heißen Quellen bereits in der Antike bei den Römern beliebt und entwickelte sich seit dem Beginn des 18. Jahrhunderts immer mehr zum mondänen englischen Kurort. Die Internate dort waren teuer, oft teurer als die Erziehung durch eine Gouvernante.[22] Ein Platz in einem dieser Mädchenpensionate in Bath kostete jährlich zwischen 70 und 80 Pfund. Patrick Craigie muss deutlich mehr für die Erziehung seiner Stieftochter aufgewendet haben; Nicolls schreibt in seinem Tagebuch, Elizas Ausbildung habe insgesamt rund 1000 Pfund gekostet.[23]

Die Aldridge Academy im vornehmen Camden Place (heute Camden Crescent), geführt von den Schwestern Eliza und Caroline Aldridge, bot auch tatsächlich mehr als andere Mädchenpensionate. Hier wurden 15 Internatsschülerinnen zwischen zehn und 18 Jahren unterrichtet.[24] Neben dem Kanon weiblicher Fertigkeiten gab es Unterricht in Sprachen, Latein und Französisch. Lola Montez berichtete in ihren Memoiren, dass den Mrs Aldrigde gelang, was vorher gescheitert war: «Ich war weniger wild, ich begann mich in eine Europäerin umzuwandeln. Ich zeigte mich wohlmeinenden Worten zugänglich und noch mehr den guten Beispielen.»[25] Zu den Usancen der Schule gehörte die Regel, dass die Schülerinnen unter der Woche nur Französisch miteinander sprechen durften. Wenn ihnen ein englisches Wort entschlüpfte, mussten sie dafür von ihrem Taschengeld Strafen zugunsten der Armen bezahlen. Nur sonntags war englische Konversation erlaubt. Lola betonte, dass sie zwar Fortschritte im Gehorsam gemacht habe, aber immer noch zu Regelverstößen neigte. «Mein Hang zu Neckereien, Possen und losen Streichen machten mich stets zur Anführerin aller Verschwörungen gegen das Reglement.» Als Strafe musste «eine alte Magd [...] mit ihrem Lederriemen mir einige tüchtige Fuchtelhiebe aufzählen». Danach erfand sie neue Streiche. «Um diesen maurischen Charakter, welcher unbeugsam wie Eisen wurde, zu dämpfen, befahl Mistreß dem ganzen Hause mit der größten Strenge gegen mich zu verfahren.» Sie sei

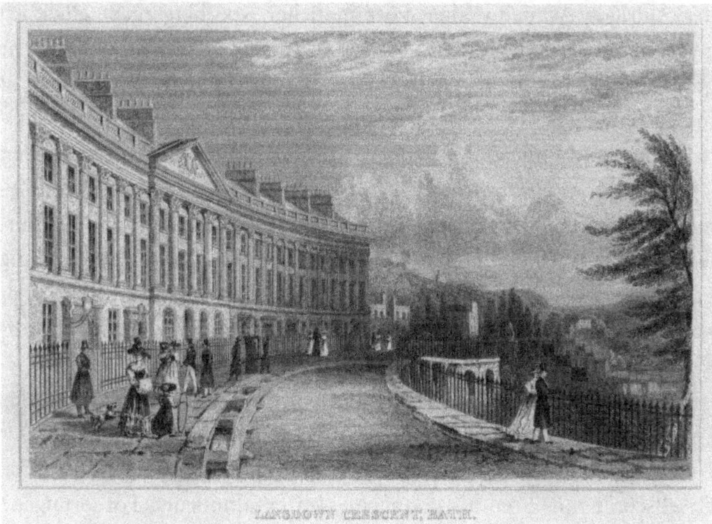

Elizas Schule Cumden Place Nr. 4. Die Aldridge Academy im südenglischen Bath, Stahlstich von T. H. Shepherd, 1829

leidenschaftlich und wissensdurstig gewesen, stets in Bewegung und ausgelassen. Auch eine destruktive Seite erkannte sie selbst: Auf der Suche nach nicht Benennbarem habe sie zum Entsetzen ihrer sanften Freundin Fanny Nicolls, der jüngsten Tochter von Sir Jasper und nur ein Jahr älter als sie selbst, Spielzeug zertrümmert und Puppen den Körper und den Kopf aufgerissen. Sonntags gingen alle gemeinsam in die Kirche. Da knüpfte Eliza auch erste zarte Bande zu einem Jungen aus dem benachbarten Knabenpensionat: Sie sei damals zwölf gewesen, er 17 Jahre alt.

Die Schülerinnen kamen mit dem gesellschaftlichen Leben des Kurortes oder überhaupt mit der Außenwelt kaum in Berührung. Auch in den Memoiren steht nichts darüber. Lola gab an, dass sie die Ferien jeweils bei der Familie Nicolls verbrachte. Mrs Nicolls sei mit Fanny und Eliza sogar nach Paris gefahren. In Sir Jasper Nicolls' Tagebüchern findet sich dafür jedoch keine Bestätigung.[26] Sie knüpfte mit ihren Pensionatsgenossinnen offenbar auch keine dauerhaften Freundschaften, auf die sie später hätte zurückgreifen können. Insgesamt scheint Eliza in der Aldrigde Academy aber trotz mancher Konflikte recht glücklich gewesen zu sein. Sie erhielt hier eine für ein Mädchen ihrer Zeit sehr gute Ausbildung, die ihr später noch zugutekommen sollte. Das galt für die Sprachen, vor allem für Französisch, sie lernte aber auch Literatur, Kunst und Philosophie kennen. Sticken und Klavierspielen blieben lebenslang ihre Hobbys. Lola Montez resümierte jedoch in ihren Memoiren, man habe sie zur Salondame erzogen, nicht zur Familienmutter, sie sei zu Eitelkeit und Luxus ermutigt worden. «Anstatt uns auf die Fallstricke der Welt aufmerksam zu machen, hatte man es vorgezogen, sie unter Blumen zu verbergen. Anstatt uns gegen den Feind zu bewaffnen, hatte man uns ihm schutzlos in die Hände geliefert.»[27]

Hier findet sich ein Bild, das bereits früh Elizas und dann auch Lolas Leben prägte: das Bild des Kampfes, für den man Waffen braucht. «Der Feind» ist an dieser Stelle nicht näher bestimmt: Ist es der Mann? Die Gesellschaft mit ihren als unangemessen empfundenen Forderungen? Wenn sie am Schluss ihrer Memoiren schrieb, sie habe «dem starken Geschlecht überall den Fehdehandschuh hingeworfen»,[28] so war nicht zuletzt dieser Kampf gemeint.

Die Abschottung im Pensionat war jedenfalls fast komplett. Von den Spannungen, den politischen und sozialen Verwerfungen und dem Wandel im England dieser Zeit bekamen die Mädchen nichts mit. Die wachsenden Industriestädte griffen in ihre Umgebung aus, brach liegende Felder, Kuhställe, Dunghaufen und Schuttgruben bestimmten die Vorstädte; Fabriken, Werkstätten, Arbeitersiedlungen, Tavernen und Bäckereien drängten in die ländliche Umgebung und verwandelten ihr Gesicht. Ausgehend von Slums wie dem Londoner Jacob's Island überzog 1832 die Cholera die Stadt. Charles Dickens schilderte das London der Kinderarbeit und der niederdrückenden Gefängnisse, von Schmutz und Elend.[29] Mit den ersten Eisenbahnlinien begann 1834 der Einbruch der Moderne, es entstanden Schienen, Bahnhöfe, Maschinenschuppen, Reparaturwerkstätten. Kaum eine Phase der britischen Geschichte war so aufgewühlt:[30] Die Arbeiterklasse wie die Mittelschicht verlangten einen fundamentalen Wandel. Es ging um Parlamentsreform und um politische Rechte. 1832 kam, begleitet von gewalttätigen Protesten, der erste Reform Act mit einer Wahlrechtsreform zustande, der die Zahl der Wähler immerhin auf 435 000 verdoppelte. Viele Konservative betrachteten diese Beteiligung der Mittelklasse an der Macht als Revolution, ihnen ging die Reform bereits viel zu weit. Doch die politische Spannung löste sich nicht mit dem Reform Act; dazu waren zu viele Wünsche offengeblieben. Gefordert wurde eine grundlegende Gesellschaftsreform: allgemeine und geheime Wahlen, ein nationales Erziehungssystem ohne finanzielle Barrieren, Aufhebung der diskriminierenden Armengesetzgebung, Rechtsreformen, die Abschaffung der Todesstrafe, der Sklaverei und der gewaltsamen Rekrutierung für das Militär.[31]

Im beschaulichen Bath war von all dem wenig zu sehen. Für die Internatsschülerinnen der gehobenen Mittelklasse waren traditionelle Lebensentwürfe vorgesehen. Als Eliza zur jungen Frau heranwuchs, versuchte Sir Nicolls, ihre Mutter in Indien für ihre Zukunft zu interessieren. Nachdem er sechs Briefe nach Indien geschrieben hatte, erhielt er endlich eine Antwort. Unter dem 14. Februar 1834 steht in seinem Tagebuch: «Schließlich haben wir doch von Mrs Craigie gehört, die sich vermutlich gezwungen sah, unsere zahlreichen Briefe zu beantworten [...] Ich war sehr überrascht – und ziemlich verärgert – und irgendwie bereute ich es, so leichtfertig eine unangenehme und offensichtlich undankbare Aufgabe übernommen zu haben. Ich verglich sie mit einer Schildkröte, die ihre Eier nur leicht im Sand vergräbt und sie der Sonne und dem Schicksal überläßt.»[32]

In einem nächsten Schritt sollte für Eliza eine vorteilhafte Heirat arrangiert werden. Für Frauen der Mittel- und Oberschicht gab es keine erstrebenswerte Alternative zur Heirat, nur als verheiratete Frau konnte man einen Platz in der Gesellschaft einnehmen. Darauf war auch die Mädchenbildung ausgerichtet. Die englische Schriftstellerin und Frauenrechtlerin Mary Wollstonecraft kritisierte dies bereits Ende des 18. Jahrhunderts scharf: Diese Art der Ehe sei legale Prostitution.[33] Zu Beginn des 19. Jahrhunderts nahmen nonkonformistische Reformer die Kritik an diesem System auf, an einem System, das Frauen von intellektueller und kultureller Tätigkeit ausschloss und ihnen alle Rechte nahm. In seinem Artikel «On the Condition of Women in England» geißelte William Bridges Adams im April 1833 in der nonkonformistischen Zeitung «Monthly Repository» die Situation in England: Englische Frauen seien mit wenigen Ausnahmen ebenso Sklavinnen wie türkische Haremsdamen. «Besteht die Erziehung von Frauen der höheren Klassen nicht fast ausschließlich aus dem, was als Fertigkeiten bezeichnet wird und wodurch die Aufmerksamkeit derjenigen Männer erregt werden soll, die als genügend reich oder adelig angesehen werden, um als Ehemänner in Frage zu kommen? Werden sie nicht sorgfältig belehrt, dass es bei der Heirat nicht um Liebe, Gefühl oder gesunden Menschenverstand geht, sondern dass es sich dabei um einen Kaufvertrag handelt, mit dem Ziel, so viel Wohlstand oder soziale Position oder beides zu erhandeln wie möglich? Der weibliche Rang oder die ‹Achtbarkeit›, wie es bezeichnet wird, nötigt die Frauen dazu, sich in ihrer Jugend einer Art gesetzlich abgesegneter Prostitution zu unterziehen.»[34] Ganz ähnliche Gedanken finden sich an verschiedenen Stellen in Lola Montez' Memoiren. Sie legte dies einer Mrs Brown in den Mund, bei der ihre Mutter nach dem Tod des Vaters angeblich gewohnt hatte. Diese habe die Ehe als «goldene Sklaverei» und als «Geschäft» bezeichnet: «Die Ehe schien ihr nur dazu da zu sein, um die Frau in eine gute Lage zu versetzen.» Sie sagte, «daß die Männer heut zu Tage die Frauen nur wie Sachen, wie niedliche Kleinigkeiten betrachten, mit denen sie sich amüsieren und spielen».[35] Nach dem Ende der Schulzeit begann für die höheren Töchter normalerweise mit der «Einführung in die Gesellschaft» die Phase der Bälle und Gesellschaften, deren wichtigstes Ziel es war, einen potentiellen Ehemann zu finden und an sich zu binden. Eben dafür waren sie ja erzogen worden.

Im April 1837 kam Mrs Craigie nach einer anstrengenden Reise von fünf Monaten und elf Tagen in England an; ihm sei damit eine große Last abgenommen, schrieb Sir Jasper Nicolls.[36] Sie war eine Dame von Welt, 31 Jahre alt. Ihr Ziel war es, Eliza mit nach Indien zu nehmen und dort gut zu verheiraten. Von der Wiederbegegnung mit der Mutter, die sie seit über einem Jahrzehnt nicht gesehen hatte, überlieferte Lola in ihren Memoiren wiederum ihr Gefühl, der Mutter nicht genügen zu können. Mrs Craigie habe, als sie sie umarmen wollte, gerufen: «wie schlecht bist Du frisiert»![37] Das Verhältnis der beiden Frauen verschlechterte sich vollends, als Mrs Craigie ihrer Tochter mitteilte, es sei für sie die Heirat mit einem über 60-jährigen Mann geplant. In ihren Memoiren nennt Lola Montez als potentiellen Heiratskandidaten einen Sir Lumley. Es gab einen 64-jährigen Witwer namens Sir James Rutherford Lumley, Generaladjutant von Bengalen und Hauptmann Craigies Vorgesetzter; vielleicht stand aber auch einer seiner Söhne zur Debatte.[38]

Die 16-jährige Eliza war von dem Projekt entsetzt, sah aber zunächst keinen Ausweg. Der bot sich jedoch auf unerwartete Weise: Mrs Craigie hatte auf ihrer Reise einen 29-jährigen Offizier der Ostindienkompanie, der «Ehrenwerten Gesellschaft», kennengelernt, der aus Indien zur Genesung nach Hause fuhr, Leutnant Thomas James. Sie bat ihn, sie nach dem Besuch bei seiner Familie in Bath zu besuchen. Er kam, begleitete Mrs Craigie überallhin und begann bald, Elizas Sympathien zu gewinnen: «Seine Physiognomie war nicht unangenehm, er hatte eine mittelmäßige Taille, braunes, ziemlich schönes Haar, blaue Augen, eine niedrige, gedrückte Stirne.»[39] Eliza war in fast klösterlicher Abgeschlossenheit aufgewachsen und hatte bisher keine Männer außerhalb des Pensionats kennengelernt. Zunächst erschien ihr der fast doppelt so alte Leutnant viel zu alt, doch als er ihr anbot, sie vor dem ungeliebten Heiratsprojekt zu retten, stimmte sie einer Entführung zu. «Sie werden mich doch gewiß wie mein Vater lieben? fragte ich schluchzend. Statt aller Antwort küßte er mir die Hände, und entfernte sich. Am Abend hielt er Wort. Ein Wagen stand vor unserer Tür bereit. Wir fuhren zusammen fort. Und am anderen Morgen, dreißig Meilen hinter Bath war er schon nicht mehr mein Papa! – – – Das junge Mädchen [...] war nicht mehr unschuldig. Sie erwachte von einer Schuld befleckt, welche sie weder gesucht, noch verstanden hatte.»[40]

Mit dieser Entführung begann die Geschichte, die aus einer wohlgebildeten höheren Tochter die Abenteurerin Lola Montez werden ließ. Lola nutzte in ihren Memoiren, die 15 Jahre nach diesem Geschehen geschrieben wurden, den Blick auf ihre beste Freundin Fanny Nicolls zur Reflexion über die unterschiedlichen Lebenswege: «Sonderbare Laune des Geschickes, welches jetzt zwei junge Mädchen trennt, die in denselben Grundsätzen, in denselben Ideen, in denselben Gegenständen erzogen worden sind. Das eine der beiden Mädchen ist der Laufbahn gefolgt, welche ihm sein milder Charakter, seine ruhige und zarte Natur vorgezeichnet. Sie ist der Devise einer wahrhaften Frau gefolgt, welche heißt: Lebe in Bescheidenheit! Sie ist jetzt eine sehr vornehme Dame in London. Umso mehr aber bin ich physisch und moralisch, ich weiß nicht durch welch ein unglückliches Verhängnis, umhergeworfen worden, und es ist Alles anders gekommen, als die trügerischen Illusionen, welchen wir uns so gerne anstatt der Wirklichkeit hingeben, mir versprochen hatten.»[41]

Mrs James

Ob sich Thomas James wirklich die Konsequenzen seines Handelns überlegt hatte, als er kurzerhand mit Eliza durchbrannte, ist zu bezweifeln. Die Entführung und Verführung einer 16-Jährigen aus gutem Hause war eine Verfehlung, die im puritanischen England unweigerlich zur gesellschaftlichen Ächtung führen musste. Eine nachfolgende Eheschließung konnte diese «Schande» nur bedingt bereinigen und Lola meinte später, er habe selbst diesen Schritt eher mit Rücksicht auf seine eigene Reputation als auf sie unternommen.[42] Elizas Name wurde auch während ihrer kurzen Ehe mit Thomas James immer mit diesem Verstoß gegen Sitte und Anstand verbunden. Sie galt dadurch nur noch bedingt als gesellschaftsfähig und auch ihre Familie war mitbetroffen. Ein Vergleich mit Romanen von Jane Austen macht dies deutlich: So scheint in «Pride and Prejudice», erstveröffentlicht 1813, das Durchbrennen der jüngsten Schwester Lydia Bennet mit einem mittellosen Offizier die Chancen ihrer älteren Schwestern auf vorteilhafte Heiraten zu ruinieren, und nur dank der großzügigen finanziellen Arrangements eines der beiden Zukünftigen, Mr Darcy, kann für Lydia eine Heirat zustande gebracht werden. Danach wird in Familie und Nachbarschaft lange darüber diskutiert, ob das nun getraute Paar in der Familie überhaupt noch einmal empfangen werden dürfe oder ob man dadurch nicht dem Laster Vorschub leiste. Schließlich schiebt die Familie die beiden in den Norden Englands ab, wo sie mehr oder weniger unglücklich miteinander werden: Auf so einer Grundlage könne eine Ehe nicht funktionieren, lautet die implizite Moral.[43]

Eine Heirat war also auch für Thomas James unabdingbar. Doch zunächst mussten er und Eliza Gilbert jemanden finden, der sie ohne die Zustimmung der Mutter und ohne Sondergenehmigung traute. In der Nähe von Dublin war Thomas James' älterer Bruder anglikanischer

Pfarrer. Die beiden Ausreißer segelten daher nach Irland und überredeten ihn, sie zu trauen. So wurde Eliza am 23. Juli 1837 in Rathbeggan nach anglikanischem Ritus, wenn auch ohne behördliche Erlaubnis, Mrs James. Danach quartierte sie sich mit ihrem Ehemann in Dublin ein.

Sir Jasper Nicolls kommentierte den Skandal in seinen Tagebüchern unter der Überschrift «Unglückselige Person Gilbert»: «Ich bin kein schlechter Prophet, wenn es darum geht, sich vorzustellen, was junge Leute aus ihrem Leben machen werden. Ich habe immer vorhergesagt, daß die ‹Eitelkeit und Lügen› von EG sie in Schande bringen würden – Sie hat sehr schlecht, wenn nicht noch schlechter angefangen, denn sie heiratete, nachdem sie die Schule im Juni verlassen hat, einen Offizier der Gesellschaft ohne einen Pfennig Geld, bereits nach zwei oder drei Wochen – Ihre Mutter, fürchte ich, ist daran nicht schuldlos – die 1800 oder 2000 Pfund, die für ihre Erziehung und die Reisen ihrer Mutter aufgewendet wurden, sind verloren.»[44] Hier wird das Konzept sehr deutlich: Die kostspielige Ausbildung sollte, wie es Bridges Adams vier Jahre zuvor angeprangert hatte, die Basis für eine vorteilhafte Heirat werden. Wenn diese nicht stattfand, war das Geld fehlinvestiert. Nicolls notierte im August weiter: «Wir haben nun von EGilbert von drei Quartieren gehört – alles sehr sehr unbefriedigend, sowohl was sie als auch ihren Ehemann angeht – dennoch, Mrs Craigie hat den jungen Mann eingeführt und muß die Konsequenzen, so gut sie kann, tragen – Sie bat Lady N durch Mrs Rae um Rat, und wir haben ihr gesagt, sie sollte zwar ihrer Tochter schreiben, aber sie nicht sofort wieder selbstgewiß werden lassen – noch sie sehen – Sie sind bereits voller Reue – aber ich fürchte, daß sie dadurch nur an Craigies Gelder kommen wollen, wovor wir sie gewarnt haben.»[45] Wie in Jane Austens Roman sollte das Paar für die «Schande», die es über sich und die Familie gebracht hatte, distanziert und bestraft werden. Die indirekte Anfrage der Mrs Craigie bei Lady Nicolls über ihre Schwägerin macht deutlich, dass auch die Mutter durch das Durchbrennen der Tochter an gesellschaftlichem Standing eingebüßt hatte und es daher nicht wagte, sich direkt an die Nicolls zu wenden. Drei Monate später resümierte Nicolls bitter die Angelegenheit: «Mrs Craigie beabsichtigt, da sie durch die Betrügereien ihres törichten Kindes all ihre innere Ruhe verloren hat & von Craigie ermutigt worden ist, in wenigen Tagen wieder nach Kalkutta zurückzukehren. Sie muß wegen vielem bedauert werden – ein freundlicher Stiefvater hat 1000 Pfund an die Erziehung des Kindes verschwendet & das niederträchtige undankbare Balg hat alles an den erstbesten Mann, den sie traf, weggeworfen – Der Tag ihrer Bestrafung wird sicher – aufgrund ihrer Falschheit & Betrügerei und der ihres Ehemannes – nicht auf sich warten lassen.»[46] Verständnis oder Hilfe konnte man von diesem typischen Vertreter der besseren englischen Gesellschaft nicht erwarten.

Als Nächstes sollte Eliza der Familie ihres Angetrauten vorgestellt werden. Der Schwiegervater lebte im Familiensitz Ballycrystal in der irischen Grafschaft Wexford, 130 Kilometer südlich von Dublin. Er war durch den Leinenhandel vermögend geworden und hatte mehrere Ämter inne, so als Magistrat und als Mitglied der «Grand Jury» in Wexford. Er war Witwer und gehörte dem niederen protestantischen Adel an.[47] Die Familie bestand aus drei Töchtern und vier Söhnen. Nur mit der jüngsten Tochter verstand sich Eliza gut, mit den anderen und ihren Ehepartnern konnte sie wenig anfangen. Der bis ins Letzte geregelte Lebensrhythmus in diesem irischen Landhaus zwischen Jagd, Essen und Teestunde war der lebenshungrigen 16-Jährigen bald tief zuwider.[48] Auch ihr Ehemann erwies sich als ein Fehlgriff: Er begann sie zu misshandeln, wenn er schlecht gelaunt war, und er langweilte sie: «Ich träumte wohl zuweilen, ich wünschte nichts sehnlicher, als noch einmal entführt zu werden, aber nicht durch einen provisorischen Ehemann, sondern durch einen glücklichen Zufall, welcher mich gerettet hätte von der tödlichen Einförmigkeit eines sich ewig wiederholenden Lebens, vor diesem kalten englischen Gesichte, auf welchem sich niemals das Geringste von dem zeigte, was anzieht, was die trüben Wolken am Ehehimmel scheucht; kein Lächeln, keine zärtliche Miene, kein liebendes Wort, nichts von jenen kleinen Mitteln endlich, welche das sich nach Ausfüllung sehnende Herz von Abwegen zurückhält.» Als das Paar nach Dublin zurückkehrte und sich dort wieder in der Westmoreland Street einquartierte, verbesserte sich die Situation: Eliza konnte nun Gäste einladen und ihrerseits Gesellschaften besuchen.[49] In der Stadt waren die Eheleute auch nicht in gleicher Weise aufeinander angewiesen wie auf dem Land.

Im Rückblick von 1858 schrieb Lola in ihrer «Autobiography»:

«Über die Flucht vor einer Heirat mit einem geisterhaften und gichtigen Alten verlor das Kind die Mutter und gewann etwas, was sich nur als die äußere Hülle eines Ehemannes erwies, der weder einen Verstand hatte, den sie hätte respektieren können, noch ein Herz, das sie lieben konnte. Durchgebrannte Paare enden wie durchgebrannte Pferde fast sicher in einem Zusammenbruch. Mein Rat an alle jungen Mädchen, die über so etwas nachdenken, lautet, sie sollen sich lieber, eine Stunde bevor es losgeht, aufhängen oder ertränken.»[50]

Über kurz oder lang musste Thomas James wieder nach Indien zu seinem Regiment zurückkehren. Am 18. September schifften sich Mr und Mrs James in Liverpool an Bord der «Bland» mit Ziel Kalkutta ein.[51] Die Reise war lang und langweilig, der Ehemann verbrachte seine Zeit «zwischen Porterflaschen und Schlaf». «Er trank wie ein Deutscher und schlief wie ein Bär. Er wurde launisch, störrisch, tyrannisch; ich muß jedoch frei bekennen, daß es mir nicht einmal aufgefallen sein würde, hätten mich die Frauen nicht darauf aufmerksam gemacht. Ich bemerkte wohl, daß er mißlaunig und langweilig war, aber ich glaubte, daß die Ehemänner alle so wären.»[52] Immerhin gab es Gesellschaft an Bord, Tanz, Musik und Geselligkeit. Es war, schrieb Lola, eine Salongesellschaft wie in London oder Paris, mit Flirt und Geheimnissen. Hier erprobte die bildschöne junge Frau auch erstmals ihre Anziehungskraft auf das andere Geschlecht. Glaubt man ihren Memoiren, so wurde sie auf dem Schiff von mehreren Männern umschwärmt. Bereits während des Aufenthalts in Dublin hatte sie erste Erfahrungen gesammelt. Noch war es wohl ein unschuldiges Spiel aus Langeweile und Enttäuschung. Sie schrieb, an Bord von mehreren Männern Liebesbriefchen erhalten zu haben: «Mögen doch die Frauen, wenn ihnen so närrische Käuze, welche ihnen dergleichen zärtliches Zeug schreiben, nahe sind, einen Riegel vor ihr Herz legen und ihre Türe verbarrikadieren!»[53]

Am 25. Januar 1839 gingen die Passagiere in Kalkutta von Bord. Lola Montez beschrieb in ihren Memoiren eindrucksvoll die Menschen und die Vegetation, die exotischen Tiere, die Musik. Sie berichtete auch, dass sie Bälle und Gesellschaften besuchte, wie sie hofiert wurde, sich verliebte und vielleicht auch bereits die Grenzen zur Untreue überschritt und wie der «böse Leumund [...] mit seiner giftigen Zunge» sie angriff: «Eine junge Frau, welche das Unglück hat, schön und gesucht zu sein, hat in der Regel zwei schlimme Feinde, welche sie erbittert verfolgen. Es sind die Männer, welchen es nicht gelingt, ihr Fallstricke zu legen. Es sind die Mädchen, welchen es nicht gelingt, Männer zu finden.»[54] Es waren aber auch die Damen der Gesellschaft, die sofort zu reden begannen, wenn die schöne junge Frau mehr als einmal mit einem Mann tanzte. Lola Montez stellte in ihren Memoiren zwei erfahrene Frauen, ihre Ratschläge und ihr Vorbild einander gegenüber, die sich wie zwei Teile ihrer eigenen Seele lesen lassen. Die eine betrachtete den Ball als freundliche Zerstreuung und antwortete Eliza, die bekannte, dass der Ball sie fieberhaft aufrege: So sei das, wenn eine Frau mehr Eitelkeit als Vernunft besitze. Die andere war eine schöne junge Gattin, die ihren alten Mann höchst diskret betrog und aus dem Ball verschwand, um sich mit ihrem Liebhaber zu treffen. Lola resümierte: «Es mag der Eitelkeit der Männer wenig zusagen, aber es ist wahr, Rath und Beispiel sind die größten Verführer.»

Leutnant James musste bald zu seinem Regiment aufbrechen, das in Karnal stationiert war, 1600 Kilometer von Kalkutta entfernt. Auf der Reise, die zunächst den Ganges aufwärts führte, stritt sich das Ehepaar ständig. Thomas James hatte in ein Buch all die Verfehlungen eingetragen, die er Eliza vorhielt, sie entriss ihm das Buch. «Wir warfen nun die constitutionellen Formen bei Seite und der Bürgerkrieg schlug in helle Flammen auf.»[55] Die Weiterreise von Bernares aus, das Eliza sehr beeindruckte, legten die beiden in unterschiedlichen Sänften, von Parias getragenen Palankins, zurück.

Die Garnison von Karnal, 115 Kilometer nördlich des heutigen Neu-Delhi auf der östlichen Haryana-Ebene gelegen, war ein kleiner, heißer und staubiger Ort ganz in der Nähe eines malariaverseuchten Feuchtgebiets; sie musste daher einige Jahre später aufgegeben werden und vermutlich hat sich Eliza hier mit der Malaria infiziert, die sie ein Leben lang begleiten sollte.[56] Die Gesellschaft bestand aus einigen Offizieren mit ihren Frauen, mit denen sich Eliza anfreundete. Im September fuhr sie auf Einladung ihrer Mutter in den beliebten kühleren Kurort Simla. Dort traf sie auf Emily Eden, die Schwester von George Eden, Lord Auckland, Generalgouverneur von Bengalen. Emily Eden schrieb ihrer Mutter und ihrer Schwester am 8. September 1839: «Simla ist im Augenblick in Aufregung über die Ankunft einer Mrs J.[ames], von der es schon das ganze Jahr über hieß, sie sei eine große Schönheit. Dies beunruhigt jede andere Frau, die in dieser Hinsicht selbst Ehrgeiz entwickelt, sehr. […] Mrs J. ist die Tochter einer Mrs C[raigie], noch immer selbst sehr hübsch, deren Ehemann stellvertretender Generaladjutant oder eine vergleichbare militärische Autorität ist. Sie hat ihr einziges Kind zur Erziehung nach Hause geschickt und fuhr vor zwei Jahren selbst in die Heimat, um sie zu sehen. Im selben Schiff reiste auch Mr J., ein armer Fähnrich, der zur Erholung nach Hause unterwegs war. Mrs C. pflegte ihn und kümmerte sich um ihn, und schließlich nahm sie ihn zu ihrer Tochter mit, einem 15-jährigen Schulmädchen. Er erzählte ihr, er sei verlobt, befragte sie über seine beruflichen Aussichten und heiratete in der Zwischenzeit heimlich dieses Schulmädchen. Das war wirklich genug, um jede Mutter zu reizen, aber da es jetzt nicht mehr geändert werden kann, haben wir alle das ganze letzte Jahr sie davon zu überzeugen versucht, sich damit abzufinden, da sie sich schrecklich über ihr einziges Kind aufregt. Sie hat dagegen bis jetzt Widerstand geleistet, aber schließlich stimmte sie zu, sie für einen Monat einzuladen, und sie kamen vor drei Tagen. Der Auflauf auf der Straße war bemerkenswert und eine oder zwei der Ladys waren sehr aufgeregt. […] Mrs J. sah wunderhübsch aus und Mrs C. hat ihr eine sehr vornehme Sänfte besorgt, mit Trägern in feinen orangefarbenen und braunen Livreen, das Gleiche auch für sich selbst; und Mr J. ist ein gut aussehender Mann mit hellen Westen, weißen Zähnen und einem auffälligen Pferd. Er ritt neben der Sänfte in einer Haltung respektvoller Aufmerksamkeit für seine ‹Belle mère›. Alles zusammen war ein eindrucksvoller Anblick, und ich sehe keinen anderen Ausweg als großmütige Bewunderung. Sie besuchten uns gestern, als ich bei den Wasserfällen war, und F. hält sie für sehr hübsch.»[57]

In ihren Memoiren beschrieb Lola die erste Wiederbegegnung mit ihrer Mutter nach ihrer Heirat: Die Mutter habe sie freundschaftlich, aber etwas kalt aufgenommen. Sie trauerte immer noch der geplanten Heirat mit dem älteren Herrn nach und bezeichnete es als lächerlich, dass Eliza einen vermögenslosen Mann geheiratet hatte, den sie nicht einmal liebte.[58] Ganz ähnlich sah dies Emily Eden: «Dienstag, 10. September. Wir hatten gestern ein Dinner. Mrs J. ist unzweifelhaft sehr hübsch und so ein fröhliches und ungekünsteltes Mädchen. Sie ist jetzt erst 17 und sieht jünger aus, und wenn man daran denkt, dass sie an einen Junior-Leutnant der Indischen Armee verheiratet ist, 15 Jahre älter als sie, und dass sie 160 Rupien im Monat haben und ihr ganzes Leben in Indien verbringen müssen, so wundere ich mich nicht über Mrs C.s Ärger darüber, dass sie von der Schule weggelaufen ist.»[59]

Die Bewertung dieser «unklugen» Heirat war bei beiden Damen gleich: Es ging vor allem um die finanziellen Möglichkeiten des Bräutigams. Hätte Mr James ein Vermögen besessen, wäre Eliza vermutlich alles verziehen worden. Ziel der Eheschließung war für diese Damen der Gesellschaft eben jener günstige Geschäftsabschluss, den William Bridges Adams so heftig kritisiert hatte.[60]

Am 13. November traf Emily Eden Eliza noch einmal in Karnal: «Wir waren am Abend zu Hause und es gab eine riesige Party, aber außer der hübschen Mrs James, die in Simla war und wie ein Stern unter den anderen wirkte, waren die Frauen alle hässlich.»[61] Emily Eden nahm großen Anteil an Eliza James und ihrem Schicksal. Nachdem sie Karnal verlassen hatte, schrieb sie am 17. November: «Die kleine Mrs J. war so unglücklich über unsere Abreise, dass wir sie einluden, den Tag mit uns zu verbringen, und sie hierher mitnahmen. Sie ging von Zelt zu Zelt, plauderte den ganzen Tag und besuchte ihre Freundin Mrs–, die mit im Camp ist. Ich gab ihr ein pinkfarbenes Seidenkleid und es war alles in allem offensichtlich ein glücklicher Tag für sie. Er endete mit ihrer Rückreise nach Karnal auf meinem Elefanten, E. N. saß neben ihr und Mr J. hinter ihr. Sie hatte vorher noch nie auf einem Elefanten gesessen und fand das wunderbar.» Prophetisch wirken ihre Überlegungen zu Elizas Zukunft: «Sie ist sehr hübsch und ein gutes kleines Ding, offenbar, doch sie sind sehr arm und sie ist sehr jung und lebhaft, und wenn sie in schlechte Hände fällt, wird sie sich bald in verrückte Klemmen bringen. Im Augenblick sind Mann und Frau einander noch sehr zugetan, aber ein Mädchen, das mit 15 heiratet, weiß kaum, was ihr gefällt.»[62]

Das Ende einer Ehe

Leutnant James wurde im Februar 1840 befördert und war fortan in der Garnison Bareilly für die Rekrutierung und Ausbildung von Indern für das Eingeborenenregiment zuständig. Die Ehe von Mr und Mrs James hatte sich jedoch immer weiter verschlechtert. Was der letzte Auslöser der Trennung war, ist nicht mehr herauszufinden, doch es wird vermutet, dass Thomas James seine Frau körperlich missbrauchte.[63] Die inzwischen 19-jährige Eliza verließ ihren Mann und unternahm erneut die über 1200 Kilometer lange Reise nach Kalkutta zu Mutter und Stiefvater.

In ihren Memoiren, die in weiten Teilen als fiktionaler literarischer Text zu lesen sind, fügte Lola an dieser Stelle mehrere exotische Abenteuer ein.[64] Diese waren sicher auch ein Zugeständnis an die Leserschaft: Die Memoiren erschienen als Fortsetzungsgeschichte in der Zeitung und es hatten bereits einige Leser das Interesse verloren. Sie erhielten nun geboten, was sie sich erhofft hatten: Geschichten von unermesslich reichen Prinzen und ihren Harems, von Entführung und Flucht, von einer gefallenen Pariserin, die in ein verstecktes Kloster geflohen war. Neben dem Kolportageeffekt der Publikation sind diese Geschichten aber wohl auch als Elizas Träume während dieser Reise zu interpretieren: Sie waren aufregend und voller Gefahr und das Gegenteil dessen, was sie bisher gelebt hatte. Sie konnte in diesen Phantasiewelten Mut und Selbstständigkeit beweisen. Und vielleicht träumte sie wirklich von Alternativmodellen für ihre fast ausweglose Situation: Harem oder Kloster.

In Kalkutta wollte sich Eliza, schrieb Lola, «zu den Füßen meiner Mutter werfen, sie mit Tränen um Verzeihung bitten. Aber meine Mutter war nicht die Frau, zu verzeihen».[65] Eine Ehetrennung oder gar eine Scheidung der Tochter gefährdete auch Mrs Craigies eigene soziale Position, wenn die Tochter im Haushalt der Mutter lebte: «Bei mir? – Ich soll in einer Stadt, wo der Leumund zu Hause ist, eine Tochter, die sich hat entführen lassen und eine Frau, die von ihrem Manne fortgelaufen ist, unter meinen Augen leben lassen? – Du gehst augenblicklich zu Deinem Manne zurück.» Eliza weigerte sich und bestand auf einer Trennung. Damit stand sie nicht allein: Die Situation der englischen Offiziersehepaare in Indien erwies sich als besonders schwierig. Drei von fünf Scheidungsverfahren in den Jahren vor dem englischen «Divorce Act» von 1857 betrafen Offiziere, darunter sehr viele aus den in Indien stationierten Truppen. 20 Prozent aller vom Parlament genehmigten Scheidungen, bei denen die ehemaligen Ehepartner wieder heiraten

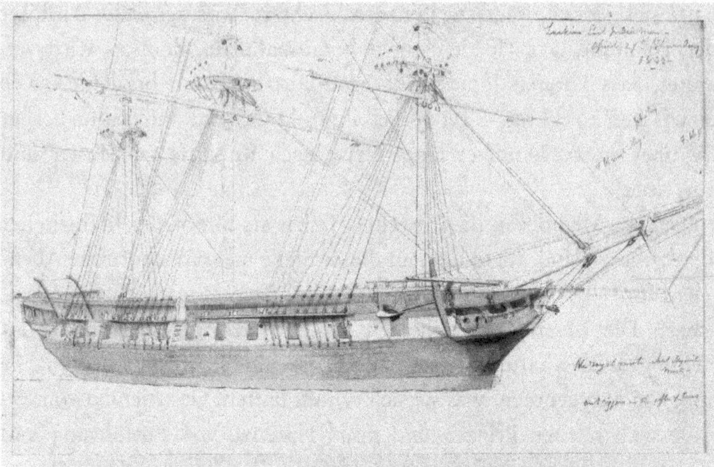

Mit dem Dreimaster von Kalkutta nach London. Die «Larkins East Indiaman», Zeichnung, East India Docks London, April 1843

durften, hatten ihren Ausgangspunkt in Indien: Die Hitze, die Einsamkeit der Außenposten, die wenigen Europäer und damit die Unmöglichkeit eines normalen gesellschaftlichen Lebens belasteten die Ehen.[66]

Um den Skandal zu verbergen, verbreitete die Familie, Eliza müsse aus gesundheitlichen Gründen zur Genesung nach England fahren. Major Craigie und Leutnant James, der extra aus Bareilly anreiste, bereiteten Elizas Rückreise sorgfältig vor. Von ihrem Mann würde Eliza in England ein kleines Einkommen erhalten, Familienangehörige der Craigies sollten sich um sie kümmern. Die Überfahrt war auf der «Larkins» gebucht und Eliza wurde dem Kapitän und einem mitreisenden Ehepaar anvertraut. Lola erinnerte sich, dass Major Craigie dicke Tränen weinte, als er sich von ihr verabschiedete. Er gab ihr einen Scheck über eine beträchtliche Geldsumme mit, angeblich 1000 Pfund, damit sie sich in England finanzieren konnte. Ihr Mann begleitete sie noch ein Stück flussabwärts.[67] Dann lag Indien hinter ihr und eine ungewisse Zukunft vor ihr.

In Madras stieg Leutnant George Lennox zu. Er war der Neffe des sehr einflussreichen und vermögenden Herzogs von Richmond und Flügeladjutant des Generalgouverneurs Lord John Elphinstone, nur ein

Jahr älter als Eliza. Sie berichtete in ihren Memoiren, dass die Reise nun für sie ein «lachendes Ansehen bekam, die traurigen Gedanken schwanden».[68] Die beiden jungen Leute kamen sich schnell näher. Bald erregten sie Anstoß bei den übrigen Schiffspassagieren: Zunächst flirteten sie, gingen miteinander an Deck spazieren und saßen gemeinsam spätabends an der Reling. Wie aus den Scheidungsakten «James vs. James» hervorgeht, besuchten sie sich aber auch gegenseitig in ihren jeweiligen Kajüten und schlossen die Türen hinter sich; Lennox hatte immer Zutritt zu ihrer Kabine, wie Ann Ingram, die Ehefrau des Kapitäns, im Scheidungsprozess bestätigte.[69] Ann Ingram sah von Deck aus durch das Kajütenfenster, dass beide auf dem Sofa saßen und Lennox den Arm um Eliza gelegt hatte. Ermahnungen des Kapitänsehepaars und anderer Reisender stießen auf taube Ohren. Das Verhalten der beiden wurde zum Skandal: Das Dienstmädchen des Kapitäns, Caroline Marden, passte gut auf, um Genaueres berichten zu können. Im Scheidungsprozess sagte sie als Zeugin aus: Mr Lennox sei oft zu Mrs James in die Kabine gegangen, wenn sie dort allein war; wenn innen eine Kerze brannte, konnte man hineinsehen, vor allem wenn wegen der Bewegungen des Schiffs die Türe aufsprang. «Manchmal habe ich bei solchen Gelegenheiten Mrs James gesehen, die nur Mieder und Unterkleid trug, und mehr als einmal konnte ich Mr Lennox beobachten, der ihr Mieder zuschnürte. Ich sah auch mehrmals, wie Mrs James ihre Strümpfe anzog, während Mr Lennox sich allein mit ihr in der Kabine befand. Ich sah sie oft nahe beieinander auf dem Sofa sitzen und ich sah, wie er sie küsste. Ich erzählte Mrs Ingram, was ich gesehen hatte. Mr Lennox pflegte kurz nach dem Frühstück in ihre Kabine zu gehen und dort bis zum Lunch zu bleiben. [...] Mrs James ging auch in die Kabine von Mr Lennox. Wenn die Sonnenblende in der Kabine offen war, konnte man von Deck hineinsehen. Es war die allgemeine Meinung an Bord, dass Mrs James und Mr Lennox zu intim miteinander waren.»[70] Mrs James wurde vom Kapitänstisch ausgeschlossen. Doch dies focht sie nicht an:[71] Die 19-Jährige hatte sich wohl erstmals verliebt und hoffte vielleicht auf ein gutes Ende und ein neues Leben mit Lennox. Lola betonte zwar in ihren Memoiren, dass sie mit Lennox nur eine platonische Freundschaft verband, doch sie schrieb auch: «Wir machten auf dem Schiff die romantischsten Pläne für unseren Aufenthalt in London, welche uns sehr glücklich machten. – Die ganze Glückseligkeit des Menschen, welche selten etwas anderes als eine Illusion ist, besteht ja nur in solchen Träumen, welche niemals zur Wirklichkeit werden. Es ist eine Nothwendigkeit für das Herz, Luftschlösser zu bauen. Vorzugsweise die Frau ist dazu ausersehen, niemals zur vollen Erfüllung ihrer Wünsche zu gelangen und unaufhörlich von Täuschungen heimgesucht zu werden.»[72]

Als ihr Schiff am 20. Februar 1841 in Portsmouth gelandet war, mieteten sich Eliza und Lennox gemeinsam im Hotel ein, wenn auch in zwei Schlafzimmern; am nächsten Abend in London übernachteten sie im Hotel Imperial in Covent Garden bereits in einem gemeinsamen Schlafzimmer mit einem breiten Bett, wie die Hotelbesitzerin Elizabeth Walters bestätigte.[73] Patrick Craigie hatte seinem alten Freund Robert McMullin geschrieben, der Lola zu sich nach Hause einladen wollte, bis ihre Verwandten sie nach Schottland bringen konnten. Doch Eliza weigerte sich, sie habe andere Pläne.[74] Die Verwandten, die sie abholen und zur Familie Craigie begleiten sollten, machten sie in der Suite, die sie in der Great Ryder Street 7 gemietet hatte, ausfindig. In ihrer Aussage vor dem Scheidungsgericht gab Thomas James' Schwester Sarah Watson an, sie habe Eliza James aufgesucht und ihr mitgeteilt, sie wisse, dass sie eine Nacht mit Mr Lennox im Imperial Hotel zugebracht hatte, ganz abgesehen von allem, was während der Reise vorgefallen sei. Sie solle sich doch unter den Schutz von Mrs Rae begeben, der Schwester ihres Stiefvaters, die einst die Mutterstelle bei ihr eingenommen hatte. Eliza schwor jedoch, dass sie niemals wieder zu Verwandten gehen würde. Mrs Rae und Mrs Watson vereinten ihre Bemühungen, Eliza zu überreden, mit nach Schottland zu kommen. Mrs Rae blieb sogar über Nacht bei ihr; aber alles war umsonst:[75] Eliza war nicht bereit, sich wieder in einem schottischen Herrenhaus zu vergraben. Sie sah keine Zukunft in diesem Lebensmodell, das sie für den Rest ihrer Tage vom Wohlwollen der Verwandten abhängig gemacht und deren Bevormundung ausgesetzt hätte: Vielfach wurden solche Frauen wie eine Art besseres Dienstmädchen behandelt. Der Preis dafür war jedoch hoch: Eliza büßte nun den Rest dessen ein, was von ihrem guten Ruf noch übrig war. Die Nachrichten von ihrer Untreue erreichten bald auch ihren Mann in Indien.

Nachdem Lennox von einem Besuch bei seinen Eltern nach London zurückgekehrt war, besuchte er Eliza täglich in der Great Ryder Street. Die Beziehung dauerte bis in den Juli: Eliza ging mit Lennox öffentlich ins Theater, sie fuhr in einer eleganten Kutsche zur fashionablen Stunde im Hyde Park spazieren. Die schöne junge Frau mit ihren tiefblauen Augen und dem rabenschwarzen Haar erregte kein geringes Aufsehen und lernte auch etliche männliche Mitglieder der besseren Gesellschaft kennen. Warum die große Liebe zu Ende ging, ist nur zu vermuten. Lola schrieb in ihren Memoiren, Lennox habe sich aus Eifersucht mit einem anderen Mann duelliert, sie verlassen und sich wieder nach Indien eingeschifft.[76] Das ist durchaus denkbar. Für Eliza bedeutete dies jedoch, dass sie sich fortan selbst finanzieren musste, und ihr Geld wurde bald knapp. Sie wechselte noch einige Male ihr Quartier, bevor sie im Oktober dann doch zu Catherine Rae nach Edinburgh fuhr, wo sie den Winter über ohne weitere Skandale lebte. Das ist bemerkenswert und spricht dafür, dass Mrs Rae echte Zuneigung zu Eliza empfand, sonst hätte sie sie nicht trotz des Vorangegangenen bei sich aufgenommen. Doch im März erhielt Eliza eine Vorladung vor Gericht: Ihr Mann hatte die Scheidung eingereicht.

Ehebruch war fast der einzige Grund, der in England eine Scheidung erlaubte. Scheidung bedeutete jedoch nicht, dass eine Wiederverheiratung möglich war: Die anglikanische Kirche bot zwar seit Heinrich VIII. diese Option, doch um wieder heiraten zu können, brauchte man einen Parlamentsbeschluss. Der war teuer und selten: Es gab in einer Parlamentssession von sieben Jahren vielleicht fünf solche Fälle. Alle anderen, die eine Trennung «a mensa et thoro» («von Tisch und Bett») erreicht hatten, mussten auf den Tod des geschiedenen Ehepartners warten, bevor sie sich wieder legal binden konnten. Vor dem Londoner Gericht wurden zwischen 1841 und 1843 insgesamt nur 87 Fälle dieser besonderen Art von Scheidung verhandelt; einer von ihnen war «James vs. James».[77] Für Frauen galt überdies, dass sie die Scheidung nur bei Bigamie oder Inzestvergehen des Mannes verlangen konnten.[78] Auf dem Kontinent hatten die Französische Revolution und in der Folge die Veränderungen im Wirkungsbereich des napoleonischen Code Civil die Ehe aus dem Einflussbereich der Kirche gelöst und in einen zivilen Vertrag verwandelt. Ein solcher Vertrag war auflösbar. In England forderten dies Reformer der 1830er Jahre wie 1835 der Sozialist Robert Owen.[79] Der Nonkonformist William Bridges Adams wurde bereits 1833 deutlich: «Es muss zu einem völligen Systemwechsel kommen. Frauen müssen als den Männern gleichwertig betrachtet und behandelt werden [...] Heirat soll in einen zivilen Vertrag verwandelt werden, der genau wie alle anderen Verträge aufgelöst werden kann, mit Vorkehrungen für alle Folgen, seien es Kinder oder andere.»[80]

Doch davon war das puritanische England weit entfernt. In den Jahren bis 1840 gelang es Evangelikalen sogar, ihre rigiden moralischen Glaubenssätze zu etablieren, die die nächsten Jahrzehnte bestimmen sollten.[81] Bereits vorher waren die Spielregeln klar. Blickt man in den 1814 erschienenen Roman «Mansfield Park» von Jane Austen, so sieht man: Ehebruch galt als Verbrechen, eine verheiratete Frau, die mit einem anderen Mann zusammenlebte, war lasterhaft.[82] So hatte bei Jane Austen Maria Bertram den reichen Mr Rushworth aus verletztem Stolz geheiratet; als Henry Crawford, den sie eigentlich liebte, ihr wieder den Hof machte, brannte sie mit ihm durch und lebte mit ihm zusammen. Ihr wurden in der Bewertung der Romanautorin ihr «Übermut» und ihre «starken Leidenschaften» zum Verhängnis, die durch die «falsche» Erziehung nicht angemessen gezügelt worden waren. Mr Rushworth konnte sich nicht zuletzt dank der Aussagen spionierender Dienstboten problemlos von Maria scheiden lassen. Als es zur Trennung von ihrem Liebhaber kam, blieb ihr nur der Rückzug von jeder Gesellschaft. Der Vater war nicht bereit, sie zu Hause auch nur zu empfangen: «Maria hatte ihr Ansehen zerstört und er würde nicht den vergeblichen Versuch unternehmen, wiederherzustellen, was niemals wiederherzustellen war, oder es sich leisten, das Laster gutzuheißen und ihre Entehrung zu mildern.» Für Maria wurde fern von zu Hause eine Wohnung gemietet, wo sie mit ihrer Tante zurückgezogen den Rest ihres Lebens verbringen würde.[83]

Für die vermögenslose Eliza gab es nicht einmal diese Möglichkeit. Mit der «schuldigen» Scheidung würde auch die kleine finanzielle Unterstützung durch ihren Mann versiegen. Einer jungen Frau aus ihrer Gesellschaftsschicht blieben nun keine Möglichkeiten mehr, sich mit einer respektablen Tätigkeit selbst zu finanzieren. Sie stand mit dem Rücken zur Wand.

3.
IM VORMÄRZLICHEN EUROPA

Mrs James und Lola Montez

In dieser Situation erfand sich Eliza neu: Sie wandte sich dem Theater zu. Und sie beschloss, eine andere Identität anzunehmen. In ihren Memoiren schreibt sie: «Ohne alle Stütze, ohne Freundesbeistand, ohne Vermögen, allein in einem Alter von achtzehn Jahren, was sollte ich beginnen, was sollte aus mir werden? – Nur eine einzige Ausflucht schien mir das Schicksal zu lassen. Es war das abenteuerliche Leben einer Künstlerin.»[1]

Die Bühne bot der schönen und ambitionierten jungen Frau eine der wenigen Alternativen zu Abhängigkeit und Armut. Das Theater erschien ihr sicher auch als eine attraktive Möglichkeit, sich zu zeigen und die Welt zu erobern: Sie hatte Langeweile in allen Formen im Pensionat in England, in einem schottischen und einem irischen Herrenhaus sowie in einer indischen Garnison kennengelernt. Sie wünschte sich Bewegung und Leben, Aufregung und Lichterglanz. Das war für sie auf keinem anderen Weg mehr zu gewinnen.

Eliza wandte sich erst an Fanny Kelly; diese berühmte Schauspielerin und Sängerin hatte bereits als Siebenjährige im Drury Lane Theatre in London debütiert und nach einer großen Bühnenkarriere 1835 die erste Drama-Schule Englands etabliert, in der sie jungen Schauspielerinnen eine Ausbildung gab.[2] Fünf Jahre später, 1840, eröffnete sie ihr eigenes Theater, The Royalty. Hier trat die erste Amateur-Theatergruppe Englands auf, zu der auch der Schriftsteller Charles Dickens gehörte.[3] Doch Elizas Akzent, der auf ihre Kindheit in Indien zurückging, machte sie für eine Bühnenkarriere ungeeignet.[4] Sie erhielt die Empfehlung, es als Tänzerin zu versuchen.

Im England dieser Jahre fand eine lebhafte Diskussion über eine Reform des Theaters statt: In vielen englischen Theatern dominierte ein sehr gemischtes Publikum aller Stände, erwartet wurde vor allem Unterhaltung der derberen Art. Lola schrieb in ihren Memoiren: «Dramen, Schauspiele, Lustspiele zu sehen, das überläßt der vornehme Engländer zumeist nur dem Volk, dem Krämer. Die Theater, es giebt deren wohl an die zwanzig in London, machen deshalb auch schlechte Geschäfte. Dagegen sind die Engländer für das Singen und Tanzen sehr eingenommen, vielleicht auch nur für die Sängerinnen und Tänzerinnen.»[5] Schauspielerinnen und Tänzerinnen galten als leicht zugänglich und unmoralisch, eine Vorstellung, der Frauen wie Fanny Kelly Ernsthaftigkeit und eine qualitativ wertvolle Ausbildung der jungen Schauspielerinnen entgegensetzen wollten. Einige Bühnen entdeckten nach deutschem Vorbild das «Theater als moralische Anstalt», die das Ziel verfolgte, Theaterstücke zur Bildung der einfachen Stände nutzen zu können.

Für Eliza war es zu spät für eine klassische Ballettausbildung, die damals wie heute schon im Kindesalter begann. Tänzerinnen wie Fanny Elßler, Fanny Cerito oder Maria Taglioni, die besten Ballerinen ihrer Zeit, hatten Maßstäbe gesetzt, die für eine junge Frau von 20 Jahren nicht mehr erreichbar waren. Daher verlegte sich Eliza auf spanische Nationaltänze: Spanien war sehr in Mode gekommen, der erste Carlistenkrieg, der gerade erst zu Ende gegangen war, hatte viele Sympathien für das Land geweckt.[6] Vier Monate lang nahm Eliza in London Unterricht bei einem spanischen Tanzmeister, bevor sie nach Spanien reiste.[7] Dort lernte sie wohl in Cádiz neben den Tänzen die Sprache, die sie jedoch lebenslang nur fehlerhaft sprach, sie studierte die Art, sich zu kleiden, sich zu unterhalten. Und sie entdeckte ihre Leidenschaft für Zigaretten, die sie selbst geschickt drehte, und für kleine Zigarren.

Während ihres Spanienaufenthalts wurden in London zwei peinliche Gerichtsverfahren abgewickelt: In dem Prozess James gegen Lennox ging es am 6. Dezember 1842 um die Entschädigung, die George Lennox wegen Ehebruchs an Thomas James bezahlen musste; es waren letztlich 100 Pfund. Und dann stand das Verfahren James gegen James vor dem Court of Arches der Church of England in London auf der Tagesordnung, in dem etliche Zeugen gehört wurden, die Elizas Ehebruch bestätigten.[8] Sie selbst war trotz mehrfacher Vorladung nicht vor Gericht erschienen und hatte sich auch nicht verteidigen lassen. Die Zeitungen zitierten ausführlich die kompromittierenden Zeugenaussagen.[9] Es erging die «Scheidung von Tisch, Bett und eheähnlicher Gemeinschaft».

Als am 14. April 1843 eine schöne schwarzhaarige und blauäugige Spanierin in Southampton eintraf, die sich auf der Zugfahrt nach London dem Earl of Malmesbury als spanische Adelige aus Sevilla vorstellte, als Witwe eines wegen Rebellion erschossenen Putschisten, die aus der Heimat fliehen musste, um sich in London mit Gesangsstunden durchzubringen, saß bereits Maria de los Dolores Porrys y Montez vor ihm.[10] Eliza James gab es nicht mehr. Obwohl Lola in den folgenden Jahren verschiedene Versionen ihrer Herkunft erzählte, leugnete sie stets strikt, etwas mit einer gewissen Mrs Eliza Rosanna James zu tun zu haben. Dieser Identitätswechsel war jedoch keineswegs einfach zu vollziehen: Ab jetzt reiste die junge Frau ohne gültige Papiere. Im Europa des Vormärz mit seinen strengen Meldevorschriften war dies ein Kunststück.

Der Hintergrund dieses Schritts in ein neues Leben mit einer neuen Vergangenheit wurde von Lola nie erklärt; dies verwundert nicht, da es in ihren Erzählungen Eliza James, geborene Gilbert, nicht gab. Doch sie knüpfte sicherlich die Erwartung daran, die durch die unbesonnene Ehe verlorenen Jahre hinter sich zu lassen und eine bessere Zukunft zu gewinnen. Dass dazu die Unterstützung wohlhabender Männer nötig war, die vermutlich Gegenleistungen forderten, nahm sie in Kauf: Nur so waren für Frauen im 19. Jahrhundert Selbstbestimmung und eine gewisse Freiheit zu haben. Sehr anschaulich wird die Bedeutung dieses Schritts durch das Verhalten ihrer Mutter, das Lola so schilderte: Als diese von dem Theaterdebüt ihrer Tochter erfuhr, legte sie angeblich Trauerkleidung an und verschickte an alle Bekannten Karten, in denen sie den Tod ihres Kindes bekannt gab.[11] Vielleicht handelte es sich hierbei aber um einen Irrtum, da Mrs Craigie im Oktober 1843 um ihren Gatten Patrick Craigie trauerte.[12] Doch die Botschaft ist klar: Lola ging davon aus, dass sie für ihre Mutter durch den Weg auf die Bühne, den diese mit Unmoral und Sünde gleichsetzte, gestorben war.

Die neue Identität war klug gewählt: Als angebliche spanische Aristokratin konnte sie ihre Verehrer dominieren und domestizieren, Herrin sein, Distanz halten und einfordern. Die Reitgerte, die sie nun meist bei sich trug, wurde zum Symbol für diese Herrschaft.[13] Sie trat damit in die Nachfolge der fernen und abweisenden Damen ein, denen in der

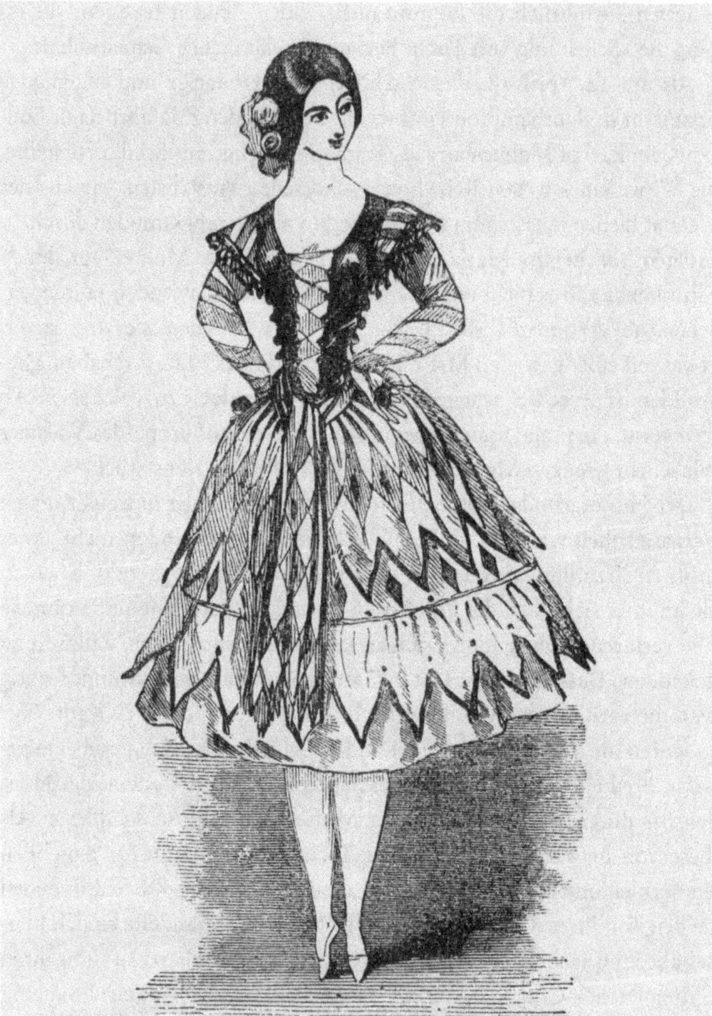

Als Lola Montez bei ihrem ersten Auftritt in London,
Zeichnung aus der «Pictorial Times», 1843

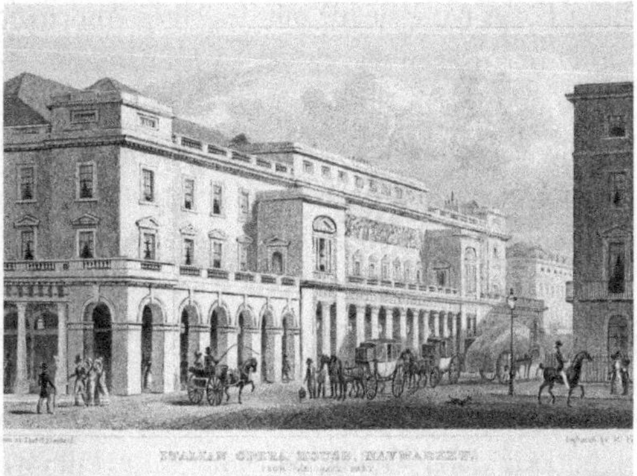

Debüt als Lola Montez. Her Majesty's Theatre, London Haymarket, Gemälde von Thomas Hosmer Shepherd, 1827–28

Zeit des Minnesangs von ihren Rittern größte Opfer gebracht wurden. In der zeitgenössischen romantischen Literatur waren diese Bilder sehr lebendig. Und es ging nicht um irgendeine Herrin, sondern um eine spanische Donna: Wichtige zeitgenössische Enzyklopädien wie die von Krünitz[14] bedienten den Glauben an einen «Nationalcharakter». Zum angenommenen Aussehen der Spanierinnen gehörten demnach «schöne feurige Augen, eine gelbliche Gesichtsfarbe, schlanker Körper, eine zierliche Hand und zierlicher Fuß». Den Spaniern wurden Patriotismus, Zuverlässigkeit, Tapferkeit und «tiefes Ehrgefühl» zugeschrieben, «ein Gleichgewicht von Feuer und Kaltblütigkeit», gleichzeitig aber auch Rachsucht, Unversöhnlichkeit und eine hohe Einschätzung des eigenen Ranges. «Die große Liebe zum Tanze, die der Spanier besitzt, und worin ihm seine natürliche Ernsthaftigkeit nicht im Wege ist, wie man es so oft von der spanischen Grandezza glaubt, und dann der übermäßige Genuß hitziger Getränke und Gewürze, so wie überhaupt aller gewürzten Sachen, bringen hin und wieder seine Gesundheit in Gefahr.» Das «heiße Blut», das man Spaniern und Spanierinnen nachsagte, konnte daher bestens Lolas Temperamentsausbrüche rechtfertigen, das «tiefe Ehrgefühl» ermöglichte Empörung über vorgeblich falsche Anschuldigungen, Rachsucht und Unversöhnlichkeit erlaubten es, Personen anzuklagen, die sich unbeliebt gemacht hatten, und der Tanz war «der Spanierin» ja ohnehin gewissermaßen angeboren. Insofern kam der angebliche spanische «Nationalcharakter» der zukünftigen Lola Montez sehr zugute, er schuf einen Erwartungshorizont, den sie bediente.[15] Als

Eliza James hätte sie nie mit derselben Außenwirkung spanische Tänze aufführen können wie als verfolgte Spanierin.

Die angebliche Zugbekanntschaft, Lord James Malmesbury, wurde zu einem wichtigen Gönner. Der Politiker und Diplomat, ein persönlicher Freund des Prinzen Louis Napoléon, des späteren Napoleon III., empfahl Lola an Benjamin Lumley, den Impresario von Her Majesty's Theatre. Malmesbury gehörte zum aristokratischen Freundeskreis des Theaters, das sich auch des Wohlwollens der königlichen Familie erfreute: Nur einige Wochen nach Lolas Debüt sah hier die junge Queen Victoria den «Barbier von Sevilla», am Abend von Lolas Auftritt am 3. Juni saß deren Onkel, der König von Hannover, in der Königsloge.[16] Später sollte Malmesbury behaupten, er sei ebenfalls über Lolas Identität getäuscht worden; es gibt jedoch Vermutungen, dass er Eliza schon vor ihrer Spanienreise kannte. Doch zunächst war Lumley das Opfer: Er schrieb in seinen Erinnerungen, ein bekannter Lord, der später eng mit dem Außenministerium verbunden gewesen sei, habe ihm die junge Frau als Spanierin, als Tochter eines gefeierten spanischen Märtyrers vorgestellt und ihre Fähigkeiten als Tänzerin auf eine Weise gelobt, dass ihr Auftritt gesichert war. Sie wurde mit Begeisterung empfangen: «Publikum, Presse, Opernbesucher, alle ließen sich zu solchen Stürmen von maßlosem Enthusiasmus hinreißen, dass es nachträglich schwierig ist, die seltsame Verblendung zu erklären, die alle Ränge durchdrang. Es ist wahr: Die sogenannte ‹Senora› war einzigartig schön. Ihr Stil war neu und es war etwas Pikantes und Provokatives an ihr.»[17]

Ihren ersten Auftritt begleiteten bereits die Elemente, die in Zukunft ihren Erfolg sichern sollten: Aufsehen um ihre Person, Vorabberichte der Presse, Anhänger und Claqueure im Publikum, Begeisterung ebenso wie Ablehnung als Reaktion auf ihre besondere Bühnenpräsenz und ihre sinnliche Ausstrahlung, rauschender Applaus und Blumensträuße, letztlich aber ein Skandal. Schon bei diesem Debüt ging es um die Person und nur in zweiter Linie um ihren Tanz. Noch war es die Geschichte der «verfolgten Schönheit», später reichte ihr Name, um die Menschen in Scharen ins Theater zu locken: Jeder wollte sie sehen, sie stand im Mittelpunkt, was sie aufführen würde, war fast nebensächlich. Dies ist das Besondere des Starkults, den sie zwar nicht erfunden hatte, der aber von ihr zu einer ersten Blüte geführt wurde.[18] Bemerkenswert ist der

Mut, mit dem die junge Frau sich auf die großen Bühnen begab und sich dem Publikum aussetzte.

Der Kritiker der «Morning Post», den Lumley vorher zur Probe eingeladen hatte, erlag schnell Lolas Faszination: «Nun, wirst Du mich fragen, gibt es jemanden, der, nachdem er sich auch nur eine halbe Stunde mit Donna Lola unterhalten hat, auch nur einen Augenblick daran zweifeln kann, dass er mit einem vor Geist sprühenden Geschöpf gesprochen hat. Ich jedenfalls nicht. [...] Sie unterhielt sich mit mir über beinahe alles – nein, ich würde fast sagen, über viel mehr –, [...] mit einer Verve und einem Entrain, die unwiderstehlich waren.»[19] Ähnlich begeistert war sein Vorabbericht, in dem er das Publikum auf ihre besondere Art des Tanzes vorbereitete, die nicht der sonst üblichen Balletttradition entsprach: «Die spanische Tänzerin tanzt mit dem Körper, den Lippen, den Augen, dem Kopf, dem Hals und mit dem Herzen. [...] Lola Montez ist eine rein spanische Tänzerin. [...] El Oleano ist wie die Cachucha [...] ein durch und durch nationaler Tanz [...]. Die Spielarten, die er verkörpert – die Verträumtheit, die Hingabe, die Liebe, der Stolz, die Verachtung – einer der Tanzschritte, der Tod der Tarantel genannt wird [...], ist genau die Poesie der rächenden Verachtung –, können nicht übertroffen werden. Der erhobene und nach hinten geworfene Kopf, die blitzenden Augen, der ungestüme und ausgestreckte Fuß, der das Insekt zermalmt, liefern für den Maler ein Motiv, das er so leicht nicht vergessen wird.»[20]

Der Auftritt wurde ein großer Erfolg und war von Begeisterungsstürmen begleitet. Lola, in ein spanisches Kostüm mit Mantilla, einem Schleiertuch, gekleidet, ganz stolze Andalusierin, lächelte nicht, wie «The Times» schrieb.[21] Auch der Kritiker des «Theatrical Journal» äußerte sich enthusiastisch.[22] Sie musste ihren Tanz wiederholen und ein Regen von Blumensträußen dankte es ihr. Doch bereits an diesem Abend empörten sich in London ansässige Spanier und beschwerten sich bei Lumley: Dies sei keine Tänzerin und keine Spanierin gewesen, sondern eine Hochstaplerin. Die Presse hatte dieser Verdacht am nächsten Tag noch nicht erreicht: Sie schrieb einhellig positiv, lobte Lolas «wunderbar geschmeidige Gestalt», die «Kühnheit ihres Tanzes», sie sei eine «großartige Pantomimin», ihre Figur diene einem «ästhetischen Willen» und verkörpere die «Eleganz schlechthin»: «Ihr Tanz ist nur etwas mehr als eine Geste und Haltung, aber jede Geste und Haltung scheint ein Impuls der Leidenschaft zu sein, die die stolze und hochmütige Denkweise einer schönen Spanierin beherrscht.»[23]

Doch Lumley sah seinen guten Ruf in Gefahr. Er hatte der Gesellschaft eine falsche Spanierin präsentiert und verzichtete lieber auf das Geld, das sie vermutlich eingespielt hätte, um nicht selbst als Betrüger dazustehen: Er erlaubte ihr keine Aufführung mehr in Her Majesty's Theatre. Er schrieb, dass er diesen Entschluss durchgehalten habe, «trotz der Vorhaltungen ihrer ‹Freunde› – trotz ihrer eigenen missbilligenden Briefe, in denen sie ernsthaft ihre englische Herkunft leugnete und kühn behauptete, eine echte ‹Lola› und eine Original-‹Montez› zu sein – sogar trotz des an höchster Stelle geäußerten Verlangens, ihre seltsame Darbietung zu sehen, blieb ich unbeugsam und der falschen Tänzerin wurde nie wieder erlaubt, ihre hübsche Person und ihre falsche Anmut in Her Majesty's Theatre vorzuführen».[24]

Waren es die berechtigten Zweifel an ihrer spanischen Herkunft, die Lumley zur Absage weiterer Vorführungen brachten, so folgte ein Angriff der Wochenzeitung «Age» zunächst auf die «Morning Post», die Lolas Aufführung so sehr bejubelt hatte. Aufgrund der Art des Vorwurfs ist zu vermuten, dass hier alte Rechnungen zwischen den Zeitungsleuten beglichen wurden und Lola nur mehr oder weniger zufällig ins Visier geriet. Jedenfalls wurde ihre wahre Identität als Mrs James enthüllt. Lola wandte sich nun mit einem offenen Brief in der «Morning Post» an die Öffentlichkeit, in dem sie versicherte, es sei kein wahres Wort an dem Bericht des «Age», sie sei Spanierin aus Sevilla und habe im Alter von zehn Jahren sieben Monate in Bath zugebracht, seitdem aber nie wieder einen Fuß auf englischen Boden gesetzt.[25] In seiner Antwort legte der «Age» nach und ließ durchblicken, es gebe einige Herren von Adel, die darauf bestünden, dass sie Mrs James sei, und wenn sie weiter das Gegenteil behaupte, so werde man deren Namen nennen und noch weitere Dinge enthüllen.[26] Dies gab den Ausschlag: Lola beschloss, ihre Karriere auf dem Kontinent fortzusetzen.

Vorher jedoch erklärte sie sich noch auf Bitten eines jungen Dramaturgen und Lyrikers bereit, im Juli auf einer Wohltätigkeitsveranstaltung für ihn ohne Gage im Covent Garden Theatre zu tanzen. Er schrieb rückblickend: «Ich habe Sylphen und weibliche Gestalten von überaus berückender Schönheit in Ballett- und Märchenaufführungen gesehen, aber die berückendste und vollkommenste, die ich jemals erblickt habe, war Lola Montez an diesem Abend in ihrem herrlichen in Weiß und Gold gehaltenen, mit Diamanten besetzten Gewand.» Auch ihr Tanz sei allgemein bewundert und mit stürmischem Applaus belohnt worden. Für ihn sei sie «der Inbegriff einer großzügigen, damenhaften und liebenswürdigen Erscheinung» gewesen.[27] Nach dieser Aufführung verließ Lola London. Ihr Ziel: Sankt Petersburg.

Auf dem Kontinent: Ebersdorf und ein Operettenfürst

Lolas erste Station auf dem Kontinent war wohl das kleine Fürstentum von Prinz Heinrich LXXII. von Reuß-Lobenstein-Ebersdorf. Sie hatte den Prinzen, einen entfernten Verwandten des englischen Königshauses, in London kennengelernt. Die Quellen für diesen Aufenthalt sind 25 bzw. 58 Jahre später und daher in Kenntnis von Lolas weiterem Lebensweg entstanden, manches beruhte auf Hörensagen. Ein Beispiel dafür ist die Information, der Fürst habe in London Lolas Schulden bezahlt. Der Bericht in der Zeitschrift «Gartenlaube» von 1866 vermerkt dazu: «Ein englischer Pair, Mitglied des Oberhauses, Lord Sh..., mit dem ich vor Jahren in Zürich im Hotel Baur zufällig bekannt wurde und der ein Bekannter des Fürsten aus seinem Londoner Aufenthalt war, erzählte mir, daß der Fürst Lola aus sehr drückenden Verhältnissen durch eine Summe Geldes erlöst und sie dann zu sich nach Ebersdorf eingeladen habe.»[28]

Das Fürstentum Reuß-Ebersdorf in Thüringen war winzig, Heinrich nach dem Zeugnis eines Zeitgenossen brutal und herrschsüchtig, eitel, jähzornig und despotisch.[29] In die Berichte über Lola Montez' viertägigen Besuch mischen sich bereits etliche der Verhaltensweisen, mit denen sie später identifiziert wurde: Sie habe mit ihrem Fächer und ihrer Reitpeitsche freundliche Ebersdorfer Bedienstete geschlagen und seltene Blumen geköpft, einen Dolch an ihrer Seite getragen, geraucht wie ein Schlot und den großen Hund des Fürsten, Turk, auf unschuldige kleine Kinder gehetzt, die bei einem Konzert (falsch) sangen. Das waren

Stereotype, die sich im Laufe der Jahre 1843 bis 1847 mit dem Bild der unkonventionellen Tänzerin verbanden: Gewaltbereitschaft, Regelverletzung, Exzentrizität, Provokation, Unbeherrschtheit in der Wut, die Leidenschaft für das als schockierend unweiblich geltende Rauchen in der Öffentlichkeit, die Liebe zu großen Hunden.

Der zweite existierende Bericht stammte aus dem Jahr 1901 und gab Erlebnisse des damals zehnjährigen Sohns des Oberstallmeisters wieder.[30] Der Autor schrieb über einen zweistündigen Morgenspaziergang, bei dem er Lola begleiten durfte; hier wurden die Regelverstöße anders eingeordnet. Es wird Lolas kindliche Lust an Streichen spürbar, ihre Freude an der Natur, ihr Charme, aber auch ihre wütende Ablehnung von Verboten und der Einschränkung ihrer persönlichen Freiheit, genau das zu tun, was sie wollte. Ob der Fürst seinen Gast während des kurzen Aufenthalts wirklich einen Vormittag sich selbst und dem kleinen Sohn des Oberstallmeisters überließ, bleibt fraglich, ebenso dessen sehr gute Französischkenntnisse: «Wir unterhielten uns herrlich, spielten Fangen, Verstecken, jagten Eichhörnchen, ließen das Echo rufen, Turk Äste aus dem Wasser holen und neckten die Schwäne und Hirsche, wozu Lola Ruten von Haselnußstauden mit einem Dolche, den sie im Gürtel trug, abgeschnitten hatte. Im ‹Küchengarten› angekommen, [...] [auf dessen Rabatten] die seltensten Pflanzen gehegt wurden – eine Liebhaberei des Fürsten – machte es Lola Spaß, gerade die wertvollsten Blumen sich auszusuchen, diese mit der Rute abzuschlagen. Sie entwickelte hierbei eine gewisse Geschicklichkeit, so daß nur selten die Stengel bloß eingeknickt wurden, die Blumen meist sofort zur Erde fielen. [...] Durch Bitten versuchte ich sie abzuhalten und, als das nicht gelang, sagte ich: ‹Mais c'est defendu.› Ein Feuerstrom aus Lolas Augen antwortete mir. ‹Qu'est-ce que ça m'importe!› rief sie aus. ‹Il me fait plaisir – ramassez!› [...] Sie kam mir jetzt gar nicht mehr nett vor, eine Art Grauen vor ihr beschlich mich, und heute erscheint sie mir als ein Dämon.» Im Marstall flocht sie dann Plato, dem Lieblingspferd des Fürsten, die Blumen in Schweif und Mähne und gab Anweisung, sie nicht zu entfernen, bevor der Fürst sie gesehen hatte. Bei der Verabschiedung an der Gartensaaltreppe hob sie den Jungen, so sein Bericht, hoch, drückte ihn an sich und küsste ihn mehrfach.

Vielleicht sollte der Blick sich eher auf die kindlich-verspielten Handlungen richten und in Betracht ziehen, dass ihrem kleinen Begleiter Lolas Regelverstöße als Sakrileg erschienen, da er sicherlich bereits mit allen Strafen der Hölle bedroht worden war, wenn er diese Blumen beschädigen würde. Ihr Selbstbewusstsein und ihr Widerstand gegen diese Regeln erschienen ihm unbegreiflich, verbunden wohl mit der Angst, selbst bestraft zu werden. Es gab nämlich auch eine andere Seite; derselbe Mann überliefert, Lola habe auf einem abendlichen Empfang besonders die Damen durch ihre Aufmerksamkeit und Bescheidenheit beeindruckt und, als der Fürst nach dem misslungenen Konzert wütend die Gesellschaft verlassen hatte, die festliche Stimmung mit ihrem ungezwungenen Charme gerettet. Das ist nicht überraschend: Sie war ja, wie sie selbst schrieb, in Bath zur Salondame erzogen worden, sie wusste sich in bester Gesellschaft zu bewegen. Wie es nun auch gewesen sein mag: Der Prinz gab ihr Geld, angeblich 2000 Taler, einen «Verreisepass» für Dresden, der noch 1846 ihr einziges gültiges Ausweispapier darstellte, und ein Empfehlungsschreiben für Kapellmeister Karl Reissinger am Dresdner Hoftheater.[31]

Es ist plausibel, dass dies der eigentliche Zweck von Lolas Besuch war. Sie wollte sich eine Karriere aufbauen und die Welt sehen; da wäre ein längerer Aufenthalt in Ebersdorf nicht förderlich gewesen. Als Mätresse eines despotischen Operettenfürsten hätte sie es ohnehin nicht lange ausgehalten.

Dresden und Berlin: «Die neueste Melusine» und die Geschichte mit der Reitgerte

Lola kam am 7. August in Dresden an. Das Empfehlungsschreiben erwies sich wie erwartet als hilfreich und sie konnte schon am 9. August im Hoftheater auftreten. Doch das Publikum, von den Kompositionen des Dresdner Kapellmeisters Carl Maria von Weber und von den ersten Werken Richard Wagners begeistert, war von ihr nicht sonderlich beeindruckt. Nun griff sie zu den Mitteln, die sich bereits in London bewährt hatten und die sie auf allen weiteren Stationen ihrer Tourneen erfolgreich nutzen sollte. Sie freundete sich mit Journalisten an und fütterte sie mit entsprechenden Informationen, sie rührte die Werbetrommel und erwies sich dabei als sehr geschickt, wenn auch nicht unbedingt als wahrheitsliebend. So konnte man lesen, sie habe in London allergrößte Erfolge gefeiert und sei auch von Queen Victoria mit vielen Auszeichnungen bedacht worden, außerdem habe sie der Königin spanische Nationallieder zur Gitarre vortragen dürfen.[32] Sie sammelte in Dresden schnell einen Kreis von Verehrern um sich, die Blumen warfen und applaudierten. Doch alle drei Aufführungen von «El Oleano», «La Sevilliana» und «Los Boleros de Cádiz» waren nur von mäßigem Erfolg begleitet. Immer wieder fiel der Vergleich mit Fanny Elßler und Maria Taglioni, den Stars der französisch-italienischen Ballettschule der Zeit, zu Lolas Ungunsten aus. Das heißt nicht, dass ihr Tanz nichts taugte. Doch das Publikum musste sich auf ihre so ganz andere und ungewohnte Art der Performance einlassen. Wo das geschah, gab es viel Zustimmung.

Lolas nächste Station war Berlin. Sie hatte in Dresden für Berlin etliche Empfehlungsschreiben erhalten, die ihr ein entsprechendes Entree sicherten. Wie auch an vielen anderen Orten gab es bald Gerüchte, Lola habe ein Verhältnis mit einer hochgestellten Persönlichkeit; das ist indes schlecht nachprüfbar. Es ist unklar, wie leicht sich Lola tatsächlich auf Liebschaften einließ. Der Verdacht verbindet sich schnell mit dem Bild einer schönen Tänzerin, die nicht von einem Mann begleitet und beschützt wird und allein durch Europa reist. Eine Frau mit so vielen Verehrern, so die Meinung, muss auch viele Liebhaber haben und sich von ihnen aushalten lassen. Es ist jedoch eher zu vermuten, dass sie sich nicht allzu stark binden wollte. Sie schrieb in ihren Memoiren: «Treu meinem Vorsatze, keinem Manne ganz anzugehören und die Freundschaft an die Stelle der Liebe zu setzen, stürzte ich mich keck in die Abenteuer, die so viel Lockendes für mich hatten und gegen welche ich stich-, hieb- und feuerfest zu sein glaubte. Ich stürzte mich in das Leben und Treiben [...] mit dem jugendlichen Übermuthe einer gefeierten Künstlerin, die nichts mehr haßte als die Langeweile und nichts mehr liebte als die Veränderung.»[33]

Gemunkelt und in Herrenrunden erzählt wurde vieles. Doch eine besondere Quelle vermittelt einen Eindruck davon, wie Lolas Leben in Berlin ausgesehen haben könnte. Dort hatte sie den Schriftsteller Eduard von Bülow und vielleicht auch seinen damals 13-jährigen Sohn

Hans kennengelernt, den späteren großen Dirigenten. Eduard von Bülow bewegte sich eine Zeitlang in Lolas Umfeld und sie inspirierte ihn zu der Novelle «Die neueste Melusine».[34] Obwohl es sich um eine fiktionale Erzählung handelt, könnte vieles sich so zugetragen haben, wie es Bülow schildert. So berichtete der gegenüber Lola sehr kritische österreichische Gesandte in München, Graf Ludwig von Senfft, beim Erscheinen des Novellenbandes an Fürst Metternich in Wien: «In dem Band ‹Novellen› von Eduard v. Bülow, welche vor Kurzem bei Cotta in Stuttgart erschienen und dem König von Preußen gewidmet sind, findet sich unter dem Titel ‹Die neue Melusine› ein Fragment aus dem Leben der Lola Montez, eine nicht unähnliche Schilderung dieser phantastischen und feenhaften, aber ebenso herz- und gemüthlosen als sittenlosen Erscheinung. Der Verfasser, ein Geistesverwandter König Ludwigs, hat dieselbe ganz poetisch künstlerisch aufgefaßt und idealisiert, doch aber die Nachtseite auch nicht verhehlt.»[35] König Ludwig las die Novelle Anfang Januar 1847.[36] Der Novellenband, in dem die 50-seitige Erzählung enthalten ist, erschien bereits 1846, sie wurde also unmittelbar unter dem Eindruck der Begegnung geschrieben: «Ich fand, daß das Gesicht die reinste südliche Schönheit enthielt; feine, schmale, rothe Lippen, schwarze, wenig gewölbte Augenbrauen, lange schwarze Wimpern, beinahe grad hervorspringende Nase und dazu, wunderbarerweise! blaue Augen.»[37] Bülow beschrieb die plötzlich hervorbrechende Freude und Fröhlichkeit seiner «Imagina», wie er sie nannte. Als er erfuhr, dass sie als Tänzerin arbeitete, war er überrascht; «nichtsdestoweniger verriet ihr Betragen nur feines Anstandsgefühl und südländische Unbefangenheit». Auf der Bühne habe sie dem exklusiven Teil des Publikums ausgezeichnet gefallen, die große Menge sei jedoch gleichgültig geblieben. «Sie tanzte fast mehr mit dem Auge, dem Halse, den Armen und der Gestalt als mit den Füßen, und an ihrem Körper wie an ihren Geberden, konnte alles für die höchste Anmuth und Majestät der Schönheit gelten.» Bülow schilderte dann auch das hochexplosive Temperament: «Sie sagte, es sei das Fürchterlichste, was es gebe, wenn sie in Wuth gerate und hatte selbst großen Respekt davor [...] Sie sagte in ihrem Zorne Alles, was sie dachte, heraus, und nahm dabei so wenig Rücksichten, daß sie sich willkürlich viele Feinde machte.»[38] Einem kleinen Schneider warf sie ein fehlerhaft gefertigtes Kleid vor die Füße und schlug ihm auf die Hände, ohne dass er es übel nahm. Man konnte ihr nicht böse sein. Und in ihrem Kostüm aus weißem Silberstoff habe sie dann so großartig ausgesehen, dass Theatergänger sie als «Wunder, als Kunstwerk der Natur» bezeichneten.[39] Scharf beobachtete Bülow auch ihren Umgang mit den Anbetern: Das Wirtshaus, in dem sie wohnte, sei zu einem Wallfahrtsort für die «ästhetische Männerwelt» geworden. Jeden Morgen um 10 Uhr kam sie zum Frühstück und es versammelten sich Verehrer aus aller Herren Länder, die ihr bis Mittag Gesellschaft leisteten, Künstler, Gelehrte, Aristokraten, Fürsten. «Sie wußte mit ebenso viel Menschenkenntnis als Takt den Einen wie den Anderen, Alt wie Jung, an ihren Triumphwagen zu ketten.» Abends fanden bis tief in die Nacht Rauchgesellschaften statt. «Bei allen diesen mannichfachen Gelegenheiten fiel nicht die geringste Unanständigkeit vor und wußte sie Jedermann mit großer Stenge in den gehörigen Schranken zu halten.» Beleidigungen oder Albernheiten überhörte sie. Auch bei Hofe habe sie großen Erfolg gehabt, dank ihres natürlichen Taktes und Anstands, und versöhnte selbst sittenstrenge Damen mit ihrer Schönheit: «Ich möchte sagen, sie war von Geburt exklusiv, und ihre künstlerische sowie sociale Erscheinung befriedigte in so hohem Grade den auserlesensten Geschmack, daß sie in keiner Weise je populär werden konnte.»[40] Doch sie erschien ihm gleichzeitig «amazonenhaft und unerwärmbar» und er glaubte nicht, dass sie Liebe erwidern konnte. Diese gewisse Unnahbarkeit war möglicherweise die andere Seite ihres Beschlusses, zu herrschen und sich nicht mehr beherrschen zu lassen. Am Schluss der Novelle endete alles im Streit und die «Imagina» zog mit einem Verehrer davon. Wie unterschiedlich diese Novelle interpretiert wurde, zeigt ein Kommentar von Leo von Klenze in seinen «Memorabilien»; der Stararchitekt Ludwigs I. war Lola zutiefst abgeneigt und trug sorgfältig alles zusammen, was gegen sie sprach: In der Novelle werde «die unweibliche, gemeine, dämonische Natur eines Weibes» sichtbar, einer Frau, «welche täglich zwischen jungen Leuten bis tief in die Nacht sich auf dem Divan wälzt und ‹mit unendlicher Grazie› den Dampf der Cigarre durch Nase und Ohren ausbläßt, jedem Neueintretenden aber nach dem Grade der ihm geschenkten Gunst die Cigarre blos hinreicht, anzündet oder selbst anraucht und dabei stets wieder den höchstgraziösen Fluch: Caramba! ausstößt! (Glaubt man nicht in einer Wachtstube zu sein, wo sich die Soldaten zur Gemeinbelustigung ein Mensch von der Straße hereingerufen haben?).»[41]

Am 26. August debütierte Lola mit «El Oleano»; die Zeitungen hatten vorher ganze Arbeit geleistet und große Neugier geweckt. Auch in Berlin war die Aufnahme gemischt, sie wurde wieder an Fanny Elßler gemessen und als nicht gleichwertig befunden.[42] Lola tanzte noch einige Male im Schauspielhaus, bevor sie am 6. September «El Oleano» im Potsdamer Stadttheater vor König Friedrich Wilhelm IV. aufführte. Am nächsten Tag kam Zar Nikolaus I. von Russland zu Besuch[43] und Lola tanzte im königlichen Privattheater in Sanssouci «Los Boleros de Cádiz» nach dem ersten Akt von Donizettis Oper «Die Regimentstochter» vor dem preußischen König, dem russischen Zaren und dem juwelengeschmückten Adel. Da konnte sie es durchaus verkraften, dass am 10. September ihre Aufführung im Schauspielhaus mit einer lautstarken Auseinandersetzung zwischen ihren Bewunderern und ihren Kritikern endete.[44] Einer von ihnen bezeichnete ihre Art des Tanzens als «herausfordernd», sie «schreibe mit dem ganzen Körper Casanovas Memoiren».[45]

Lola blieb danach noch in Berlin und es kam angeblich zu der denkwürdigen Szene, die ihren Namen als «Frau mit der Peitsche» prägte. Verschiedene Zeitungen schrieben über die Geschichte; ob sie stimmt, ist indes durch Akten nicht zu belegen.[46] Bei einer großen Militärparade für den Zaren in Friedrichsfelde mit einem Vorbeimarsch von 30 000 Soldaten an König Friedrich Wilhelm und Zar Nikolaus versuchte Lola im eleganten Reitdress auf einem edlen Pferd, so die Zeitungsberichte zwei Wochen später, in den Bereich einzudringen, der für den Hof und den Adel reserviert war. Ob das Pferd bei einem Kanonenschuss durchging oder ob sie bewusst dorthin ritt, wurde später unterschiedlich wiedergegeben. Als sie den Bereich nicht freiwillig verließ und ein Gendarm sie hinausführen wollte, versetzte sie ihm angeblich mit ihrer Reitgerte einen Hieb ins Gesicht. Dieser Vorfall, der später von einigen Zeitungen groß aufgemacht wurde, findet sich jedoch nicht in dem umfänglichen und detaillierten Bericht über die Militärparade, der einen Tag danach erschien.[47] Lola habe als Konsequenz aus diesem Ereignis, so die späteren Berichte, eine Vorladung vor Gericht bekommen, inklusive einer spanischen Übersetzung, diese gelesen, danach jedoch in kleine Teile zerrissen, sei darauf herumgetrampelt und habe die Schnipsel dem Gerichtsdiener an den Kopf geworfen. Dieser angebliche Eklat wurde in den nationalen und internationalen Zeitungen ausführlich rezipiert und brachte ihr große Publizität.

Die Ersterwähnung findet sich bemerkenswerterweise nicht in einer Berliner, sondern in der «Neuen Würzburger Zeitung» vom 1. Oktober 1843, dies unter der Autorschaft «Berlin. Private Korrespondenz».[48] Auf diese Nachricht sprangen dann viele andere Zeitungen an, die meist fast wortgleich über den Vorfall berichteten.[49] Im französischen «Journal des Débats» wurde unter Bezug auf eine Meldung vom 1. Oktober, vermutlich also auf die Würzburger Zeitung, das Ereignis dramatisch geschildert: Eine junge und schöne spanische Tänzerin, Lola Montez, die mit Mutter und Schwester in Berlin weile und dort seit vier Monaten das Publikum erfreue, sei zur Militärparade in Friedrichsfelde geritten. Aber bei der ersten Artilleriesalve sei das Pferd mit ihr durchgegangen und erst im gesperrten Bereich zum Stehen gekommen. Ein Gendarm habe «rüde» ihren Rückzug verlangt und zur Bekräftigung ihrem Pferd mit dem flachen Säbel einen Schlag versetzt; darauf habe sie mit einem Hieb mit der Reitgerte reagiert. Der Gendarm gab darüber einen offiziellen Bericht ab. Am nächsten Morgen wurde Lola Montez, so das Journal, vor Gericht geladen, um sich wegen Widerstands gegen die Staatsgewalt zu verantworten. Darauf standen 13 Monate Gefängnis. Sie habe nur einen Blick über die spanische Übersetzung der Anklageschrift schweifen lassen, als sie in Wut geraten sei, beide Papiere in kleine Stücke zerrissen und sie dem Gerichtsdiener an den Kopf geworfen habe. Daraufhin sei sie verhaftet und wegen Missachtung des Gerichts angeklagt worden; das könne sie drei bis fünf Jahre in eine Besserungsanstalt bringen.[50] Auch das «Theatrical Journal» in London griff die Geschichte auf.[51] Die «Allgemeine Zeitung» aus München reagierte bereits vier Tage später auf den Bericht im «Journal des Débats»: «Wir können den französischen Verehrern der schönen Spanierin die beruhigende Versicherung ertheilen, daß der König die Untersuchung gegen sie niedergeschlagen und sie von aller Strafe befreit hat. In Warschau wohin sie jetzt auf Gastrollen abgereist ist, wird sie wahrscheinlich etwas vorsichtiger gegen Polizeibeamte und Gerichtsdiener seyn.»[52] Dies basierte möglicherweise auf der Nachricht in der «Frankfurter Ober-Post-Amts-Zeitung» vom

18. Oktober, der preußische König habe Lola Montez begnadigt.[53] Dass sie aus Berlin ausgewiesen wurde, wird nicht einmal von den Zeitungen behauptet und ist auch nicht belegt. Das gilt gleichermaßen für die Frage, ob sich alles tatsächlich so abgespielt hatte oder ob es sich um eine Zeitungsente oder einen Publicity-Gag handelte. Die Zeitschrift «Der Wanderer» aus Wien jedenfalls bedauerte den Vorfall als «traurige Folge der Emancipation».[54] Lola selbst schrieb offenbar an das «Journal des Débats», die preußischen Behörden hätten das Verfahren eingestellt und ihr Verhalten mit ihrer Impulsivität erklärt. Der betreffende Gendarm sei dann zu ihr gekommen und habe sich bei ihr entschuldigt.[55] In ihren Memoiren von 1852 berichtete sie, ihr Konflikt mit der Polizei sei zustande gekommen, weil sie im Lustgarten in Potsdam geraucht habe.[56] Diese Version findet sich auch in einer ungarischen Zeitschrift.[57] In Lolas Memoiren kommt die berühmte Peitschenszene jedenfalls nicht vor.

In dieser für das öffentliche Bild der Lola Montez so prägenden Szene, die Lola später wohl aufgrund von deren Publizität dann tatsächlich mehrfach inszenierte, steckte die «Grande Scène» des Theaters. Juliane Vogel hat diese Art von Szenen unter dem Titel «Die Furie und das Gesetz» ausführlich analysiert: Die «großen Leidenschaften» werden mit einem «Theater der Institutionen und des Reglements» konfrontiert, «Furor opponiert gegen das Gesetz, Exaltation gegen die Ordnung, Reaktion gegen Revolution, Macht gegen Ohnmacht und bei alledem männliche gegen weibliche Dramaturgie».[58] Die weibliche Furorszene, die «Grande Scène», gehörte zum bürgerlichen Theater des 19. Jahrhunderts, sie wurde zum Zentrum eines «weiblichen Gegentheaters» gegen die gesellschaftlich verordnete Affektkontrolle. Die Furie ist nicht mächtig, sie steht gegen Rechtsinstanzen und bürgerliche Staatsvorstellungen. Außerhalb der Bühne bekam nun die Furie einen Namen: Lola Montez. Sie wiederholte die Szene in Warschau, in München, London, New Orleans und Sydney – aber ob sie in Berlin stattgefunden hat, ist höchst fraglich.

Lola sollte zukünftig noch oft in dieser Rolle agieren. Sie lernte schnell, dass ihr Skandale nützlich waren. In ihren Memoiren heißt es: «Es ist wahr, diese Journale verbreiteten die albernsten Lügen über meine Person, sie erzählten Dinge von mir, die ich selbst nicht wußte, sie gaben mir ganz nach ihrem Gutbefinden eine Herkunft, einen Vater, eine

Mutter, sie machten zu meinem begünstigten Liebhaber, wen sie wollten, und den ich nicht einmal dem Namen nach kannte. Gerade durch diese Lügen kam ich in Aller Mund, und da man auf die Moralität einer Künstlerin ein nicht so großes Gewicht legt, so gewährten mir diese Lügen allerdings oft mehr Vortheil als Nachtheil.»[59] Dass sie als Frau einen Gendarmen mit der Reitgerte schlug und eine gerichtliche Vorladung, einen quasiheiligen Akt in den vormärzlichen Polizeistaaten, missachtete, trug nachhaltig zu Lolas Ruf einer wehrhaften Amazone bei und die Reitgerte, die schnell zur «Reitpeitsche» mutierte, wurde für die Karikatur ein wichtiges Attribut. Neben Reitgerte und Dolch konnte sie sogar mit Pistolen gut umgehen; in Paris sollte sie später bei einem Schießwettbewerb viele männliche Konkurrenten hinter sich lassen.[60] Zu diesem Image passt die von den Zeitungen kolportierte Geschichte, sie habe in einem Gasthof einem Offizier, der sie belästigte, ein Champagnerglas an den Kopf geworfen:[61] Lola war keine wehrlose Frau und fügte sich mit diesem Verhalten so gar nicht in die Weiblichkeitsvorstellungen der Zeit. Damit wurde die Kunstfigur Lola Montez aber auch originell und einzigartig.

Sie selbst nahm in ihren Memoiren mit ähnlichen Gedanken von Berlin Abschied: «Wir verließen mit Extrapost die Stadt, die mir im Entschwinden noch einmal ihren freundlichen Blick zuwarf. Noch einmal sah ich die kühne Amazone auf der Treppe des Museums, den Speer dem Unthiere zugewandt. [...] Es ist eine emancipierte Frau, welche gegen das entsetzlichste Raubthier der Welt, den Mann, ankämpft. [...] Denn glich ich nicht selbst dieser Amazone, welche in einem ewigen Kampfe gegen das Männergeschlecht begriffen war? Welche, noch ein Kind, diesen Kampf begann und ihn unaufhörlich, halb Siegerin, halb überwunden, fortgesetzt hat?»[62]

Warschau – politische Turbulenzen

Ihr nächstes Ziel auf der ein Jahr zuvor angetretenen Reise nach Sankt Petersburg war Warschau. Hatte sich Berlin Lola meist von seiner heiteren und festlichen Seite gezeigt, so änderte sich die Stimmung mit dem Aufenthalt in Polen im Oktober 1843. Hier geriet sie unmittelbar in die

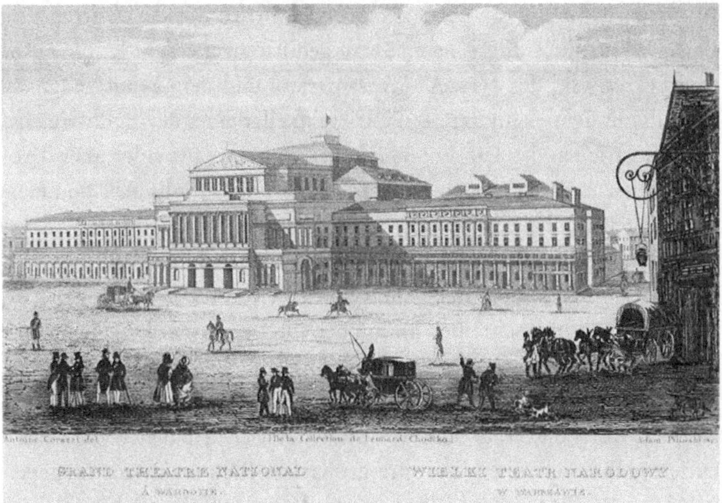

Das Theatr Wielki in Warschau, um 1839. Große Bühne für Lolas Skandalaufführung im November 1843

revolutionären Gärungen des Vormärz. Zwischen 7000 und 10 000 Polen, vorwiegend Männer der adeligen und intellektuellen Führungsschicht, waren nach der blutigen Niederschlagung des Aufstands von 1830 aus dem Land geflohen. Viele gingen in den Westen. Rund zehn Prozent der politischen Flüchtlinge starben zwischen 1831 und 1842 in der Emigration an den physischen und psychischen Belastungen. In Paris bildete sich ein nationales Netzwerk der Polen, sie sollten die «Sturmvögel der Revolution» von 1848 werden.[63] Das besetzte Polen stand unter scharfer russischer Polizeikontrolle. Die ehemals polnischen Soldaten wurden in die russische Armee gepresst und Russland führte ein strenges Regiment; der polnische Adel galt als Träger des Aufstands und daher waren tausende polnische Adelsfamilien nach Sibirien deportiert worden. Die katholische Kirche wurde zugunsten der russisch-orthodoxen Kirche zurückgedrängt, Russisch als Amtssprache eingeführt. Auch 13 Jahre nach dem Ende des Aufstands war die Stimmung aufgeheizt.[64]

Aufgrund ihrer Empfehlungsschreiben erhielt Lola Auftrittszusagen und die Presse widmete ihr große Artikel.[65] Ihr Vertrag umfasste fünf

Auftritte, das Honorar 3000 Zloty pro Auftritt. Wieder retteten ihre Bewunderer die Aufführungen: Dazu gehörte neben dem Kritiker Antoni Lesznowski der «Gazeta Warszawska» und dem Minister Ignacy Turkull mit dem «Zinkbaron» Piotr Steinkeller einer der einflussreichsten Industriellen des Landes; Steinkeller stammte aus einer über Tirol nach Wien und dann nach Krakau migrierten katholischen pommerschen Adelsfamilie, er hatte in Wien studiert und 1837 auch in London Zinkwerke eröffnet. Als multinationaler Unternehmer fühlte er sich bald für die schöne Fremde verantwortlich, vermutlich war eines von Lolas Empfehlungsschreiben an ihn gerichtet gewesen. Er schickte angeblich 100 Arbeiter seiner Fabriken als Claqueure in ihre Aufführungen, die wie auch andernorts nicht nur auf positive Resonanz stießen: Zu weit war Lolas Tanz von den zeitgenössischen Balletterwartungen entfernt. Ihre Schönheit und ihre großartige Bühnenpräsenz hingegen wurden von allen gelobt: «Ihre einwandfreie Aufführung hat alle unsere Wünsche erfüllt und unsere Erwartungen befriedigt. Lola Montez, Spanierin, fühlt, begreift und versteht alles, was sie tanzt: sei es die Liebe, sei es die Angst, den Schrecken, die Freude.»[66] Lolas Tanz war nicht an klassischen Formen orientiert, sie konzentrierte sich ganz auf die Expression.

Doch sie war zwischen die Stühle geraten: Vielleicht hatte sie zu deutlich ihre Meinung über die russische Politik gesagt, vielleicht war ihr tatsächlich der russische Vizekönig oder der Theaterdirektor Ignacy Abramowicz zu nahe getreten. So gibt es den Bericht, der Theaterdirektor habe Lola mit seiner Kutsche nach einer Aufführung ins Hotel gebracht, er sei dabei zudringlich geworden, woraufhin sie ihren Dolch gezogen und ihn aus der eigenen Kutsche geworfen habe, sodass er im Regen zu Fuß nach Hause gehen musste; sie habe auch die Komplimente und Angebote des Vizekönigs schroff zurückgewiesen.[67] Jedenfalls standen die folgenden Aufführungen unter einem schlechten Stern. Der Theaterdirektor, gleichzeitig Polizeidirektor von Warschau, brachte seine Leute gegen die Lola-Anhänger und ihre bezahlten Claqueure in Position, er wollte sie loswerden. Es kam zum Tumult. Der Vorhang schloss sich, die Pfiffe, das Zischen, die Hochrufe und der Applaus hielten an. Sie riss den Vorhang beiseite. Was dann folgte, schilderte sie selbst in ihrer «Autobiography» so: «Voller Zorn stürzte Lola Montez ins Rampenlicht und erklärte, dass diese Pfiffe vom Direktor angeordnet worden seien, da sie gewisse Geschenke seines Vorgesetzten, des alten Prinzen, abgelehnt hatte. Darauf folgte ein ungeheurer Applaus aus dem Publikum und auch die alte Prinzessin, die anwesend war, nickte mit dem Kopf und klatschte Beifall für die zornige und ungestüme kleine Lola. [...] Eine ungeheure Menge an Polen, die sowohl den Prinzen wie den Direktor hassten, begleiteten sie zu ihrem Hotel. Sie fand sich als Heldin wieder, ohne dass sie es erwartet oder beabsichtigt hatte.»[68] Das polnische Publikum war begeistert, da es gegen die verhasste russische Besatzung ging. Abramowicz versuchte zu kontern und verbreitete, Lola habe auf das Zischen des Publikums geantwortet, indem sie diesem ihr Hinterteil zeigte.[69] Sie wurde jedenfalls unter Polizeiaufsicht gestellt und letztlich vom Vizekönig ausgewiesen, angeblich nachdem sie versucht hatte, sich mit Gewalt zu seinem Palast Zutritt zu verschaffen. Der spanische Konsul wurde geholt, Lola erhielt Hausarrest. Zunächst weigerte sie sich, die Stadt zu verlassen: Inzwischen war sie für viele junge Polen zur Heldin geworden. Als sie doch aus der Stadt eskortiert wurde, begleiteten sie Studenten mit vierzig Schlitten bis zur Stadtgrenze, wo sie gestoppt wurden.[70]

Lolas Aktionen hatten inzwischen bereits für die europäische Presse Nachrichtenwert. Der «Era» in London widmete ihren polnischen Abenteuern am 21. Januar 1844 immerhin 62 Zeilen. Die Zeitung gab die Geschichte ganz ähnlich wieder, wie Lola sie schilderte; hier klagte Lola Abramowicz an, sie belästigt zu haben. Die Szene im Theater war nur der Anfang. Der «Era» zitierte einen Artikel aus der Pariser Zeitung «National», der wohl auf einem Brief Lolas vom 16. Dezember 1843 basierte und wilde Szenen mit der Polizei schilderte: Sie habe sich gegen Abramowicz und seine Gendarmen, die sie festnehmen wollten, erfolgreich mit einem Dolch verteidigt, den sie aus ihrem Strumpfband gezogen habe, und sei daraufhin ausgewiesen und an die Grenze eskortiert worden. Dort habe sie sich erneut mit ihrem Dolch gegen allzu intensive Durchsuchungen des russischen Grenzoffiziers zur Wehr gesetzt, dem sie letztlich die Schnipsel der Briefe an den Kopf geworfen habe (!), die er bei der Untersuchung gefunden hatte und nun lesen wollte; einer davon sei ein Empfehlungsschreiben der preußischen Königin gewesen. Viele derer, die sie in Warschau unterstützt hatten, seien inhaftiert und bestraft worden.[71] Die Zeitung bezweifelte letztlich jedoch die ganze Geschichte und bezeichnete sie als «absurde Erfindung». Doch wie sich das im Einzelnen auch verhalten haben mag, ein Pianist, der damals in Warschau gastierte, bestätigte viele Jahre später Lolas Version gegenüber der «Boston Times».[72]

Von Warschau nach Dresden: auf der Suche nach Liszt?

Lolas nächste Stationen waren von Ende November 1843 bis Anfang Januar 1844 Stettin, Danzig und Königsberg, wo sie jeweils vor vollen Häusern auftrat. Sie fuhr anschließend mit der Postkutsche über Tilsit ins russische Hoheitsgebiet, trat in Riga auf und reiste dann weiter Richtung St. Petersburg, zum ursprünglichen Ziel ihrer Reise.[73] Ihre Ankunft in Russland, so schrieb sie in ihrer «Autobiography», sei mit zu vielen besonderen und schmeichelhaften Aufmerksamkeiten verbunden gewesen, sie gehe darauf nicht im Detail ein, da es ihr als Eitelkeit ausgelegt werden könnte.[74] Die Königinnen von Sachsen und Preußen hätten ihr so freundliche Empfehlungsschreiben an die russische Zarin mitgegeben, dass der gute Empfang gesichert gewesen sei. In ihren Memoiren nimmt die Schilderung ihrer Erlebnisse in St. Petersburg und Moskau 180 Seiten in Anspruch.[75] Wer könnte vor diesem Hintergrund daran zweifeln, dass sie wirklich dort war? Dennoch ist ihr Aufenthalt dort nicht belegt. Sie war nach einem politisch grundierten Skandal aus Russisch-Polen ausgewiesen worden, dies reichte für ein Auftrittsverbot in St. Petersburg völlig aus. Er wird vermutet, dass sie zwar dort ankam, aber ihre sonst übliche Erfolgsmasche nicht funktionierte, da die Zeitungen strengster Zensur unterlagen. Vielleicht hatte sie sogar, wie sie behauptete, einen Auftritt, der mit einem Skandal endete. In jedem Fall befand sie sich schon bald wieder auf der Rückreise durchs tief verschneite Land.

Als Nächstes saß sie nach auffallend kurzer Zeit in einem Konzert des gefeierten Pianisten Franz Liszt.[76] Diese Begegnung der Lola Montez mit Liszt, den ganz Europa kannte, der Damen zu Begeisterungsstürmen hinriss, dessen Hände sie küssten und um dessen Handschuhe oder Zigarettenstummel sie sich balgten, beschäftigte die Phantasie der Zeitgenossinnen und Zeitgenossen nicht weniger als die der späteren Biografen. Lola berichtete in ihrer «Autobiography» nur knapp, Liszt habe so Furore gemacht, dass die Damen ein Taschentuch, das er verloren hatte, in Stücke rissen und glücklich waren, ein Stückchen für sich erobert zu haben.[77] Doch in der Lola-Biografie von Edmund d'Auvergne von 1909 sieht das ganz anders aus. Das Schicksal habe in Dresden Liszt und Lola zusammengeführt: «Die heftige künstlerische Natur des Mannes jauchzte auf vor Freude angesichts der herrlichen Schönheit der Frau. Ihre nicht zu bändigende Lebhaftigkeit, ihr fast männlicher Mut, ihre offene und beeindruckend animalische Ausstrahlung entzückten den Musiker. [...] Lola war schön wie eine Tigerin. Bei Liszt konnte sie sich stolz unterwerfen. Sie war eine jener erotischen Frauen, deren Leidenschaft eher von den geistigen Fähigkeiten eines Mannes erregt wurde als von seinen physischen Attraktionen. Intellekt betete sie an. Ihre eigene starke Natur konnte nur einer stärkeren nachgeben.» Die Tatsache, dass Lola die Beziehung zu Liszt in ihren Memoiren nicht erwähnte, führte d'Auvergne darauf zurück, dass ihr diese Liebe heilig gewesen sei.[78] In einer französischen Biografie heißt es, der Künstler sei durch ihre Schönheit verführt worden, «strahlend und wortlos» seien sie am gleichen Abend gemeinsam weggegangen und praktisch aus der Gesellschaft verschwunden. Nach einigen Wochen sei Liszt jedoch allein wieder aufgetaucht. Keiner von beiden habe darüber gesprochen, aber es habe Gerüchte gegeben über wütende Szenen, über Peitschenhiebe, die eines Morgens ausgetauscht worden seien: «Welche Erniedrigung, welche Enttäuschung hat diese beiden Wesen so heftig getrennt, nur einige Tage nachdem sie sich gefunden hatten, beide jung, schön und feurig?»[79]

Sehr viel nüchterner sah dies der Liszt-Biograf Alan Walker: «Das Paar wurde in der Öffentlichkeit gesehen, Gerüchte über eine Liaison fanden den Weg in die europäischen Gazetten. [...] Von all den vorübergehenden Galanterien Liszts zog diese am meisten Aufmerksamkeit auf sich. [...] Es ist nichts über ihr erstes Treffen bekannt, aber sie schloss sich bald dem berühmten Pianisten an. Wir haben nicht ein einziges Stück dokumentarischer Evidenz, das belegen würde, dass sie Liszts Geliebte wurde – nicht einen Brief, nicht einen Tagebucheintrag, nicht ein Bekenntnis von irgendeiner Seite.»[80] Sicher ist, dass Liszt Lola am 29. Februar zu einer «Rienzi»-Aufführung in Dresden mitnahm und beide in einer Pause in der Garderobe des Tenors Josef Tichatscheck erschienen, um ihm zu gratulieren. Dort stießen sie auf den Komponisten der Oper, Richard Wagner, der aber mit Liszts Begleiterin Lola Montez nichts anfangen konnte und sich schnell zurückzog: Er schrieb in sein Tagebuch, sie habe unverschämte Augen; später bezeichnete er sie als «herzloses dämonisches Wesen».[81] Dass die Behauptung, Lola sei nach dem Treffen in Dresden mit Liszt durch Europa oder gar nach Konstantinopel gereist, die sich bei einigen Liszt-Biografen findet, der Wahrheit entspricht, ist zeitlich ausgeschlossen: Am 30. März trat Lola bereits in Paris auf.[82] Doch da die Gerüchte über die Affäre mit Lola den endgültigen Bruch mit seiner langjährigen Geliebten Comtesse Marie d'Agoult herbeiführten, waren sie offenbar auch in Liszts Leben von Bedeutung.

Rund um die Begegnung mit Liszt werden noch weitere Geschichten überliefert. In zwei Zeitungen wird ein missglücktes Abendessen erwähnt, das Kunstfreunde Liszt zu Ehren gaben und in dessen Verlauf es zu «unangenehmen Tätlichkeiten» rund um Lola gekommen sei;[83] es hieß, Lola sei die einzige Dame in einer Männergesellschaft gewesen, was als ganz unmöglich galt, dies habe ihr aber nichts ausgemacht. Der Liszt-Biograf Julius Kapp überliefert eine weitere Anekdote, die wie so manches andere erst fünfzig Jahre nach den Ereignissen erstmals erzählt wurde: Angeblich wollte Liszt sich seiner anstrengenden Freundin entledigen und habe daher den Hotelportier bestochen, sie zwölf Stunden lang in ihrem Zimmer einzusperren, während er abreiste. Das Mobiliar, das dabei zu Bruch gehen würde und auch tatsächlich von Lola zerschlagen wurde, habe er vorher bezahlt.[84]

Diese Geschichte wird immer wieder aufgegriffen und weitererzählt, nicht zuletzt von Guy de Pourtalés in seiner Liszt-Biografie.[85] Sie nimmt, wie andere phantasievolle Berichte auch, die Stereotype auf, die Lola zugewiesen wurden: die Gewaltbereitschaft, die Regelverletzungen, das undamenhafte Benehmen in Gesellschaft. Auch spekulative Interpretationen durch spätere Biografen sind vielfach eine Mischung aus vagen Informationen und blumigen Erfindungen, die jedem Boulevard-Journalismus Ehre machen würden. Erklärungsbedürftig bleibt, warum Lola diese Episode nicht erwähnte. Sie war ja ansonsten sehr freigiebig mit Berichten über Verehrer und Liebhaber, die jeweils mit ihrem Titel und dem ersten und letzten Buchstaben ihres Namens verschlüsselt wurden. Dieses «Namedropping» diente sicherlich ihrer Statuserhöhung, sie wollte zeigen, in welch illustrer Gesellschaft sie verkehrte. Welche dieser Begegnungen, Gespräche und Abenteuer tatsächlich stattgefunden haben, ist im Einzelnen nicht mehr festzustellen. Durch ihre Art der Selbstrepräsentation feuerte sie jedoch Spekulationen kräftig an – dazu hätte die Episode mit Liszt gut gepasst. In dem 1847 erschienenen Buch «Lola Montez. Abenteuer der berühmten Tänzerin, von ihr selbst erzählt» hieß es: «Wir finden sie in Krakau wieder, von wo sie mit dem bekannten Klaviervirtuosen Franz Liszt abreist. Sie besucht mit demselben mehrere deutsche Städte; da aber der geniale Liszt wenig Geschmack an ihrer Choreographischen Kunst zu finden scheint und da sie von diesem stolzen Helden des Piano oder vielmehr des Forte, keinen Vortheil künstlerischer Seits ziehen kann, so wendet sie ihren Weg zu ihrem Vergnügen nach Italien.»[86] Dies ist vielleicht die Erklärung dafür, dass manche Biografen von einer längeren gemeinsamen Reise schrieben. Doch wie so vieles andere waren diese angeblichen Erinnerungen schlichtweg erfunden.

Die beiden verabschiedeten sich wohl nicht im Streit, nachdem sie nie ein böses Wort über Liszt verlor und er noch Jahre später Freunden von ihr vorschwärmte, sie sei das «vollendetste, bezauberndste Geschöpf», das er je gekannt habe. «Sie ist immer neu! Immer plastisch! In jedem Moment schöpferisch! Sie ist wirklich ein Dichter! Das Genie der Anmuth und der Liebe! Alle anderen Frauen verbleichen neben ihr!»[87] Ob er sich tatsächlich so geäußert hat, ist freilich auch nicht verbürgt. Jedenfalls gab ihr Liszt Empfehlungen für Pariser Freunde mit – und vielleicht steckte nicht viel mehr hinter dieser angeblich schicksalhaften Begegnung.

Paris – von der Tänzerin zur Salonière

Mit Liszts Schreiben versehen, machte sich die inzwischen 23-jährige Lola auf den Weg nach Paris. Die Metropole war für Lolas Ambitionen einerseits genau der richtige Ort, andererseits aber auch der ganz verkehrte: In der Kulturhauptstadt der französischen Balletttradition hatte ihre Art des Tanzens wenig Chancen, auf Gegenliebe zu stoßen, und sie

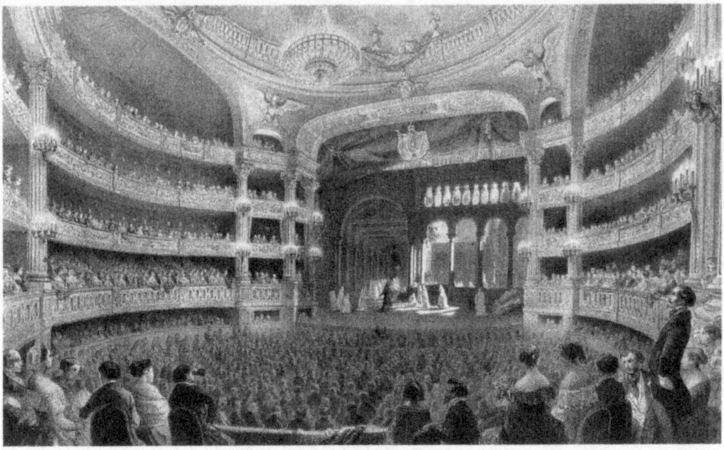

Die wichtigste Ballettbühne der damaligen Welt: die Pariser Oper in der Salle Le Peletier, hier eine Aufführung von «Robert le diable», 1831

erlebte daher mehrere Misserfolge. Gesellschaftlich jedoch war Paris die richtige Stadt für sie: Neben einer adeligen Oberschicht gab es hier Zirkel und Salons der Bohemiens und Literaten, in denen adelige Dandys des «Jockey Clubs» ebenso zu Hause waren wie Schauspielerinnen und Sängerinnen.[88] Die Gesellschaft war deutlich durchmischter als in anderen europäischen Hauptstädten, in denen sich die Stände noch klarer voneinander abgrenzten. Die Revolutionen, das Empire unter Napoleon I. und die Zeit des Bürgerkönigs Louis Philippe hatten die französische Gesellschaft gründlich durchgewirbelt und neue Gruppen aufsteigen lassen. Es gab eine sehr reiche Geldaristokratie, in der sich viele Kunstmäzene und Tanzbegeisterte fanden. Paris war die Hauptstadt der europäischen Kultur und Mode, in den Salons und Literaturcafés traf man Alexandre Dumas Vater und Sohn, Victor Hugo oder Honoré de Balzac, ebenso Schriftstellerinnen wie George Sand und Delphine de Girardin. Das wohlhabende Publikum flanierte in den glitzernden Champs-Élysées und besuchte die vielen Bühnen der Stadt. Wechselnde Liebschaften waren die Regel in diesen Kreisen. Teure und stadtbekannte Kurtisanen wie La Païva, später Pauline Gräfin Henckel von Donnersmarck, oder Marie Duplessis, die 1848 durch den Roman des jüngeren Alexandre Dumas als die «Kameliendame» weltberühmt

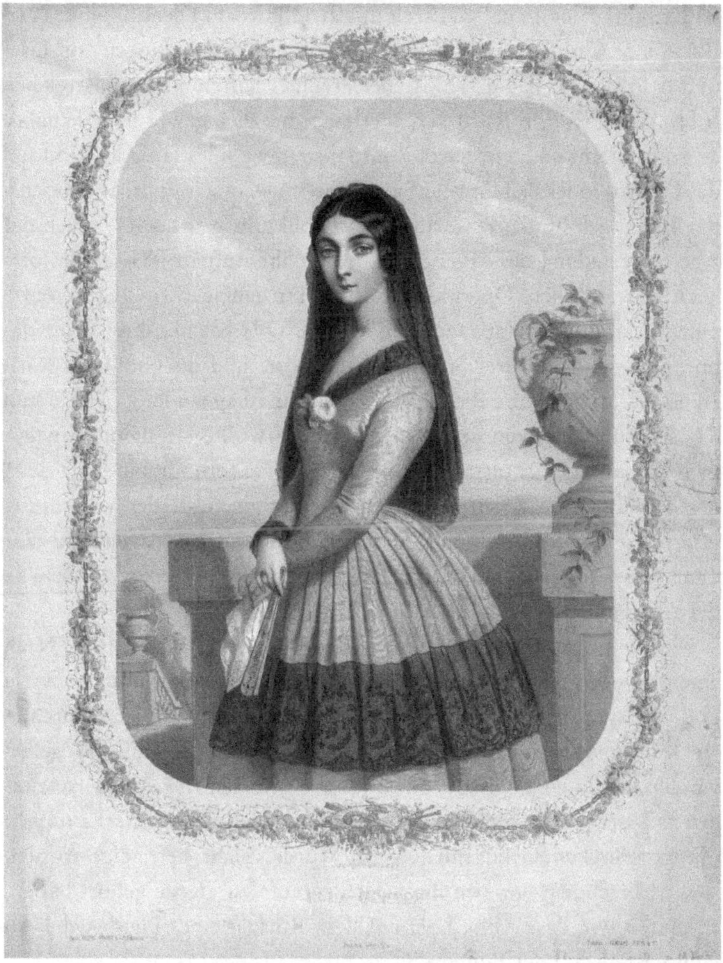

Lola Montez und Carmen. Prosper Mérimée erfand seine Figur der Carmen in Paris zu der Zeit, als Lola dort auftrat: Carmen hat wie Lola rabenschwarzes Haar mit bläulichem Schimmer. Kolorierte Lithografie von Marie Alexandre Alophe nach einem Gemälde von Prosper-Guillaume Dartiguenave, um 1844

wurde, waren Teil dieser Pariser «Halbwelt», der «Demimonde», benannt nach einer Komödie dieses Autors.[89]

Am 30. März 1844 debütierte Lola Montez auf der berühmtesten

Ballettbühne der damaligen Welt mit «L'Olia» («El Oleano») und «Los Boleros de Cádiz» – und fiel durch. Dank der Empfehlungen von Liszt und bald von ihr neu geschlossener Freundschaften mit einflussreichen Journalisten war ihr Auftreten überhaupt möglich geworden: Sie nahm Tanzunterricht und wurde von Journalisten wie Jules Janin im «Journal des Débats» oder Pier-Angelo Fiorentino im «Corsair» vorher in höchsten Tönen gelobt, die Erwartung des Publikums war hoch.[90] Nach der Abendvorstellung des «Freischütz» folgte ihr Auftritt. Wie andernorts auch war es üblich, Opern durch kurze Tanzeinlagen zu ergänzen und aufzulockern. Das Haus war voll besetzt. Lola begann ihren Tanz damit, dass sie eines ihrer Strumpfbänder löste und ins Publikum warf. Über den Hintergrund dieser Aktion ist nur zu spekulieren: Hatte sich das Strumpfband von selbst gelöst? Oder wollte sie damit bewusst provozieren? Ob es tatsächlich dieser gewagte Strumpfbandwurf war, der das Publikum gegen sie aufbrachte, der als Geste der Verachtung interpretiert wurde und zum Skandal führte, ist zu bezweifeln.[91] Ihr Tanz entsprach jedenfalls nicht dem, was das Publikum gewöhnt war, der Applaus blieb verhalten.

Die Zeitungen berichteten am nächsten Tag vielfach negativ. Nach einem zweiten Auftritt wenig später waren die Kritiker unbarmherzig und verrissen sie nach Strich und Faden; Théophile Gautier, gefürchteter Tanzexperte von «La Presse», schrieb bissig: «Es muß zugegeben werden, daß die Neugierde, die durch die diversen Auseinandersetzungen mit der Polizei im Norden, ihre Pferdepeitschen-Unterhaltungen mit preußischen Gendarmen erregt wurde, nicht befriedigt worden ist […] Nachdem wir von ihren Heldentaten zu Pferde gehört haben, vermuten wir, dass Mlle. Lola auf dem Rücken eines Pferdes eher zu Hause ist als auf der Bühne.»[92]

Trotz dieser Enttäuschungen blieb Lola in Paris. Sie nahm weiter Tanzunterricht und arbeitete auf ein zweites Erscheinen auf der Bühne hin, genoss Paris und lernte viele wichtige und interessante Menschen kennen. Für den Spätsommer plante sie einen Auftritt im Theater an der Porte St. Martin, der jedoch erst ein halbes Jahr später zustande kommen sollte. Dass sich Lola in dieser Zeit von Männern finanzieren ließ, ist sehr wahrscheinlich; von Tanzauftritten lebte sie jedenfalls nicht, Paris war teuer und es gab für alleinstehende Frauen der gehobenen Schichten kaum Möglichkeiten, sich auf anderem Wege durchzubringen. Dass sie als Prostituierte arbeitete, wie manchmal behauptet wurde, ist zu bezweifeln: Es gab im Paris dieser Jahre viele gesellschaftlich akzeptierte Arrangements jenseits der Prostitution.[93] Sie überzeugte nicht nur mit ihrer Schönheit, sondern auch mit ihrem Geist. In Paris war beides unabdingbar, wollte man sich in den entsprechenden intellektuellen Kreisen bewegen. Eine Affäre mit Alexandre Dumas dem Älteren, die ihr nachgesagt wurde, ist eher unwahrscheinlich.[94] Sie wurde jedenfalls zu einer der «Löwinnen» des Pariser Gesellschaftslebens, zu ihren Bewunderern gehörten Journalisten wie Gustave Claudin, Schriftsteller wie François-Joseph Méry und Eugène Sue; Sue war gerade durch seinen Fortsetzungsroman «Les Mystères de Paris» berühmt geworden, der im Pariser Milieu zwischen Adel und Unterschicht angesiedelt war.[95] Ob Lola eine Liebschaft mit einem der Tänzer der Oper hatte, die zu einer stürmischen Szene führte, wie der «Coureur des Spectacles» im September 1844 berichtete, bleibt unbewiesen. Ihre in der Zeitung angeführte Drohung, ihren Liebhaber mit Hilfe ihres Rings zu vergiften, wenn er sie verließe, findet sich später wieder und zeigt erneut die Lola zugeschriebene Gewaltbereitschaft. Der Journalist begann seinen Artikel über die angebliche Affäre mit der Bemerkung, nicht einmal die schreckliche Reitpeitsche der Tänzerin könne ihn davon abhalten, seine Pflicht zu tun. Die Zeitung nutzte also geschickt Lolas Image, um Leser zu interessieren.[96]

Doch sie hatte mit Alexandre Henri Dujarier einen Mann kennengelernt, mit dem sie eine feste Beziehung einging. Dujarier war der wohlhabende und innovative Partner von Émile de Girardin bei der republikanischen Zeitung «La Presse».[97] Offenbar überlegten Lola und Dujarier sogar zu heiraten. Als sie im März erneut einen Anlauf nahm, als Tänzerin das Pariser Publikum zu erobern, konnte sie auf geschickte Presseunterstützung rechnen. Selbst Théophile Gautier, der sie früher so bitter kritisiert hatte, lobte ihre Kühnheit, ihre Leidenschaft und Ausdrucksfähigkeit.[98] Der Londoner «Era» schrieb, ihre Kostüme verbänden Eleganz und hervorragenden Geschmack und ihre Performance sei stürmisch gefeiert worden.[99] Dieser Auftritt hätte der Beginn einer Bühnenkarriere in Paris werden können.

Doch ihr Freund Dujarier wurde am 11. März 1844 von Jean-Baptiste de Beauvallon, dem Kritiker der Konkurrenzzeitung, des monarchistischen und bonapartistischen «Globe», und Schwager des Besitzers, in einem Duell erschossen. Anlass war eine unbedeutende Auseinandersetzung am Spieltisch im Restaurant «Les Trois Frères»; es handelte sich daher wohl um eine gezielte Aktion gegen den erfolgreichen Zeitungsmann. Dujarier konnte nicht schießen und sein Konkurrent hatte leichtes Spiel. Es war glatter Mord.[100] Wie Lola ein Jahr später in dem Prozess gegen Beauvallon aussagte, hatte ihr Dujarier noch einen Abschiedsbrief geschrieben, bevor er zum Duell in den Bois de Bologne fuhr: «Meine liebe Lola, ich verlasse das Haus, um mich mit Pistolen zu schlagen. Das erklärt Dir, warum ich diese Nacht allein schlafen wollte und warum ich heute früh nicht zu Dir gekommen bin. Ich brauche all meine Ruhe und Du hättest in mir zu viele Emotionen aufgewühlt. Um zwei Uhr ist alles vorbei und ich werde zu Dir kommen, wenn nicht ... Adieu, meine gute kleine Lola, die gute kleine Frau, die ich liebe! D.»[101] Als sie den Brief erhielt, versuchte sie alles, den Ort des Treffens ausfindig zu machen, um das Duell zu verhindern, doch es gelang ihr nicht. Die Kutsche brachte dann den blutüberströmten Dujarier zurück und sein Leichnam fiel ihr beim Öffnen der Kutschentür in die Arme. Bei der Beerdigung am 13. März trugen die «Löwen» der Pariser Salons, Balzac, Dumas, Méry und Émile de Girardin, den Sarg.

Das Duell und der aufsehenerregende Prozess in Rouen wurden ausführlich in den Zeitungen kommentiert und später erneut dokumentiert.[102] Es sagten auch Literaturgrößen wie Alexandre Dumas der Ältere aus, dem Dujarier noch am Abend vor dem Duell gesagt hatte, es handle sich um einen Krieg zwischen dem «Globe» und «La Presse», nicht zwischen Beauvallon und ihm selbst, und er wisse wirklich nicht, wofür er sich schlagen müsse.[103] Als Lola auftrat, führte das zu einer Sensation. Es war für eine Frau ungewöhnlich, sich in so einem Prozess überhaupt als Zeugin zur Verfügung zu stellen, da zwangsläufig ihre Liebesbeziehung zu Dujarier öffentlich kommentiert werden würde, doch sie hoffte, mit ihrem Hintergrundwissen zur Aufklärung beitragen zu können: Sie wusste, dass der Besitzer des «Globe» Dujarier Geld schuldete und zwischen beiden eine lange Feindschaft bestand. Lolas Auftreten war mutig, doch sie wurde von übelwollenden Zeitgenossen sogar als Publicity-Aktion missinterpretiert.[104] Ihre Aussage führte aber nicht zur Verurteilung: Zu sehr war das Duell akzeptierter Teil gesellschaftlicher Auseinandersetzungen. Obwohl die Beweislast gegen Beauvallon erdrückend war, wurde er freigesprochen.[105] Doch damit endete die ganze Affäre noch nicht: Das Gericht erfuhr, dass Beauvallon am Morgen des Duells mit den Duellpistolen geübt und den gegnerischen Sekundanten das Gegenteil versichert hatte. Sein eigener Sekundant hatte wie der Angeklagte im Prozess geschworen, alles sei regelkonform abgelaufen. Zunächst erhielt der Sekundant wegen eidlicher Falschaussage zehn Jahre Gefängnis. Dann wurde auch Beauvallon verurteilt: Wegen des Duells konnte man ihn nicht mehr belangen, da er freigesprochen worden war, er erhielt jedoch acht Jahre Freiheitsstrafe wegen Falschaussage.[106] Offenbar hatte Granier de Cassagnac, der Herausgeber des «Globe», seine Chance erkannt, sich seines Gegners Dujarier zu entledigen, als ihm sein Schwager von den Wortwechseln des Vorabends erzählte.

Für Lola war Dujariers Tod nicht nur eine schwere emotionale Belastung: Der Journalist war auch ihr Rückhalt für eine Karriere in Paris gewesen. Kurz nach seinem Tod endete Lolas Theaterengagement und sie befand sich bald in Geldnot. Dujarier hatte ihr zwar 17 Anteilscheine am Théâtre Royal hinterlassen, doch dieses Erbe ließ sich nicht so schnell realisieren, wie Lola es brauchte. Seine sonstigen Besitztümer gingen an seinen Freund Alexandre Dumas den Älteren, in einem Wert von über 100 000 Franc. Lolas Erbe war letztlich nur 775 Franc wert.[107] Ihr Ruf wurde durch ihren Auftritt in diesem Prozess weiter beschädigt. Die angeblich zeitgenössische Erzählung des erst 1843 geborenen Journalisten Albert Dresden Vandam, «An Englishman in Paris», in der ausführlich (erfundene) persönliche Gespräche mit Lola Montez wiedergegeben wurden, entstand 1892. Vandam schrieb darin, Alexandre Dumas habe Lola «den bösen Blick» zugeschrieben. «Sie bringt mit Sicherheit jedem Unglück, der sein Schicksal mit ihr verbindet, und sei es auch nur für kurze Zeit. Sie sehen, was Dujarier passiert ist. Wann immer man von ihr hört, wird es in Verbindung mit einer schrecklichen Katastrophe stehen, die einem ihrer Liebhaber passiert ist.»[108] Vandam ist damit der Autor einer weiteren angeblichen Quelle, die sich in Kenntnis ihres Lebensweges nachträglich Lolas bemächtigt. Aufschlussreich ist Vandams Vergleich zwischen Lola Montez und der schönen

Kurtisane Marie Duplessis: Diese schnitt bei ihm deutlich besser ab, er lobte sie für ihr «natürliches Taktgefühl» und ihre «instinktive Raffinesse»; sie sei nie aufrührerisch gewesen wie Lola und sie habe immer gewusst, dass sie jung sterben werde.[109] Die «gute Heldin», so ist das zu resümieren, ist zart und sensibel, stirbt früh und wird auf diesem Wege zu einer der vielen «schönen Frauenleichen» der Weltliteratur.[110]

Das hatte Lola definitiv nicht vor: Obwohl sie um Dujarier trauerte, führte sie das gewohnte Leben weiter. Die Zeit zwischen dem Duell und dem Prozess in Rouen verbrachte Lola wohl größtenteils in Paris auf Festen und mit Theaterbesuchen in der Gesellschaft adeliger Freunde. Einmal trat sie bei einer Benefizvorstellung auf.[111] Sie ging aber auch auf Reisen: nach Belgien, in das preußische Rheinland und nach Baden. Wie dies alles ohne gültige Papiere möglich war, bleibt ein Rätsel. Im Sommer 1845 reiste sie, so weit scheint das nachweisbar, zusammen mit ihrer Pariser Vermieterin Madame Azam nach Brüssel und in den eleganten belgischen Kurort Spa.[112] Diese Reise stand ein Jahr später im Mittelpunkt eines Zivilprozesses in Paris: Angeblich hatte sich Lola die Reise von Madame Azam und ihrem Mann bezahlen lassen, die nun im Gegenzug das edle englische Reitpferd, das Lola bei ihnen untergestellt hatte, nicht herausgeben wollten; es ging um 1002 Franc, eine veritable Summe.[113] Monsieur und Madame Azam, die ein elegantes Hotel garni in Paris betrieben, in dem Lola wohnte, kümmerten sich nach Angaben ihres Anwalts um Lola und bestritten ihre Ausgaben. Bevor die Damen im August 1845 gemeinsam nach Belgien fuhren, bezahlten die Azams angeblich noch Lolas drückendste Schulden. Doch in Spa sei es zum Bruch gekommen: «Salongerüchte haben uns über die Leichtfertigkeit ihres Verhaltens informiert», so Azams Anwalt; Madame Azam sei eine ehrenwerte Frau, sie habe den Aufenthalt abgebrochen und sei allein nach Paris zurückgekehrt.[114] Das Gericht glaubte jedoch Lolas Anwalt: Zwischen Lola und Madame Azam habe sich eine Freundschaft entwickelt. Madame Azam plante, ein Hotel garni in Spa zu errichten, und war nicht unglücklich darüber, dass Lola sie dorthin begleiten würde, da dies ihrem neuen Etablissement einen modischen Anstrich geben konnte. Auf der Reise bezahlte meist Lola Montez. Die Behauptung, die Azams hätten Schulden begleichen müssen, erübrige sich bereits mit Blick auf das Erbe nach dem Tod von Dujarier. In Spa sei es zu unangenehmen Szenen gekommen, die nicht Lola anzulasten seien. Der Anwalt machte dazu nur geheimnisvolle Anspielungen. Die Hotelbesitzerin reiste ab. Als Lola wenig später nach Paris zurückkehrte, wurde sie dort von den Azams mit offenen Armen empfangen, sie wohnte wieder in deren Hotel und vertraute dem Paar ihr Pferd an. Doch über einen nichtigen Anlass kam es erneut zum Streit, woraufhin die Azams versuchten, von Lola die Rückreisekosten der Madame Azam aus Belgien zu bekommen. Das Gericht gab ohne großes Zögern Lola recht und Lola erhielt ihr Pferd zurück.[115] Dieses Urteil zeigt, dass Lola in Paris nicht als notorische Schuldenmacherin bekannt war, sonst hätte das Gericht eher der Gegenseite geglaubt.[116]

Von Spa aus fuhr Lola im August 1845 nach Bonn, wo Franz Liszt das erste große Beethoven-Fest organisiert hatte. König Friedrich Wilhelm IV. reiste an, ebenso Queen Victoria von England und viele prominente Musiker wie Giacomo Meyerbeer und Hector Berlioz.[117] Angeblich versuchte Lola erfolglos, im wichtigsten Hotel am Platz, im «Stern», in dem alle Prominenten abgestiegen waren, ein Zimmer zu bekommen: Sie behauptete, persönlich von Liszt eingeladen zu sein, was ja nicht unbedingt falsch gewesen sein muss.[118] Bonn war völlig überfüllt und den Organisatoren bereitete vor allem das nicht berechenbare Verhalten der Monarchen Probleme, die teilweise zu spät, teilweise gar nicht zu Konzerten oder anderen Veranstaltungen erschienen, auf die man aber warten musste. Nach der Enthüllung des Beethoven-Denkmals befand sich an Liszts Tisch im Gasthof «Stern» auch Lola Montez unter den Damen, die Liszt aufmerksam zuhörten.[119]

Der englische Musikkritiker Henry Chorley schilderte die Atmosphäre in Bonn sehr lebendig; von überall her waren Musikbegeisterte und Prominente nach Bonn gekommen, um dem großen Ereignis beizuwohnen: «Im Geiste höre ich immer noch die Zankereien der Gäste, die sich zu ihren Plätzen durcharbeiteten, die ausgelassene Fröhlichkeit von Donna Lola Montez (die sich damals noch nicht als ‹Bayerin› sah und den Rhein auf- und abwandelte, wo immer sie Gesellschaft fand) –, ich sehe heute noch das aufmerksame Gesicht eines englischen Geistlichen vor mir, der, nachdem er bescheiden den Tisch umrundet hatte, an dem sie saß, konstatierte, dass ‹die Zeit bereits ihr Lockenhaar ausgedünnt habe›, und nach seiner Rückkehr dieses Ergebnis als wertvolle Information erwähnte, die man sich merken müsse.»[120] Lola war bereits eine Persönlichkeit, die man kannte und erkannte.

Und wieder rankte sich um Lola eine Skandalgeschichte, von der anzunehmen ist, dass sie wohl nicht stimmt. Es gibt drei Schilderungen rund um das abschließende Galadiner am 13. August 1845: Der damalige preußische Landgerichtsassessor Karl Schorn beschrieb die Szene im Rückblick 1898, also mehr als fünfzig Jahre später, zeitnah hingegen Chorley und der Musiker Ignaz Moscheles.[121] Auch Moscheles kannte Lola Montez.[122] Weder er noch Chorley erwähnten jedoch trotz minutiöser Beschreibung der Ereignisse eine Szene, die Karl Schorn als besonders skandalös erschien: Angeblich hatte Lola am Eingang in der großen Menge der Neugierigen gewartet, um in den Saal zu kommen, und alle möglichen Personen gebeten, sie mit hineinzunehmen. Schließlich erbarmte sich ein Bonner Bürger. Als Liszt in seinem etwas ungeschickten Trinkspruch vergaß, den französischen König hochleben zu lassen, begann ein Tumult, da sich die anwesenden Franzosen beleidigt fühlten. Weder Liszt noch der Jenaer Professor Oskar Wolff kamen zu Wort. Wolff stieg auf einen Tisch, um Ruhe herzustellen. «Da geschah denn das Unglaubliche, daß die in der Mitte des Saales placierte Lola mit der kecken Gewandtheit einer Tänzerin zwischen Flaschen und Gläsern auf den Tisch sprang, und heftig gestikulierend dem Prof. Wolff zurief: ‹Parlez donc, Prof. Wolff, parlez donc je vous en pris! U. s. f.› ‹Hurrahs und Bravos› folgten diesem, alles bisherige in den Schatten stellenden frech-komischen Auftritt der kühnen Halbweltdame.» Bei Chorley und Moscheles wurde dieser angebliche Auftritt Lolas nicht erwähnt, er fehlte auch im Bericht von Jules Janin im «Journal des Débats».[123] Es ist zu vermuten, dass er, wie vieles andere, nicht stattgefunden hat. Doch Lolas Erscheinen war inzwischen immer begleitet von einer Vielzahl bereitwillig kolportierter oder erfundener Skandalgeschichten.

Eine weitere fügte ihr Aufenthalt in Baden-Baden hinzu. Wohl im Herbst 1845 wurde Lola dort gesehen und angeblich wegen Erregung öffentlichen Ärgernisses polizeilich ausgewiesen: Sie hatte, so eine zwei Jahre später verfasste Zeitungsnotiz, einem neben ihr sitzenden Herrn beweisen wollen, dass sie tatsächlich einen Dolch im Strumpfband trug, und dafür ihren Rock bis zum Schenkel hochgezogen. Und einem der «sie umkreisenden Herrn» schlug sie ein Bein auf die Schulter, «um eine tour de force zu machen», wie die «Mannheimer Abendzeitung» Ende Januar 1847 schrieb.[124] Auch diese Geschichte ist nicht belegbar.[125] Lola Montez taucht nicht in den Gästelisten des Jahres 1845 auf, in denen alle Gäste aus Hotels wie aus privaten Unterkünften aufgeführt wurden; auch der «Badische Beobachter» erwähnte ihre Anwesenheit nicht. Angeblich war Lola Montez jedoch im März 1846 im Rahmen einer Aktion gegen unerwünschte Ausländer die Einreise nach Baden-Baden untersagt worden.[126] Warum Lola zu diesem Zeitpunkt nach Baden-Baden fahren wollte, ist nur zu vermuten; sie selbst gab bei der Polizei angeblich an, sie sei vor der schlechten Presse in Paris im Vorfeld des Dujarier-Prozesses geflohen.

Bis zum Sommer 1846 war Lola dann wieder in Paris. Im Juli verließ sie Frankreich. Der Sensationsprozess um den Mord an Dujarier war vorbei. Lola hatte mit Dujarier ihren Anker in Paris verloren und eine persönliche Tragödie durchlitten. Das Leben in der Kulturhauptstadt Europas war zwar sicher anregend, aber auch teuer. Mit ihrem Tanz konnte sie in Paris ohne Dujariers Hilfe nicht reüssieren. Damit war die Basis für ein selbstbestimmtes Leben schwer zu verdienen. Doch Lola war keine «Kameliendame» und sie hatte nicht die Absicht, eine Pariser Edelkurtisane zu werden: Sie wollte Neues sehen und erleben. Diese Unruhe war ein prägendes Element in ihrem Leben: Immer wieder sollte sie Situationen der Stagnation durch eine Entscheidung zum Aufbruch beenden. Mit einem neuen Geliebten, Francis Leigh, mit vielen Schrankkoffern, mit Zofe und Hund reiste sie zunächst ans Meer nach Ostende. Das Paar trennte sich jedoch im Streit und Lola wurde in Heidelberg, in Bad Homburg und mit dem jungen Diplomaten Robert Peel, dem Sohn des langjährigen britischen Premierministers, in Stuttgart gesehen, wo der König zu Ehren der Hochzeit seines Sohnes ein großes Fest ausrichtete.[127] Lolas nächstes Ziel war Wien. Sie plante, ihre Tanzkarriere wieder aufzunehmen, und wollte auf dem Weg dorthin im Münchner Hoftheater den Anfang machen.

4.
AUF DEM WEG ZUR «KÖNIGIN SEINES HERZENS» – DIE ERSTEN MONATE IN MÜNCHEN

München 1846

Am 5. Oktober 1846 kam Lola Montez in München an. Sie quartierte sich im vornehmen Hotel «Bayerischer Hof» ein und sprach beim Hoftheaterintendanten August Freiherr von Frays vor, um einen Auftritt zu vereinbaren. Lola beschrieb die Begegnung in ihren Memoiren: «Wenn ich mich daran erinnere, daß ich zum ersten Male durch die Straßen dieser schönen, imposanten Stadt schritt, welche ein poetischer, geistreicher und kunstsinniger König mit so herrlichen Baudenkmälern geziert hat, da ich, eine Fremde, Unbekannte, eine arme Balletttänzerin zum Theater-Intendanten ging, an seine Thür pochte und kalt empfangen wurde, da mir auf meine Bitte, mir ein Debüt zu gestatten, mit einem höflichen, aber kalten Nein geantwortet wurde; und wenn ich mich daran erinnere, wie bald ich nachher Gegenstand einer allgemeinen, aber bittern Aufmerksamkeit wurde, dann erscheint mir diese ganze wunderbare Epoche meines Lebens wie ein toller Fastnachtsspuk.»[1] Blickt man auf all das, was Lola während ihrer Zeit in München, in 16 Monaten, auslöste, so mag man der Beschreibung zustimmen: Wie im Fasching war das Volk auf der Straße, wie im Fasching schien es vielen eine Zeit der verkehrten Welt, der Karnevalisierung bestehender Werte und Selbstverständlichkeiten. Als Spuk sahen diese Monate die königliche Familie, viele Adelige, Politiker und Bürger, die um den Bestand der Monarchie zu fürchten begannen. Und wie ein Spuk verschwand der Komet namens Lola wieder, nicht ohne dass man sich mehrfach vor seiner Wiederkehr ängstigte.

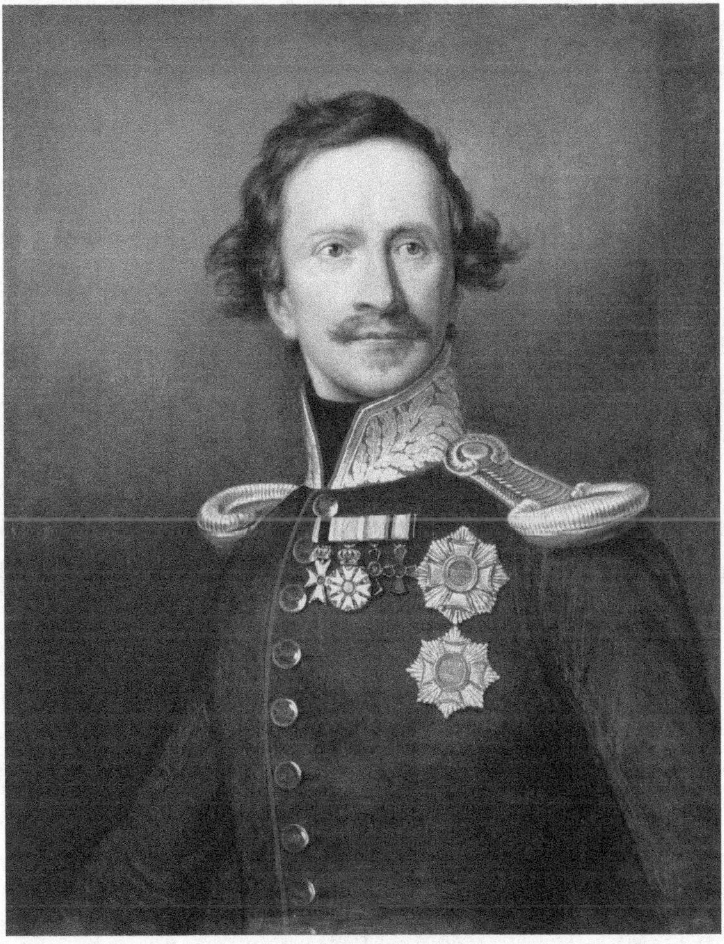

König Ludwig I. von Bayern in der Uniform eines Feldmarschalls, Gemälde von Joseph Karl Stieler, um 1850

Doch zunächst war Lola nur eine reisende Künstlerin mit hohen finanziellen Ansprüchen. Frays hatte sich vielleicht erst einmal ablehnend gezeigt, aber er schrieb König Ludwig I. gleich nach ihrem Besuch, die spanische Tänzerin Lola Montez wolle im Hoftheater auftreten und beanspruche entweder die Hälfte der Einnahmen oder 50 Louisdor. Er bat um einen Bescheid des Königs, wusste er doch, dass

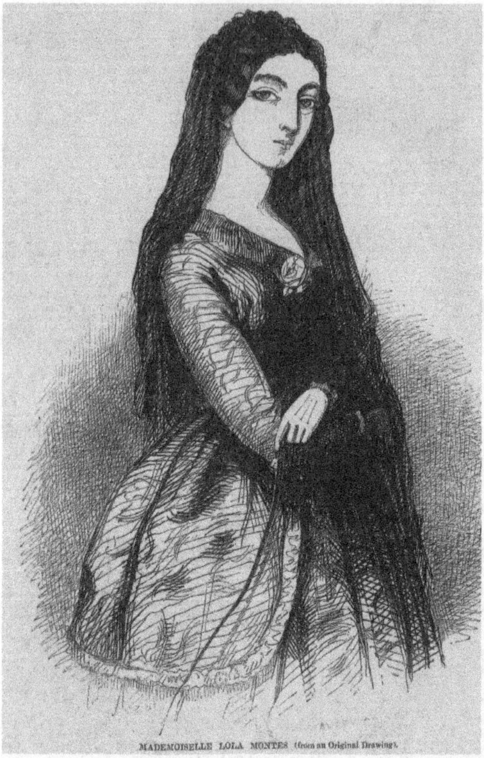

Der Typus der Spanierin. Maria de los Dolores Porrys y Montez, Zeichnung, undatiert

Ludwig über die Gastauftritte im Hoftheater wie über vieles andere immer selbst entscheiden wollte. Frays fügte hinzu, es habe bei Lolas bisherigen Auftritten Skandale gegeben. Auf Ludwigs Frage, wodurch sie Anlass zu öffentlichem Ärgernis gegeben habe, antwortete Frays erst zwei Tage später.

Inzwischen hatte Lola um eine Audienz beim König nachgesucht und sie erhalten. Am 7. Oktober, so bezeugen es Ludwigs Tagebücher, empfing er die junge Frau: «Die schöne junge Spanische Tänz[er]in Lola Montez die um eine Stunde gebethen, empfangen. Schön von Zügen fein v Wuchs, weise Haut.»[2] Er hatte sich mit ihr in dem von ihm geliebten Spanisch unterhalten und war von ihr genügend angetan, um Frays' einen Tag später gelieferte Angaben über Lolas Skandale nicht so ernst zu nehmen. Sie stammten wie üblich aus den Zeitungen: Lola habe, so Frays, einem aufdringlichen Offizier ein Champagnerglas an den Kopf geworfen, einem Polizeioffizier die Reitgerte übergezogen und dem Publikum in Warschau, das ihre Leistungen nicht würdigte, den hinteren Teil ihres Körpers zugewandt. Er glaube jedoch, so Frays, dass sie das Theater voll bekomme, vor allem wegen des erworbenen Rufes – längst diente der Nimbus der skandalträchtigen Tänzerin dem Geschäft, und Einnahmen wusste man auch an Hoftheatern zu schätzen. Daraufhin schrieb der König an Frays: «Mit Lola Montez heute noch zu sprechen und zu erkunden, wie viele Aufführungen sie vorhat» und erklärte sich mit einem Auftritt in den Zwischenakten des Stücks «Der verwunschene Prinz» und mit ihrer Forderung nach der Hälfte der Nettoeinnahmen einverstanden.[3] Dass sie zufällig bei einem so passend benannten Stück debütierte, hat viele Biografen inspiriert. Lola trat am 10. Oktober im Theater auf; am 11. Oktober regte Ludwig bei seinem Hofmaler Joseph Karl Stieler an, die Tänzerin für die Schönheitengalerie malen zu lassen. Er schrieb: «Lola Montez hat Eindruk auf mich gemacht.»[4] Und am 13. Oktober äußerte er gar: «Das 60jährige Bürschchen ist wieder etwas verliebt, bin dessen froh, der Alte sagte ich wäre ich wieder, das heißt wieder bin ich jung. Lola machte Eindruk auf mich. Lolitta so wünscht sie daß ich sie nenne ich thu['s].»[5]

Fünf Monate später, als die Situation in München eskalierte, analysierte der österreichische Staatskanzler Clemens Fürst Metternich in Wien in einem Antwortschreiben an den Gesandten in München die Ausgangssituation: «Die Lage, in welche der König gerathen ist, bietet einen Schlüssel zu dem als baares Märchen verschrienen Verhextsein. Der Irrthum liegt darin, daß man die Hexen und ihre Kräfte in den Hexen sucht, während die Produkte der Übel in der Schwäche der Verhexten liegen. [...] Daß ein Wesen wie Lola Montez einen Brand erzeugt, erhebt sie nicht über den Funken, welcher das, worauf er fällt, in Flammen setzt. Nicht der Funke sprengt einen Pulverthurm sondern das in ihm liegende Brennmaterial. Fällt der Funken auf einen nicht entzündlichen Stoff, so erlischt er. Daß der König Ludwig vielen Zündstoff in sich trägt, dies ist eine leider nur zu oft erprobte Wahrheit.»[6]

Der Funke war also geflogen und Ludwig brannte lichterloh. Etliche Lola-Biografen spekulierten wie schon die Zeitgenossen darüber, wer Lola wohl beim König empfohlen habe: War es Heinrich von Maltzahn, den Lola aus Paris kannte und den sie im «Bayerischen Hof» wieder traf? Er behauptete zwar, er sei nur in München, um seinen Sohn an der Universität einzuschreiben, aber vielleicht hatte er Lola nach München gebracht?[7] Doch Maltzahn betonte später immer wieder, er sei zufällig mit der Tänzerin in München zusammengetroffen, und ein Blick in die Akten der Hoftheaterintendanz zeigt, dass die Audienz einer reisenden Gastkünstlerin keineswegs ein Einzelfall war. Oder, so weitere Spekulationen, war Lola gar von England als Spionin eingeschleust worden, um den österreichischen Einfluss in München einzudämmen?[8] Auch Ludwig selbst überlegte das rückblickend 1858.[9] Als möglicher Anstifter einer Spionagetätigkeit geriet Robert Peel in den Blick, der ebenfalls zu dieser Zeit in München eintraf und der nach Lolas Vertreibung aus der Stadt als englischer Diplomat in Bern wieder mit ihr in engem Kontakt stand. Doch da Lola nicht dafür bekannt war, Geheimnisse zu bewahren, erscheint sie als «Mata Hari» des 19. Jahrhunderts ungeeignet. Auch das Gerücht, Fürst Ludwig von Oettingen-Wallerstein, damals bayerischer Botschafter in Paris, habe Lola geschickt, um die Regierung des ultramontanen Karl von Abel zu stürzen, erscheint mit Blick auf das spätere Handeln des Fürsten unglaubwürdig.

Zur polizeilichen Anmeldung ging Lola erst zwei Wochen nach ihrer Ankunft und erst nach zweimaliger Aufforderung. Sie hatte, wie immer, keine Papiere vorzuweisen. In den polizeilichen Anmeldebogen schrieb sie in die Rubrik «in Begleitung von» «un chien», also «einem Hund»: Das war Zampa, ihr Schoßhund. Sehr ernst nahm sie also diese gewissermaßen heilige Zeremonie des vormärzlichen Polizeistaates nicht – was blieb ihr auch übrig, reiste sie doch bereits seit drei Jahren ohne gültige Ausweise durch Europa. Sie erhielt die Aufenthaltserlaubnis zunächst für vier Wochen für einen Gastauftritt, dies wurde jeweils um einen Monat verlängert, bevor sie Anfang 1847, als Ludwig ihr ein Palais an der Barer Straße geschenkt hatte, als «Grundbesitzerin» auf der Meldekarte erschien.[10] Wie Polizeidirektor Hans Pechmann später schrieb, habe sie die Verlängerung über die ersten vier Wochen hinaus nur bekommen, weil das Wohlwollen des Königs ihr gegenüber bekannt war.[11]

Über die erste Audienz wurden viele Gerüchte kolportiert, wie immer ohne Belege und in zeitlichem Abstand zum Geschehen: Lola habe sich in der Residenz bis ins Vorzimmer des Königs durchgekämpft und sei dort mit dem diensttuenden Kammerdiener in Streit geraten, weil er sie nicht vorlassen wollte. Der König habe sie letztlich vorgelassen, um sie wegen ihres frechen Auftretens zurechtzuweisen, sei jedoch von ihr auf Anhieb angetan gewesen. In einer Geschichte, die Ludwig angeblich seinem Leibarzt erzählt hatte – auch diese erst sechs Jahre später weitergegeben –, hieß es, Lola sei in Ohnmacht gefallen, als Ludwig sie auf Spanisch begrüßte, und als sie erwachte, sei er von ihr so begeistert gewesen, dass er dachte: «Arme Therese, arme Familie!»[12] Eine weitere, deutlich derbere Version lautete, Ludwig habe auf Lolas schönen Busen gedeutet und gefragt, ob der echt sei; daraufhin habe sie eine Schere ergriffen und sich das Kleid vorne aufgeschnitten, um ihm die Echtheit des Busens zu beweisen.[13] Oder, noch einen Schritt weiter: Der König habe sie gewissermaßen ausziehen wollen, bis sie ihm Einhalt gebot.[14] Mit Blick auf Ludwigs Tagebucheintragungen lässt sich resümieren, dass es sich bei all diesen Überlieferungen um reine Projektionen handelt, und es wird deutlich: Hier war die Phantasie der Zeitgenossen am Werk, so stellten sie sich Lolas Eroberung des Bayernkönigs vor. Im Laufe der folgenden Jahre gab es rund um diese Beziehung hunderte meist sehr derbe Pasquillen, Spottgedichte, Wandanschläge und Karikaturen.[15] Warum dies so war, wird zu klären sein.

Doch zunächst sei ein Blick auf die Situation in Bayern im Jahr 1846 geworfen. Ludwig, physisch eher unansehnlich und mit Pockennarben im Gesicht, schwerhörig und sprachbehindert, war ein selbst regierender Monarch.[16] Er sah sich zwar als konstitutionellen König, doch er allein hatte das Heft in der Hand. Seine Minister betrachtete er als nachgeordnet; eine Position, wie sie Maximilian von Montgelas bei seinem Vater Max I. innegehabt hatte, wollte er keinem zugestehen. Das führte zu einem persönlichen Regiment, das seinesgleichen suchte: Der hochdisziplinierte und äußerst fleißige Monarch saß jeden Morgen im Sommer bereits um vier Uhr am Schreibtisch, um «Berufssachen» zu erledigen,[17] die von Holz für die Armen bis zur Höhe eines Hauses in München, vom Erwerb von Abgüssen für die Münchner Akademie der Bildenden Künste bis zur Eisenbahnverbindung nach Württemberg, von der Besetzung einer Zeichenlehrerstelle in Passau bis zu Zollangelegenheiten reichte.[18] Ludwig wollte nicht nur alles sehen und entscheiden, er war auch der höchste Haushälter Bayerns: Seine eiserne Sparsamkeit war berüchtigt, ebenso seine persönliche Genügsamkeit; so trug er über sechzig Jahre denselben abgeschabten grünen Hausrock.[19] Um die bayerischen Schulden zu vermindern, reduzierte er die Besoldung der Staatsdiener, vernachlässigte Straßenbau und Schulen. Er war aber auch der einzige Monarch seiner Zeit, der mit Kunst Politik machte. Er wurde zum Kunstkönig, der München umbaute; paradigmatisch steht dafür sein viel zitierter Ausspruch: «Ich will aus München eine Stadt machen, die Deutschland so zu Ehren gereicht, dass niemand sagen kann, er kenne Deutschland, wenn er München nicht gesehen hat!» Mit den Architekten Leo von Klenze und Friedrich von Gärtner entwickelte er ein umfängliches Bauprogramm. Etliche öffentliche Gebäude wie die Feldherrnhalle oder das Siegestor bezahlte Ludwig selbst aus seiner «Zivilliste», für den Bau der Ludwigskirche stiftete er 100 000 Gulden, doch die übrigen 900 000 Gulden musste die Stadt München aufbringen.[20] Widerspruch war nicht möglich. Ludwig baute in der Hauptstadt auch den Königsplatz mit den großen Museen, die Ruhmeshalle und die Bavaria auf der Schwanthalerhöhe, die Walhalla bei Regensburg und die Befreiungshalle an der Donau bei Kelheim. In München entstand eine «Feenstadt» – aber die Kosten waren gewaltig. Die teure Baupolitik war daher vielen ein Dorn im Auge und Ludwigs eigenmächtige Verwendung der «Erübrigungen» aus dem Staatshaushalt für diese Zwecke blieb umstritten. Ludwig war jedoch nicht nur der Architektur, sondern auch der Literatur sehr zugetan, er sah sich selbst als Poeten. Er verehrte schon als Kronprinz Goethe und Schiller und war damit den meisten seiner fürstlichen Zeitgenossen weit voraus. Viel Geld kostete Bayern zudem das «griechische Abenteuer» – die Herrschaft von Ludwigs Sohn Otto in Griechenland, in der sich Ludwigs frühe Griechenlandbegeisterung niederschlug.

Seit der französischen Julirevolution von 1830 trieb die Revolutionsfurcht den König um. Viele seiner immer repressiveren Maßnahmen stießen in der sich entwickelnden Bürgergesellschaft auf Unverständnis und beförderten die deutsche Freiheits- und Einheitsbewegung. Statt einer liberalen Weiterentwicklung von oben stagnierten die endgültige Aufhebung des mittelalterlichen Grundherrschaftssystems und damit die Bauernbefreiung ebenso wie die nach Auflösung der Zünfte eingeführte staatliche Konzessionierung für Gewerbebetriebe: Die Bauern waren vor allem mit den hochadeligen Großgrundbesitzern unzufrieden, die oft nach wie vor auf ihren alten Rechten bestanden, und aufstiegsorientierte Wirtschaftsbürger empörten sich über die Schwierigkeiten, wollten sie gewerbeübergreifende Fabriken errichten. Auch Ludwigs Eingriffe in die Rechtsprechung waren berüchtigt und verletzten das Vertrauen in den konstitutionellen Staat. Und besonders die kleinen Leute mussten die staatlichen Vorgaben fürchten: Die Quote unehelicher Geburten lag in Bayern sehr hoch, verbot das Ansässigmachungsrecht es doch jungen Leuten, zu heiraten und Kinder zu bekommen, wenn sie nicht genügend Geld für die Gründung eines Hausstands besaßen. Die Behörden schoben die Zahl der unehelichen Kinder aber auf eine gesunkene Sexualmoral, nicht auf die unhaltbare Gesetzgebung.[21]

Seit dem Amtsantritt des erzkatholischen Innenministers Karl von Abel 1837 wuchs auch die Unzufriedenheit der Protestanten im Land, die sich immer mehr an den Rand gedrängt sahen.[22] Und nicht nur die Protestanten lehnten die katholisch-konservative Kirchen-, Schul- und Kulturpolitik ab. Abel propagierte die Wiederbelebung von Klöstern, förderte Missionen und die Unterstellung der Schulen unter die katholische Kirche, stärkte den katholischen Klerus und behinderte die Neugründung protestantischer Gemeinden, dies alles mit explizitem Einverständnis des Königs. Abel war das unbestrittene Haupt der Ultramontanen, die München zu ihrem Zentrum machten. Als Professor für Geschichte wirkte an der Universität München der konservativ-katholische Gelehrte Joseph Görres, ursprünglich Zögling der Jesuiten, dessen Münchner Freundeskreis von großer Bedeutung war, ebenso einflussreich waren der Philosoph Friedrich Wilhelm Schelling sowie der Jurist und Dichter Eduard von Schenk, der zur katholischen Kirche übergetreten war und nun für die Wiederherstellung der Klöster warb. Die Benediktiner, Franziskaner und Kapuziner kamen wieder ins Land, ebenso die «Barmherzigen Schwestern» für die Krankenpflege.[23] Bayern galt als Hort des Katholizismus, Ludwig als dessen Garant. Noch im Juni 1846 schrieb Abel dem König: «Auch wird wohl einer katholischen Regierung, selbst auf dem politischen Standpunkt, nicht verargt werden können, wenn sie in dem katholischen Elemente die einzige

Bürgschaft für den Sieg des erhaltenden Prinzips und den einzigen Damm gegen zerstörerische Wogen des Radikalismus und der liberalen Ideen der Jetztzeit erblickt.»[24]

Diese Position war nicht geeignet, die Fragen der Zeit zu lösen. Preiserhöhungen bei Brot, Fleisch und Bier trafen die einfachen Leute dieser letzten Ära der vorindustriellen Mangelgesellschaft unmittelbar und führten zu sozialen Spannungen. Noch war das Eisenbahnnetz nicht gut genug ausgebaut, um jeweils Nahrungsmittel dorthin zu bringen, wo sie gebraucht wurden. Die Erhöhung des Bierpreises betraf massiv die Stadtbevölkerung, Bier war ein Grundnahrungsmittel. Als Anfang Mai 1844 die Braugerste knapp wurde, erhöhte die Regierung den Bierpreis um einen Pfennig von vier auf fünf Kreuzer pro Maß; die übrigen Lebensmittelpreise waren schon angestiegen.[25] Dies löste die «Münchner Bierrevolution» aus: In einer Brauwirtschaft im Münchner Tal brach sich die Erbitterung Bahn, bald waren alle Fenster, Möbel und Krüge zerschlagen. Die Gendarmerie konnte nichts ausrichten. Die Menge zog weiter, stürmte weitere Brauhäuser und demolierte sie. Es gelang nicht, den Krawall durch das Militär einzudämmen: Die einfachen Soldaten waren ebenso existentiell von der Erhöhung betroffen, Soldaten waren Mitauslöser des Tumults gewesen[26] und der König hatte sich beim Militär durch seine Einsparungen viele Feinde gemacht. Nach vier Tagen gab die Regierung nach und senkte den Bierpreis. Der Aufstand hatte zum Erfolg geführt. In einem 1857 für Ludwigs Sohn und Nachfolger Maximilian II. erstellten Gutachten sah der Nationalökonom Friedrich Benedikt Wilhelm von Hermann darin das entscheidende Vorbild für die späteren Tumulte auch in der Revolution von 1848.[27] Beteiligt waren Gesellen, die wenig Aufstiegschancen für sich sahen, Lohndiener und Arbeiter, Kleinmeister, Soldaten außerhalb des Dienstes und Studenten. Dies blieb eine explosive Mischung.

München hatte 1840 rund 95 000 Einwohner. Die Unselbständigen, also Gesellen, Lehrlinge, Dienstboten und Arbeiter, machten bereits mehr als ein Drittel der Bevölkerung aus. An der Universität studierten 1300 Studenten; 1848 waren es bereits 1600.[28] Der Schriftsteller Gottfried Keller, der in jenem Jahr nach München kam, schilderte in seinem Roman «Der grüne Heinrich» die Stadt in ihrer Vielfalt: «Aus Kirchen und mächtigen Schenkhäusern erscholl Musik, Geläute, Orgel- und

Harfenspiel; aus mystisch verzierten Kapellentüren drangen Weihrauchwolken auf die Gasse; schöne und fratzenhafte Künstlergestalten gingen scharenweise vorüber, Studenten in verschnürten Röcken und silbergestickten Mützen kamen daher, gepanzerte Reiter mit glänzenden Stahlhelmen ritten gemächlich und stolz auf ihre Nachtwache, während Kurtisanen mit blanken Schultern nach erhellten Tanzsälen zogen, von denen Pauken und Trompeten herübertönten. Alte dicke Weiber verbeugten sich vor dünnen schwarzen Priestern, die zahlreich umhergingen; in offenen Hausfluren dagegen saßen wohlgenährte Bürger hinter gebratenen jungen Gänsen und mächtigen Krügen.»[29] In diesem München zwischen biedermeierlicher Ruhe und sozialer Spannung, zwischen der Dominanz katholischer Konservativer und der Ungeduld von Repräsentanten der schwäbischen und fränkischen Landesteile, die in den Landtagen auf Reformen drängten, zwischen Künstlern, die in dem von Ludwig protegierten Münchner Kunstverein erste wirtschaftliche Perspektiven erhielten,[30] und den Studenten, die seit der Verlegung der Universität von Landshut nach München im Jahr 1826 immer mehr auch zu einem wirtschaftlichen Faktor der Stadt wurden, entstand die spezifische Mischung, die den Hintergrund für die Tumulte der folgenden Jahre bildete. Die Stadt war noch klein. Zum Vergleich: Paris überschritt 1846 die Millionengrenze, London zählte um die Jahrhundertmitte bereits zwei Millionen Einwohner, Berlin war nach London, Paris und Wien mit gut 400 000 Einwohnern die viertgrößte Stadt in Europa.

In der vielfach noch biedermeierlichen Residenzstadt München musste eine Frau wie Lola per se als Provokation wirken und die Bürger in «negativer Integration» vereinen,[31] eine Frau, die selbst auf der Straße ihre Zigarillos rauchte, die sich nicht um Anstandsregeln kümmerte und mit unverheirateten jungen Männern Ausflüge unternahm, eine Frau, die ihre Schönheit zur Schau stellte und sich Mieder und sonstige Kleidungsstücke «von den entsprechenden Gewerbsleuten ungeniert nackt an jedem Teil des Körpers anmessen» ließ.[32] Ihre Wirkung auf ein junges Mädchen von 18 Jahren beschrieb Luise von Kobell: «Am 9. Oktober 1846 ging ich die Briennerstraße entlang, da sah ich vor dem Bayersdorf-Palais eine schwarzgekleidete Dame, einen Schleier auf dem Kopf, einen Fächer in der Hand, des Weges kommen. Plötzlich funkelte mir etwas ins Gesicht, ich blieb jählings stehen und betrachtete verwundert die Augen, die dieses Gefunkel verbreiteten. Sie leuchteten aus einem blassen Gesichte, das einen lächelnden Ausdruck über mein bewunderndes Anstarren annahm. Dann ging sie oder schwebte vielmehr an mir vorüber. Ich [...] schaute ihr nach, bis ich nichts mehr von ihr erblicken konnte. So, dachte ich mir, müßten die Feen in den Märchen gewesen sein. Fast atemlos eilte ich nach Hause und erzählte von der Begegnung. Der Vater sagte fast verdrießlich: ‹Das wird die spanische Tänzerin Lola Montez gewesen sein.›» Luise von Kobell, später Chronistin der bayerischen Könige, war von Lola begeistert. Als sie am 10. Oktober in der Loge des Hoftheaters saß und Lola bei ihren Tänzen zuschaute, vertiefte sich ihre Bewunderung: «Im Parterre klatschte und zischte man. [...] Lola Montez trat nicht in Trikots auf mit dem üblich kurzen Ballettröcklein, sondern in spanischer Tracht, mit Seide und Spitzen angetan, da und dort schimmerte ein Diamant. Sie blitzte mit ihren wunderbaren blauen Augen und verbeugte sich wie eine Grazie vor dem Könige, der in seiner Loge saß. [...] So lange sie tanzte, fesselte sie alle Zuschauer; die Blicke hafteten an ihren geschmeidigen Körperwendungen, an ihrer Mimik, die oft von der glühendsten Leidenschaft in die anmutigste Schalkhaftigkeit überging. Erst als sie aufhörte, sich rhythmisch zu bewegen, war der Bann gebrochen, und ‹der Spektakel ging wieder los›, wie mein Onkel trocken bemerkte. Aber ich ging ganz verzückt nach Hause.»[33] Lolas erster Auftritt im Hoftheater war gleichzeitig ihr erstes Erscheinen auf der Bühne der guten Münchner Gesellschaft. Das Theater war nur einer der Spielorte, an dem man sah und gesehen wurde; doch hier begegneten sich höfische und nichthöfische Gruppen, das höfische Zeremoniell entfaltete sich auch im Theater vor bürgerlichem und adeligem Publikum.[34] Das elegante München war nicht groß, und ob auf dem Odeonsplatz, dem Max-Joseph-Platz oder andernorts: Es gab keine Anonymität. Die Stadt hatte tausend Augen.

Der König war nach wie vor die zentrale Figur der Gesellschaft in der Haupt- und Residenzstadt und stand in der Öffentlichkeit unter ständiger Beobachtung. Mit wem sprach er? Wen ignorierte er? In welcher Reihenfolge begrüßte er Personen, wenn er einen Raum betrat? Wen zeichnete er durch ein längeres Gespräch aus?[35] Dies zu beobachten gehörte zu einem System von Kenntnissen, über die man als gut informierter Diplomat oder Politiker verfügen musste. Sie ermöglichten eine Einschätzung, wer in des Königs Gunst stand und wer nichts mehr zu sagen hatte, wer vielleicht zum Fürsprecher für eigene Interessen werden konnte und wer nicht mehr als Mitspieler in Frage kam. Dies war die höfische «Logik der Gunst».[36] Mit der Gunst war gleichermaßen Neid verbunden, Neid auf die Erfolgreichen; der Neid führte dann vielfach zu Intrigen und übler Nachrede. Ludwig entschied im Rahmen seines persönlichen Regiments weiterhin selbst über die Beförderungen von Beamten, die Vergabe von Bauaufträgen, über finanzielle Zulagen oder Pensionen, Bereiche, die andernorts längst von den Ministern und dem Beamtenapparat übernommen worden waren.[37] Sein Entscheidungsspielraum war jedoch deutlich geringer als noch an Höfen des 18. Jahrhunderts: Die «Staatsdienerpragmatik» von 1805 hatte aus Fürstendienern Staatsdiener gemacht, vom Staat besoldet und nach Leistung zur Beförderung vorgesehen.[38] Die Gunst des Königs war dennoch weiterhin ein wichtiges Gut.

In dieses System brach Lola ein, verlangte vom König öffentliche Aufmerksamkeit und öffentliche Gunstbezeigungen. Lola wohnte anfangs im Hotel «Bayerischer Hof», nach zwei Wochen zog sie in das Hotel «Goldener Hirsch», Ecke Theatiner-/Salvatorstraße: Sie erhielt dort gegenüber dem Gasthof im ersten Stock eine Suite;[39] es war kein Geheimnis, dass Ludwig sie dort täglich oft mehrmals besuchte, und schnell dachte jeder zu wissen, was dies zu bedeuten hatte. Im Hoftheater stand ihr zunächst eine Loge im ersten Rang zur Verfügung. Doch dies war ihr nicht genug: Sie wollte nicht, dass Adel und königliche Familie auf sie heruntersahen. Daher überredete sie den König, ihr eine Loge im zweiten Rang zur Verfügung zu stellen, die früher der Kurfürstin gehört hatte;[40] nur als Lola sie neu austapezieren lassen wollte, widersprach der König.[41] Mit der Positionierung auf gleicher Höhe mit Königshaus und Adel hatte sie zumindest in der Öffentlichkeit des Theaters bereits eine Standeserhöhung erfahren.

Aufgrund der Gunst des Königs wurde Lola scharf beobachtet und jede ihrer Handlungen kommentiert. Wenn sie aus irgendeinem Grund in Rage geriet, war sie unklug und unbeherrscht. Es kam zu unpassenden Auftritten in Modesalons und Juweliergeschäften.[42] Die frühere Obersthofmeisterin der Königin, Maria Theresia Gräfin Deroy, der

Ludwig manchmal Besuche abstattete, berichtete ihm davon; er schrieb in sein Tagebuch: «wenn Lolita doch behutsamer in ihren Aeusserung (was auch m Wunsch) (So sagt sie, Je ne suis pas une femme entretenue du Roy, je suis sa maitresse et plus que la Reine, je suis la Reine de son coeur)».[43] – «Ich bin keine Kurtisane des Königs, ich bin seine Mätresse und mehr als die Königin, ich bin die Königin seines Herzens.» Solche Äußerungen machten blitzschnell die Runde in der guten Gesellschaft. Nur wenige Wochen, vielleicht auch nur Tage nach ihrer Ankunft in München stand bei den meisten die Meinung über Lola fest.

Lola und Ludwig – eine keusche Liebe

Sexualität war für die Beziehung zwischen Ludwig I. und Lola Montez nicht der konstituierende Faktor. Er hat ihr, laut eigener Aussage, nur zweimal «beygewohnt»: einmal im Juni und einmal im Dezember 1847.[44] Seinen Vertrauten versicherte er, «wenn er recht verliebt, dann schwinde bei ihm aller Sinnenreiz».[45] Dies ist wichtig für den Blick auf dieses Liebespaar, das in seiner eigenen Welt lebte, während ringsum alle davon ausgingen, Lola sei Ludwigs Mätresse, und Intrigen spannen, um «die Spanierin», «die Hure» wieder aus München zu vertreiben. Wie bei allen Liebespaaren setzte sich die Anziehung, die beide aufeinander ausübten, aus vielen ganz unterschiedlichen Mosaiksteinen zusammen. Für Lola war es sicher die Verwirklichung eines Märchens: Ein König liebte sie und überhäufte sie, die sich drei Jahre hatte allein durchschlagen müssen, mit Ehrerbietung und Geschenken, er bot ihr Schutz und Sicherheit. Sie schrieb in ihren Memoiren von 1851: «Als mir der König zum ersten Male erklärte, daß er mich lieb gewonnen, daß er es gern sehen würde, wenn ich länger in seiner Residenz verweilte, daß ich nicht nöthig haben sollte, von den Almosen des wetterwendischen Volks-Beifalls zu leben, daß ich immerdar rechnen könnte auf seinen Schutz, auf sein Herz – da dachte ich nur Eins: der, welcher so mit Dir spricht, ist ein König. Ich kümmerte mich wirklich in diesem Augenblicke um nichts, was außerhalb dieses wohltuenden Gedankens lag, ich fragte nicht: haben Ew. Majestät nicht schon eine Gemahlin und soll ich etwa die Ehre haben, Ihre Maitresse zu sein? – Sind Ew. Majestät nicht etwa schon zu alt für ein solches Verhältniß? Und erlaubt es auch das Volk, Sire, Ihre Gunst einem fremden, unbekannten Wesen zu schenken, welches Ihnen Interesse einflößt? Alle diese Gedanken blieben mir vollkommen fremd und was ich dem Könige auf seine mich so beglückenden Worte erwiderte, lautete einfach: Sire, ich habe den schönsten Augenblick meines Lebens erreicht in dem Momente, wo zu mir ein König sagte: ich schütze Dich, Verlassene; ich danke Ew. Majestät für das kostbare Asyl, welches Sie mir darbieten.»[46]

Für den 60-jährigen Ludwig war die 25-jährige schöne Frau ebenfalls die Inkarnation eines Traumes: Er hatte gedacht, die Liebe sei für ihn vorbei, und nun war er wieder verliebt. Die angebliche Spanierin Lola weckte in ihm alle die Leidenschaften, die er schon als jüngerer Mann mit dem Süden verbunden hatte. Seine große Liebe zur Marchesa Marianna Florenzi, der er im Laufe seines Lebens 3000 Briefe und unzählige Gedichte schrieb, hatte ihn immer wieder nach Italien gezogen. Dort boten sich ihm wie vielen deutschen Künstlern, Schriftstellern und Adeligen die Befreiung aus heimischen Zwängen und der Ausweg aus dem als eintönig empfundenen Alltag. Großes Vorbild hierfür war Johann Wolfgang von Goethes «Italienische Reise». Mit dieser südlichen Schönheit und Spontaneität, dieser Außeralltäglichkeit, identifizierte Ludwig nun Lola Montez.

«Die Andalusierin
Leuchtend, himmlisch blaue Augen
Gleich das Südens Aether klar
Die in Seligkeit umtauchen
Weiches, glänzend schwarzes Haar
Heitern Sinnes, froh und helle
Lebend in der Anmuth hin
Schlank und zart wie die Gazelle
Ist die Andalusierin.
Stolz und doch zugleich hingebend
Ohne Rückhalt, Herz für Herz;
In der Liebe Gluthen schwebend
Höchste Wonne, höchster Schmerz!

Voller Geist und voller Leben
Heft'ge Leidenschaftlichkeit,
Ist Dein Wesen, ist Dein Streben
Vom Alltäglichen befreyt.

In dem Süden ist die Liebe
Da ist Lust und da ist Glut
Und im stürmischen Getriebe
Strömet der Gefühle Flut.
Wonnemeer die Seelen trinken
Tönt zur Zither Dein Gesang
Hin zu Deinen Füßen sinken
Machet Deiner Stimme Klang.

Aufs Entzückendste erscheinest
Du in Deiner Anmuth Glanz
Hoch und Liebliches vereinest
Reizend Du in Deinem Kranz.»[47]

Da Lola ohnehin keine Papiere hatte, behauptete sie, 21 Jahre alt zu sein, das erhöhte ihren Reiz für den König: Sie sei genauso alt wie seine zweitjüngste Tochter Hildegard, teilte er seinem alten Freund Heinrich von der Tann mit.[48] Es wird vielfach beschrieben, dass ein Teil von Lolas Reiz in ihrer kindlichen Spontaneität, ihrer unbefangenen Freude an Blumen und Tieren, ihrer ungekünstelten Fröhlichkeit lag.[49] Ludwig und Lola begannen ein unschuldiges Spiel um Ritterlichkeit und Treue, um Minnedienst und Liebesschwüre, um zarte Berührungen und Zuwendung.

Ludwig brauchte Vertraute, denen er seine neue Liebe offenbaren konnte. Neben Heinrich von der Tann wurde Karl von Heideck zum Mitwisser, dem Ludwig von Lola vorschwärmen und seine Gedichte zeigen konnte. Auch Gräfin Deroy erhielt seine Schwärmereien zu lesen und sagte ihm, bei dem Gedicht «Die Andalusierin» «brenne das Papier».[50] Am 17. November schrieb Ludwig an Heinrich von der Tann: «Ich kann mich mit dem Vesuv vergleichen, der für erloschen galt, bis er plötzlich ausbrach. Ich glaubte, ich könnte nicht mehr der Liebe Leidenschaft fühlen, hielt mein Herz für ausgebrannt. Aber nicht ein Mann mit vierzig

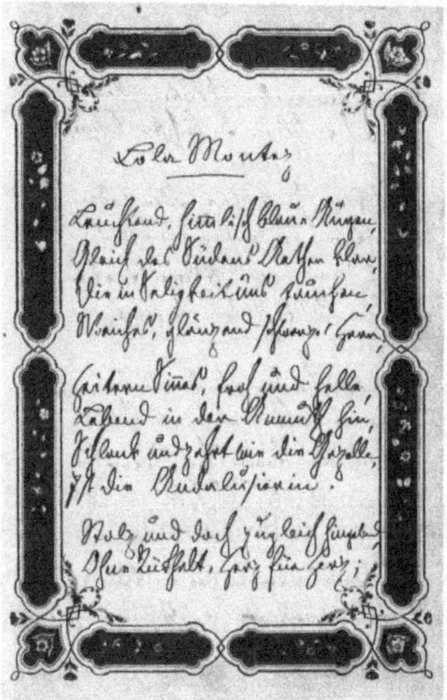 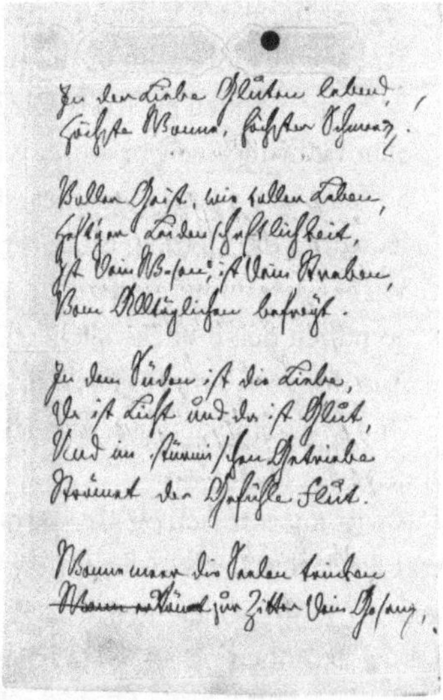

Der königliche Dichter. Handschriftliches Original eines Gedichts von Ludwig I. für Lola Montez, 1846

Jahren, wie ein Jüngling von zwanzig, ja comme un amoureaux des quinze faßte mich Leidenschaft wie nie zuvor. Eßlust und Schlaf verlor ich zum Teil, fiebrig heiß wallte mein Blut.»[51] Den König riss eine schwärmerische Liebe hin und Lola hatte darauf emotionale Antworten. Das zeigt ein weiteres Mal ihre Persönlichkeit: Sie war eine Meisterin des Spiels mit der zarten Leidenschaft weit im Vorfeld sexueller Realisierung, flirrend und facettenreich, von großer Empathie im Erfassen von Stimmungen, spontan und emotional fluide. Ludwigs Bild des wieder erwachten Vulkans erscheint auch in einem Gedicht,[52] in dem er Lolas Geste aufnahm, die an seinem Arm etwas Blut gesaugt hatte: Das machten die Andalusierinnen so, um die Treue ihrer Geliebten zu erhalten, sagte sie ihm.[53]

«An Lola Montez
Von meinem Blute hast du eingesogen,
Und Glut in meine Adern eingehaucht,
Das Herz mir in ein Feuermeer getauchet,
Mein Wesen eilet hin auf Lavawogen.

Längst hatte der Vulcan nicht mehr gerauchet,
Still zog sich über ihn der Himmelsbogen,
Erloschen schien er; Ruhe hat betrogen!
Sein Gährungsstoß bestand, war nicht verbrauchet.
So fand sich's jetzt in meines Herzens Tiefen,
Es waren die Gefühle nicht zerrieben,
Vorhanden immer seyend sie nur schliefen.
So haben deine Blicke sie getrieben
Aus ihrem Schlum[m]er die in's Leben riefen
Und selig bin ich wiederum zu lieben!»[54]

Ludwig entwarf sich ein Traumbild von Lola; das begann mit dem Porträt des Hofmalers Stieler für die Schönheitengalerie und wurde weitergeführt in den Gedichten. Lola erzählte ihm dann die Biografie, die zu seinen Träumen passte. Sie war für ihn die tapfere verfolgte Spanierin, ehrlich und treu, ohne Eltern und Beschützer unschuldig in die Welt geworfen und daher auch ohne Schuld schuldig geworden. Ihre Mutter habe auf großem Fuße in London gelebt, doch nach ihrem Tod hätten die Gläubiger alles genommen. Da sie es ihrer Mutter auf dem Sterbebett versprochen habe, habe sie keinen ihrer Freunde um Unterstützung gebeten und sei als Tänzerin ans Theater gegangen. In London und Paris habe sie Umgang mit Damen der hohen Aristokratie gehabt, «hier aber in München, wie wird sie behandelt».[55]

Das Bild, das sich gleichzeitig die Münchner gute Gesellschaft machte, lässt sich in den «Memorabilien» von Ludwigs Stararchitekten Leo von Klenze nachlesen: «Nun wußten die Wohlunterrichteten aber, und dieses bestätigte mir selbst der englische Gesandte, daß sie die Tochter eines Engländers Nahmens Wilson und eines andalusischen Mädchens von schlechter Aufführung wäre. Nach ihres Vaters Tode brachte sie ihre Mutter als Seiltänzerin nach England und verkaufte dort die Erstlinge ihrer Reitze (dieses erzählte sie selbst unverholen) an einen reichen Lovelace [Wüstling]. Mit diesem Sündengelde machte sich die Frau Gräfin Mutter davon, und die schöne Lola setzte nun das begonnene metier auf eigene Rechnung fort.»[56] Ein junger Mann versichere, so Klenze weiter, Lola in einem Pariser Bordell gesehen zu haben.[57] Das stimmte zwar alles ebenso wenig wie ihre eigene Geschichte, es sagt aber viel über Klenzes Haltung zu Lola aus. Und Klenze war nicht der Einzige, der solche Gerüchte glaubte. Johann Andreas Schmeller, damals bereits Professor an der Universität, erlebte Lola am 27. Mai 1847 in der Hof- und Staatsbibliothek; Lola kam mit einer Begleiterin, der Direktor Johann Philipp von Lichtenthaler holte das Fremdenbuch. Schmeller notierte in sein Tagebuch: «Vous voudrez des Romans sagte Lichtenthaler. Ich hörte nicht mehr, was sie mit gellender Stimme erwiederte. Sie muß von da nach dem Flügel geführt worden seyn, wo unter anderm Krenners Erotica unter Lichtenthaler's besonderm Verschlusse stehen. Wo sollte sie sich sonst so lange aufgehalten haben, da ich sie erst um 2 Uhr, als ich selber gieng, mit ihrer Begleiterin die Bibliothek verlassen sah?»[58] Es hätte Schmeller sicher erstaunt, dass Lola an diesem Tag keineswegs erotische Werke auslieh, sondern Bände zu altenglischer Poesie, zum Leben Petrarcas, Mozarts und Lord Fitzgeralds; die meisten dieser Bücher waren englische und französische Neuerscheinungen.[59]

Ludwig und Lola sprachen meist Spanisch miteinander, das beide halbwegs beherrschten, er wohl noch etwas besser als sie. Die fremde Sprache verstärkte die Exotik ihrer Erscheinung und verzauberte die Beziehung täglich neu: Sie war das Gegenteil seines Alltags zwischen Staatsgeschäften und Teestunden mit seiner Frau Therese.[60] Die Sprache des Cervantes, Lolas Alter und ihr angebliches Schicksal weckten alle Instinkte ritterlicher Fürsorge in ihm, und Lola gab ihm das Gefühl einer erwiderten Liebe. Sein Glück drückte er in unzähligen Gedichten aus, die er ihr wie ein Troubadour zu Füßen legte, teilweise ins Spanische oder in französische Prosa übersetzt.

In dem Gedicht «Auf Lolita» zeichnete Ludwig sein überhöhtes und schwärmerisches Bild von Lolas Charakter, auch im Vergleich zur «Italienerin», seiner Freundin Marianna Florenzi:

«Nicht den Geliebten kannst du betrüben, dir fremd sind die Launen,
Treibst mit dem Liebenden kein quälendes, grausames Spiel.
Selbstsucht kennst du nicht, hingebend, zährtliches Wesen;
Gut ist dein liebendes Herz, treu dein wahrhaft Gemüth.

Glücklich willst du den sehen, der dich liebt, dann bist du es selbsten.
Weiß es der Liebende, gleich, hört er's doch immer erfreut.
Daß geliebt er wird, daß ewig das Herz ihm gehört.

[...]

Tropfen der Seligkeit und ein Meer von bitteren Leiden
Die Italienerin gab; Seligkeit, Seligkeit nur
Lässest Du mich entzückend begeisternd beständig empfinden
In der Spanierin fand Liebe im Leben ich mir.»[61]

An diesem Charakterbild hielt der König gegen alle Anfeindungen fast bis zum Ende der Beziehung fest; so sollte seine Liebste sein, und jeder, der an diesem Bild rüttelte, stürzte ihn in Verzweiflung. Auch die zutiefst romantische Grundstimmung der Beziehung ist in den Gedichten spürbar.

In seinen Gedichten gab Ludwig lebenslang seinen Gefühlen eine idealisierte, poetisch-ästhetische Form. Zum Erstaunen und teilweise Erschrecken der Verwandten hatte er etliche im Jahr 1829 veröffentlicht, also bereits als König. Ludwig verfügte über keine nennenswerte dichterische Begabung und das zeigte sich in fast jedem der Werke. Dem Dichter Heinrich Heine, der vergeblich auf eine Berufung nach München gehofft hatte, gaben sie immer wieder Anlass zu Spott. Goethe, mit dem Ludwig I. in Briefwechsel stand, schrieb dem König höflich und ehrfurchtsvoll, da Ludwig ihm wohlgesinnt war: «Die Gabe der Dichtkunst hat das eigene besonders darin, daß sie den Besitzer nötigt, sich selbst zu enthüllen. Dichterische Äußerungen sind unwillkürliche Bekenntnisse, in welchen unser Inneres sich aufschließt und zugleich unsere Verhältnisse nach außen sich ergeben.»[62] In diesem Sinne sind die Gedichte zu lesen: Ludwig offenbarte in ihnen mit großer Unbekümmertheit sein ganzes Wesen, seine Emotionalität, seine Liebe und hoffte in anrührender Naivität, so auch von seinem Volk verstanden zu werden.

Die Gedichte sind das Pendant zu der anderen zentralen Quelle, die hier erstmals für eine Lola-Montez-Biografie ausgewertet wird: Ludwigs Tagebücher. Sie enthalten skizzenhafte Einträge, oft abgekürzt und mit orthografischen Fehlern, hastig hingeworfen und kaum zu entziffern.[63] Die Notizen sind tagesaktuell geschrieben und somit ein Beleg für das, was der König zu dem jeweiligen Zeitpunkt wusste, dachte und fühlte. Das Wichtigste: In seinen Aufzeichnungen spiegelt sich seine Beziehung zu Lola, vielfach werden ihre Äußerungen wörtlich wiedergegeben, ebenso seine Gefühle von Glückseligkeit bis Irritation. Damit sind sie ein zentrales Zeugnis der Innenwelten dieser Beziehung.

Schon in den ersten Tagen und Wochen zeigte sich der hochromantische Ton zwischen Ludwig und Lola. Als er ihr anlässlich einer Porträtsitzung bei Joseph Karl Stieler seine ersten spanischen Verse überreichte, küsste sie erst ihn, dann das Gedicht. «Sie sang, spielte Guitarre dazu. Hingerissen stürzte ich mich auf die Knie vor ihr.»[64] Seine verliebte Spontaneität durchbrach jede höfische Etikette. Für solche Regelverletzungen mochte er sich und er vergaß nie, sie im Tagebuch zu notieren. Dazu gehörte der Gebrauch der «Geheimsprache» Spanisch: Bereits am 19. Oktober, also zwölf Tage nach dem ersten Treffen, bot er ihr das spanische «tu» an. Wie außergewöhnlich diese Anrede war, zeigt sich daran, dass selbst Ludwigs älteste Freunde ihn offiziell siezten. Lola wiederum äußerte an diesem Tag zum ersten Mal, dass sie in München bleiben wolle, bei ihm: «Leidenschaftlich liebt sie mich gutes Herz u Genie fände sie in mir vereint».[65] Der Maler Stieler berichtete Ludwig: «Sie drükte aus ich wäre der einzige Mann d ihr entspräche, sie habe auf der Welt niemand als mich». Warum sollte das in Ludwigs Augen falsch sein? Sicher schmeichelte es Lola, bei einem König solch eine Leidenschaft entfacht zu haben. Ludwig war ein gebildeter und belesener Mann; sie nahm seine romantische und melodramatische Grundstimmung auf, die wohl auch ihrem Naturell entsprach: «Lolitta sagte mir sie hätte Gift für sich, wenn ich sie verließe.»[66] Dafür bot sie ihm Wohlverhalten an: Da er keine rauchenden Frauen mochte, werde sie in seiner Anwesenheit keine Zigarren mehr rauchen und sie werde nur Leute empfangen, die ihm recht seien. «Wie lieb ist sie», heißt es im Tagebuch.[67]

Zu dem Arsenal der Liebesbezeugungen gehörte neben der ständigen Versicherung der Treue auch die Eifersucht. Lola versuchte recht schnell, Ludwigs alte Freundin, die Hofschauspielerin Constanze Dahn, zu verdrängen, und dies gelang ihr so gut, dass Constanze Dahn letztlich nicht einmal mehr auftreten durfte.[68] Die Schauspielerin Charlotte von Hagn wurde von ihr ebenfalls desavouiert.[69] Auch er war eifersüchtig: «Diesesmal gab's von meiner Seite ein Eifersuchtsauftrit den Versöhnung aber bald folgte».[70] Eifersucht galt beiden als Zeichen der Liebe: «Zu Lolita gegange[n] die recht freudig gefunden. Daß ich mich gar nicht eifersüchtig [...] zeigte ihr nicht genehm; etwas eifersüchtig seyn soll ich.»[71] Rituale ergänzten die Versicherungen der ewigen Liebe: So küsste Ludwig jeweils die Stelle des Sofas, auf der Lola gesessen und ihm ihre Treue versichert hatte.[72] Das waren geheime Zeichen und Bestätigungen der Beziehung, die Besiegelung der unverbrüchlichen Liebe.

Ein weiteres Element der Beziehung war eine vertraute, aber nicht sinnlich aufgeladene Zuwendung, eine gewissermaßen vorpubertäre Intimität. Ludwig notierte beseligt im November: «Wie schmiegte sie ihr Köpfchen an m. Brust».[73] Hausmütterlich nähte sie eine aufgegangene Naht an seinem Ärmel, er wiederum ging vor ihr auf die Knie und knüpfte ihr aufgegangenes Schuhband.[74] Bei einer Porträtsitzung war ihr kalt geworden, er kümmerte sich liebevoll um sie: «Kalte Füß bekommen habend, rieb ich sie ihr, die Pelz gefütterte[n] Schuhe ausgezogen habend, die Strümpfe aber anbehalten. Mein feines (seidensamt) Haar gefiel ir, mit d Hand strich sie es.»[75] Das Sofa in Lolas Räumen war für das ungleiche Paar ein Ort der Nähe und unschuldigen Intimität: «Sitzend auf dem Sopha schlief ich etwas in ihren Armen ein.»[76] «Während sie in anderm Gemache sich für's Theater ankleidete, auf d. Sopha eingeschlafen, mit ein Kuß weckte sie mich.»[77] Die keusche Liebe zwischen Lola und Ludwig wird deutlich, wenn beide nebeneinander schlafen wie zwei Kinder: «Wie üblich (sie ist gewöhnt ein siesta nach dem Essen zu machen) schliefen wir auf d Sopha nebeneinander liegend, Hand in Hand.»[78] «Ich habe volles Vertrauen zu ihr. Wie üblich, auf d Sopha, versteht sich wir beyde angekleidet, siesta gemacht. Sie äusserte mir, sie schliefe so gut neben mir.»[79] «Gesprochen habend schliefen wir, jede[r] auf einem Sopha, die neben einande[r] lange, ich bis geg 9 Uhr, sie über 9 Uhr. Neben mir schliefe sie am besten. Das Nebeneinand[e]r schlafe[n] klingt mehr als verdächtig u ist unschuldiger. Thee mit ihr getrunken heim gegan[gen], Lolita war gar lieb. Ihr Herz ist mein Sternenhimmel.»[80] Die zarte unschuldige Berührung war für ihn ein Lebenselixier, danach sehnte er sich. Doch er wusste auch, dass dies niemand glauben würde – immerhin lebte Lola die ersten Monate im Hotel, man sah den König kommen, man sah ihn gehen und vermutete ganz anderes.

Die «Reinheit» der Beziehung war Ludwig bei allem Liebestaumel eminent wichtig und er suchte sie innerlich zu rechtfertigen. Er hob seine Liebe zu Lola auf eine andere Ebene. Im Sinne seiner katholischen Erziehung und seines ausgeprägten Sündenbewusstseins gab er der Beziehung etwas Unschuldiges, Marianisches.[81] Dazu passte die Beobachtung des österreichischen Gesandten in München, des Grafen Ludwig von Senfft, dass sich «der König, wenn er fleischlicher Handlungen sich enthält, sich vorwurfsfrei wähnt».[82] Auch seiner Schwester, der österreichischen Kaisermutter Charlotte Auguste, hatte Ludwig versichert, eine keusche Beziehung zu führen. Sie schrieb ihm: «Ich glaube an die Reinheit deiner Gefühle, ich und noch Einige, aber die Nachwelt wird so wenig daran glauben als die jetzt lebende Mehrzahl, welche es sich nicht nehmen läßt, daß es ein sinnliches Verhältnis ist.»[83] Ludwig verband mit seinem Verhalten einen gewissen Stolz auf sich und seine Selbstbeherrschung: «Ob viel andere in der Lage in welch[er] wir uns beyd befanden sich so enthaltsam bewiesen, dürfte verneint werd[en]».[84] «Reinheit» bedeutete aber auch Treue gegenüber seiner Göttin:

«Mein Vorsatz
An Lolitta

Hin in des Himmels reine Bläue
Wird von dem Reinen nur geblickt,
Der keine Ursach hat zur Reue
Dem keine Schuld die Seele drückt.

Und so auf dich, die du mein Himmel,
Du welcher ich mich ganz geweyht,
Die selbsten du ain Glanzgewimmel,
Die mich erobernd hat befreyt.

Ich will vor deinem Blick bestehen,
Von keiner Untreu' mir bewußt,
Will offen dir in's Auge sehen,
Du meines Lebens Licht und Lust.»[85]

Wichtige Konzepte waren für Ludwig Ehre und Verantwortung. Darin steckte auch der Gedanke der Treue über den Tod hinaus, der an die ritterliche Minne mittelalterlicher Epen wie «Tristan und Isolde» erinnert.

Als seine Verantwortung sah er es zudem an, sie finanziell abzusichern. Bereits am 19. November 1846 entwarf Ludwig einen Zusatz zu seinem Testament, um Lola nach seinem Tod zu versorgen, wenn sie zu jenem Zeitpunkt weder verheiratet noch Witwe sei.[86] Als es dann einen Tag später gesiegelt vor ihm lag, schrieb er: «froh, froh! Mir zu Muth, nach dem im Codicil für sie gesorgt, sterbe ich plötzlich, so hat sie eine Existenz glänzend».[87] Als er ihr das mitteilte, brach sie in Tränen aus, er solle nicht mehr davon sprechen, und wenn er krank sei, wolle sie ihn pflegen, doch «lezteres, sagte ich, ging von K[öni]gin wegen nicht an». Im Januar erhöhte er die Summe, die er ihr vermachen wollte.[88] Es ging aber nicht nur um die Zukunft, auch in der Gegenwart sollte sie gut leben. Schon ab November gestand der sonst so sparsame König Lola ein jährliches Gehalt von 10 000 Gulden zu, das ihr monatlich ausbezahlt wurde. Zum Vergleich: Eine arrivierte Schauspielerin am Hoftheater erhielt 300 Gulden jährlich,[89] ein Professor an der Universität 2000 Gulden. Das war aber noch nicht alles: Ludwig schenkte ihr ein Haus an der Barer Straße, das für sie umgebaut und fürstlich eingerichtet wurde, er schenkte ihr Schmuck und Kleider, sogar eine wappengeschmückte Equipage mit zwei feurigen Rappen.[90] Lolas Schmuck und Kleider zogen viel öffentliche Aufmerksamkeit auf sich, sie verletzte damit auch implizit weiterbestehende Etiketteregeln.[91] Die Equipage hatte Maltzahn ihr für 3300 Franken in Paris besorgt: Es sei die hübscheste, die er habe finden können, schrieb er Mitte November an Lola, sie werde höchst zufrieden sein und damit er auch, denn er liebe es, wenn sie mit hübschen Sachen andere Leute in Rage bringen könne.[92] In München kursierten bald wilde Gerüchte über die Summen, die der König für sie ausgab. Man sah in Lola die unersättliche Hetäre, die den König ausbeutete. Doch Ludwig schrieb, klug beobachtend: «‹Hab-

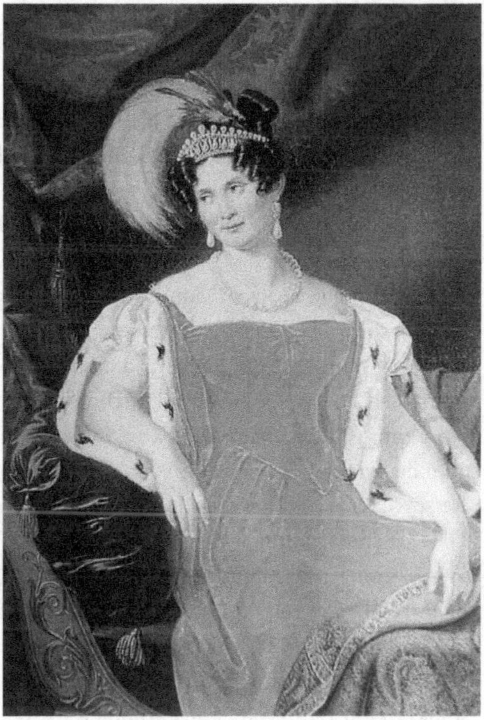

Die Königin. Therese von Bayern, Gemälde von Julie Gräfin von Egloffstein, 1836

süchtig› ist Lolita gar nicht, auf's Geld sieht sie nicht, sond[ern] nur auf das was ihr gefällt».[93] Damit beschrieb er gut Lolas kindlich-unbefangenen Umgang mit schönen Dingen: Geld war für sie ein Tauschmittel, kein Anlageobjekt. Wenn sie etwas Schönes sah, griff sie danach. Für ihr Haus in der Barer Straße 7 waren das exquisite Porzellane, Silberbesteck, Sessel, Tische, Bilder und vieles mehr. Sie verschenkte Geld aber auch lebenslang großzügig an schlecht gestellte Kollegen und Kolleginnen, an Bedürftige. Sie lebte in ihrem eigenen Märchen.

Und die Königin? Therese, die im Laufe ihres Ehelebens schon viel von Ludwig hatte erdulden müssen, schwieg. Sie wusste, dass Einspruch bei ihm nichts bewirkte,[94] aber sie trat in passiven Widerstand.[95] Ludwig notierte im Tagebuch, sie habe ihm den Kuss zum Jahreswechsel verweigert und dies schmerze ihn; solche Szenen sollte es noch öfter geben.[96] Charakteristisch für Thereses höchst zurückhaltende Art der innerehelichen Kommunikation war eine Szene in der Oper am 16. Januar 1847. Im Tagebuch heißt es: «Als gestern in d Oper Faust, Faust den Liebestrank [darübergeschrieben: Zauber] trinkt, äusserte ich zu Therese, das muß ich nicht. Sie lächelte mir schien auszudrüken sie sey der Meynung ich hätte einen bekommen.»[97] Ihr passiver Widerstand wurde jedoch auch bald öffentlich sichtbar: Sie erschien nicht zu Theateraufführungen oder Konzerten, wenn die Gefahr bestand, dass Lola anwesend sein würde. «Es soll ihr Nichterscheinen in d Mask Akadem[ie] ein Erkennengeben (Manifestation) seyn, daß ihr mein Verhältniß mit Lolita ihr nicht gleichgültig wäre», notierte Ludwig.[98] Doch er sah auch, wie standhaft die Königin dennoch zu ihm hielt: «Therese benimmt sich bewunderungswürdig. Dieses schrieb ich neulich an Heinr v d. Tann».[99] Lola wiederum konkurrierte mit der Königin: Ludwig sollte ihr wichtige Informationen mitteilen, bevor er darüber mit Therese spreche; sie wollte über der Königin stehen.[100]

Die scheinbar intimen Zeichen von Ludwigs Liebe wurden öffentlich mit Missfallen zur Kenntnis genommen: Bei einem Odeonkonzert am 16. November 1846 ließ Ludwig die Königin und seine Gäste aus Holland und Schweden zurück, um mit Lola zu sprechen; sie blieb sitzen, als er mit ihr sprach – ein Fauxpas, der genau beobachtet und vom Publikum mit Empörung aufgenommen wurde. Er gab ihr dann zu verstehen, dass sie aufstehen müsse, was sie auch tat.[101] Auch Schmeller saß im Publikum: «Gerade hinter uns hatten wir die viel besprochene Sirene Maria Dolores Lola Montes. Als der König, salonmachend, bei ihr stehen blieb und in italisirendem Spanisch mit ihr sich unterhielt, waren alle Augen auf sie und ihn gerichtet.»[102] Beim Georgi-Ritterfest am 8. Dezember vermittelte ihr Ludwig einen Platz in der Allerheiligen-Hofkirche, von dem aus sie dem Fest zusehen und auf dem er sie ebenfalls beobachten konnte. Er notierte: «Während d Predigt blikt ich oft zu ihr hinauf. [...] Bey der Rit[ter]tafel, trank ich Lolita zu.»[103] Bei anderen Gelegenheiten sprach er mit ihr in der Öffentlichkeit Spanisch, er nannte sie «Mi querida», «mein Schatz», und duzte sie in dem Glauben, es könne ja niemand Spanisch.[104] Doch da der König aufgrund seiner Schwerhörigkeit sehr laut zu reden pflegte, hörten das sicher viele und es war nicht so schwer zu verstehen, was es bedeutete. Hinzu kam die öffentliche Auszeichnung, wenn er ihr auf der Straße seinen Arm lieh. So bat sie ihn, mitgehen zu dürfen, als er einen Gemäldehändler aufsuchte. Er schlug ihr das nicht ab, obwohl es ein eklatanter Bruch mit der Etikette war, wie aus seinem Tagebuch hervorgeht; außer bei einer Verwandten habe er dies nicht einmal bei einer Fürstin gemacht, «daß ich bey Tage über die Straße am Arme führte, wie sie, und das am Dreykönigsfeyertage über die belebte Theatiner-Schwabinger Gasse».[105]

Lola Montez schrieb 1851 in ihren Memoiren: «ich habe nie geglaubt, daß die Schritte eines Königs mit so mißtrauischen Augen betrachtet würden; daß man den Einfluß eines weiblichen Wesens mehr als den aller Männer fürchte, und es ist komisch genug, wie viele Mühe sich die Leute gaben, das Verhältniß des Königs zu mir zu tadeln.»[106]

Zu den Punkten, die in München den größten Aufruhr verursachen sollten, gehörten die Einbürgerung und der Adelstitel, den sich Lola wünschte. Die Diskussion darüber wirkt in Ludwigs Tagebuch wie ein kindliches Spiel. Lola lebte ihr Märchen; wenn sie schon von einem König zu seiner Göttin erhoben worden war, so sollte sich auch ihre prekäre Existenz ändern. Erstmals sprach sie den Wunsch nach Einbürgerung und Titel bereits Ende November 1846 an, am 17. Dezember führte sie das Gespräch mit konkreten Vorschlägen für einen neuen Namen fort.[107] In den Tagebüchern klingt das folgendermaßen: «Von ihr in Adelstand erhebend zu geb[en]d[e] Namen, Treufels, meynte ich der Klang gefiel ihr nicht Rosenbach meynte sie wogeg ich nichts einwandte. Entschied erklärte sie sich gegen Erhebung zur Freyfrau, Gräfin, oder sie bliebe Lola Montez. Gräfin hätt sie durch Heirath werden können, aber sie liebe mich, bleibe mir verbunden durch's Leben. Gegen d. Titel Baronin habe sie Abneigung in England u Frankreich wäre er in Mißcredit.»[108] Am 18. Dezember versprach er ihr dann, er werde sie zur Gräfin erheben.

Bald merkte der verliebte König, dass der Umgang mit Lolas Wutanfällen auch für ihn ein Problem darstellte. Als er sie im Konzert einmal nicht gesehen und begrüßt hatte, sah sie das als öffentliche Bloßstellung an, sie tobte, als er sie besuchte, und ließ sich nicht beruhigen. Ludwig notierte im Tagebuch: «Als sie dennoch furtfuhr, darauf nicht achtete, warf ich mich zu Boden und stöhnte laut. Da erwachte ihre Liebe, sie bog sich über mir hinübe[r] küßte mich. Bevor ich gekommen hatte sie Blut gespien so war sie angegriffen, sagte mir wenn sie im

Odeon einen Dolch gehabt würde sie ihn sich in's Herz ge[s]toßen haben.»[109] Obwohl Ludwig ihr alle Wünsche erfüllte, vertraute er dem Tagebuch an: «Die Auftrit folgen sich seit einige[n] Tage[n] schnell. In Personal u. Regierungssache[n] mischt sie sich. [...] Ihr Zugeständnisse gemacht will sie weiteres, wo soll das hinaus! Entzweyung u Versöhnung äussert sie wird sich noch öfters ergeb».[110]

Lolas Versuche mitzubestimmen erwuchsen unmittelbar aus den Spielräumen, die ihr der verliebte Monarch einräumte. Es begann mit kleinen Protektionen im Theaterbereich für Schauspielerinnen und Tänzerinnen, für die Schwestern Bertha und Mathilde Thierry sowie für die Schauspielerin Marie Denker. Lola hatte sich sehr für Bertha Thierry eingesetzt: «Machte ihr gestern die Freude daß die g[ro]ße Gehaltsverbesserung sie selbst ihr verkünde, Unterstütz[un]g aus m. Cab. Cass für die sehr bedrängte Familie hinzufügend, ausserordentliche.» Ludwig ermöglichte der Freundin also bereits zu diesem Zeitpunkt das berauschende Gefühl der Macht, ausgelöst von der Möglichkeit, anderen Gunst zu erweisen.[111] Im Hoftheater brachten diese Eingriffe einiges durcheinander und Hoftheaterintendant Frays war verstimmt.[112] Lola bestellte Marie Denker dann sogar zu einem Treffen mit dem König, ohne ihn vorher zu informieren, was selbst den betörten Ludwig irritierte: «Zu Lolita wo ich, unangenehm, sehr unangenehm überrascht Schauspielerin Denker zu find, von ihr herbeschieden, da[m]it sie mit mir rede, der Dahn u des Theat. Intend Verfolgung oder wie sie sich ausdrükte, betreffend. Ungehalten aber nicht heftig wurde ich darüber, Was geht das Theater Lolita an, soll sich nicht in dergleich mengen. Begab mich in Gemach daneben, Lolita mir nach, fiel mir zu Füß wegen der Denker Herbescheidung Lolita u ich umarmte[n] uns. Ich sprach mit der Denker. Als wir allein (nehmlich Lolita u ich) versprach sie mir nie mehr ohne mein Wissen Jemand kommen zu lassen mit mir zu reden.»[113] Einen Monat später war Lola schon sehr viel weniger devot: «Zu Lolita gegangen, die mir äusserte ich soll sie anhören u mit unter thun was sie mir sagt.»[114]

Da sich Ludwig von Lolas zunehmenden Versuchen der Einflussnahme auch in anderen Bereichen in seiner Ruhe gestört fühlte, verabredete er mit ihr, dass sie ihn nur samstags mit solchen Dingen befassen solle.[115] Es ist nicht immer nachvollziehbar, weshalb sich Lola bestimmter Angelegenheiten annahm. Sie lagen keineswegs im Bereich ihrer unmittelbaren Interessen. Ein Beispiel dafür ist die Polytechnische Schule in München, die 1827 unter Ludwig gegründet worden war und mit Blick auf die beginnende Industrialisierung die Ausbildung junger Männer in Naturwissenschaften, Mechanik und Naturkunde voranbringen sollte, um sie als Arbeiter oder als Aufseher und Werkführer in Fabriken und Manufakturen zu qualifizieren.[116] Am 30. Oktober 1846 notierte Ludwig: «Zwey Stunden war sie heut in Polytechnische[r] Anstalt. Stark tadelt sie dessen Gebäude. Es ist im Alte[n] Damenstift».[117] Zwei Wochen später ging Ludwig auf Lolas Wunsch persönlich hin, um sich einen Eindruck zu verschaffen. «Enge ist's», notierte er.[118] Am 12. Dezember, einem der für «Geschäftssachen» erlaubten Samstage, kam sie darauf zurück. Es wurde vermutet, dass Friedrich Benedikt Wilhelm von Hermann, der sie damals besuchte, ihr die Idee eingegeben habe.[119] Außerdem schlug sie Ludwig vor, «ich möchte die Vereine, das Museum pp schließen Club für Adel ein für Kaufleut, ein f Künstler errichten. […] Vereine macht sich Staatsumwälzung die jezige franzöß. Regirung habe sie geschlossen».[120] Beides, die Polytechnische Schule und die Förderung des Vereinswesens, waren zweifellos Projekte mit Zukunft; sie waren Ludwig nicht wichtig, aber Lola versuchte, ihn dafür zu interessieren.

Das waren die Anfänge. Neun Monate später sah sich Lola bereits in einer ganz anderen Position: als eine politische Beraterin des Königs, wenn nicht als eine Art Premierministerin, wie sie sich später selbst darstellen sollte. In einem Brief vom 23. September 1847 aus München an den in Aschaffenburg weilenden König hieß es: «Baron Zu Rhein will seinen Geschäftsbereich aufgeben, was Du zurückweisen und wegen des kommenden Landtags beibehalten mußt. Alle Minister werden die Gelegenheit nutzen, um ihre Ernennung für immer zu verlängern. Fürst Wallerstein erklärte öffentlich, daß Du ihn zum Minister machen willst. Wenn Du es machst, wirst Du es bereuen. Versprich mir, nichts zu unternehmen, bis Du zurück bist und von mir etwas erfahren kannst. […] Ich schicke Dir noch ein Memorandum über die diversen Gesellschaften, ebenfalls den Brief nach London, den ich Dich möglichst bald an den Baron von Cetto zu schicken bitte».[121] Am 24. September legte sie nach und gab ihm genaue Informationen über das angeblich mangelnde

Geschick seines Außenministers Georg von Maurer in diplomatischen Gesprächen mit England.[122] Es liest sich, als hätten sich die Rollen verkehrt: Am selben Tag schrieb ihr Ludwig aus Aschaffenburg einen Brief voller Sehnsucht. Er habe ihrem Bild einen Kuss gegeben und denke Tag und Nacht an sie, so auch bei einem Spaziergang; die beiliegende blaue Blume sei ein Beweis dafür; er habe ihr drei Gedichte geschrieben und von ihr geträumt.[123] Die blaue Blume war das zentrale Sehnsuchts- und Liebessymbol der Romantik. Als Ludwig ihren Brief vom 24. September in Händen hielt, beeilte er sich, ihr mitzuteilen: «Ich habe gerade Deinen Brief vom 24. erhalten und die Note für England. Ich habe sie gleich weggeschickt. Du siehst, meine Geliebte, ich verliere keine Zeit, um Dir zu Willen zu sein. [...] Es ist gut, daß Du mir alles schreibst, was Du hörst [...] Das Gutachten, daß Du mir über Maurer gegeben hast, ist genauso, wie Wallerstein über ihn spricht.»[124]

Es hatte sich Grundsätzliches in der Beziehung geändert: Aschenputtel hatte sich emanzipiert, wollte die Herrschaft teilen und war politisch erstaunlich gut informiert. Der allmächtige König hingegen lebte weiterhin elegisch in seinen Märchenträumen. Vermutlich erhob er gegen diese Einmischungen nicht rigoroser Einspruch, da er immer noch glaubte, von ihr, der er vorbehaltlos vertraute, die Informationen zu bekommen, die ihm sonst vorenthalten wurden, und letztlich doch selbst entscheiden zu können, wie er handeln müsse. Doch Lola, inzwischen Gräfin Landsfeld, saß als Beraterin näher an seinem Ohr und seinem Herzen als alle Minister.

5.
MACHT UND OHNMACHT DER KATHOLISCHEN PARTEI

Skandalisierungen

Die knapp eineinhalb Jahre, die Lola Montez in Bayern verbrachte, wurden in ihrer Dynamik bereits oft beschrieben, nicht zuletzt deshalb, da es sich um die Vorgeschichte der Revolution von 1848 und der Thronentsagung Ludwigs I. am 20. März 1848 handelte.[1] Bereits diese Zuordnung zeigt, wie sehr die persönliche Liebe des Königs zur schönen Tänzerin als politische Affäre begriffen wird und wie untrennbar die Eskalation der Ereignisse zwischen November/Dezember 1846 und Februar/März 1848 mit dem Schicksal des Königs verbunden ist. Die Substanz der Erzählung hinter diesem «Trauerspiel», wie es der Ludwig-Biograf Heinz Gollwitzer nannte, lautet:[2] Über Jahr und Tag versuchten alle treuen und aufrechten bayerischen Politiker und Beamten, die Familienangehörigen und Freunde, die kirchlichen Würdenträger, der Adel und die Bürgerschaft den betörten König davon zu überzeugen, dass Lola Montez eine liederliche, habgierige, hartherzige und egoistische Hure sei, von der er sich trennen müsse, wolle er nicht die Monarchie gefährden. Zorn und Abscheu des Volkes seien in mehreren Stufen eskaliert, von den Unruhen um die Folgen von Lolas Einbürgerung und die Entlassung des Ministeriums Abel Ende Februar und Anfang März 1847 bis zu Lolas Vertreibung im Februar 1848. Dass Ludwig dann nach den politischen Märzunruhen abdankte, sei nur folgerichtig gewesen, da er doch unhaltbar geworden sei.

Diese Erzählung wird unterschiedlich ausgeschmückt. Immer bleiben jedoch bestimmte Bestandteile bestehen: die Frau von schlechtem Ruf, der man von Anfang an nur das Schlechteste unterstellte, der gewissermaßen unzurechnungsfähige König, die tapferen Kämpfer für das Gute, der gerechte Volkszorn. In dem Standardwerk zur «Geschichte der deutschen Revolution von 1848/49» von Veit Valentin, 1930 erschienen und zuletzt 1998 wieder aufgelegt, ist davon die Rede, Lola sei eine «Mischung von Maria Stuart und Josephine Beauharnais» gewesen, in ihr habe «die raubtierhafte Urkraft des andalusischen Tanzes» gesteckt. «Der König war ein Greis, der durch das Erlebnis verführerischer weiblicher Jugendkraft ins erotisch Hemmungslose kam, der, exzentrisch, wie er immer gewesen ist, nun keine Grenzen kennen wollte und das ihm versagte Natürliche durch perverse Genußsucht ersetzte [...] nun machte die brennende Lust dem senilen Künstlerfürsten aus einer großen Kokotte die Göttin seiner späten Tage.»[3] Hier zeigt sich die enthemmte Phantasie männlicher Historiker, die Lolas Einfluss irgendwie begründen mussten. Immerhin bestätigt Valentin Lola Geschmack und «reizende Intelligenz», sie sei «gescheit» gewesen.

Die Zeitgenossen wussten über Lolas Vorleben nur wenige dürre Fakten: Tänzerin, Skandale in Berlin und Warschau, Aussage im französischen Skandalprozess um den Mord an Dujarier. Doch in Herrenkreisen erzählte man sich wüste Geschichten über sie; einiges findet sich in den «Memorabilien» von Ludwigs Architekten Leo von Klenze, den Lolas Einfluss auf den König aus Eifersucht persönlich erbitterte. Vieles wurde von Klenze wohl zeitgenössisch notiert, jedoch nachträglich in den 1850er Jahren ergänzt und überarbeitet.[4] Klenze zeigte sich empört über den «alten Hurenhengst» Ludwig und die «abgelebte Bordellhure» Lola:[5] «Nach unendlichen Abentheuren in aller Herren Länder war diese Hetäre, welche ihre Laufbahn in Engeland als damnhippe [Wortschöpfung aus damned (verflucht), hip (Hüfte) und hippos (Pferd)] begonnen hatte, endlich nach München [...] gekommen. Sie war eine jener Bühnenheldinnen, welche die mymischen Kunstleistungen nur als eine Art von couvre honte [Feigenblatt] betrachten und in den Armen oft wechselnder Liebhaber ausbeuten.» In Dresden sei sie in einer Männergesellschaft, nachdem sie zum Dolch gegriffen hatte, auf einen Tisch gelegt worden und alle Anwesenden hätten ihren nackten Hintern verprügelt. Aus Dujariers «Erbschaft» habe sie der Sohn Sir Robert Peels übernommen, «welcher in kurzer Zeit eine Viertelmillion mit ihr durchbrachte, wie sie sich selbst deßen rühmte». In München und mit Blick auf den König erzähle man «ihre Liebesscenen in allem Detail und wie dabei die rafinirtesten Anstrengungen aus der Pariser Schule nach langem Bemühen endlich doch über die 60jährige Inertie [Trägheit] den Sieg davongetragen hätten u. s. w.»[6] Es ist davon auszugehen, dass Anekdoten dieser Art vielfach kursierten. Der Münchner Polizeidirektor Hans von Pechmann, der erst kurz vor Lolas erstem Auftreten vom Landrichter in Berchtesgaden zu dieser wichtigen Münchner Position aufgestiegen war, schrieb als Einleitung zu seinen Tagebuchaufzeichnungen: «Die Summe der gemachten Erfahrungen ließ Lola Montez zunächst als eine jener raffinierten Lustdirnen erscheinen, welche ihr Benehmen sehr geschickt nach Persönlichkeit und dem Geschmack ihrer Buhlen modifizieren, hier in der ausgelassensten Weise die Lust zu provozieren und dort mit koketter Zurückhaltung sich hinzugeben wissen. Sie war anfänglich für jedermann zugänglich, der zwei Kronthaler für die Befriedigung einer vorübergehenden Leidenschaft aufzuwenden hatte, ihre Kundschaft konzentrierte sich aber allmählich auf eine Anzahl junger Rouées [Lebemänner] welche sich im abendlichen Zirkel bei ihr zu versammeln, wohl auch mit ihr zu dinieren pflegten.»[7] Bewiesen war dies alles nicht. Doch Pechmann, 37 Jahre alt, entstammte einem alten katholischen Adelsgeschlecht. Seine Meinung über Lola stand bald fest.[8]

Zu ihrem schlechten Ruf kam hinzu, dass sie eine «Fremde», eine «Spanierin» war. Es gab viele Vorurteile über Spanierinnen: Mit Blick auf den jahrhundertelangen maurischen Einfluss galt Spanien im übrigen Europa als exotisch, als orientalisch, als mittelalterlich.[9] Prosper Mérimée setzte dem Bild der Andalusierin in seiner Novelle «Carmen» 1845[10] ein Denkmal und prägte die Vorstellung, die schönen Spanierinnen sähen sich als Rivalinnen des Mannes, sie seien zugleich raffiniert und wollüstig, unbeherrscht und grausam: Sie besäßen die Schönheit eines wilden Tieres, das man streicheln will, es aber nicht wagt.[11] Ebendas, was Ludwig an ihr anzog, stieß die Münchner ab: Von einer solchen «hergelaufenen» Spanierin wollte man sich nicht regieren lassen. Sie galt als Freigeist, als Abgesandte der Freimaurer, als politisch gefährlich.[12]

Schnell wurde Lola auch zum Thema der Diplomatenberichte. Quer durch Europa floss der Hofklatsch – dem Privatleben eines Königs waren enge Grenzen gesetzt.[13] Ende November schrieb der österreichische Gesandte Graf Ludwig von Senfft an den Fürsten Metternich: «Ich kann nicht länger Abstand nehmen, Eurer Durchlaucht von einer beklagenswerthen Verirrung des Königs Mittheilung zu thun, welche, ob sie schon sein Privatleben angeht, doch die allgemeine Aufmerksamkeit dergestalt in Anspruch nimmt, daß die Würde und das Ansehen des Regenten unter allen Classen der Bewohner der Hauptstadt, ja des Landes aufs Äußerste benachtheiligt wird. [...] Nun ist [...] seit sechs Wochen die spanische Tänzerin Lola Montez hier erschienen [...], eine gemeine abgenutzte Buhlerin mit schönen Zügen, feurigen Augen und einem südlich leidenschaftlichen Temperament. [...] Die schamlose Keckheit der Buhlerin, die sich öffentlich der ihr zugewendeten Gunst rühmt, Arrest und Versetzung von Offizieren, von denen sie sich verletzt findet, dann wieder Begnadigung eines von ihr angeklagten und wieder mit ihr versöhnten verhängt – dies alles steigert den Unwillen des Publicums aufs höchste. In der mittleren und unteren Volksklasse ist das Mißvergnügen – bei den Besseren ist es eine wahre Trauer – allgemein verbreitet.»[14] Einen Monat später hieß es: «Die öffentliche Demonstration der königlichen Gunst und Aufmerksamkeit im Theater, bei Jagden, ja beim Georgifest sind fortwährend und auffallend.»[15]

Wie auch der Gesandte zu berichten wusste, sammelte sich um Lola ein Kreis von Menschen, die sie als Gunst- und Gnadenvermittlerin nutzen oder auch nur dem König gefällig sein wollten.[16] Sie setzte sich erfolgreich beim König dafür ein, dass die schlecht besoldeten Schullehrer eine Zulage erhielten – aber sie sprach auch öffentlich darüber, was wiederum die Sorge vor ihrem Einfluss beförderte.[17] In den Worten des preußischen Gesandten Graf Bernstorff: «Diese übt eine solche Gewalt über den Monarchen aus, daß sie Plätze verteilt, Zulagen bewilligt, Versetzungen erzwingt, daß die niedrigen Seelen, deren es hier wie überall gibt, sich um ihre Gunst bewerben, um durch sie zur Erfüllung ihrer Wünsche zu gelangen.»[18] Auch Namen zirkulierten bald in München und die Diplomaten berichteten sie nach Hause: Genannt wurden General Karl von Heideck, Prof. Friedrich Wilhelm von Hermann, der Architekt ihres neuen Hauses Eduard Metzger, der Korrespondent der «Augsburger Allgemeinen Zeitung» Johann Ploetz, Stabsarzt Dr. Ludwig Curtius, die Tänzerin Angioletta Mayer von Lindenthal sowie «ein Kreis subalterner Beamter, Künstler und Literaten».[19]

Lola hatte von Anfang an keine Chance, in die katholische Münch-

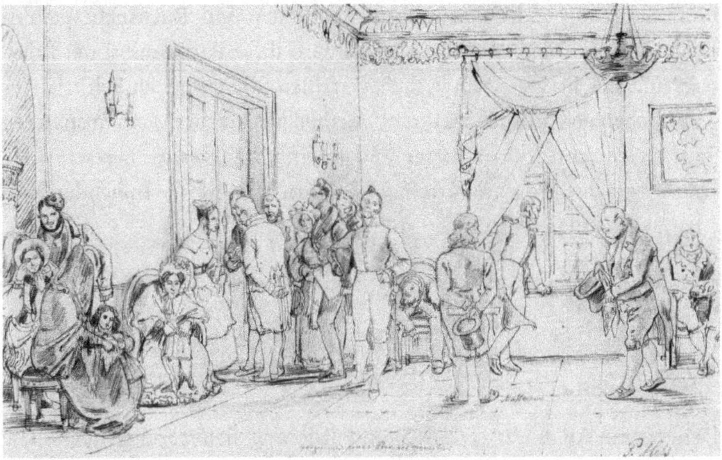

Antichambrieren im Vorzimmer des leitenden Ministers Karl von Abel, Zeichnung von Peter von Heß, um 1840

ner Gesellschaft aufgenommen zu werden. Eine Frau wie sie musste man, so die Logik der Polizei, genau im Auge behalten, ächten und möglichst schnell wieder loswerden. Dieser Aufgabe sah sich auch Innenminister Karl von Abel verpflichtet. Mit dem österreichischen Gesandten, seinem Freund Graf Senfft, katholischer Konvertit wie er selbst, besprach Abel bereits am 25. November 1846 offen seine Linie, wie Senfft an Metternich berichtete: «Herr v. Abel versichert mir, er suche sich nur die Mittel zu verschaffen, um dem König über die Schlechtigkeit und die compromittierende Indiscretion der Tänzerin die Augen öffnen zu können. Dies sei aber ohne die krassen, handgreiflichen Beweise nicht zu unternehmen.»[20] Der preußische Gesandte wiederum erläuterte seinem Minister in Berlin die politischen Hintergründe der Abneigung gegen die Tänzerin: «Die hochkirchliche Partei ist durch dieses Ereigniß aufs Tiefste niedergeschlagen und beunruhigt. Sie, die den König Ludwig als den frömmsten der Könige, als den Beschützer der Kirche und des Glaubens in Adressen und Manifesten proclamiert hatte, sieht sich plötzlich vor den Augen der Welt aufs Grausamste widerlegt und ihren durch alle Künste der Lüge und der Schmeichelei errungenen überwiegenden Einfluß den Launen eines herrschsüchtigen und durch die leidenschaftlichste Heftigkeit und Rachsucht gefährlichen Weibes preisgegeben. Indeßen wird diese Partei mit ihren Priestern und Beichtvätern schwerlich verfehlen, diesen neuen Fehltritt des Monarchen gelegentlich zu ihrem Vortheil auszubeuten, um in späteren Tagen vielleicht desto sicherer und unumschränkter zu herrschen.»[21] Damit war das Programm treffend beschrieben, das die folgenden Wochen und Monate bestimmen sollte.

Lola Montez und Hans Pechmann – Favoritin gegen Polizei

Den ersten Anlass zu Lolas Skandalisierung lieferte eine nächtliche Ruhestörung Mitte November 1846, die von der Polizei, der Stadtbevölkerung und den meisten Biografen recht umstandslos Lola zugeschrieben wurde. Die «Wahrheit» über dieses Ereignis ist nicht herauszufinden, doch es ist auch Skepsis angebracht: Vielleicht war es ja doch eine Intrige, um Lola unmöglich zu machen und sie loszuwerden? Am 15. November kurz vor Mitternacht standen zwei Frauen vor dem Haus Frühlingsstraße 9, in dem ein gewisser Leutnant Friedrich Nußbammer wohnte. Sie läuteten bei Nußbammer, seine Vermieterin sagte jedoch, er sei nicht zu Hause. Er müsse zu Hause sein, sie wolle noch einmal läuten, sagte die eine Dame – und fiel in Ohnmacht. Nun wurde gar an allen Hausglocken geschellt, um Hilfe herbeizuholen. Der Geselle eines auf der anderen Straßenseite wohnenden Glasermeisters war gerade aus dem Wirtshaus nach Hause gekommen, er nahm die beiden Frauen auf und brachte die Ohnmächtige mit Kölnisch Wasser und Essig wieder auf die Beine. Am nächsten Tag kam die Dame, so eine Zeugin, nochmals in die Frühlingsstraße und klingelte erneut. Als die Hauswirtin öffnete, begann die Dame sie zu beschimpfen, weil sie am Abend zuvor die Tür nicht geöffnet habe, und rief schließlich: «Ich bin die Mätresse des Königs!»[22] Die Geschichte ging wie ein Lauffeuer durch die Stadt und niemand zweifelte, dass Lola auf der Suche nach Leutnant Nußbammer dieses Spektakel veranstaltet hatte.

Lola hatte den 26-jährigen Artillerieleutnant auf einem ihrer Spaziergänge in München kennengelernt, als er sie gegen Beleidigungen in

Schutz nahm. Sie gab ihm die Erlaubnis, sie zu besuchen, und wurde seitdem oft mit Friedrich Nußbammer bei Ausflügen in die Umgebung gesehen. Leo von Klenze nannte ihn daher gleich «ihren regelmäßigen Beischläfer»; es galt in München für eine unverheiratete Frau nicht als schicklich, sich ohne Anstandsdame von einem jungen Mann begleiten zu lassen, und es kursierten bereits Gerüchte, der König wolle Lola mit Nußbammer verheiraten, um ihr eine gesellschaftliche Position zu verschaffen.[23] Der Leutnant war wohl wirklich für einige Zeit ihr Liebhaber.[24] Am 15. November 1846 fand bei Außenminister Graf Bray ein Ball statt, den Nußbammer besuchte. Er blieb für einige Tänze und verließ dann den Ball.[25] Bis zu diesem Punkt stimmen die Erzählungen überein. Lola sei auf ihren Freund wütend gewesen, so wurde das Folgende interpretiert, da er auf eine Einladung nicht bei ihr erschienen sei. Oder sie habe ihm verboten, den Ball zu besuchen, und er sei trotzdem gegangen. In unbeherrschter Wut habe sie sich daraufhin auf die Suche nach ihm begeben.[26]

Dies war die Geschichte, die in der Stadt kursierte und die Polizei zu einer Untersuchung veranlasste. Der erste polizeiliche Bericht vom 18. November begann jedenfalls mit dem Satz: «Seit vorgestern cirkuliert ein Gerücht».[27] Vielleicht machte ja erst die offizielle Untersuchung das Ganze zu einem «Fall»? Polizeidirektor Hans Pechmann hatte einem seiner Kommissare den Auftrag gegeben, die Sache aufzuklären, und dieser begann, Zeugen zu befragen. Statt Nußbammers Vermieterin Luise Gradinger erschien deren Schwester Karoline Eichenherr, die viel zu erzählen wusste; ihre Schwester könne aus gesundheitlichen Gründen nicht ausgehen, daher sei sie gekommen. Sie habe alles mit angehört. Der zentrale Punkt: Die Kammerjungfer der Ohnmächtigen habe gesagt, dies sei Madame Montez, und nach dem Arzt Dr. Curtius gefragt. Karoline Eichenherr ergänzte in einer gesonderten Aussage «unter dem Siegel der Verschwiegenheit», die «ihr unbekannte Tänzerin Lola Montez» sei am nächsten Tag wiedergekommen und habe sie ausgezankt, weil sie die Türe nicht geöffnet hatte. Und als sie zu ihr sagte, sie solle nicht so schreien, sie sei nicht taub, und sie «Demoiselle» nannte, habe Lola gesagt: «Je ne suis pas demoiselle, je suis Madame moi, je suis la maitresse du Roi.»[28] Der befragte Glasermeister gab jedoch an, die ohnmächtige Frau nicht genau gesehen zu haben. Er sei an der Tür zur Stube stehen geblieben, da er nicht angekleidet gewesen sei und sich sein Geselle bereits gekümmert habe; aber diejenige, die man ihm gestern gezeigt habe, also Lola, sei es auf keinen Fall gewesen; doch die eine Frau habe nur Französisch gesprochen und ihre Begleiterin sagte, sie sei Tänzerin.[29] Sein Geselle Heinrich Pscherer berichtete über seine Samariterdienste und ergänzte, die Frauen hätten nicht gesagt, ihnen sei vorher etwas Unangenehmes widerfahren.[30] Letztlich erschienen selbst dem Regierungspräsidenten Joseph Hoermann, der sich viel Mühe gegeben hatte, Lolas Schuld zu beweisen, die Zeugenaussagen nicht zuverlässig genug: Außer Frau Eichenherr hatte niemand den angeblichen Ausruf der «Mätresse des Königs» gehört oder bestätigt, die beiden Glaser und ein Student machten keine definitiven Aussagen zur Person. Doch gegen die Beschuldigung, die inzwischen Lola ihrerseits erhob, Hoermann habe die polizeiliche Ermittlung überhaupt erst angestiftet, wandte er sich vehement: Das sei Verleumdung.[31] Pechmann, Hoermann und Abel gingen davon aus, dass Lola die Zeugen bestochen habe, damit diese nicht gegen sie aussagten. Gefährlich war die Sache für Lola in jedem Fall: Als Ausländerin ohne Papiere musste sie jederzeit mit Gefängnis oder Ausweisung rechnen, wenn sie mit dem Gesetz in Konflikt geriet.

Zwischen Lola und Ludwig wurde der Fall anders verhandelt. Nußbammer sei, so berichtete Lola am 16. November dem König unter Tränen, am Vortag nach dem Ball um zehn Uhr abends zu ihr gekommen und habe ihr Gewalt antun wollen, sie hätten miteinander gerungen, dies alles in Anwesenheit von drei weiteren Frauen.[32] Ludwig glaubte ihr. Er war empört und beschloss, Nußbammer mit sofortiger Wirkung nach Würzburg zu versetzen. Einen Tag später bat Lola dann den König, dies rückgängig zu machen. Nußbammers Oberst habe bei ihr für den Leutnant um Gnade gebeten: In Würzburg, wo er niemanden habe, werde der junge Mann dem Trunk verfallen. Daraufhin begnadigte ihn Ludwig mit der Auflage, Lolas Wohnung nicht mehr zu betreten, sie auch außerhalb zu meiden und ihn schriftlich um Verzeihung zu bitten.[33] Als Nußbammer bei einer Audienz am 29. November die Vorfälle leugnete, wurde Ludwig böse: Er glaubte Lolas Version.[34]

Damit blieb immer noch die Ruhestörung in der Frühlingsstraße ungeklärt. Am 19. November berichtete Lola dem König, man habe eine andere Frau als Lola Montez ausgegeben und einem Glaser Geld geboten, damit er dies bestätige. Der Glaser sei aber zu ihr gekommen und habe festgestellt, dass sie es nicht gewesen sei.[35] Lola war überzeugt, dass es sich um eine Intrige gegen sie handelte. Bei seinem Wochenrapport am 20. November sah Pechmann sich mit einem König konfrontiert, der nicht gewillt war, die Version seines Polizeidirektors zu akzeptieren. Pechmann führte über die Gespräche Protokoll. Demnach sagte der König: «Es ist eine empörende Verleumdung mit der Lola Montez – so wahr ich da stehe war sie es nicht, die in der Frühlingsstrasse Aufruhr machte; es ist der ärgerlichste Missbrauch von ihrem Namen gemacht worden.»[36] Am Mittag schickte der König Lola mit einem Schreiben zu Pechmann: «Ueberbringerin dieses Senora Lola Montez sende ich zu Ihnen, damit sie selbst zu Ihnen spreche. Es ist empörend, wie man sich erfrecht, ihren Namen zu missbrauchen, wie sie verfolgt wird und verläumdet. Wünsche sehr, dass solches aufhört. Der Ihnen wohlgewogene Ludwig.»[37]

Mit diesem Schreiben in der Hand kam Lola um zwölf Uhr in Pechmanns Privatwohnung, begleitet von ihrem Hotelier Ambroise Havard als Dolmetscher, da sie kein Deutsch und Pechmann nur sehr schlecht Französisch sprach. Sie überreichte ihm die Note, wie Pechmann schrieb, «mit dem sichtbaren Bewusstseyn die Trägerin allerhöchster Befehle» zu sein. Erstmals stand Lola hier einem Repräsentanten der hohen bayerischen Beamtenschaft gegenüber – einer Gruppe, die seit Ludwigs Amtsantritt mit dem König um die Frage der Herrschaftsrechte im konstitutionellen bayerischen Staat rang. Die Beamten sahen sich dem Staat verpflichtet: Treue zum Staat und zur Verfassung standen an erster Stelle. Der König war für sie wie die Kammern Teil dieses Staates, er stand nicht darüber. Das sah der König ganz anders: Sein auf die eigene Person zugeschnittenes Herrschaftssystem degradierte selbst die Minister, die sich aus der Beamtenschaft rekrutierten, zu Königsdienern. Dies löste immer wieder Empörung aus.[38]

Mit Lola und Pechmann standen sich also auch zwei unterschiedliche Systeme gegenüber: Pechmann und seine Vorgesetzten, der reaktionäre und intrigante oberbayerische Regierungspräsident Joseph Hoermann[39] sowie Innenminister Karl von Abel, sahen sich aufgerufen, den Staat, aber auch Sitte und Moral gegen den König und seine Kurtisane zu verteidigen. Wie Heinz Gollwitzer in seiner Biografie Karl von Abels zusammenfasst: «Seit Lola ihre Triumphe feierte, schien sich die Unmoral – nur so konnte das Publikum die Situation auffassen, und nur der König glaubte, die Dinge gänzlich anders und harmlos interpretieren zu dürfen – am hellen Tage aufzuspielen und zu brüsten. Es sah so aus, als ob an höchster Stelle Sitte, Anstand, Ordnung in der bisherigen Weise nicht mehr respektiert und der rechtsstaatliche Gang der Dinge unterminiert würde.»[40] Zu Letzterem zählte für Pechmann auch der Versuch des Königs, in die Untersuchung gegen Lola einzugreifen.

Vor diesem Hintergrund ist Pechmanns Protokoll über das Gespräch mit Lola zu lesen: «L. M. im Gefühle ihrer Würde benimmt sich dabey äusserst vornehm, raisoniert über die Verfügungen der Policey Commissaire, namentlich des Commissärs v. Mengele, den sie nicht mehr hier dulde, der von hier fort müsse, erklärt es als eine Unzartheit gegen den König, daß man – nachdem einmal dessen Verhältniß zu ihr bekannt sey – wegen eines angeblichen Vorfalles in der Frühlingsstrasse wider sie Erhebungen gepflogen habe, und behauptet mit indignirter Entschiedenheit, daß sie von der Sache nichts wisse, als daß man einem Manne Geld gegeben habe, daß er in dieser Angelegenheit wider sie aussagen solle; dieser Mann – ein Glaser – habe jedoch, als er ihrer im Gasthofe zum Hirschen ansichtig geworden, erklärt, sie sey nicht die von ihm gemeinte Person; L. M. spricht weiter die Vermuthung aus, der ganze Vorgang sey eine schändliche Intrigue der Mme Dahn pp. Der König habe ihr aber versprochen, zu ihrer Satisfaction zu thun, was sie wie immer verlange.» Pechmann versicherte ihr, der Commissär habe nur getan, was seine polizeiliche Pflicht sei, «daß es sich aber nicht darum handele, die Sache in directer Richtung gegen L. M. zu verfolgen – [dies] beschwichtigte die Senora in ihrer Erbitterung, welche sich in eine sehr herablassende Freundlichkeit umwandelte, als ich ihr versicherte, daß der Wunsch des Königs mir genüge, ehrenrührige Ausstreuungen über sie nach Kräften niederzuhalten. Zum Schlusse liess sie mir unverhohlen [wissen], dass es ihr angenehm seyn werde, wenn ich sie einmal in ihrer Wohnung besuchen wollte, und reichte mir die schöne Hand, die ich – einen Augenblick – chevaleresque genug – nach den Lippen zu führen versucht war, aber in dem Augenblick ungeküsst wieder losliess, in dem ich gewahrte, daß sie diese

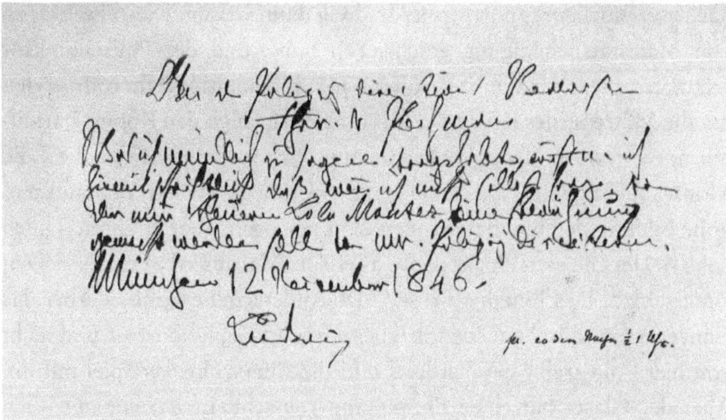

Eingriff in polizeiliches Handeln. «An den Polizeidirections-Verweser Freiherrn von Pechmann. Was ich mündlich zu sagen vorgehabt, eröffne ich hiermit schriftlich, dass, wenn ich nicht selbst frage, von der mir theuren Lola Montez keine Erwähnung gemacht werden soll von meiner Polizeidirection. München, 12. November 1846, Ludwig». Signat Ludwig I. an Polizeidirektor Hans von Pechmann

Huldigung nicht nur ohne Streuben geschehen liess, sondern vielmehr in Anspruch nahm.»[41]

Obwohl der König seinem Polizeidirektor bereits nach einem Rapport vom 12. November geschrieben hatte, er wolle, dass ihm über Lola Montez nur berichtet werde, wenn er selbst danach frage,[42] ließ die Sache Pechmann nicht ruhen. Er wusste sich dabei im Einvernehmen mit seinen Vorgesetzten Hoermann und Abel, die ihm zu verstehen gaben, dass er etwas sehr Verdienstvolles unternehme, wenn er den König über Lola informiere:[43] Der Eifer, die Ruhestörung aufzuklären, war also politisch motiviert. Regierungspräsident Hoermann wie Karl von Abel sahen zweifellos die Möglichkeiten, die in diesem Skandal steckten. Pechmann versuchte am 21. November noch einmal, den König für die Aufklärung des Falls zu motivieren, angeblich um Lola Montez' Namen reinzuwaschen und die mögliche Majestätsbeleidigung zu sühnen. Dazu müsse man Gegenüberstellungen vornehmen und dafür brauche er die Genehmigung des Königs. Dieser signierte zwei Tage später nach Rücksprache mit Lola, alles solle auf sich beruhen.[44] Im nächsten Wochenrapport wollte Ludwig dann wissen, wieso Pechmann von Majestätsbeleidigung geschrieben habe, und der Polizeidirektor erläuterte, die Person habe gerufen: «Je suis la maitresse du roi!» – «Ich bin die Mätresse des Königs!», dies tangiere ja auch den König. Daraufhin antwortete Ludwig, so Pechmanns Protokoll: «Das hat die Lola Montez nicht gesagt. Da ist sie zu gescheit dazu, die hat Verstand und hohe Bildung. Ich bin ihr gewogen, sehr gewogen, aber in Ehren. Ja, ich liebe sie, leugne es auch gar nicht, aber eine Maitresse haben, das ist ein Unterschied. Das Eine hebt einen, das Andere zieht herab. – Aber das Ganze ist eine abscheuliche Intrigue, schön ist sie, jung ist sie und nicht von hier – da treibt der Verdruß und die Eifersucht das Spiel mit ihr. Aber der Glaser hat einen Ehrenmann gemacht. Er hat vor mir – ich war zugegen und wollte mich überzeugen – erklärt, dass es die Lola Montez nicht gewesen ist, die damals zu ihm gebracht wurde. – Die Vornehmen verfolgen sie am Meisten, ich weiss gar nicht, was sie mit ihr haben. Mich wollen sie davon abkriegen, aber das ist gerade der rechte Weg, nur recht verleumden, da zwingt man mich – ha! Ich hab' einen Kopf, den bricht man nicht so leicht, der ist wie Eisen, nein wie Stahl. Den bricht man nicht so leicht. Das hab' ich oft gezeigt.»[45]

Auf Lolas Bettkante – die Aufzeichnungen der Frau Ganser

Da der König nicht bereit war, Schlechtes von Lola zu denken, entwickelte sich die Angelegenheit zu einem veritablen Komplott gegen sie. Beteiligt war wohl neben erzkatholischen Damen des Adels, Teilen der hohen Geistlichkeit und dem österreichischen Gesandten vor allem Abel mit seinen Beamten.[46] Pechmann vermerkte, die steigende Gunst des Königs, Lolas schlechter Ruf und die Auskünfte der befragten Polizeiorgane in Berlin und anderswo hätten ihn veranlasst, Lolas Verhalten «einer sorgfältigen Beobachtung zu unterstellen» – alles natürlich nur zum Schutz des Königs. Die Polizei gewann Lolas Gesellschafterin, die Bildhauersgattin Crescentia Ganser, als Spitzel: «Auf diesem Wege wurde ich zeitig mit den Vorgängen in Lolas Wohnung auf das genaueste, und zwar von Tag zu Tag, unterrichtet», schrieb der korrekte

Beamte Pechmann stolz. Die Insider aus dem Polizeiapparat saßen also gewissermaßen auf Lolas Bettkante. Pechmann argumentierte aber auch, das «Publicum» nehme immer mehr Anstoß an Lolas Verhalten.[47] Doch sein Versuch, Ludwig über die Volksstimmung ins Bild zu setzen, zeigte beim König keine Wirkung.[48] Da zündete Pechmann im Einverständnis mit seinen Vorgesetzten die Bombe: Er schickte seinen Spitzel, Frau Ganser, mit dem Tagebuchprotokoll zum König. Dieses Tagebuch, so hofften die Beamten, würde Ludwig überzeugen und ihn dazu bringen, Lola zu verstoßen.

Was stand in dem Tagebuch? Das ist nur bruchstückhaft zu rekonstruieren, da Ludwig das Original letztlich Lola überließ und die Abschriften der Polizei nur in Fragmenten erhalten sind.[49] Demnach hatte sich Lola wiederholt mit männlichen Besuchern, so auch mit Nußbammer, zu nächtlicher Zeit allein in ihren Zimmern aufgehalten; Frau Ganser konnte nicht bestätigen, was vorgefallen war, aber allein die späte Stunde galt als moralisch höchst verdächtig.[50] Außerdem hatte Frau Ganser an den Türen gelauscht und leichtfertige Äußerungen gehört: Lola habe gesagt, der König habe ihr sein Ehrenwort gegeben, dass Regierungspräsident Hoermann nie Minister werde, und, Zitat: «Präsident Hörmann ist nicht beliebt, niemand mag ihn, niemand kann ihn leiden; ich weiß alles, was sie über ihn sagen. Er wird gehen müssen, weil er sich in meine Angelegenheiten gemischt hat.» Außerdem habe Lola erklärt, es sei kein Problem, wenn der König weit entfernte Freunde habe, «aber der König sollte keine Freunde in seiner Nähe haben». Als jemand gesagt habe, Constanze Dahn sei eine Frau von Geist, habe Lola gemeint, wenn sie das wäre, würde sie nicht immer noch auf der Bühne stehen.[51]

Das Entscheidende war jedoch nicht der Inhalt des Spitzelberichts, sondern der dramatische Auftritt der Frau Ganser, die sich dem König zu Füßen warf und rief: «Eure Majestät sind betrogen!» Sie sagte ihm auch, vermutlich einer Anweisung des Polizeidirektors folgend, dass er Lola nie wiedersehen dürfe.[52] Im Tagebuch des Königs liest sich das so: «Des Bildhauers Ganser Gattin wurde mir gemeldet, die bey Lolita ich kennen gelernt. [...] Obgleich im Morgen-Arbeits-Anzug ließ ich sie gleich kommen. Betrogen wäre ich, rief, schwarz u weis d Belege mitbringen, betrogen von Lolita mit d Lieut Nußbaumer [Nußbammer].

Auf die Knie sank ich Tränen drangen aus m. Augen. Nicht zornig, nicht heftig. Lolita die ich so treu geliebt. […] Mein Glük zerstöre sie, sagte ich der Ganser, aber ich dank ihr. Thränen u. Thränen mir aus den Augen. Roth fand Therese sie.»[53] Ludwig machte General von Heideck zu seinem Vertrauten und schickte Frau Ganser mit dem Tagebuch zu ihm.[54] In seinem Brief an Heideck spiegelt sich seine ganze Verzweiflung: «Seligkeit ist nicht für diese Erde. Ich war hier selig, aus meinem Himmel bin ich gestürzt. Das Unglaubliche ist geschehen. Die Jahre, die ich noch zu leben habe, wähnte ich in erhebender Liebe zu verbringen: Es war ein Traum, ein warmer schöner Traum. Er ist dahin. Aber keine Übereilung. Überbringerin dieses, die Frau des Bildhauers Ganser, wird Ihnen den Beweis bringen. […] Soll ich für immer von ihr scheiden (anderes nicht mehr möglich) so will ich sie noch einmal sehen. Große Heftigkeit ist von mir nicht zu besorgen. Es scheut sich der König, der 60jährige Mann, nicht, dass Tränen ihm aus den Augen dringen während er dies schreibt.»[55]

Schließlich suchte er Heideck selbst auf, um sich mit ihm zu beraten: Heideck meinte, er solle Lola durch die Polizei die Ausweisung verkünden lassen, doch das brachte Ludwig nicht über sich. Wenn sie Nußbammer heiraten wolle, würde er ihr eine große Aussteuer geben: «Edel will ich mich benehmen, es thut mir selbst gut. Wie öde mir, wie schön hatt ich mir die Jahre, die ich noch zu leben hätte gedacht. Nach Tagesarbeit bey Lolita Stunden der Erhohlung ich liebend u geliebt. Ich war selig, mir war's verklärt.»[56] Heideck, so Ludwig, solle mit Lola sprechen: Es könne ja sein, dass sie unschuldig sei oder zumindest nicht so schuldig, wie die Ganser behauptete.

Heideck bat Lola am selben Tag für 14 Uhr zu sich. Als alter General traf er seine Vorsichtsmaßnahmen: «Da man mir gesagt hatte, sie trage Pistole und Dolch stets bei sich, so sah ich ihr auf die Finger, um im Notfall nicht überrascht zu werden. Dem war aber nicht so. Sie schwor bei allem was heilig, bei den Gebeinen ihres Vaters, daß sie unschuldig und alles Vorgebrachte ein Gewebe aus Lüge und Verdrehung sei, schimpfte über die Schwäche des Königs, daß er solche Lügen glaube und verfluchte ihr ganzes Verhältnis, fest entschlossen, sogleich nach Paris zurückzukehren.»[57] Ihr Wutanfall stieß Heideck zutiefst ab: «Sie warf Schal und Hut ab, riß an ihrem Überrock herum, so daß sie die

Brust fast entblößte, kurz sie war das Bild einer Medea, ihre Augäpfel erweiterten sich, daß ihr sonst blaues Auge schwarz erschien, ihr Mund schäumte, sie war grauenvoll anzusehen.» Als der König selbst eintrat, fuhr sie mit Vorwürfen auf ihn los und «tobte», so Heideck, «im Zimmer herum, wobei sie die Tassen in der Etagère umschmiß. Hätte sie, wie man ihr nachsagte, Waffen bei sich getragen – jetzt würde sie sich oder uns verletzt haben.» Auf den Wutanfall folgte ein Tränenstrom. Als der König ging, sagte ihm der General: «Nun haben E. M. die Furie gesehen, ich gestehe, daß sie bei mir alles verschüttet hat, eine solche Megäre ist mir noch nicht vorgekommen. Jetzt werden E. M. sie nicht mehr sehen. Doch, doch, antwortete der König, ich hab ihr versprochen, heut Abend noch einmal hinzugehen.» Davon ließ sich Ludwig auch durch Heidecks flehentliche Bitten nicht abbringen.

Inzwischen meldete Pechmann an seine Vorgesetzten Abel und Hoermann den Stand der Dinge, den er von Frau Ganser erfahren hatte: «Beyderseits die aufrichtigste und schmeichelhafte Anerkennung meines Verfahrens.» Abel entschloss sich auf Pechmanns Anregung, weitere Unterlagen über Lolas «herabwürdigende Reden» zusammenstellen zu lassen, die Graf Karl von Seinsheim dem König übergeben solle. «Mir die Hand reichend und kräftig zwickend: ‹was Sie an dem Vaterlande gethan, das möge Ihnen der Himmel lohnen!› – von Hörmann ‹Sie haben sich hier ein Verdienst um den König und um das Vaterland erworben, was man Ihnen nicht vergelten kann.› ‹Sie haben Muth und Festigkeit gezeigt, wie ein wahrer bayerischer Edelmann.›»[58]

Nun begann der zweite Teil des Komplotts: Wie der österreichische Gesandte Graf Senfft am 7. Dezember hoffnungsvoll an Metternich schrieb, hatten sich die «edelsten und treuesten unter den Dienern und Räthen des Königs, Herr v. Abel, Graf Seinsheim, seines alten Stammes würdig, Freiherr von Gumppenberg, Graf v. Bray vereint, ihrem königlichen Herrn die Augen zu öffnen. Sie haben juridisch erwiesene Thatsachen in den Händen.» Befördert habe die Sache, dass «die Dirne» in die Wohnung eines ihrer Günstlinge eingedrungen sei und dort alles zertrümmert habe; ihre Entfernung sei befohlen. «Man spricht indeß schon im Publicum von der bevorstehenden Abreise in Folge obgedachten Excesses.» Doch in einer zweiten Nachschrift musste der Gesandte korrigieren: Gerade sei Herr von Abel nochmals bei ihm gewesen, von dem er seine Informationen hatte – der König habe wieder den Abend bei Lola verbracht und «der mißlungene Versuch, eine [Enttäuschung] herbeizuführen, kann für den Credit der Freunde der guten Sache nur nachtheilig wirken.»[59] Das Schreiben des Grafen Karl von Seinsheim, der zu Ludwigs ältesten Freunden gehörte, hatte der König ungeöffnet zu Heideck mitgenommen und es ihm zu lesen gegeben: «Auf m Frage, ob von Lolita darinnen, was er mir bejahte, wollte ich nicht davon wissen. [...] Auf das Alte will ich nicht zurückkommen.»[60]

Der König hatte also den Abend bei Lola verbracht und er glaubte ihr: Die Ganser sei eine falsche Denunziantin, die sich von der Polizei habe kaufen lassen. Die ministeriellen Verschwörer mussten sich eingestehen, dass die Sache schlecht stehe, und begannen sich zu überlegen, wie es wohl weitergehen werde.

Doch es war noch keineswegs vorbei: Am 10. Dezember zeigte Carl Freiherr von Leoprechting, Leiter der Münchner Oberpostdirektion, an, dass sich Lola Montez am Vortag nachts in Begleitung von zwei weiteren Frauen mit aller Gewalt in das Paketgewölbe der Oberpostdirektion gedrängt habe, «obgleich in dasselbe der Eintritt jeden Fremden strengstens verboten ist, dort die aufgehäuften Stücke und Geldsendungen durchwühlte, ja sogar einen Packergehilfen, der sie auf die bestehende Verordnung aufmerksam machte, thätlich mißhandelte und sodann in das Hauptoberpostamtsexpeditions-Bureau geführt, dem diensthabenden und in Uniform dastehenden Beamten ebenfalls die am Schalter in den Fächern verteilten Stücke herumwarf, demselben Beamten eine in der Hand haltende Adresse herausriß und ihm sodann wieder hinwarf». Solche Auftritte, so Leoprechting, gefährdeten die Amtsverschwiegenheit, die Werte in den Büros seien nicht mehr gesichert und die Beamten Tätlichkeiten ausgesetzt, das solle die Polizei unterbinden.[61] Fast kommentarlos schickte Pechmann diese Anzeige dem König weiter: Er müsse den Vorgang polizeilich untersuchen lassen.

Auch dieses Scheiben brachte der König ungeöffnet zu General von Heideck, der es für ihn lesen sollte: «wenn Beschuldigung, Anklage enthalte, wollte ich's nicht wiss worin sie bestünde. Es war aber nur ein Auftrit von ihr auf d. Post. Ich athmete wieder frey. Das ist wahr an bestehende Vorschft Satzungen will sie sich nicht binde[n]. [...] Schrieb an Polizey Verwes. Frhn Pechmann, wenn ich nicht frage mir die mir theure Lola Montez nicht zu erwähnen (Ruhe will ich haben).»[62] Dennoch führte Pechmann die Untersuchung mit heiligem Eifer weiter und ließ am 14. Dezember Lolas Zofe und ihre Freundin Bertha Thierry verhören, die im Postgebäude dabei gewesen waren. Daraufhin erhielt er einen Brief von Lola, die ihn aufforderte, ihren Namen in Ruhe zu lassen, da sie sich sonst beim König beschweren müsse. Pechmann schrieb dazu: «Dieses Product geht als Beleg der ausgeschämten Frechheit dieser Person unbeantwortet zu den einschlägigen Papieren. Dagegen erhält L. M. heute die policeyliche Aufforderung zur Verantwortung über ihr aggressives Benehmen im Postgebäude.»[63] Einen Tag später brachte Lolas Bediensteter die genannte schriftliche Aufforderung zurück: Pechmann möge das Ganze ruhen lassen, sie verstehe den Inhalt des Schreibens nicht. Doch der Polizeidirektor befand sich längst in einem Kampf von Gut gegen Böse: konstitutionelle Beamtenehre gegen königliche Mätressenwirtschaft, Gesetz gegen Gesetzlosigkeit. Sie möge es sich übersetzen lassen, ließ er Lola antworten, in Bayern sei die Amtssprache Deutsch. «Eine Viertelstunde später kommt der Bediente wieder um mir im Auftrage seiner Gebieterin das Decret in zerrissenem Zustand zurückzubringen, was sofort auch mit der Unterschrift des Bedienten zu Protocoll constatirt wird.»[64] Eine Entschuldigung, die Bertha Thierrys Vater ihm in Lolas Namen eine Viertelstunde später anbot, nahm er nicht an: Lola sei die ganze Nacht von Menstruationskrämpfen geplagt und daher von Schmerzen zermürbt gewesen, als sie das Dokument zerriss. Sobald man ihr den Inhalt dargelegt hatte, habe sie ihn zu Pechmann geschickt, um zu erklären, dass dies alles ein Missverständnis gewesen sei, er möge dies nicht als Beleidigung auffassen. Pechmann antwortete, niederschlagen könne das Verfahren nur der König, er halte sich an das Gesetz. Er hätte eigentlich wissen müssen, dass er auf verlorenem Posten stand, sah sich aber wohl als aufrechter Kapitän auf einem sinkenden Schiff. Nachmittags kam erwartungsgemäß die Antwort des Königs, er sei der Machinationen gegen Lola müde und Pechmann möge die Untersuchung einstellen. Doch Pechmann hatte den Fall bereits an das königliche Stadtgericht übergeben, auf das der König aus konstitutionellen Gründen keinen Zugriff hatte.[65]

Der König schäumte vor Wut und Pechmann wurde der Erste, der Ludwigs Ungnade zu spüren bekam: Er wollte ihn eigentlich an ein

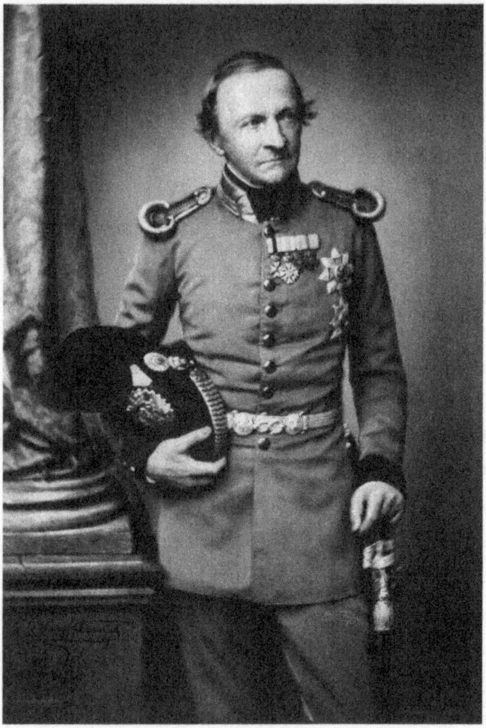

König Ludwig I. in der Fotografie. Studioaufnahme von Franz Hanfstaengl, 1854

kleines katholisches Landgericht versetzen, ließ sich aber von Abel überreden, ihn nur als Landrichter nach Landshut zu schicken.[66] Graf Seinsheim musste eine Erklärung abgeben, nie und unter keinen Umständen mehr gegen Lola vorzugehen; Ludwig schrieb: «Im Zenith seiner Macht hätte den Minister Gf. Montgelas mein Vater spazieren geschickt, wenn er sich unterstanden hätte, in eine solche Sache sich zu mischen. [...] Sich so gegen mich zu benehmen bei meinem Charakter!»[67] Auch Hoermann wurde «Ungnade fürs Leben» angedroht, wenn er noch einmal etwas gegen Lola unternehme. Die Hofschauspielerin Constanze Dahn, die offenbar zu früh über Lolas vermutete Ausweisung triumphiert hatte, sollte zunächst ganz vom Hof verbannt werden, wurde letztlich aber doch von Ludwig begnadigt.[68] Nur Karl von Abel blieb zunächst ungeschoren, er hatte es nicht zuletzt dank Pechmanns Verschwiegenheit geschafft, dass der König seine federführende Rolle in dem Komplott gegen Lola nicht erkannte. Er hielt sich völlig mit Äußerungen über Lola zurück, doch ihm war klar, dass es nur eine Frage der Zeit war, bis auch er nicht mehr schweigen konnte, ohne seinen eigenen Ruf zu gefährden. Selbst ein mahnendes Schreiben von Ludwigs Schwester Caroline Auguste, der österreichischen Kaisermutter, vom 15. Dezember stieß bei Ludwig auf Widerstand: Er vermutete – was auch stimmte –, dass dieses Schreiben über den österreichischen Gesandten in München angeregt worden war, und ärgerte sich über die Einmischung; sie schrieb: «Ich beschwöre dich, habe die Kraft (denn dass es viel Kraft dazu braucht begreife ich wohl) schnell und unwiderbringlich zu brechen. Kaufe der Fremden das ihr geschenkte Haus wieder ab, überzahle es, gib ihr Geld, viel Geld wenn es sein muss, und heiße sie gehen.»[69]

Lola ging aus den gegen sie inszenierten Verfolgungsmaßnahmen gestärkt hervor. Die Opposition, die sich allenthalben erhoben hatte und weiterhin äußerte, festigte die Beziehung zwischen ihr und dem König, begann doch Ludwigs berüchtigter Starrsinn zu wirken: Je mehr man ihn zu etwas nötigen wollte, desto mehr stemmte er sich dagegen. Obwohl sich also Lolas Position in der Gunst des Königs verbesserte, hatte sie gesellschaftlich längst verloren. Der vom König protegierte Münchner Kunstverein und die Gesellschaft Museum lehnten es ab, Lola aufzunehmen;[70] der Münchner Magistrat verweigerte ihre Einbürgerung. Erreichte es der König zwar durch die harsche Drohung, den Vereinen sein Protektorat zu entziehen, dass Lola im Kunstverein und in der Gesellschaft Museum aufgenommen wurde,[71] so blieb doch die Einbürgerung die zentrale Frage der folgenden Monate. Selbst Lolas alter Freund Baron Heinrich von Maltzahn, den Ludwig aus Paris hergeholt hatte, damit er Lola «durch treuen und verständigen Freundesrath» als Stütze in der Münchner Gesellschaft diene,[72] lehnte nach einigen Gesprächen mit seinen Münchner Bekannten ab: Sein Leben stehe dem König zur Verfügung, aber nicht seine Ehre, die tief verletzt werde, wenn er die geplante Anstellung als Flügeladjutant übernehme. «Die Lage der Dinge ist hier ganz anders, als ich geglaubt, und leider hat Lolita während meiner Abwesenheit alle Klassen der Gesellschaft beleidigt, vor den Kopf gestoßen, sodaß Stadt und Land in einer höchst gereizten und empörten Stimmung sind; diese zu beschwichtigen, ihr eine bessere Stellung zu verschaffen, ist zu spät, unmöglich, ich wenigstens bin zu schwach dazu.»[73] Ludwigs alter Freund Heinrich von der Tann riet dem König dringend zu «weniger Publizität».[74]

Die fortan herrschende Konstellation war vorgezeichnet: Je vehementer sich der König gegen die seiner Ansicht nach unverschämte Opposition in der Gesellschaft stemmte, je mehr Beweise seiner Gunst er Lola gab, desto stärker wuchs die Abneigung gegen Lola und ihre Privilegien.

Die Indigenatsfrage und der Sturz Karl von Abels

Und Lola? Sah sie nicht, wie ihr zwar der König zugewandt war, wie sehr aber gerade daraus die Widerstände erwuchsen? Lola stand wieder einmal mit dem Rücken zur Wand, diesmal jedoch nicht wie drei Jahre zuvor allein, sondern mit einem König an ihrer Seite. Sie war nicht bereit, sich schrecken zu lassen und ihre Münchner Position aufzugeben. Es gab für sie auch keine sinnvollen Alternativen. Nach wie vor war sie ohne Staatsbürgerschaft. Angeblich bot man ihr zwar Ende Dezember 50 000 Franken jährlich an, wenn sie München und den König verlasse und nach Italien gehe; sie selbst sprach dieses Angebot mehrfach an und behauptete, es sei Geld der «Jesuiten», also der katholischen Seite, gewesen.[75] Es wird vermutet, dass Ludwigs Stiefschwester, die Königin von Sachsen, ihr 2000 Pfund Sterling offerierte; ob es sich um dasselbe Angebot handelte, lässt sich nicht genau klären. Doch vermutlich nahm Lola das nicht ganz ernst: Wie hätte sie das Geld auch später einfordern können? Die Kabalen der vergangenen Monate hatten Lola gezeigt, wie vehement gegen sie gearbeitet wurde. Doch es war ihr Erfolgsrezept, in schwierigen Situationen nicht zurückzuweichen, sondern offensiv und provokativ nach vorne zu gehen: Sie würde lieber sterben, als sich aus München vertreiben zu lassen, versicherte sie dem König. Wie Ludwig in sein Tagebuch schrieb: «An zwey Felsencharakter geriethen die Leute.»[76]

Vielleicht betrachtete sie die Angelegenheit auch als einen Sturm im Münchner Wasserglas. So kommentierte sie in ihren Memoiren: «Würde Lola ein Liebling des Volkes sein, so würde man sich solche Dinge mit heiterem Scherze erzählen. So aber ist das Publicum gegen sie eingenommen, und die lustigen Tagesereignisse werden zu blutigen Thaten, zu tief traurigen Vorfällen, zu heillosen Gewaltthätigkeiten. Ja, man läßt sich in kindisch-lächerlichem Pathos so weit treiben, daß man das bayerische Bürgerthum als von einer Fremden hart und arg verletzt sich vor die Seele führt. Difficile est, satyram non scribere! [Es ist schwierig, darüber keine Satire zu schreiben.]»[77]

Und so war es: Sorgfältig notierte man jeden falschen Schritt, jede kleine Übertretung.[78] Auch Lolas Ohrfeigen wurden genau gezählt. Dazu schrieb sie in ihren Memoiren: «Ich aber frage die Männer, womit wir Frauen es denn eigentlich verschuldet haben, daß wir ihnen gegenüber dazu sollten verdammt sein, stets die Lämmer zu sein, welche sich niemals daran erinnern dürfen, daß die Wange eines Mannes nicht immer zum Küssen da ist? [...] Und ich glaube, es gehört nicht zu den Staatsactionen, Jemandem eine Ohrfeige zu geben. [...] Darüber nun sollte das Münchener Publikum empört sein? Lächerliche Farce!»[79]

Doch längst konnte sie nicht mehr unbeachtet durch die Stadt spazieren, inzwischen liefen ihr die Straßenjungen nach, pfiffen und warfen sogar manchmal mit Pferdeäpfeln. Sie wohnte immer noch im Hotel «Goldener Hirsch», und wenn sie mit ihrer eleganten Kutsche ausfuhr, versammelten sich oft 200 Leute vor dem Haus.[80] Bei einem Faschingsball im Hotel am 3. Februar gerieten Lola und ihre Begleiter mit den Ballbesuchern in Händel und Lola gab dem Hotelier Ambroise Havard eine ihrer berüchtigten Ohrfeigen, ebenso einem seiner Gäste. Es kam zu einer allgemeinen Rauferei, die von der Polizei beendet werden musste. Und wiederum stand Lola im Mittelpunkt einer Polizeiuntersuchung. Da der Hotelier nichts mehr mit ihr zu tun haben wollte, zog sie bis zur Fertigstellung ihres Hauses in eine leer stehende Wohnung in der Theresienstraße.

In der Stadt war sie oft mit ihrem Hund Turk zu sehen, einer Kreuzung zwischen Boxer und Bulldogge; die Münchner nannten ihn «Box». Turk sorgte mehrfach für Aufruhr:[81] So biss er am 6. Februar am Frauenplatz einen Packer in den Fuß, und als dieser den Hund mit einem Stock wegjagte, erhielt er von Lola Ohrfeigen.[82] Als Lola im Anschluss in den Silberladen des Bartholomä Mayerhofer ging, versammelte sich davor eine wütende Volksmenge von 400 Menschen, die johlten und pfiffen. Auch die Polizei konnte die aufgebrachte Meute zunächst nicht zum

Auseinandergehen überreden. Lola verließ den Laden über den Hinterausgang und erst vier Stunden später lösten berittene Gendarmen die Menge auf.[83] Lola kommentierte dazu in ihren Memoiren: Der König habe herzlich darüber gelacht, nicht so die Münchner Bürger. «Mit Pathos hörte man die Männer und Frauen in die Worte des Unmuts ausbrechen: ‹So weit ist es gekommen, daß diese Fremde bayerische Bürger ungestraft schlagen kann!›»[84]

Lola war längst zum Stein öffentlichen Anstoßes geworden. Die Gerüchteküche wurde nicht zuletzt von katholischer Seite befeuert: Beichtväter forderten die Gläubigen auf, für Ludwigs Befreiung von Lola zu beten.[85] Es war für Lola, die erklärte Jesuitenfeindin, nicht überraschend, dass sich die katholische Partei gegen sie wandte: Sie machte seit ihrer Pariser Zeit ziemlich umstandslos «die Jesuiten» für alle Verfolgungen verantwortlich, die sie erlebte.[86] Die Jesuiten waren zwar weiterhin in Bayern verboten, doch zweifellos standen katholische Politiker wie Abel dem Orden nicht feindlich gegenüber. So beobachtete auch der preußische Gesandte 1846 genau, wo in Bayern jesuitischer Einfluss spürbar war: Es würden in etlichen Lehranstalten jesuitische Lehrer angestellt und man sehe sie überall in ihrer Tracht herumgehen. Man warte nur darauf, dass die Regierung Abel dem König vorschlage, den Jesuiten statt den Benediktinern das bayerische Erziehungswesen zu übergeben, berichtete er nach Berlin.[87] Nicht nur Lola war also in Sorge. Ihr Drängen gegen die Jesuiten nahm seit dem Dezember 1846 zu. Ludwig versicherte ihr, er habe nicht vor, die Jesuiten wieder in Bayern einzuführen; am 20. Dezember schrieb er in sein Tagebuch: «loco (verrückt) müßte ich seyn, wenn ich einfüh[ren] würde. Daß viele in Gnad, viele Univ[er]s. Professor, daß sie großen Einfluß üben sagte sie mir u ich weiß es.»[88] Immer wieder lag sie dem König in den Ohren, sich gegen «die Jesuiten» zu stellen.[89] Offenbar sagte sie auch zu einem Besucher, der dies der österreichischen Kaisermutter Charlotte Auguste, Ludwigs Schwester, weitererzählte: «Es ist weniger meine Verbundenheit zum König, das mich in München hält, aber ich sehe mich im Duell mit den Jesuiten und man muss gegen diese Leute auf ganzer Linie gewinnen!»[90] Der König schrieb an seinen Freund von der Tann: «Aber die Jesuitenpartei, wenigstens ein Teil derselben, die Gesandten Senfft und Palavicini an der Spitze, das Weibergremium der Frommen par

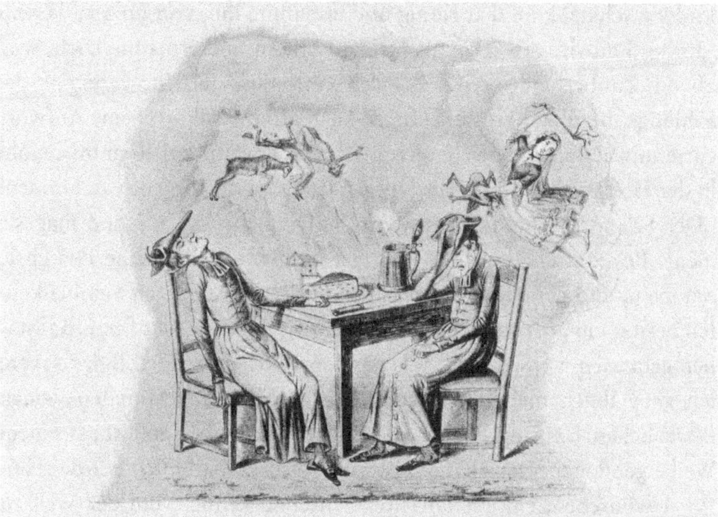

«Lola Montez und die Jesuiten. Wer zuviel genießt vom Baier'schen Bierschaum / Und noch mit Schweizer Käs kitzelt seinen Gaum / Verfällt gar leicht in einen langen schweren Traum/ – – – – –» Die Zensurstriche verbargen wohl den Reim «... Arsch verhaun». Mainzer Karikatur auf die Niederlagen der Jesuiten in der Schweiz und in Bayern, 1847

excellence sind erbost auf Lolita, die Katholikin, aber eine abgesagte Jesuitenfeindin ist; das ist freilich ein unverzeihliches crimen. Wer weiß, wenn sie das Gegenteil, Einführung der Jesuiten-Collegien in Bayern, bewirkte, wir bekämen vielleicht zum heiligen Ignatius von Loyola eine halbe heilige Lola.»[91]

Es ging letztlich bei dem Kampf, der gegen Ludwig und seine Geliebte tobte, nicht um die Jesuiten, sondern um die Frage, ob die ultrakirchliche Richtung, die unter Karl von Abel in Bayern seit zehn Jahren die Richtung vorgab und der auch der Münchner Erzbischof Karl Graf von Reisach angehörte, ihre Macht bewahren konnte. Wie er es schon lange vorgehabt hatte, entzog Ludwig zum 1. Januar 1847 Abel einen Teil seines Ressorts und errichtete ein eigenes Ministerium für Kultus und Unterricht. Ganz zu Unrecht wurde dies erneut Lolas Einfluss zugeschrieben.[92] Die Bischöfe waren besorgt. Am 29. Januar schrieb der Fürsterzbischof von Breslau, Kardinal Melchior von Diepenbrock, den

Ludwig schätzte, an den König und ermahnte ihn, von Lola zu lassen: «König Ludwig, erwache aus Deinem Traum und ermanne Dich, wirf ab die Zauberbinde, reiße aus den Giftbaum, zertritt, verbanne die Schlange. Beruhige, tröste, befriede Dein armes Volk.»[93] Seine Antwort gab Ludwig dann zugleich allen Bischöfen Bayerns zur Kenntnis, wohl in der Hoffnung, damit endlich gegen den Klatsch vorgehen zu können: «Der Schein trügt. Maitressenwirtschaft mochte ich nie und mag sie nicht. Bekanntschaften hatte ich fast immer, welche meine Phantasie anregten, und gerade sie waren mein bester Schutz gegen Sinnlichkeit. Ich besitze ein poetisches Gemüt, was nicht mit den geläufigen Maßstäben gemessen werden darf. Wie der Schein trügt, will ich Ihnen sagen; ich gebe Ihnen mein Ehrenwort, dass ich in neun Monaten keinen fleischlichen Umgang, weder mit meiner Frau noch mit sonst einem Weibe gepflogen. Der Skandal ist nur ein scheinbarer. Ich würde sehnlichst wünschen, ein ausführbares Mittel zu kennen, um der Welt zu zeigen, daß in Wirklichkeit gar kein Skandal vorhanden ist. Brechen kann ich nicht; vermöchte nicht mehr mich selbst zu achten. Man verlange von mir nicht das Unmögliche.»[94] Für einen König wie Ludwig war dies eine beispiellose Offenlegung seiner Privatsphäre. Doch selbst dies erreichte nicht die beabsichtigte Wirkung.

Für Lola war nun der wichtigste Schritt die Verleihung des Indigenats, die Einbürgerung. Erst als bayerische Staatsbürgerin konnte sie nicht mehr einfach eingesperrt oder ausgewiesen werden, erst mit dieser Urkunde war ihr Identitätswechsel zu Lola Montez auch amtlich beglaubigt. Der Magistrat der Stadt München hatte ihr Gesuch um Einbürgerung bereits abgelehnt, nun musste laut Verfassung der bayerische Staatsrat gehört werden. Es war für den König nicht bindend vorgeschrieben, dass der Staatsrat der Einbürgerung zustimmte. Aber letztlich musste ein Minister die Indigenatsverleihung mitunterschreiben. Am 8. Februar 1847 tagte der Staatsrat; ein Gutachten vom 5. Februar formulierte die Bedenken: Es sei nicht klar, welche Staatsangehörigkeit Lola bisher besaß, daher könne sie daraus vor der Erteilung einer neuen Zugehörigkeit auch nicht entlassen werden. Man wisse nicht, ob sie volljährig sei, ledig oder verheiratet und welcher Konfession sie angehöre, sie könne keine Schulzeugnisse vorlegen und nicht nachweisen, ob sie angemessen Religionsunterricht erhalten habe.

Auch die Prüfung des guten Leumunds sei schwierig, müsse aber im Falle einer Ausländerin, über die seit vielen Jahren in den Zeitungen berichtet werde, besonders sorgfältig erfolgen. Der Staatsrat sah sich daher in seiner Sitzung nicht in der Lage, über das Gesuch zu entscheiden.[95] Doch diese Strategie Abels ließ Ludwig nicht durchgehen: Der Staatsrat müsse eine Entscheidung treffen, so Ludwig. Er berief eine neue Sitzung für den 9. Februar ein; wenn diese ergebnislos bleibe, sehe er das als offenen Ungehorsam an, dann werde er kommen, um persönlich den Vorsitz zu übernehmen. Dies ließ er durch den einzigen protestantischen Staatsrat, den Rechtshistoriker und Juristen Georg von Maurer, ausrichten. Maurer war der Einzige, der sich letztlich für die Einbürgerung aussprach.[96] Doch das reichte Ludwig: Der Staatsrat musste nur gehört werden. Per Signat bestätigte er Lolas Einbürgerung.

Ludwig hatte seinem Schreiben an den Staatsrat einen Zettel beigelegt, auf dem stand: «In Bayern besteht das monarchische Prinzip. Der König befiehlt und die Minister gehorchen. Glaubt einer, es sei gegen sein Gewissen, so gibt er das Portefeuille zurück und hört auf Minister zu sein. Der König läßt sich nicht von solchen vorschreiben, was er tun und lassen soll.»[97] Der Außenminister Graf Bray, der die Einbürgerung hätte gegenzeichnen müssen, reichte daraufhin seinen Rücktritt ein.

Nun wurde aus der Indigenatsverleihung eine offene Regierungskrise. Vermutlich hatte Abel auf die Gelegenheit für einen guten Abgang gewartet; er wusste, dass er nicht mehr länger in der Öffentlichkeit zum Thema Lola Montez schweigen konnte, dass aber jede Äußerung gegen sie vom König übel aufgenommen würde. Er verfasste ein Memorandum, das die anderen Minister mitunterzeichneten und das am 11. Februar dem König zuging. «Das Nationalgefühl», hieß es darin, sei «auf das tiefste verletzt, weil sich Bayern von einer Fremden regiert glaubt, deren Ruf in der öffentlichen Meinung gebrandmarkt ist». Der Bischof von Augsburg vergieße bittere Tränen. Die Sache des Königtums stehe auf dem Spiel, und die Missstimmung könne auch auf die bewaffnete Macht übergreifen. Es gehe nicht um Widerstand gegen den Willen des Monarchen, sondern jeder treue Bayer sehe untergraben, was ihm vor allem am Herzen liege: die Zukunft seines geliebten Königs.[98] Es handelte sich um ein Ultimatum: entweder sie oder wir. Ludwig ging erwartungsgemäß nicht auf die Forderungen ein und gab den Ministern

24 Stunden Bedenkzeit. Da Abel nicht nachgab, erhielt er zum 15. Februar seine Entlassung.[99] Der österreichische Gesandte Graf Senfft bot seinem Freund Abel an, er könne bei ihm in der Gesandtschaft wohnen, wenn er seine Dienstwohnung räumen müsse. Als ob dies nicht schon genug gewesen wäre schrieb am 12. Februar Erzbischof Karl von Reisach an den König und wies diesen zum Eintritt in die Fastenzeit auf die «Reinheit des Gemüths» hin: «Er sehe sich zwar weder befugt noch veranlaßt, S. M. von dem Gebrauch der heil. Sacramente der Buße und des Abendmahls auszuschließen, wohl aber verpflichtet, den hohen Ernst dieser Handlungen auf das dringendste und feierlichste zu bezeichnen.»[100] Das klang bedenklich danach, dass Reisach dem König etwas verschleiert die Exkommunikation ankündigte.[101]

Viel mehr brauchte es nicht, um Ludwig weiter auf Lolas Seite zu treiben. Sein maßloser Ärger über den Schritt der Minister steigerte sich noch, als klar wurde, dass das Memorandum inzwischen in Münchner Kaffeehäusern und im Prater verlesen wurde; im Finkschen Kaffeehaus las ein Domvikar, im Prater ein Musiker das Memorandum vor, auch der Mesner der Heiliggeistkirche besaß ein Exemplar. Bald erschien es auch in der Presse.[102] Diese Indiskretion machte nun öffentlich, in welchem als respektlos angesehenen Ton sich die Minister an den König gewandt hatten. Abel war über die Veröffentlichung bestürzt, forderte eine strenge Untersuchung der Indiskretion und betonte, jeder Minister habe eine Abschrift besessen.[103] Es kam zu Erklärungen und Gegenerklärungen.[104] Die Aufregung in der katholischen Öffentlichkeit war bereits groß, nun sprach man auch in ganz Deutschland und im Ausland darüber.

Die Meinungen über den Ministerrücktritt und das Memorandum waren durchaus geteilt. Der preußische Gesandte schrieb eindeutig: «So bedauerlich die Begleitumstände sind: ich halte den Rücktritt Abels, den alle Bemühungen der Landstände nicht erzwingen konnten, für ein Glück für Bayern, für Deutschland, und besonders für Preußen, dessen fanatischer Feind er war [...] Es scheint mir sogar für das Land ein Glück, daß diese wichtige Veränderung, die einen Systemwechsel zur Folge haben wird, sich unter so traurigen Umständen vollzieht. Meiner Ansicht nach ist das eine Heimsuchung, die Gott diesem Land und seiner Regierung als Buße für die Exzesse einer fanatischen Partei

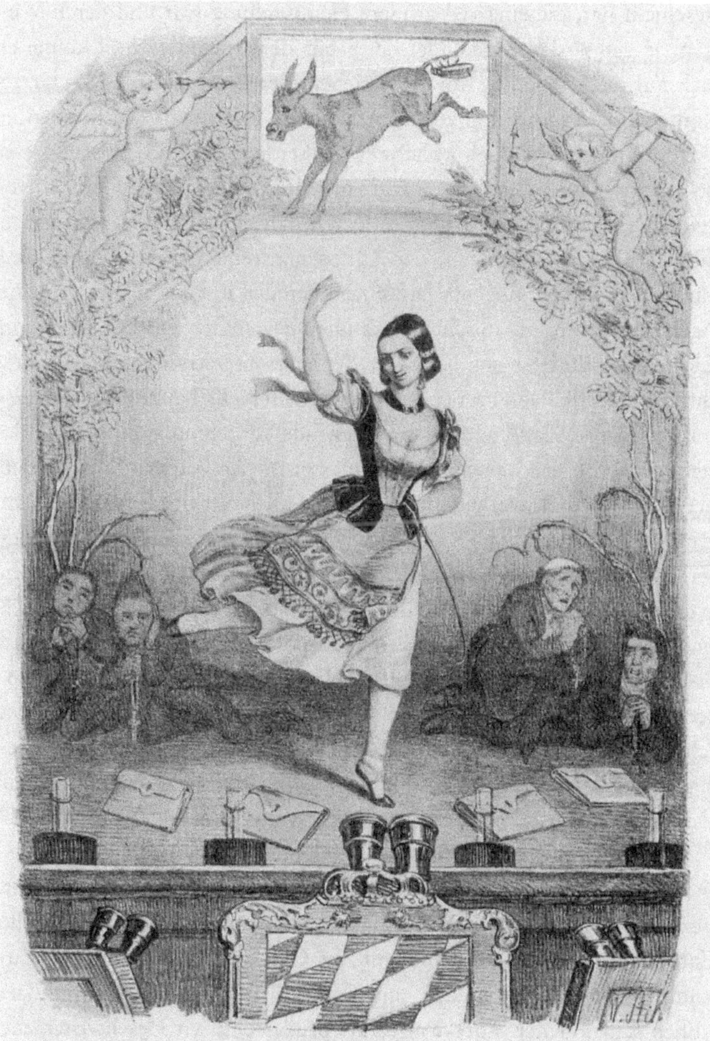

«Lola Montez tanzt bayrische Geschichte». Karikatur auf den Ministerrücktritt vom Februar 1847: im Hintergrund vier wehklagende katholische Minister, vor Lola ihre Portefeuilles, Lithografie von Wilhelm Starck, 1847

geschickt hat, die eine viel größere Heimsuchung war und deren Wirken sie viel zu lange geduldet hat.» Für den Systemwechsel könne er sich auf die Worte des Königs beziehen, der den Staatsrat Maurer zu ihm geschickt habe, ihm zu sagen, dass die Herrschaft der Jesuiten in Bayern für immer aufgehört habe.[105] Außerdem fragten sich wohl viele, so der preußische Gesandte, warum die Minister dem König ihre schweren Sorgen nicht schon früher mitgeteilt hätten; die Offiziere ärgerten sich darüber, dass die Treue der Armee in Zweifel gezogen wurde, und für die behauptete Regentschaft einer Fremden in Bayern gebe es keine Beweise.[106] Dem preußischen Gesandten gegenüber wurde Ludwig am 28. Februar äußerst deutlich: Der Versuch der ultramontanen Partei, ihn «zu unterjochen», sei endgültig gescheitert. Er beschwerte sich bitter über den Undank und die grundlegende Verkennung seines Charakters: Er werde sich niemals zwingen lassen![107] An von der Tann schrieb er: «Lolita, die argverleumdete, ist ohne allen Vergleich besser als ihr Ruf, aber auch ich bin besser als der meine. Es war Zeit, daß der Jesuiten Macht (oder wie man die Ultrakirchlichen nennen will) gebrochen wurde, sie waren dem Königtum über den Kopf gewachsen oder doch nahe dran.»[108] Und sein Sohn Prinz Luitpold erhielt einen Brief, in dem er erneut seine Position klarstellte: «Nie habe ich einen Minister geopfert, nie mir aber auch von Ministern vorschreiben lassen. Sie glaubten, ich müsste unter Kreuz kriechen, oder aber Krone und Leben verlieren.»[109] Der englische Gesandte John Ralph Milbanke begrüßte zwar den Systemwechsel, bedauerte aber «die Verletzung des Decorums».[110]

Für viele war dieser Systemwechsel deutlich mehr als eine Machtdemonstration des Königs. Selbst Mathilde von Hessen, Ludwigs Tochter, bezeichnete ihrer Schwägerin Amalie von Griechenland gegenüber die Entlassung Abels als «ein unnennbares Glück für Gegenwart und Zukunft meines Heimatlandes» und ihrem Bruder Luitpold schrieb sie: «Eben fällt mir der Sturz von Kains Bruder ein; wir Geschwister alle jubeln wohl in gleichem Maße darüber!»[111] Der Chronist, Erzähler und Diplomat Karl August Varnhagen von Ense notierte, in München hätten die heftigen Stürme, die von Lola Montez ausgelöst worden seien, «die Luft von dem Giftdunste der finsteren Pfaffenpartei gereinigt, das Volk war zu neuem Leben erwacht und begrüßte freudig die Veränderungen, welche den lange verdämmerten Staat zu freiem Lichte führen sollten».[112] Selbst Ludwigs alter Freund General von Heideck sah es gerne, dass «das ultramontane Joch, welches schwer und unheimlich auf Bayern lag, radikal gebrochen werden konnte».[113] Abels Anhänger hingegen, darunter auch etliche Frauen, verehrten ihn wie einen Märtyrer.[114]

Volkstumulte und Champagner – Lolas großer Auftritt

Der König suchte neue Minister, was gar nicht so einfach war; Lola wollte ihm eine Kandidatenliste vorlegen, was Ludwig jedoch abwehrte: «Als sie mir nennen wollte Mi[ni]st[er] erwiederte ich sie solle mich regieren lassen, worauf sie entgegnete ich verstünde es.»[115] Noch war Ludwig nicht bereit, Lola den politischen Einfluss zuzugestehen, den ihr die katholische Partei längst zuschrieb. Deren Nachhutgefechte gingen weiter: Der Philosophieprofessor Ernst von Lasaulx, ein Neffe von Joseph Görres, der Leitfigur des politischen Katholizismus, stellte im Senat der Universität München den Antrag, der Senat solle Abel seine Bewunderung für das aussprechen, was er in der vergangenen Woche für die Würde der Krone geleistet habe.[116] Als der König dies erfuhr, versetzte er Lasaulx in den Ruhestand, ebenso in der Folge sieben weitere konservativ-katholische Professoren, darunter Ernst von Moy, George Philipps, Nepomuk Sepp und Ignaz von Döllinger.[117] Diese Männer ließ Ludwig in den folgenden Monaten sogar von der Polizei beobachten.[118] Die Stimmung war äußerst aufgeregt: Angeblich gab es konkrete Pläne, Lola entführen zu lassen und in ein unterirdisches Verlies zu bringen; dies teilte Heinrich von Maltzahn dem König am 18. Februar vertraulich mit. Ludwig war zwar auf Maltzahn immer noch böse, riet jedoch Lola, keine Einladungen anzunehmen und vorsichtig zu sein.[119] Gleichzeitig erhielt Leutnant Joseph Curtius einen Brief, in dem ebenfalls berichtet wurde, Lola solle entführt werden, und zwar nach Wien.[120] Hartnäckig hielt sich auch das Gerücht, Lola solle vergiftet werden.[121]

Die Quieszierung von Lasaulx brachte dann die Studenten auf den Plan, bei denen der Professor beliebt war:[122] Sie beschlossen, ihm ein «Vivat» darzubringen; am 1. März um zehn Uhr morgens standen mehrere hundert Studenten vor seinem Haus und sangen Studentenlieder. Bald hingen in der Stadt Zettel aus, um 16 Uhr würde man zu Lolas Wohnung in der Theresienstraße marschieren, um auf sie ein «Pereat» auszubringen, das klassische Missfallensvotum der Studenten. Der neue Innenminister Johann Zenetti traf Ludwig, der zu seinem üblichen Nachmittagsbesuch bei Lola unterwegs war, und warnte ihn, vor ihrer Wohnung sei es zu einem Volksauflauf gekommen, er solle nicht gehen. «Wer aber doch hinging war ich», berichtete Ludwig stolz an Heinrich von der Tann. «Bei einer Masse von Leuten vorbeikommend rief ich: ‹Vor dem Könige den Hut ab›. Es geschah und Vivat erscholl. Es waren Neugierige. Von Truppen abgesperrt fand ich die Straße. So gerade als ich mich halten konnte, schritt ich in Lolitas Wohnung, die viele Männer beschämenden Mut bewies und trotz den Steinen (ich sah einige so große, daß ihr Treffen tödlich gewesen wäre) nicht vom offenen Fenster wich.»[123] Als die Steine flogen, versuchte Leutnant Curtius, Lola vom Fenster wegzureißen, doch sie gab ihm deswegen eine Ohrfeige.[124] Als Ludwig die Nachricht erhielt, dass die Meute sich nun gegen die Residenz gewendet hatte und Fenster der Nibelungenräume, die unterhalb der Wohnung des Königspaares lagen, einwarfen, ging er, mutig und unbeugsam, trotz Lolas Protesten durch die immer noch ausharrende Menge allein zurück in die Residenz. Manche machten ihm ehrerbietig Platz und zogen die Hüte, andere schrien, sie würden diese mit Steinen bewerfen, wenn sie die Hüte nicht sofort wieder aufsetzten. Es erschollen Vivatrufe für die Königin. Der neue Polizeidirektor Heinrich von der Mark eilte herbei und reichte dem König den Arm, es waren nur wenige Gendarmen in der Nähe.[125] Unversehrt kam Ludwig in die Residenz. Die Schätzungen, wie viele Leute auf der Straße waren, variieren: Ob es tatsächlich 6000 waren, wie der französische Gesandte nach Paris berichtete,[126] ist zu bezweifeln. Der preußische Gesandte sprach von 400 Studenten und etlichen Neugierigen,[127] an anderer Stelle ist von 2000 Menschen die Rede. Genaue Zahlen gibt es nirgends. 26 Ruhestörer wurden festgenommen.[128]

Ludwig bezeichnete danach die Vorfälle als «groben Unfug» und sah sie als persönliche Kränkung an: Sein Spießrutenlauf durch die aufgebrachte Menge hatte ihm deutlich die aufgeheizte Stimmung vor Augen geführt, die nicht nur von ihm auf die Agitation der Ultramontanen, der Jesuiten, zurückgeführt wurde. So schrieb ihm sein Schwager, der preußische König Friedrich Wilhelm IV., und gratulierte ihm zu seinem «heldenmüthigen Sieg über das nächtliche Treiben der unwürdigen Jünger des würdigen spanischen Ignaz». In Ludwigs Antwort ist seine tiefe Verletzung zu spüren: «Wie mich zur ultrakirchlichen Partei Gehörige behandeln, in den Kot mich ziehend, hochverräterisch das Volk gegen mich aufzuwiegeln trachtend», das sei ihm nicht einmal von «Demagogen und Jakobinern» widerfahren.[129]

Doch nicht nur die katholische Partei war verantwortlich. Letztlich richteten sich die Demonstrationen gegen Lola, da öffentliche Kundgebungen gegen den König als revolutionär ausgelegt werden konnten. Lola tat nichts, diesen Unmut zu entschärfen, im Gegenteil: Das Wissen, dass alle Augen auf sie gerichtet waren, weckte in ihr nur noch mehr den Geist des Widerspruchs und der Provokation. Sie sah sich nun wohl auch in direkter Konfrontation mit den Feinden, die ihr seit Monaten das Leben in München schwer machten. In ihren Memoiren schrieb sie: «Der erste März des Jahres 1847 war einer der bewegtesten Tage meines Lebens. Zum ersten Male während meines unruhigen Lebens war ich inmitten eines Volkstumultes, ja ich war der Mittelpunkt, das Ziel desselben. Wirklich war es der zu Boden geschlagenen ultramontanen Partei gelungen, einen Volkstumult zu erregen, aber er verfehlte vollkommen sein Ziel [...] Meine Wohnung war in diesem Augenblicke von einer unabsehbaren Menschenmasse umringt, ich schaute furchtlos auf die Menge und ich erkannte, daß die meisten dieser Leute mehr aus Neugierde, als aus böser Absicht hier versammelt waren. Es fehlte der Impuls zu einer ernsten Feindschaft gegen mich. Ich legte die Pistolen bei Seite und sagte meinen Freunden: Diese Leute da unten haben durchaus nichts gegen mich, sie sind unschuldig an dem Spektakel und ich bin überzeugt, daß ich ungehindert mich in ihre Mitte begeben kann. Mit diesen Worten ließ ich meinen Kammerdiener Champagner bringen, füllte die Gläser und trat mit einem vollen Glase ans Fenster: Auf das Wohl des bayerischen Volkes! Rief ich hinaus und leerte mein Glas. Ein grenzenloser Jubel folgte auf diese Handlung. [...] Der Tisch war mit Confectüren aller Art besetzt, ich nahm einige Hände voll davon und warf sie unter die Menge. Das ist Hohn! Das ist Hohn! Hörte ich eine Stimme rufen, Rache, Rache an diesem Weibe. Die Herren erblaßten abermals. Fürchten Sie nichts, sagte ich lächelnd, treten Sie ans Fenster, Sie werden sehen, wie wenig Sympathie dieser Schreier findet.»[130]

Dass Lola keine Angst hatte, überliefert auch der König in seinem Tagebuch. Ob sie aber tatsächlich mit einer positiven Grundhaltung am Fenster stand, ist zu bezweifeln. Vielleicht war die Szene für sie ein großer Bühnenauftritt: Aus der Sicherheit ihrer Wohnung im zweiten Stock triumphierte sie über ihre Feinde, prostete ihnen sogar mit Champagner zu und warf wie eine Karnevalsprinzessin Süßigkeiten und Kusshändchen unter die Leute.[131] Dass dies als Hohn verstanden werden musste, lag nahe – vermutlich war es auch so gemeint.

Eine Beobachterin aus dem gegenüberliegenden Haus beschrieb Lolas Verhalten: «Sie selbst stand mit vier Herren am offenen Fenster und sah lachend auf die Leute hinab. Einzelne Gendarmen patrouillierten auf und ab. Um vier Uhr hörten wir ein dumpfes Getöse; ich sah zum Fenster hinaus und sah vom Ende der Theresienstraße sich eine schwarze Masse heranwälzen. Das waren die Studenten, denen sich aber auch viele andere angeschlossen hatten. Sie kamen unter furchtbarem Geschrei und Pfeifen näher und bald war die Straße Kopf an Kopf. [...] Nun denkt euch aber, was Lola that! Sie hatte einen Teller in der Hand gehabt und ein Messer; als der Lärm überhand nahm, nahm sie das Messer und zückte es unaufhörlich gegen das Volk hinunter mit den wüthendsten Geberden; dann ballte sie die Fäuste und der Zorn verzerrte ihr Gesicht. Von einer Furie gehört habe ich oft, aber gesehen habe ich gestern zum ersten Mal eine. Schön war sie aber trotz ihrer Wut, ich vergesse den Anblick nicht. Dann ließ sie sich ein Glas Champagner bringen und trank höhnisch dem Volke zu. Plötzlich flog ein Stein in die Höhe, worauf ein donnerndes Bravo erschallte. [...] Die Studenten waren, nachdem sie das Pereat gebracht hatten, wieder abgezogen; die übrige Menschenmasse blieb, durch fortwährenden Zuzug verstärkt.»[132] Lolas Haltung wurde als spöttisch und anmaßend wahrgenommen. Die Nachbarin wollte auch Nußbammer in ihrer Gesellschaft erkannt haben, doch davon erwähnte der König in seinen Tagebüchern nichts: Der Gendarmerieunterleutnant Curtius war für Nußbammer gehalten worden. Ihm bekamen die Ereignisse dieses Tages nicht gut: Zwar beförderte ihn Ludwig, er musste aber aufgrund von Lolas öffentlicher Ohrfeige versetzt werden, da das Offizierskorps

Druck ausübte.[133] Als die Infanterie die Straße geräumt hatte, nahm die Nachbarin Lolas «schallendes Hohngelächter» wahr. «Das war ein wahres Hohngelächter der Hölle.»[134]

Die Wahl der Sprachbilder zeigt, dass Lola bei dieser Nachbarin wie wohl auch bei vielen anderen Münchner Bürgern längst auf der Seite des Bösen angesiedelt war. Vielfach war von ihrer «dämonischen Natur» die Rede, ihr Einfluss auf den König wurde einem «Liebestrank» zugeschrieben,[135] sie war die Hexe, die den guten König mit ihren Ränken verhext hatte, kurz: Sie war zur Projektionsfläche für alle Übel geworden und man sah sich berechtigt, sie mit Hass zu verfolgen. Und ihr Verhalten trug in keiner Situation zur Entspannung bei, im Gegenteil. Abschließend kommentierte der König am 3. März: «Verkehrt hat Lolitta hierin angefangen, wo Fremde gelinde auftreten müssen hat sie imponiren wollen, war auffahrend in Rede u Handlungen, stieß Verschiedliche vor den Kopf, aber wie wurde schon in den ersten Tage beleidigend von ihr gesprochen. Wie gereizt wurde sie!»[136]

Es gab aber noch eine andere Erklärung für Lolas triumphierendes Gelächter. Der englische Journalist George Henry Francis, der Lola 1847 in München besuchte und über sie schrieb, fasste Lolas Besessenheit in ihrem Kampf gegen die katholische Partei, «die Jesuiten», so zusammen: «Sie liebt die Macht um ihrer selbst willen; sie ist zu voreilig, zu unversöhnlich in ihren Abneigungen, sie hat nicht gelernt, die Leidenschaft im Zaum zu halten, die für ihre spanische Natur natürlich erscheint; sie ist kapriziös und durchaus zu Unhöflichkeiten fähig, wenn ihr Temperament entflammt ist, sie ist aber auch die Erste, diese zu bedauern und sich dafür zu entschuldigen. Ihr Seelenfrieden wird jedoch von einer Idee zerstört: Sie hat ihr Leben der Ausrottung der Jesuiten in Bayern gewidmet. [...] Jeden, den sie nicht mag, verwandelt ihr Vorurteil in einen Jesuiten. Jesuiten starren auf sie in den Straßen und aus den Ecken ihrer Zimmer. [...] Sie hat zweifellos gute Gründe für ihre Animositäten; aber diese rastlosen Verdächtigungen sind eine Schwäche, die sich schlecht mit der Lebenskraft, Charakterstärke und Zielorientiertheit verträgt, die sie in anderer Hinsicht an den Tag legt.»[137] In Abels Entlassung und dem Ende der ultramontanen Regierung in Bayern sah Lola einen wichtigen Schritt im Kampf gegen diese dunklen Mächte, die sie letztlich auch für den Volksauflauf vor ihrer Wohnung verantwortlich machte.

6.

AUFSTIEG UND ÄCHTUNG DER GRÄFIN LANDSFELD

Stille Tage in der Residenz

Nach dem öffentlichen Aufruhr Anfang März 1847 trat eine Phase der Beruhigung ein. Ludwig ernannte neue Minister und man setzte große Hoffnungen in dieses «Ministerium der Morgenröte». Ludwig erhielt von vielen Seiten Zuspruch und die Politik schien nun in ruhigere Bahnen gelenkt. Am 7. März erschienen König und Königin im Theater und wurden von einem donnernden Applaus überrascht und erfreut.[1] Therese hatte nach den Unruhen vom 1. März zum ersten Mal explizit mit Ludwig über Lola gesprochen und das Gespräch war offenbar gut verlaufen.[2] Ihrer Tochter Mathilde schrieb Therese beruhigend: «Du ersiehst aus all'dem, Herzensthilde, daß die hier stattgehabten Unruhen keine Rückwirkung auf unsre gewohnte Lebensweise übten. An demselben Abende, an welchen sie stattgefunden, versammelte uns die kleine Lotterie um ¼ auf acht Uhr und um ¾ auf acht Uhr Tee u Lotto, dem auch Tante Auguste beiwohnte.»[3] Tee und Lotto bei Therese, dieses allabendliche Ritual wird auch vielfach als Tagesabschluss in Ludwigs Tagebüchern erwähnt.[4] Am Abend der Unruhen war die Königin zusammen mit ihrer Hofdame, der Gräfin Eltz, in Verkleidung und zu Fuß von ihrem Besuch bei der Gräfin Deroy in die Residenz zurückgekehrt.[5]

Die schlimmen Wochen waren jedoch nicht spurlos an Ludwig vorübergegangen. Wenige Tage später suchte ein altes Leiden den König heim: Eine Flechte überzog sein Gesicht und den Hals; auf ärztlichen Rat verließ er seine Gemächer ab dem 10. März nicht mehr.[6] Da er nun Lola nicht mehr besuchen konnte, kam sie manchmal mehrmals täglich zu ihm in seine Privaträume in der Residenz. Er war gerührt darüber, da

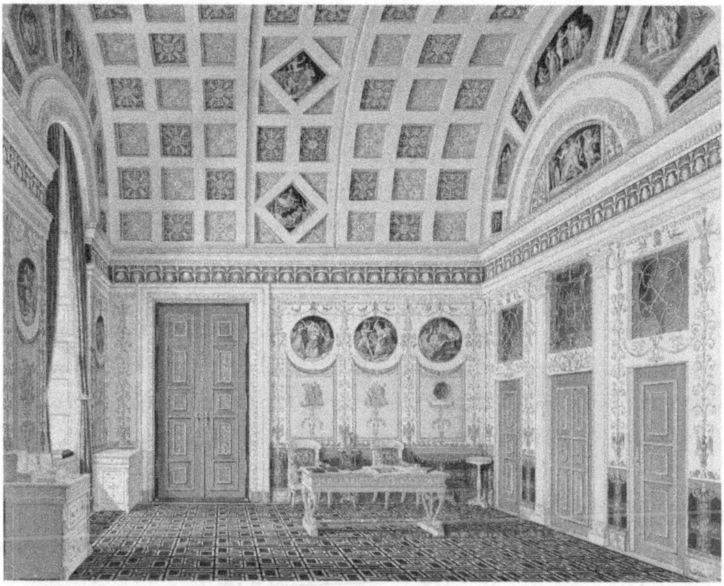

In den Privaträumen der Residenz. Das Ankleidezimmer König Ludwigs I., Pinsel, Gouache und Goldfarbe, Feder und schwarze Tinte, Graphit auf weißem Velin von Franz Xaver Nachtmann, 1836

ihn seine Krankheit entstellte und die Königin sich vor seinen Flechten ekelte; Ludwig und Therese schliefen daher nicht mehr in einem Raum.[7] Lola zeigte jedoch keine Scheu. Zu Ludwigs Leibarzt sagte sie, sie würde lieber sterben, als den König nicht mehr zu sehen, und selbst wenn er die Pest hätte, würde sie ihn pflegen.[8] Die Tagebücher spiegeln eine große Nähe und Vertrautheit. Lola konnte offenbar in der Residenz kommen und gehen, wann sie wollte. Wie der österreichische Geschäftsträger an Metternich nach Wien berichtete, verarge man ihr jedoch, «daß sie täglich morgens und abends mit Geräusch an der Residenz anfährt, um den kranken König zu besuchen […]. Ferner verargt man ihr, daß sie in den Gängen der ‹Burg› ganz unbefangen Hofherren und Hofdamen, ja selbst einmal der Königin begegnete».[9] Ludwig wiederum hörte von seinem Freund Heideck, «daß Oberhofmeisterin F[re]yin v Wambold Umweg machte nur um an ihr nicht vorbey zu kommen, sagt er mir Als wenn Lolita ein Paria u wer mit ihr umgeht unrein den man zu meiden habe, so geschiehts Nie war mir so etwas vorgekommen. Mich hat man doch die Gnade nicht so zu behandeln.»[10] Lola versicherte Ludwig immer wieder ihre Liebe, was ihn trotz seiner Krankheit aufheiterte; außer ihr empfing er nur wenige Personen.[11] Oft kam sie noch abends, bevor sie ins Theater oder in die Oper ging, oder sie besuchte ihn morgens und weckte ihn durch einen Kuss. Die Beziehung der beiden hatte etwas Symbiotisches; Lola nannte das in ihren Memoiren «ein gewisses Seelenbündnis».[12]

Doch zunehmend irritierten den König Lolas Ratschläge: «Auch heute, weiß nicht zum wie vielsten male schon gesproch sie von d Biertaxe Sie meynt wenn sie hoch würde es Unruhen hier geben. Ich wurde abermals verdrießlich darüber. Dann jedoch sagte ich sie wäre meine Freundin.»[13] Gerade Bierpreise und Steuererhöhungen gehörten 1847 zu den heiklen Themen, waren doch aufgrund von Missernten Teuerungen an der Tagesordnung.[14] Als zum 1. Mai der Bierpreis erhöht werden sollte, fürchtete man «Straßenexcesse».[15] Ludwigs neuer Kultusminister Freiherr Friedrich von Zu Rhein informierte den König, in der Oberpfalz sei das Gerücht verbreitet worden, der König wolle eine Steuer erheben, um Lola einen Palast zu bauen; dies war in Zeiten der Teuerung mehr als nur bösartiges Gerede.[16] Lola ließ nicht locker. Doch bei aller Liebe wehrte der König Ansinnen seiner Freundin ab, etwa allein mit dem Innenminister über die Getreideteuerung zu sprechen: «Erwiedert ihr dises nicht zu mögen, zu wünschen, daß von ihr einige Zeit nicht gesprochen werde, wenn sie etwas vorhabe es mir schftl gäbe, ich es in Ueberlegung nehmen könnte.»[17] Lolas Anliegen war höchst aktuell: Anfang April hatte es auch in München erste Unruhen gegeben, wenn ausländische Händler Getreide kauften; Getreidehändler wurden lebensgefährlich bedroht.[18] Mitte April beschwerte sich Ludwig bei Lola, dass sie immer nur von «Geschäften» und von «Begehren für Andere» mit ihm spreche und keine anderen Gespräche mehr möglich seien; er lehnte auch ihre Wünsche ab, sie nach Aschaffenburg, in die Pfalz oder nach Italien mitzunehmen.[19] Im Mai sprach sie sich für die Liberalen aus und versuchte, ihn gegen Österreich einzunehmen; das wies er ebenso zurück.[20] Doch sie machte immer neue Versuche, in die Politik einzugreifen: Mitte Juni wollte sie mit Kultusminister von Zu Rhein sprechen, um die Zulassung einer neuen katholischen

Burschenschaft zu verhindern, doch Ludwig verweigerte das: «Eine Pompadour abzugeben wäre Lolitta's Sache aber ich bin kein Ludwig XV.»[21] Lola selbst schrieb in ihren Memoiren nicht ohne Eitelkeit, zwar habe Ludwig die politischen Veränderungen vollzogen, doch «daß dieselben durch Lola vermittelt wurden, sei es auch indirect, geht aus den Ereignissen von selbst hervor».[22]

Solche inneren Verschiebungen in der Beziehung wurden zunächst von außen nicht wahrgenommen; sie entsprachen aber dem, was ohnehin alle fürchteten. Aufgrund der Abwesenheit des Königs in der Öffentlichkeit war jedoch zumindest in München die sichtbare Skandalisierung zurückgegangen und die ersten Maßnahmen der neuen Regierung wurden positiv zur Kenntnis genommen. Dazu gehörten die Bemühungen um die Trennung der Gerichte von der Verwaltung, um die Einführung der Öffentlichkeit der Gerichtsverfahren und um den Entwurf einer neuen Studiengesetzgebung.[23] Die katholischen Zeitungen unterlagen strenger Zensur und Ludwig ließ auch die Kanzelreden der Geistlichen überwachen.[24]

International wurden nun die Münchner Ereignisse, der Ministerrücktritt, das Memorandum der Minister und damit auch Lolas Rolle als Favoritin ausführlich kommentiert. Die englische «Times» druckte das Memorandum in Übersetzung ab und kommentierte dann höchst ironisch einige Passagen. Vor allem die Tränen des Bischofs von Augsburg waren ein dankbares Thema. Die «Times» überlegte, welche «Güsse von Tränen» in England angesichts der Eskapaden der englischen Könige hätten geweint werden müssen, ja, dass manche Staatsmänner ihr Taschentuch überhaupt nicht mehr hätten aus der Hand legen dürfen. Letztlich sei die Reaktion der Minister aber weder fair noch generös, wenn von einer privaten Beziehung nur die persönliche Ehre des Königs und weder die monarchische Herrschaft noch die Verfassung berührt würden.[25] Die «Times» berichtete auch unter Bezug auf das französische «Journal des Débats» über die Demonstrationen vom 1. März: Die Unruhen seien von «jesuitischen» Kreisen ausgegangen, hieß es.[26]

Nun trat Lola, die intensiv die internationalen Zeitungen las, persönlich auf den Plan. Am 11. März schickte sie einen Leserbrief an die «Times» und an den französischen «Le Constitutionel», nicht ohne diese dem König vorzulesen.[27] Sie reagierte damit auf einen Artikel der «Times» vom 2. März 1847, in dem es hieß, Lola regiere inzwischen in München, sie verweigere Stellen und verteile Gefälligkeiten.[28] Sie schrieb an die Zeitung, sie wolle die reale Situation in Bayern beschreiben: Es habe in München schon kurz nach ihrer Ankunft ein Komplott der Jesuiten gegeben, sie aus der Stadt zu treiben; München sei schon lange deren Hauptquartier. Man habe sie mit 50 000 Franc jährlich bestechen wollen, wenn sie München verlasse und nie wiederkäme. Da sie das abgelehnt habe, sei eine Attacke nach der anderen gegen sie unternommen worden, zuletzt durch die Studenten, die, von dem entlassenen jesuitischen Professor Lasaulx aufgehetzt, sie in ihrer Wohnung angegriffen hätten. Die Entlassung der Minister sei die wohlbegründete Entscheidung des Königs gewesen. Im Gegensatz zu vielen zirkulierenden Falschmeldungen habe sie sich in Bayern immer nur in die Dinge gemischt, die sie selbst angingen, und da sie hier auch in Zukunft bleiben wolle, sei es ihr eminent wichtig, dies öffentlich klarzustellen.[29] Ähnliches schrieb Lola an «Le National» in Paris. Dieser Brief erregte die katholische Öffentlichkeit, hatte Lola doch darin Ludwigs privaten Scherz aufgenommen und «sancta Lola» dem heiligen Ignatius von Loyola an die Seite gestellt. Der Breslauer Bischof Diepenbrock ließ Metternich in Wien wissen, er habe dem König von Bayern geschrieben, dieses «schändliche Schreiben» sei eine «Schandtat und eine Injurie gegen die ganze katholische Kirche».[30]

Die Rezeption der bayerischen Ereignisse mehrte Lolas internationale Bekanntheit. Dies war allerdings ein zweischneidiges Schwert: Die Artikel festigten gleichermaßen ihren schlechten Ruf. Und in England sah sich die «Pictorial Times», sicher auch als Antwort auf Lolas Leserbrief in der «Times», aufgerufen, Lolas Vorgeschichte mit Heirat und Scheidung zu publizieren. Diese antwortete sofort mit einer «Richtigstellung», in der sie auf ihre spanische Herkunft pochte und alles andere als üble Nachrede weit von sich wies.[31] Als die «Cölnische Zeitung» den englischen Artikel aufgriff, erhielt auch sie von Lola einen entsprechenden Widerruf.[32] Ende April entwarf dann Heinrich von der Tann einen Text, den Lola am 1. Mai 1847 in der «Augsburger Allgemeinen Zeitung» einrücken ließ: «Ich erkläre jeden für einen ehrlosen Verleumder, der sich auf irgendwelche Weise üble Nachrede gegen mich erlaubt, ohne sie beweisen zu können.»[33] Dieser Satz beschreibt die Strategie, derer Lola sich in Zukunft über viele Jahre bedienen sollte, wenn sie sich gegen Anschuldigungen wehren musste. Sie selbst widmete der internationalen Presserezeption nach den Märzereignissen in ihren Memoiren ein ganzes Kapitel.[34]

Es erschienen jedoch nicht nur Zeitungsartikel, sondern auch die ersten Pseudo-Autobiografien und Satiren. Dazu gehörten «Lola Montès, Aventures de la célèbre danseuse racontées par elle-même avec son portrait et un fac-simile de son écriture»;[35] Lola hatte damit wohl nichts zu tun, es ist in vieler Hinsicht ein unsägliches Machwerk. Die deutsche Übersetzung wurde in Bayern verboten. Auch Satiren wie «Mola oder Tanz und Weltgeschichte» kursierten zunächst unter der Hand, bevor sie in Bayern ebenso verboten wurden wie später auch «Lola Montes, jetzige Gräfin von Landsfeld, oder: Das Mensch gehört dem König», das im Buchhandel zu haben war.[36] Zu dieser Art Literatur gehört auch «Glorreiches Leben und Thaten der edlen Sennora Dolores», eine 24-seitige Geschichte Lolas in Reimen.[37] Mit dem ebenfalls 1847 erschienenen Buch von Paul Erdmann, «Lola Montez und die Jesuiten», hatte Lola mehr zu tun, die sich der Bayern betreffenden Teile dieses Buches für ihre Memoiren bediente und dort schrieb, sie nutze im Folgenden die Ausführungen des Dr. Erdmann, der ein Gegner der Partei sei, die auf ihren Sturz hingearbeitet habe.[38] Ob Erdmann der richtige Name des Autors war, ist zu bezweifeln; das identische Buch erschien auch in Berlin unter dem Namen Ignatz Dobmayer und dem Titel «Zustände und Ereignisse in München im Jahre 1847». Der österreichische Geschäftsträger in München schrieb an Metternich, man vermute, der Autor sei der ehemalige österreichische Offizier Fenner von Fenneberg: Das Werk habe in München ziemliches Aufsehen erregt; Daniel Fenner von Fenneberg, Sohn eines österreichischen Feldmarschalls, sollte 1849 zu einem der Anführer des Pfälzer Aufstands werden.[39] Im Sommer las auch Ludwig während seines Aufenthalts in Aschaffenburg das Buch, das er insgesamt als positiv für ihn und Lola befand; er legte aber eine Liste der unwahren Stellen an.[40]

Lola Montez war inzwischen eine internationale Berühmtheit, deren Leben für das Publikum interessant war; Journalisten und Publizisten der verschiedensten Couleur waren daher eilfertig bemüht, mögliche

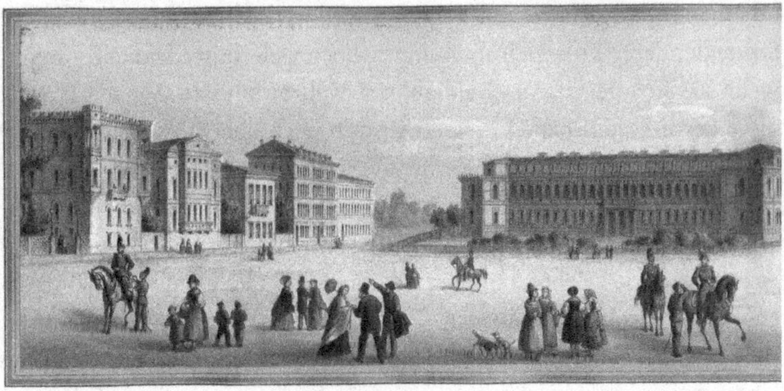

«Außen unscheinbar, im Innern fürstlich»: Das Palais der Lola Montez in der Barer Straße 7 im «italienischen Style» (drittes Haus von links), kolorierte Lithografie, 1866

Informationsdefizite zu beseitigen und damit ein Geschäft zu machen. Der Name Lola Montez hatte einen Marktwert bekommen und war selbst auf dem englischen Rennplatz angekommen: Ein Rennstallbesitzer hatte zwei seiner Pferde, «Jenny Lind» und «Lola Montez», für Wetten angemeldet – und die Stute «Lola Montez» gewann Ende Juli 1847 unerwartet mit zwei Pferdelängen Vorsprung eines der höchst renommierten «Goodwood Races».[41]

Als Ludwig am 26. April 1847 wieder aus dem Krankenzimmer auftauchte, besuchte er Lola in ihrem neuen Haus an der Barer Straße 7, in das sie an diesem Tag einzog; sie hatte es in den vergangenen Monaten luxuriös eingerichtet: Statt der veranschlagten 20 000 Gulden waren dafür 33 000 Gulden ausgegeben worden, trotz aller Bemühungen von General von Heideck, die Ausgaben zu deckeln.[42] Vielfach bestellte Lola die Einrichtungsgegenstände in Paris, was die Kosten in die Höhe trieb: So kostete dort ein Porzellanservice, das Lola kaufte, 1231 Gulden 19 Kreuzer, für ein entsprechendes Münchner Service hatte Heideck die Hälfte veranschlagt. Beim Tischlermeister Leonhard Glink ließ sich Lola für 1328 Gulden zwei Schränke aus Palisanderholz für die Aufbewahrung von Silbersachen und Weißzeug anfertigen, die in keinem Voranschlag standen. Der Silberarbeiter Bartholomä Mayerhofer lieferte alles, von der Waschschüssel bis zur Haarbürste, auf Wunsch gleich mit der Gravur einer neunzackigen Krone, der Grafenkrone; die Rechnung des Hofinstrumentenmachers vom 25. Januar 1847 war auf Gräfin Lola Montez ausgestellt. Da Lola erst ein halbes Jahr später in diesen Stand erhoben wurde, erschien das nicht nur voreilig, sondern höchst ungehörig: Bei der Bestellung Ende Januar besaß sie noch nicht einmal das Bürgerrecht. Das Schlafzimmer war elegant mit schwarzem Holz ausgestattet. Es gab ein Damenzimmer, in dem neben Fauteuils, Chaiselongue, rundem Tisch und Schreibtisch ein Piano stand, zudem ein Speisezimmer mit acht Stühlen um den großen Esstisch, einen Toiletten- und Ankleideraum, gut mit Spiegeln ausgestattet, ein Rauchzimmer, ein «Don-Quijote-Zimmer», offenbar mit spanischen Elementen versehen, fünf Zimmer für das Personal und ein eindrucksvolles gläsernes Treppenhaus. In der Küche blitzte das Kupfergeschirr. Lola konnte bis zu sieben Personen zum Essen, elf zum Tee und 17 zum Umtrunk bewirten. Das ganze Haus und seine Ausstattung waren höchst geschmackvoll. Ludwig sah zwar auch, dass sie mit den Ausgaben «über die Schnur gehauen» hatte,[43] aber das Haus gefiel ihm. «Sie kauft gar gerne», kommentierte er und monierte den Erwerb «ueberflüssiger Gegenstände».[44] Sicherheitshalber war von Anfang an im Haus gegenüber eine Gendarmeriestation untergebracht worden.[45]

Es waren beschauliche Wochen für Ludwig und Lola: Sie gingen oft im Nymphenburger Schlosspark spazieren,[46] Ludwig zeigte ihr den Universitätsbrunnen im Mondschein.[47] Er ließ Lola nun erneut malen, einmal von Stieler, dessen Atelier neben ihrer Villa lag, und einmal von Wilhelm von Kaulbach. Ludwig wollte das erste Stieler-Bild aus der Schönheitengalerie entfernen lassen: Da sei sie als Tänzerin gemalt, er wolle sie nun aber als Dame verewigen lassen. Während der Malsitzungen las er Lola aus den Werken von Calderón vor.[48] Mit Kaulbach kam es zum Konflikt, da dieser Lola verachtete; der König kaufte das Bild letztlich auch nicht an. Kaulbach hatte es wohl gezielt als Persiflage auf Stielers Staatsporträt des Königs angelegt. Leo von Klenze kommentierte bösartig, Kaulbach «wollte nur den Totaleindruck einer durch Laster und Ausschweifungen aller Art zerstörten Schönheit, ein affectiertes Hurenlächeln und einen diabolischen Ausdruck ihres Blicks in ihr erkannt haben, hielt sie für innerlich verderbt bis auf das Knochenmark, aber äußerlich mit jener dünnen Bildungsschminke übertüncht,

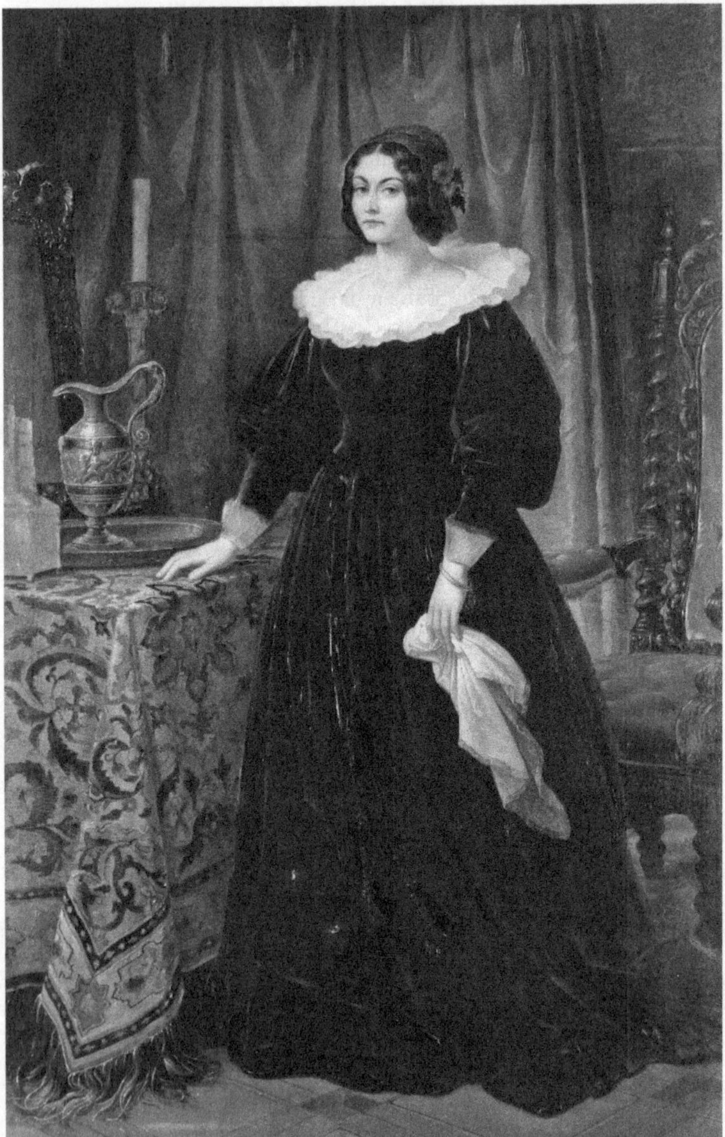

Lolas Staatsporträt. Wilhelm von Kaulbach persiflierte ihren Herrschaftsanspruch in seinem lebensgroßen Gemälde nach Ludwigs Staatsporträt von Joseph Stieler, 1847

welche zu durchschauen nur dem höchsten Grade verliebter oder verbuhlter Befangenheit versagt ist».[49] Der Garten von Lolas Villa, den die Hofgärtner geschmackvoll anlegten, wurde für Ludwig und Lola zu einem oft genutzten Refugium.[50] Als die Tänzerin Maria Taglioni in München auftrat, arrangierte Lola in ihrem neuen Haus eine Teegesellschaft, an der der König teilnahm.[51] Lola litt jedoch immer wieder an «Nervenmigräne»[52] und Ludwigs Frieden wurde von vielen wütenden Briefen seiner früheren Freundin Marchesa Florenzi gestört, die dringlich versuchte, ihn von Lola abzubringen.[53] Doch auch sie hatte keinen Einfluss auf Ludwig.

Am 16. Juni schickte der König ein Gedicht zur Veröffentlichung an die «Augsburger Allgemeine Zeitung», das als Abrechnung mit seinen entlassenen Ministern gedacht war und auch so verstanden wurde; wenig später zirkulierten bereits Spottgedichte als Antwort darauf:[54]

«Ihr habt mich aus dem Paradies getrieben,
Für immer habet ihr es mir umgittert,
Die ihr des Lebens Tage mir verbittert,
Doch macht ihr mich nicht hassen statt zu lieben.
Die Festigkeit, sie ist noch nicht zersplittert;
ob mir der Jugend Jahre gleich zerstieben,
Ist ungeschwächt der Jugend Kraft geblieben.
Ihr, die ihr knechten mich gewollt, erzittert.
Mit dem, wie ihr gen mich seyd, gibt's kein Gleichniß.
Die eig'nen Thaten haben euch gerichtet,
Des Undanks, der Verläumdungen Verzeichniß.
Die Wolken flieh'n, der Himmel ist gelichtet.
Ich preis'es das entscheidende Ereigniß,
Das eure Macht auf ewig hat zernichtet.»

Die Königin brach am 15. Juni nach Franzensbad auf. Am 18. Juni schrieb Ludwig in sein Tagebuch: «Wie doch der Schein trügt, da ich die ganze Nacht bis nach ¾ 10 Uhr Morgens in ihrem [Lolas] Hause geblieben, würde Jedermann Beyschlaf für ungezweifelt halten, dennoch fiel keiner vor.»[55] Ein Jahr später, nach Lolas Flucht, der Revolution und seinem Rücktritt, sollte Ludwig dennoch diesen Tag als einen

Jahrestag begehen, als einen von zwei Tagen, an denen er mit Lola geschlafen hatte.[56] Dies macht den Tagebucheintrag eher verwunderlich: Vielleicht wollte er sich selbst gegenüber nicht zugeben, dass nun aus der platonischen, «unschuldigen» Beziehung doch etwas anderes geworden war? War es die tief in ihm verwurzelte katholische Prägung, die diesen «Beyschlaf» als Sünde erscheinen ließ? Für ihn zumindest änderte sich offenbar durch die gemeinsame Nacht nichts an der Beziehung, es war nicht etwa ein Bann gebrochen, der eine gewissermaßen vorpubertäre zu einer erfüllten Erwachsenenliebe gemacht hätte; Ludwig beließ die Beziehung so platonisch, wie sie vorher gewesen war.

Ob diese Nacht auch für Lola nichts änderte, ist zu bezweifeln. Der «Beyschlaf» beendete die hohe Spannung und damit auch die Magie der unerfüllten Liebe. Er verringerte die Distanz: Vielleicht hatte Ludwig bei Lola den Nimbus des allmächtigen Königs eingebüßt, nachdem sie ihn nackt gesehen hatte und aus dem Monarchen ein Mann mit einem über sechzigjährigen Körper ohne übernatürliche Kräfte geworden war? In gewisser Weise vertrug das «Seelenbündnis», das sie und Ludwig verband,[57] dessen Ewigkeitsdauer «über den Tod hinaus», dessen Untrennbarkeit beide einander immer wieder versicherten, keine Realisierung in dieser Welt.

Risse im Seelenbündnis

Am 23. Juni 1847 brach Ludwig zu seinem Sommeraufenthalt nach Bad Brückenau auf.[58] Dort sollte er Lola treffen, sie war verabredungsgemäß bereits vorher gefahren. Auf dem Weg war sie in Nürnberg freundlich von Bürgermeister Johann Georg Bestelmeyer herumgeführt worden; danach wollte sie eigentlich in Bamberg übernachten. Dort war sie jedoch bereits am Bahnhof feindselig mit Pfiffen und Beleidigungen empfangen worden, es flogen Steine und Pferdeäpfel, ein beliebtes Wurfgeschoss der Zeit. Da die Stimmung bedrohlich blieb, bestieg Lola eine Kutsche, mit der sie die Nacht hindurch Richtung Bad Brückenau fuhr.[59] Verabredet war, dass der mit Ludwig ungefähr gleichaltrige Heinrich von der Tann in dem Kurort hinzustoßen würde. Ludwig fragte vorher den Freund, der Lola noch nie gesehen hatte, wie er sie sich vorstelle. Tann antwortete: «Freund und Feind sind voll ihres Zaubers, besonders der blauen Augen. Selbst der trockene Fritz Stauffenberg, der Lola eben in München gesehen hatte, versicherte, daß sie ihm selbst sehr gefährlich erschienen sei. [...] Mir ist ganz bang mich zu verlieben und Euer Majestät eifersüchtig zu machen. Vielleicht dämpft die Furcht vor dem Hund, den Ohrfeigen, der Reitpeitsche, dem Dolche und den Pistolen noch die Liebe. Meine erste Bitte an Lola wird um eine guardia salvia gegen diese Ausbrüche ihrer Heftigkeit sein, die man grenzenlos schildert. Sehr warmes Blut, gutes Herz, böser Kopf, verzogen, äußerst leicht verletzbar, hie und da leichtsinnig und unbesonnen, so denke ich mir die Reizende und habe hiernach meinen Operationsplan entworfen.»[60]

Operationspläne waren sicher nötig, aber selbst ein erfahrener Offizier und Politiker wie von der Tann war einem exaltierten und unberechenbaren Wesen wie Lola nicht gewachsen. Der Aufenthalt in Bad Brückenau dauerte fast sechs Wochen, bis Ludwig am 3. August nach Aschaffenburg fuhr, um sich dort mit der Königin zu treffen. Ludwig und Lola wohnten nicht zusammen, sie besuchten sich aber ständig, tranken Tee, machten Ausflüge; sie nahm in der Villa Haus Löwen Quartier.[61] In diesen sechs Wochen wurden die Grundkonstellationen dieser außergewöhnlichen Beziehung zwischen König und Tänzerin sowie die Besonderheiten der beiden Personen wie im Brennglas sichtbar. Sie hatten sich zwar seit neun Monaten auch in München täglich gesehen, aber in Bad Brückenau war die Situation eher die eines Paares, das sich auf einer Badereise befand: Es gab viel tägliches Beisammensein, gemeinsame Essen, Spaziergänge, Ausflüge, Tanzereien, Spiele. Lola hatte die Tänzerin Bertha Thierry als weibliche Begleitung mitgenommen, die dafür offiziell Urlaub bei der Hoftheaterintendanz beantragen musste.[62] Heinrich von der Tann hätte sich gerne Ludwigs Einladung entzogen, sah aber keine Möglichkeit dazu. Schon lange im Voraus versuchte Ludwig auch die von ihm sehr geschätzte Schauspielerin und Weimarer Operndirektorin Karoline von Heygendorff, langjährige Geliebte des Weimarer Herzogs Karl August und auch Ludwigs Jugendliebe, die früher bereits öfter in Bad Brückenau gewesen war, für eine Kur dort zu gewinnen. Erst kurz vor seiner Abfahrt schrieb er ihr: «Bemerke Ihnen, daß Senora Lola Montez im Bade Brückenau, deren Gesundheitsumstände dessen bedürftig seyn wird. Wünsche recht sehr Sie möchten mit dieser gränzenlos Verleumdeten freundlich seyn. Kommen Sie! Kommen Sie!» Doch sie lehnte ab, die Ärzte hätten ihr Teplitz verordnet.[63] So blieben als Gesellschaft neben von der Tann, Bertha Thierry und Ludwigs Flügeladjutanten Otto von Hunolstein und Franz von Gmainer sowie dem eifrig um Lola herumschwirrenden intriganten Oberkriegskommissar Johann Baptist von Mussinan nur einige eher zufällige oder interessierte Kurgäste wie der Jenaer Oberlandesgerichtspräsident Julius Freiherr von Egloffstein mit Frau Marie, der Würzburger Advokat Karl von Günther und seine Frau Fanny, Babette Ströbl, Tochter eines Regenschirmfabrikanten aus Bayreuth, oder die Schriftstellerin Luise von Plönnies aus Darmstadt. Es war sicherlich nicht förderlich für die Gespräche, dass Lola zwar Französisch, aber nach wie vor nur in Ansätzen Deutsch sprach. Mit Ludwig blieb die gemeinsame Sprache Spanisch. Kronprinz Maximilian und seine Frau, die am 5. Juli kurz aus Bad Kissingen zu Besuch kamen, wollten Lola nicht kennenlernen.[64]

Lola spielte in Bad Brückenau die Rolle der «First Lady»: Sie bestand darauf, dass der König sie öffentlich am Arm durch die Menge führte, mit ihr beim Sonntagsball im Kursaal tanzte, für Ausflüge die Hofpferde anspannen ließ und Seite an Seite mit ihr durchs Städtchen fuhr. Diese öffentlichen Demonstrationen waren Ludwig unangenehm, doch er wollte sich nicht Lolas Unmut zuziehen. Bei den Teestunden war oft Freund Heinrich von der Tann dabei. Es gab viele idyllische Momente bei Spaziergängen in den Alleen oder auf Wiesenwegen bei strahlender Sonne oder im Mondschein, Lola pflückte Blumen, oft las der König ihr aus «Don Quijote» vor, während sie am Stickrahmen arbeitete. Sie gaben sich gegenseitig Kirschen zu essen. Ludwig stellte fest, dass Lola fast nichts und sehr unvernünftig aß, dass sie viel Süßes «schleckte». Mit Alkohol war sie ohnehin immer äußerst mäßig, auch böse Zungen behaupteten nie, sie betrunken gesehen zu haben. Bei einer Teegesellschaft wurde es lustig: «Am Tische Thee trinkend gesessen, wurde dann etwas getanzt, mit Lolitta Polonese eröffnete ich tanzt nichts anders, sie kein Walzer, aber Française. Hierauf Blindekuh im Kreis, durch Stimme zu errathen suchend, lang währte es, ich ununterbroch[en] mitgespielt, auch die 72jährige Madame Lampert von mir die Baadmutter genannt

Lolitta u sie haben sich gegenseitig gerne. Lolitta war sehr fröhlich. Es war die Lolitta wie ich sie im Oktober kennen gelernt.»[65] Auch später war Lola am ehesten in ihrem Element, wenn es galt, ein Spiel zu organisieren, in der Runde zu tanzen und mit anderen fröhlich zu sein. Wie ein Kind, so Ludwig, war Lola so begeistert vom Tanzen, dass sie sich so lange im Walzertakt drehte, bis ihr übel wurde.[66] Doch bei einer Française, einem Tanzspiel, im Kursaal machte sie einmal standesbewusst nicht mit, weil ein Kaufmannssohn aus Kitzingen mittanzte und sie meinte, er verkaufe im Laden. Ludwig kommentierte trocken: «Wer wird alles mit der verstorben[en] verw Königin die als regierende Churfürstin i München im Carneval 1800 in der nehmliche[n] Colonne mit also getanzt haben!»[67]

Etwas mehr als zwei Wochen verlief der gemeinsame Aufenthalt recht gut. Doch dann häuften sich Lolas Regelverletzungen, sie erlaubte sich gegenüber dem König schlechte Laune und bedrängte ihn mit politischen Wünschen. Heinrich von der Tann schaffte es mit Mühe, Lola von ihrer gegen jede höfische Etikette verstoßenden Forderung abzubringen, der König müsse sie an seinem Arm zu der Gesellschaft führen, die er abends für die Kurgäste gab. Ihre Antwort fiel trotzig aus: «Sie wäre von d. Damen überall die erste äussert sie ihm».[68] Vielleicht noch mit Blick auf diese Diskussionen zeigte sich Lola grundlos unfreundlich zu Ludwig, er war tief unglücklich. Seinem Freund von der Tann vertraute er bei einem Spaziergang an: «Sagte ihm von Lolita will ich nicht, und kann ich mich nicht trennen, den Triumpf mein[en] Gegner nicht gebe[n]. Lieber unglücklich seyn. Tann stimmt mir bey daß keine Trennung aber reden will er mit ihr auf daß sie sich ändere gege[n] mich.»[69] Mit Tränen las der König dann den Brief seiner Frau Therese: Er hatte ihr zum Geburtstag geschrieben, sie verdiene einen besseren Ehemann, als er es sei, und sie antwortete, es gebe «wenig so trefflich[e] Herze[n] wie das meine». Als er Lola begegnete, war er barsch zu ihr und ließ ihr anschließend über Tann einen Brief zustellen: Er sei zwar mit seiner Heftigkeit im Unrecht gewesen, er würde aber erst wieder zu ihr kommen, wenn sie ihn als liebenden Freund und nicht als Diener behandle wie am Vortag. Tann musste daraufhin mit Lola heftige Diskussionen durchstehen, sie wies ihn aus dem Zimmer, sprach vom Einpacken, von Abreise. Doch Tann blieb stoisch und sie wurde langsam wieder freundlich.[70] Bereits einen Tag später kam es zur nächsten Konfrontation: Als Lola Ludwig zu einem Ausflug abholte, begann sie, ohne zu fragen, in einem Gesandtenbericht zu lesen, der auf dem Tisch lag. Gleich darauf sagte sie Ludwig, er solle dem Würzburger Stadtkommandanten mehr Geld geben. Als er sie aufforderte, ihn mit «Geschäftssachen» in Frieden zu lassen, fragte sie: «Was bin ich eigentlich für Dich?» und war dann doch irgendwie zufrieden, als er «mia querida», «mein Liebling», antwortete. Ludwig war zwar irritiert, aber brav verkündete er dem Würzburger Generalmajor Franz von Hetzendorf noch am selben Nachmittag, dass sein Verdienst aufgestockt werde. Nun schnurrte Lola wieder: Sie liebe ihn ganz besonders, wenn er gute Handlungen begehe, sagte sie ihm; er erhielt zärtliche Küsse. Sie hatte sich durchgesetzt. Wie ein Kind, wie im Spiel, verschob sie immer wieder Grenzen – und Ludwig unterband dies nicht.[71]

Einige Tage ging wieder alles gut, doch eine knappe Woche später befahl Lola einem Gendarmeriehauptmann, eine Frau wegzuschicken, die dem König eine Bitte vortragen wollte. Der König äußerte sich empört: «darüber in sehr starkem Tone sprach ich mich aus, daß dieses die Königin selbst nicht dürfe, daß sie sich an mich zu wenden hätte. Daß nur ich zu befehlen habe. Sie öffnete die Thüre und wieß mir sie. [...] Sagte zu Tann später zu ihr zu gehen und nur wenn sie Entschuldigung machte käme ich wieder zu ihr.»[72] Lola reagierte höchst empfindlich auf jede Art von Druck oder Autorität, in ihrer Jugend repräsentiert durch einen autoritären Offizier wie Sir Jasper Nicolls, später dann durch Gendarmen, Polizeioffiziere oder andere Uniformierte, die sie zum Gehorsam nötigen wollten, aber auch einfach durch Männer, die glaubten, über sie bestimmen zu können. Diese Haltung war für eine Frau in ihrer Zeit äußerst unüblich und sie erregte damit immer wieder Anstoß: Frauen hatten sich zu unterwerfen, nicht zu widersprechen. Bisher sah Lola jedoch Ludwig nicht in dieser Rolle: Er sei der Einzige, der ihr etwas sagen dürfe, von anderen nehme sie nichts an, sagte sie ihm.[73] Bei seiner scharfen Äußerung rastete sie indes aus und wies ihm die Tür.

Das Drama ging weiter, nun wurden Vermittler eingespannt und Lola ging aufs Ganze: Sie drohte, die Beziehung zu beenden. Es ist zu vermuten, dass sie dies tatsächlich ernst meinte und nicht etwa taktierte. Seit ihrer Eheerfahrung hatte sie sich geschworen, nie wieder von einem Mann abhängig zu sein, nie wieder in eine Situation zu kommen, in der sie sich alles gefallen lassen musste. Dafür hatte sie einen hohen Preis bezahlt, als sie ihren Mann verließ und sich der Kritik ihrer Mutter und der Welt aussetzte. Nun galt dies auch gegenüber dem König; auch ihm warf sie ihren «Fehdehandschuh» hin. Ludwig notierte weiter: «Zu Tann der mir sagte auf Abreise stünde es bey Lolitta Sie wollte nach Kissingen, dann München verkaufen, für immer von mir scheid[e) nd. Für und Gegen fand ich habe es, dachte es, sagte es aber nicht. Schikungen zwischen Lolitta u mir, ein Hin und Hergehen v. Oberkriegscommiss. Mussinan, ihrer Jungfer Auguste Masson u Bertha Thierry, Thränen bey d lezteren in d Augen auch m. wurden feucht. Endlich ließ sie mir sagen ich möchte zu ihr kommen. Sie habe viel geweint hatte ich vernommen. Kalt fand ich sie, die aufs Fortreisen bestand. Ob sie denn gar keine Liebe mehr für mich fühle. Vertilgt wäre sie 2 Tage erwiederte sie [...] Aufs's Theater wieder, nach London wolle sie. Mir war schon bevor ich zu ihr der Gedanke bekommen die 10 000 fl. welche sie jezo von mir bezieht auch wenn sie mich jezo verließe ihr fortzugeben, was ich aber nicht sagte.»[74] Wie bereits im Gespräch mit von der Tann einige Tage zuvor war der König, zumindest solange ihre Wut und sein Ärger anhielten, durchaus nicht ganz abgeneigt, sie gegebenenfalls ziehen zu lassen.

Vielleicht merkte sie, dass sich die Situation gegen sie zu wenden begann. Sie musste den König wieder zurückholen, wollte aber eine explizite Entschuldigung vermeiden. Der Ausweg war ein Bauernopfer: Nicht der König, sondern sein Freund von der Tann hätte sie beleidigt. «Tann's geführt[e] Reden gestern Abend die hatten die Trennung in ihr erzeugt. [...] Spanierin wäre sie, ungetheilt mich besitzen wollte, nicht mit Tann zugleich. Ihre Ehre erfordere daß sie ginge. Sie oder er, nur eines von beyden hier. (Sie hatte geäussert seit 8 Tage wär[e] Veränderung in mir ich liebte sie nicht mehr...) Wie fühlte ich da wie ich an Lolitta hing. Bliebe Tann hier, so wäre für immer Trennung von ihr.»[75] Lola sah, dass Ludwig in seinem Freund eine Stütze gegen sie hatte und dass ihn dies unabhängiger machte, dass die symbiotische Beziehung zwischen ihm und ihr zu bröckeln begann. Wie ein Kind sah Lola in der Zurückweisung von Wünschen einen Liebesentzug und fragte nicht nach deren Berechtigung. Da sie die Regeln höfischen Zeremoniells, denen Ludwig normalerweise streng folgte, nicht beachtete und ihnen keine Relevanz zuschrieb, verstand sie vielleicht wirklich nicht, welche Regeln sie übertrat. Kritik an ihrem Benehmen verletzte ihr schwankendes Selbstwertgefühl und versetzte sie in höchste Aufregung. Zwar hatte der König sie kritisiert, aber Tann war Zeuge ihres Nachgebens und hatte bei seiner Vermittlungsaktion sicher auch deutliche Worte gewählt – Tann musste also gehen. Da das ihre Bedingung war, bat Ludwig den alten Freund abzureisen, er würde ihn ja zwei Wochen später in Aschaffenburg wiedersehen; von der Tann war sicher nicht unglücklich darüber. Doch in Aschaffenburg kam er dann vom Regen in die Traufe, da er wegen seines Aufenthalts in Brückenau bei der Königin in Ungnade gefallen war und ihn auch Lola in den folgenden Monaten ständig dem König gegenüber schlechtmachte.[76]

Als Ludwig Lola berichtete, dass Tann zugestimmt hatte abzureisen, zeigte sich für ihn die Veränderung der Beziehung: «Es war nicht das Herzliche, das Schmelzende wie nach Versöhnung in d ersten Tage Decembers nach dem von der Ganzer [Ganser] Veranlaßten, wo sie eines feyerlichen furchtbaren Ernstes wie ich sie nie früher nie spät[er] gesehen. Ihre Züge heute jezo heiterten sich nicht auf, streng blieben sie. [...] Ohne Tann werden wir näher im Gemüthe einander seyn, drükte sie aus.»[77] Einen Tag später sagte Ludwig ihr wieder, dass er sie leidenschaftlich liebe, und sie demonstrierte ihm durch Eifersucht, dass dies auch für sie galt.[78] Weiterhin schrieb Ludwig fast jeden Tag ein Gedicht für Lola. «Sie ist meine Sonne», vertraute er dem Tagebuch an.[79] Sie versäumte nie, ihm zu sagen, seit Tann weg sei, wirke er viel munterer.

Doch als sich Ludwigs Aufenthalt in Bad Brückenau dem Ende näherte, wurde Lola krank. «Nervenanfall» steht als Diagnose in Ludwigs Tagebuch.[80] Vermutlich war es wieder ein Anfall von Malaria, der Lola mit Fieber, schweren Kopfschmerzen und großer Schwäche heimsuchte.[81] Sie schickte nach einem Geistlichen und Ludwig ließ Messen für sie lesen. Sie blieb die Tage vom 28. Juli bis zu Ludwigs Abfahrt am 3. August weitgehend im Krankenbett. Es gab einen tränenreichen Abschied. Eine «Carte blanche» oder «Carta bianca» mit seiner Unterschrift, die sie von ihm forderte – «wie viel verlangt sie nicht!», kommentierte Ludwig dieses Ansinnen –, gab er ihr nicht: Das wäre sozusagen ein Blankoscheck für ihre zukünftigen Ausgaben gewesen.[82]

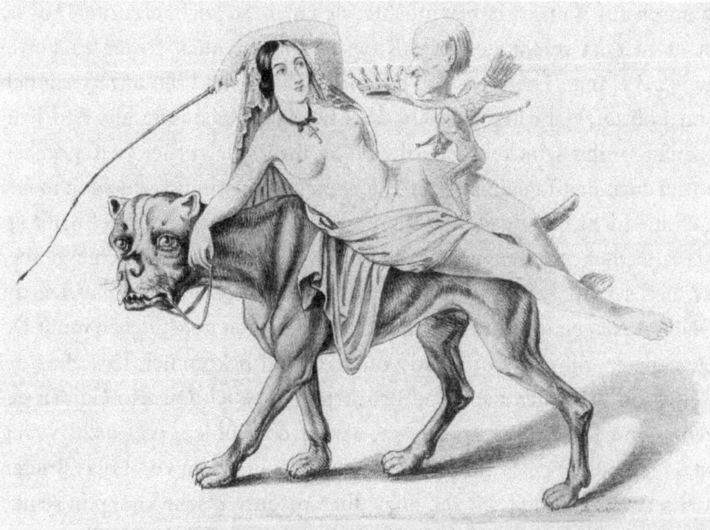

«Ariadne auf Box». Ludwig als Cupido reicht Lola die Grafenkrone. Als Reittier Lolas Mischlingshund Turk, den die Münchner Box nannten. Leipziger Karikatur auf die Erhebung Lolas zur Gräfin Landsfeld, Lithografie, 1847

Noch in Bad Brückenau entwarf der König jedoch am 1. August das Schreiben, um Lola zur Gräfin von Landsfeld zu erheben, das er dann am 4. August schon von Aschaffenburg aus an Außenminister von Maurer mit der Weisung zur Ausfertigung schickte, einschließlich eines Wappenentwurfs.[83]

Das Paar hatte verabredet, sich täglich zu schreiben.[84] Trotz aller Liebesversicherungen und aller heißen Küsse, die beide einander schickten, zeigt ein Vergleich der Briefe mit Ludwigs Tagebuch, dass keineswegs alles wie vorher war: Die Briefe spiegelten weiterhin die Wunschwelten, hier wurden auch die Rituale gepflegt; das Tagebuch war reflektierender. So hieß es in Ludwigs Brief vom 5. August: «Gestern habe ich Dein Bild geküßt und jetzt noch einmal, geliebte, so geliebte Lolitta [...] Lolitta, meine Lolitta! Diese Worte drücken mein Glück aus.» In sein Tagebuch schrieb Ludwig: «Brief a[n] Lolitta zu schreiben begonnen. Von ihr trennt mich die Welt nicht der ich wünsche, daß sie nicht

Wunsch auf Wunsch haben möchte, sich nicht so leicht erzürne. Daß sie nicht hier ist mir angenehm, Ruhe zu haben, mich freyer zu bewegen [...] Hänge Theresen mr Frau nehmlich an, und bin unzertrennlich von Lolitta.»[85] Er ärgerte sich, dass Lola die Rechnung aus Bad Brückenau an ihn schicken ließ, obwohl er ihr dafür vorher Geld gegeben hatte; dazu das Tagebuch: «Ihre Eigenmächtigkeit[en] vermehren meine Gefühle nicht, aber gekettet bin ich an sie.»[86] In seinem Brief heißt es: «Unglücklicherweise wurde Deine Rechnung zu mir her geschickt, aber ich ließ sie zur Kurverwaltung zurückschicken. Du weißt, daß Du für Deine Auslagen in Brückenau zahlen mußt. Auch in München mußt Du Dein Essen zahlen, wofür Du von mir Geld bekommen hast. Für die Reise von München nach Bad Brückenau habe ich Dir 450 Gulden gegeben und für die Rückreise 650, also 1100 Gulden, was nicht wenig ist.»[87] Er küsste eine «liebeathmende Stelle» in einem von Lolas Briefen mehrere Tage immer wieder, blieb aber ansonsten sehr knapp in seinen Tagebucheinträgen zu Lola.[88] Wichtig waren ihm dennoch Flanellstücke, die sie «an zwei Stellen» tragen und ihm dann schicken sollte.[89] Und sein Zwiespalt zwischen der Ehefrau, mit der er in Aschaffenburg zusammen war, und der Geliebten wurde immer klarer: «Bf. Lolitta's gelesen, innig, ich war glüklich, liebe sie, liebe Therese m. Frau»,[90] schrieb er an seinem Geburtstag, am 25. August, an dem er Lolas Erhebung in den Grafenstand verkünden ließ.

Lolas Standeserhöhung schuf fast so viele Misshelligkeiten wie ihre Einbürgerung. Der König hatte das bereits vorausgesehen und für den Münchner Polizeidirektor Heinrich von der Mark eine Urlaubssperre ausgesprochen; er sollte aufpassen, dass es zu keinen Beschädigungen an Lolas Haus komme.[91] Ludwig wechselte Briefe mit seinem Außenminister von Maurer, der sich zunächst mit Blick auf die Stimmung im Land geweigert hatte, Lolas Grafendiplom gegenzuzeichnen. Maurer schrieb, Lola habe bereits vor ihrer Abreise nach Brückenau in ihren Gesellschaften erklärt, dass Ludwig sie in Aschaffenburg zur Gräfin erheben werde und «daß Eure königliche Majestät gleichfalls versprochen haben, nach Allerhöchst deren Rückkehr nach München auch die Ministerverweser bei ihr einzuführen, und daß sie sodann in Bayern regieren werden». Er werde Lola nicht besuchen und habe auch nicht vor, «sich wie eine Zitrone ausdrücken und dann wegwerfen zu lassen». Seit «sogar Freiherr von der Tann in Brückenau zurückweichen mußte», sei die Stimmung in den Provinzen wieder schlecht.[92] Ludwig schrieb, er wolle keinen seiner Ministerverweser nötigen, zu Lola zu gehen, aber er müsse sein Wort halten, «dem steht alles andere nach». Nicht Lola regiere, sondern immer noch er selbst.[93] Letztlich stellte Maurer persönliche Forderungen und unterschrieb, im Bewusstsein, dass ihn das letztlich dennoch sein Ministerium und die gesellschaftliche Achtung vor allem auch des Adels kosten würde: «Nur mit Zögern sehe ich daher meiner Zukunft entgegen.»[94] Er berichtete Ludwig Mitte September, wie sehr Lolas Standeserhöhung im Land «auf fürchterliche Weise ausgebeutet» werde.[95]

Lola war unterdessen erst in Würzburg, wo es wieder einmal zur Konfrontation mit einem Uniformträger kam: Auf ihrem Spaziergang durch Würzburg folgten Lola fast tausend neugierige Gaffer. Als sie mit ihren Begleitern den Hofgarten besuchen wollte, wurde Schoßhund Zampa zum Stein des Anstoßes: Hunde waren im Hofgarten verboten und die Hofwache wies sie darauf hin. Der Soldat wollte sich auch nicht auf den Kompromiss einlassen, man könne den Hund auf dem Arm tragen. Schließlich verlor Lola die Geduld; wieder einmal sah sie sich einem Ordnungshüter gegenüber, der auf der Einhaltung gesetzter Regeln bestand, und wurde zur Furie:[96] Sie gab dem Soldaten eine Ohrfeige. Nun begann die Menge der Neugierigen, zu murren und zu pfeifen. Die Hofwache wollte Lola arretieren und ihr den Hund entreißen. Beides misslang, die Gesellschaft ging an der Wache vorbei in den Hofgarten, verließ ihn aber schnell wieder durch einen anderen Ausgang.[97]

In ihren Memoiren schrieb Lola dazu: «Es klingt wahrlich böslich, wenn man schreibt: ‹In Würzburg ging sie so weit, einem auf dem Posten stehenden Soldaten, der nach seiner Ordre ihren Hund vom Eingang eines öffentlichen Gartens zurückwies, in's Gesicht zu schlagen.› […] Den Stein auf sie! – die Unmenschliche! – Sie hat sich unterstanden, dieses Weib, einem Menschen, und noch dazu einem Soldaten, der ein Gewehr unterm Arme und einen Degen an der Seite hat, also einem armen, völlig wehrlosen Menschen ins Gesicht zu schlagen, weil dieser Mensch einem Hund den Eingang in einen Garten verwehrte. Pfui, einen Menschen wegen einem Hund zu schlagen. Todeswürdiges Verbrechen! […] Weiter hieß es: ‹Sie genießt völlige Straflosigkeit, vielleicht könnte sie einen Menschen tödlich verwunden, ohne dafür in ihrer Zügellosigkeit beschränkt zu werden. [...]› Die Lola könnte vielleicht einen Menschen tödten! – Es wundert mich, daß sie nicht schrieben: Diese Lola könnte vielleicht einen Menschen fressen. Warum nicht? Was kann man vielleicht nicht thun?»[98] Dass es um die Einhaltung von Regeln für alle ging, in dem Fall um eine Parkordnung, war Lola nicht vermittelbar; zu ihrer Entschuldigung muss man anführen, dass sie vorher hatte anfragen lassen, ob sie mit ihrem Hund den Hofgarten besuchen dürfe, dies war aber nicht weitergegeben worden. Jedenfalls waren die Würzburger nun gegen Lola so aufgebracht, dass die Essenseinladung bei Baron von Ziegler durch das Schreien und Johlen einer großen Menschenmenge gestört wurde: Wie sie Ludwig schrieb, waren mehr als 5000 Leute auf den Beinen. Am nächsten Morgen fuhr Lola nach München, obwohl sie eigentlich noch eine Woche hatte in Würzburg bleiben wollen.[99]

In München lag Lola dann krank im Bett: Sie wurde wohl weiterhin von Malariaschüben gequält.[100] Sie sei von Traurigkeit umgeben und die Feinde seien fleißig, schrieb sie Ludwig. Zwischendrin empfahl sie Leute oder schwärzte welche an: Sie habe die Familie Thierry aus dem Haus geworfen, diese sei nur auf ihr eigenes Wohl bedacht gewesen;[101] Innenminister Zenetti habe sich sehr mit dem Erzbischof angefreundet und sei viele Stunden bei ihm;[102] Ludwig solle den armen Kadetten Hoffmann in Würzburg befördern, der auf seine Güte warte; er solle der Familie Spraul Geld geben, die ließen sie nicht in Ruhe; Baron von der Tann sei immer boshaft und falsch und keineswegs treu zu Ludwig; Leutnant Theodor Weber verdiene Ludwigs Aufmerksamkeit für eine Beförderung; Franz von Berks besuche sie täglich und sei wie ein Vater zu ihr, er verdiene alle Beachtung; es sei gut, dass Ludwig Leutnant August von Baur-Breitenfeld zum Hauptmann befördert habe; die Einberufung der Stände koste den Staat nur viel Geld und sei unnötig; der Theaterintendant in München führe sich schlecht gegen die Schauspieler auf und er habe einen Sänger weiterhin engagiert, nur weil dessen Frau die Geliebte des Hofkapellmeisters sei. Auch Lolas Zuträger wie Johann von Mussinan waren fleißig und sammelten alle möglichen Informationen, die sie dem König schickten; die Polizei untersuchte diese Denunziationen und Maurer übergab dem König letztlich einen

Abschlussbericht mit den Worten, es sei nicht viel dran gewesen und es möge bitte in Zukunft direkt über die Behörden laufen.[103] Als Lola ihr Grafendiplom erhielt, feierte sie dies an Ludwigs Geburtstag mit Gästen und Feuerwerk im Garten ihres Hauses. Brav teilte ihr Ludwig mit, er habe Hoffmann und Weber befördert und Spraul Geld gegeben. Auch Advokat von Günther, den sie immer wieder als ihre Stütze in München hervorhob, erhielt eine Stelle.[104]

Dann aber sagte jemand Lola, dass ihr Grafendiplom erst gültig sei, wenn die Ernennung im Regierungsblatt veröffentlicht werde.[105] Daraufhin schrieb sie Ludwig einen giftigen Brief, den er im Tagebuch nicht sehr liebevoll kommentierte: «Habe ich auch ferne von ihr keine Ruhe! Ich wiederhohle aber fest halte ich an ihr, ich trenne mich von ihr nicht.» Der anschließende Eintrag wirkt dann wie eine Rechtfertigung dafür, dass er auf viele ihrer Wünsche einging: «Es soll hier die Bemerkung stehen, daß wäre man ihr nicht feindlich manche Veränderungen v Angestellten unterblieben wären, manch[e] Beförderungen, aber natürlich daß Anhänger von ihr die von fast jede[m] gemieden von mir ausgezeichnet werden.»[106] Zwei Wochen später überlegte Ludwig, dass seine Beziehung zur Hofschauspielerin Constanze Dahn viel vergnügter verlaufen sei: «wurde nicht wie von ihr geplagt mit Empfehlungen, vo[n] Herrschsucht». Wie eine Selbstbeschwörung wirkt dann sein Zusatz: «aber ich vergesse nicht was Lolitta wege[n] mir ausschlug, ihre Liebe zu mir, wiederhohle es, ich bin für's Leben an sie gekettet; wenn sie mich nicht verläßt, ich verlasse sie nicht.»[107] Einen Tag später schrieb er ihr, er habe einen Brief erhalten, in dem ihm zur Abdankung geraten werde, weil er dem Volk nicht mehr genügen könne; wer diesen Brief geschrieben hatte, teilte er Lola nicht mit. «Die Krone niederzulegen und im Ruhestand zu leben (so ein Ruhestand wäre der Tod für Deinen Ludwig)!»[108]

Ende September wurde Lola hochpolitisch und versuchte, Ludwig genaue Anweisungen zu geben; er dürfe seine Minister vor dem anstehenden Sonderlandtag nicht entlassen, obwohl diese ihm ihre Demission anbieten würden. Sie berichtete ihm von einer Versammlung der katholischen Partei in Adelzhausen.[109] Außenminister von Maurer habe sich in England und Frankreich unmöglich gemacht und den britischen Premier Palmerston massiv verärgert, ebenso den französischen Minister Guizot. Preußen wolle nichts mehr mit der schlechten bayerischen Diplomatie zu tun haben und auch Russland sei irritiert. Ludwig möge einen Brief für sie nach England schicken über den bayerischen Gesandten August von Cetto. Fürst Ludwig von Oettingen-Wallerstein sei zwar ein Intrigant, aber für Bayern wohl zurzeit der richtige Mann. Ludwig solle aufpassen, Griechenland sei in Gefahr. Österreich habe ein Auge auf Bayern geworfen und Italien wolle den Zollverein zerstören. «Lieber Ludwig, ich muß Dir diese unangenehmen Sachen sagen, es ist mir eine Pflicht, weil ich Dich liebe.»[110]

Wie ging Ludwig mit diesen Ratschlägen um? Gar nicht. Er schickte wie gewünscht ihren Brief an Cetto weiter und schrieb ihr: «Du siehst, meine Geliebte, ich verliere keine Zeit, um Dir zu Willen zu sein [...] Es ist gut, daß Du mir alles schreibst, was Du hörst. Das Gutachten, das Du mir über Maurer gegeben hast, ist genauso, wie Wallerstein über ihn spricht.» Und am 1. Oktober: «Meine über alles geliebte Lolitta, Du kannst mich glücklich oder unglücklich machen. Unglücklich, wenn Du Dich anmaßt zu regieren und ich alles nach Deinem Willen machen soll. Ich will Dir zuhören, und ich kann auch die Ideen andrer mit dem gleichen Eifer ausführen, als ob es meine wären, wenn sie gut sind. Du machst mich jeden Tag unglücklich, wenn Du mir von den Geschäften erzählst, anstatt mich nach soviel Arbeit ausruhen zu lassen. Und das geht mit den Leuten um Dich so weiter, die Dir einen Wunsch nach dem anderen präsentieren. Ich spreche nicht vom Schlimmsten, von der Untreue, wozu der edle Charakter von Lolitta nicht fähig ist. Mache den glücklich, der Dich glücklich sehen will. Dein treuer Louis.»[111] Diesen letzten Brief vor seiner Rückreise beantwortete Lola am 4. Oktober mit einem Schreiben, das zeigte, dass sie nichts verstanden hatte oder verstehen wollte: Berks sei bei ihr, ein wundervoller Mann. Tann sei Ludwigs schlimmster Feind, der immer falsch sei. Sie hoffe, dass Ludwig seine Anerkennung seinen Freunden nicht nur in Worten, sondern auch in Taten zeige.[112] Ludwig versuchte sich inzwischen gegen seine Seelenfreundin und ihre Übergriffe zu schützen, gab ihr im Kleinen nach und war bemüht, im Großen ihre Forderungen zu ignorieren.

Doch wer immer Lola bei ihren politischen Stellungnahmen beraten hatte, ihm war die aktuelle politische Situation bestens bekannt. Ihr Haupteinflüsterer war Franz von Berks. Berks, der Lola als seinen Karrieremotor entdeckt hatte, wurde bereits am 15. Juni zum Staatsrat im ordentlichen Dienst extra statum mit einem Gehalt von 6000 Gulden ernannt, er begleitete Lola bei ihrer Reise von Brückenau über Würzburg nach München und entwickelte sich bis zu seinem Sturz nach der Revolution zu Ludwigs wichtigstem Berater in allen Affären rund um Lola.[113] Ludwig Fürst von Oettingen-Wallerstein, bayerischer Gesandter in Paris, bis 1837 Ludwigs Innenminister und Protektor von Berks,[114] stand mit Berks in engem Kontakt.

So kam es schließlich auch im Großen zu Änderungen, die in Lolas Sinne waren: Am 30. November, nach dem Ende des Landtags, ersetzte Ludwig das Ministerium Maurer/von Zu Rhein: Oettingen-Wallerstein wurde Außen- und Kultusminister, Berks Innenminister; das neue Kabinett erhielt im Volksmund sogleich den Namen «Lolaministerium».[115] Der Landtag hatte die Affäre des Königs mit Stillschweigen übergangen; doch die Aufhebung der Zensur, die im März 1848 zu den wichtigen «Märzforderungen» gehören sollte, wurde ausführlich diskutiert und zumindest teilweise beschlossen.[116]

Die Risse, die bei der gemeinsamen Badereise aufgetreten waren, blieben sichtbar. Ludwig war Lola nicht mehr vorbehaltlos ergeben, er wurde vorsichtiger und sah ihre Versuche von Übergriffen in das Regierungshandeln. Auch in Aschaffenburg arbeitete Ludwig korrekt und eisern seine «Berufssachen» ab und begann um drei viertel fünf nach dem Morgengebet mit den Tagesgeschäften, frühstückte um drei viertel sieben und arbeitete weiter bis zum Mittagessen um halb vier, davor gewährte er noch Audienzen, nach dem Mittagessen ging es weiter mit den Regierungsgeschäften, die nur manchmal von Spaziergängen oder Ausflügen unterbrochen wurden. Nach Tee und Lottospiel mit Therese ging er um neun oder halb zehn ins Bett.[117] Durch die Schilderung seines Tagesablaufs versuchte Ludwig Lola zu vermitteln, dass Regieren etwas anderes war, als subjektiv hier und da Günstlinge zu befördern oder andere zu bestrafen. Doch Lola war durch die Schmeicheleien der sie umgebenden Leute auf den Geschmack gekommen: Gunst zu gewähren, Einfluss zu nehmen und dies auch zu zeigen war für eine Frau mit ihrer Persönlichkeitsstruktur unwiderstehlich. Und sie suchte sich wohl auch eine Aufgabe, da sie sich im goldenen Käfig zu langweilen begann.

Die gesellschaftliche Ächtung

Die Bestätigungen und Schmeicheleien, die Lola aus den Kreisen ihrer Günstlinge erhielt, waren für sie umso wichtiger, als sie und alle diejenigen, die bei ihr verkehrten, der gesellschaftlichen Ächtung ausgesetzt waren. Das hatte bereits im Oktober 1846 begonnen und steigerte sich bis in den Februar 1848 zu Lolas Vertreibung und der Erstellung einer regelrechten Proskriptionsliste aller Lola-Anhänger. Gründe für die gesellschaftliche Ausgrenzung gab es viele. Es herrschten Vorurteile und Vorverurteilungen, aber auch Lolas Verhalten spielte eine wichtige Rolle. Von Anfang an waren viele Frauen gegen sie, die sich darüber empörten, dass hier eine schöne junge Frau öffentlich die Unmoral repräsentierte. Die weiblichen Oberhäupter der adeligen Familien verhängten wohl zuerst den gesellschaftlichen Boykott.[118] Die Moralistinnen und Moralisten sahen sich bald unterstützt vom katholischen München, von ultramontanen Adeligen, vom Erzbischof, von Predigern und Beichtvätern, die sich gegen Lola wandten, gegen die «Hure», gegen die erklärte Gegnerin der Jesuiten, die den Freimaurern nahestand,[119] die den König «verhext» hatte und ihn auf die Bahn des Lasters führte. Ludwig meinte, es seien nur «die Pfaffen und einige stolze Weiber, die gegen die arme Lola erbost sind und sie zugrunde richten wollen».[120]

Doch es war nicht nur das. Schon Lolas Erscheinung wirkte provozierend: ihre exotische Schönheit, die Eleganz ihrer Kleider und ihres Schmucks, ihre Equipage, ihr Haus. Jede ihrer Handlungen und jede Gunstbezeugung des Königs machten in der kleinen Residenzstadt München sofort die Runde. Viele Geschichten wurden aufgebauscht oder dazuerfunden und das Geld, das Ludwig für sie ausgab, multiplizierte sich in den Erzählungen der Klatschbasen. Seit 1834 war Ludwigs «Zivilliste», aus der er seine eigenen Ausgaben bestritt, streng vom Staatshaushalt getrennt; doch Gerüchte behaupteten, Lola bringe den bayerischen Staat an den Rand des Ruins. Zudem lieferte Lola der interessierten Stadtbevölkerung immer wieder Gelegenheiten zur Kritik an ihrem «unweiblichen», «undisziplinierten» und «skandalösen» Auftreten, das gegen die Konventionen verstieß. Aus Ereignissen, die in Paris oder London vermutlich nicht über das engere Quartier hinaus von Bedeutung gewesen wären, wurden in München Skandale, nicht zuletzt, weil Lola die Geliebte des Königs war, der sie beschützte und zu ihren Gunsten intervenierte. Neben ihren Temperamentsausbrüchen und Ohrfeigengeschichten erregten gerade die königlichen Reaktionen Ärger. Ludwig erfüllte meiste prompt Lolas Forderungen: Immer wieder verlangte sie die Bestrafung von Personen, die sie unverschämt «lorgniert», also im Theater durchs Lorgnon betrachtet, sie kritisiert oder geschnitten hatten. Erbost war man auch über Lolas Indiskretionen: Sie konnte den Mund nicht halten und prahlte mit ihrem Einfluss auf den König. Das alles gab der Gesellschaft, dem «Publicum», wie es damals sehr anschaulich hieß, die Bestätigung, dass Lolas Ächtung höchst berechtigt war.

Am 5. November 1846 fand die erste Teestunde mit dem König und Lola bei General von Heideck statt. Noch hatte Lola keinen Anlass gegeben, ihr Verhalten in der Öffentlichkeit zu kritisieren. Doch die Frau des späteren Justizministers Karl Joseph Kleinschrod,[121] eine geborene Gräfin du Ponteil, sagte ihrem Nachbarn Heideck für die zuvor zweimal wöchentlich bei ihm stattfindenden Kartenabende sowie für jede weitere Einladung ab; Kleinschrod notierte in seine Hauschronik: «als er mich einmal um die Ursache fragte, erklärte ich, daß meine Frau nie den Fuß in ein Zimmer setzen würde, in welchem Lola Montez Zutritt habe.»[122] Wie Kleinschrod weiter schrieb, zogen sich alle Bekannten von Heideck zurück und im vorgerückten Lebensalter sah er sich «aus Mangel an Character» allein. «Es war andererseits auch ein erhebendes Gefühl, in allen Classen des Volkes so eine moralische Würde wahrzunehmen, daß trotz allen Verlockungen die Schar derjenigen, welche sich an Lola anschloßen, nur aus wenigen verkommenen Subjekten bestand.»[123]

Die Ablehnung der Beziehung des Königs zu Lola äußerte sich auch in vielen Pasquillen, also Spott- und Schmähgedichten,[124] die bereits seit November 1846 bei der Polizei eingingen; trotz eifriger Untersuchungen fand man ihre Urheber nie. Diese anonymen Maueranschläge waren die einzige Möglichkeit der Bevölkerung, ihre Missstimmung zu äußern: Majestätsbeleidigung wurde streng bestraft. Am 12. November 1847 fand sich ein Zettel mit Oblaten am Tor der Polizeidirektion befestigt: «Wehe dem Lande, das neben wahnsinnigen Hausbauten Klöster und Hurenhäuser zugleich entstehen sieht und welche doch vor allem ein Narrenhaus benötigte, u den boshaften, alles sittliche Gefühl höhnenden Bauherrn vor der endlichen Wut seines erliegenden Volkes in Sicherheit bringen zu können. Das Haus N. VII in der Barrerstraße ist im Volke als Herdt bezeichnet, auf dem das Racheopfer seinen Anfang nehmen wird.»[125] Ende Dezember stand mit roter Kreide auf einer Wand am Maximiliansplatz: «König Ludwig ist wahnsinnig, die Spanierin regiert, auf ihn Bayern, auf Montez todt».[126] Ende Januar 1847 wurde eine Schmähschrift eingeliefert, die, so Regierungspräsident Hoermann, «im Publicum circulierte»:

«Montez du große Hur'
Bald schlagen wird die Uhr
Wo wir di außi hau'n
Weil d'Münchner sich nöt traun.
Pfui Teufel Königshaus
Mit unsrer Treu is aus
Bringst uns in Schand und Spott
Helf uns der liebe Gott
Ein Gebirgler»[127]

Andere Schmähschriften enthielten bereits Morddrohungen: «Schafft die Land-Hur die Rauferin aus der Stadt oder alle Gesätze sind frei. Ohrfeigen bekommt selbst die Polizei. Wenn diese hergelaufene Schnalle sie ungestraft austheilen darf. – Pfui Teufel! Welche Gerechtigkeit in einem konstitutionellen Staat. Pfui Teufel fürs Ausland. Bleibt die Hur hier, so wird sich Bayerns Volck selbst helfen. Kugel gibt es, um die Hur zu treffen.»[128] Im Juli 1847 wurde an der Ludwig-Maximilians-Universität auf der Toilette eine ganze Tür mit entsprechenden Gedichten und Zeichnungen versehen.[129] Ende 1847 kam eine anonyme Zuschrift, zu der Ludwig anmerkte, sie überschreite alle Grenzen: «Spötischer König, Wisse, daß man dich in ganz Europa einen alten Narren und einen unverschämten Hurenbock nennt. Schande dein graues Haar mit einer ehemaligen Prostituierten zu besudeln. Du bist die Schande deiner Familie, deines Volkes und der übrigen Potentaten. Pfui! Ein König mit einer alten frechen Hure sich abzugeben!!!! Pfui alter Hurenbub!!! Einer Hure gibst du Schlösser

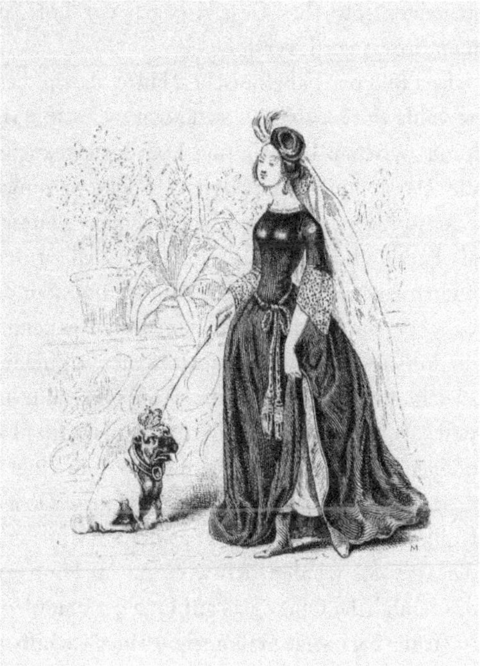

Mit Zuckerbrot und Peitsche. Karikatur auf den königlichen Mops und seine Herrin, Karikatur aus «Tutu» von Sternberg, 1847.

und Titel und alle deine Unterthanen verfluchten dich als einen unverschämten Hurenbub».[130] Doch solche anonymen Drohungen bestärkten den König nur in seiner Haltung, Lola zu schützen. Leo von Klenze mutmaßte daher in seinen Memorabilien hämisch, sie hätte diese Schreiben vielleicht sogar selbst initiiert.[131]

Sehr beliebt waren auch Vaterunser-Kontrafakturen: «Lola Montez. Leider noch die Unsre, die du lebst bald in, bald um München, bald in China, bald in Sendling, die Du das Volk nennst eine Canaille, und die du selbst eine Canaille bist, du Verpesterin der Ruhe und Ordnung, der Sitte und Zucht, des Vertrauens und der Liebe, du Teufel ohne Hörner und Schweif, aber mit sonst allen Teufelskünsten und Attributen, du Babylonische, die nirgends sonst mehr leben kann, weil sie dich schon überall hinausgehauen, verwünscht sei dein Name, zerrissen dein Adelsbrief, verdammt bist du von den Guten und Schlechten, von Groß und Klein, von Nieder und Hoch!» Damit berief sich der Autor auf ein allgemeines göttliches Gesetz, gegen das Lola, die hier mit dem Teufel identifiziert wird, verstoße.[132]

Das Bild der babylonischen Hure, das in diesem Vaterunser für Lola gewählt wurde, spiegelt sich auch vielfach in der Karikatur: Die Beziehung zwischen Ludwig und Lola löste sexuelle Phantasien aus, die in die Darstellungen einflossen.[133] Der Sammler und Kulturhistoriker Eduard Fuchs, dem noch sehr viel mehr Blätter zur Verfügung standen, als heute erhalten sind, schrieb speziell zu den Lola-Montez-Darstellungen einen umfänglichen Aufsatz und gab dazu ein Buch heraus.[134] Urheber einiger der nicht namentlich gekennzeichneten Karikaturen, die kursierten, scheint der Hofmaler Wilhelm von Kaulbach gewesen zu sein, der Lola verachtete.[135] Sie wird zum Inbegriff aller Laster stilisiert, als Hure, als Verführerin. Einmal tanzt Lola mit Ludwig vor dem offenen Bett einen «Pas de deux»;[136] in einer weiteren Karikatur mit dem Titel «Lola Montez tanzt bayrische Geschichte» liegen die Portefeuilles der im März 1847 abgesetzten Minister vor der tanzenden Lola, die Minister winden sich weinend im Hintergrund und von vorne ist das königliche Opernglas auf Lola gerichtet;[137] auf einem anderen Blatt ist sie die barbusige Galionsfigur eines «Schiffstyps der neuen deutschen Flotte», auf dem als Anspielung auf die ihr treuen Studenten «Vivat Alemania» zu lesen ist.[138] Die Karikatur «Ariadne auf Box» zeigt Lola halbnackt als Ariadne auf ihrem Hund Turk (genannt Box), auf ihrem Oberschenkel kauert ein kleines nacktes Männlein mit Ludwigs Kopf, das ihr eihe Krone anbietet.[139] Mit ihrer Reitgerte dirigiert Lola in einer anderen Karikatur einen kleinen gekrönten Mops. In der «Apotheose der Lola Montez» wird sie fast nackt von drei ebenfalls nur mit ihren Studententaschen bekleideten Alemannia-Studenten in den Himmel gehoben, neben ihr schwebt der nackte Ludwig, der einen Sonnenschirm über sie hält.[140] Im Mittelpunkt steht folglich die schöne verführerische Frau, deren Reitpeitsche ihre domestizierende Macht symbolisiert,[141] der Ludwig als ältlicher Faun den Hof macht. Solche Karikaturen gingen offenbar in Künstlerkreisen von Hand zu Hand, außerhalb Bayerns wurden sie auch verkauft oder veröffentlicht.

Wie nicht nur das «Lola-Montez-Vaterunser» zeigt, grundierte die katholische Sexualmoral vielfach die Aversionen gegen Lola und ihre Rolle. Nachdem der Münchner Polizeidirektor Hans von Pechmann wegen der Intrige gegen Lola Montez vom König nach Landshut versetzt worden war, erhielt er aus seinem alten Wirkungsort Berchtesgaden mehrere Schreiben von Geistlichen, die Pechmanns enge Verbindung zum katholischen Milieu zeigen und darüber hinaus die Stimmung im katholischen Oberbayern repräsentieren; gelobt wurde immer seine «Rechtlichkeit». Pater Felix, Franziskaner in Berchtesgaden, schrieb Ende Dezember 1846 an Pechmann: «Die betrübenden Ereignisse der Hauptstadt sind leider auch nach Berchtesgaden gedrungen und haben mich, so wie jeden Wohlgesinnten, mit Trauer und Wehmuth erfüllt. [...] Den Schritt, den Sie, selbstlos von der Pflicht geboten gewagt haben, Ihre strenge Rechtlichkeit und Achtung, hat [nicht nur] das Vertrauen der Hauptstadt in noch höherem Grade erworben, sondern auch die Herzen der Ihnen treu ergebenen Berchtesgadens, besonders die Geistlichkeit und die k. b. Beamten noch enger und fester an Ihre Person gekettet. [...] Die Gunst eines Menschen, wenn er auch noch so hoch gestellt, ist eitler Dunst, er verfliegt und vergeht, wie er gekommen, aber das Bewusstsein, der Stimme des Gewissens gefolgt, seine Pflicht erfüllt zu haben, gibt Trost und Beruhigung, wenn auch Stürme über uns losbrechen, und reicht ins andere Leben hinüber.»[142] Ein weiterer Geistlicher schrieb Pechmann, der Münchner Erzbischof müsse Ludwig sagen: «Es ist Dir nicht erlaubt». Die Position der Geistlichkeit war klar und ihr Einfluss groß. Der Sturz des Ministeriums Abel Ende Februar 1847 hatte die schlimmsten Befürchtungen bestätigt: Bayern drohte nun in Sünde zu fallen.

Auf vielen Ebenen gingen die Aufrufe gegen Lola weiter. Der österreichische Geheimagent Hineis, den Metternich im März 1847 nach München geschickt hatte, um die politische Stimmung zu erkunden, schrieb in seinem Bericht, die unteren Volksschichten interessierten sich nicht für die politischen Ereignisse, aber die Verachtung und der Hass gegen Lola seien im ganzen Land verbreitet: «nur der Lolahaß, bigottische Hetzereien oder die Viehpreise scheinen die Handhaben zur Bewegung des gemeinen Volkes in Bayern zu sein. [...] Unter dem Militär erregt das Verhältnis des Königs zu der Lola ein großes Aergernis und Abscheu und wird auf die skandalöseste Weise besprochen.»[143] Man fürchte auf dem Lande, die Geistlichen würden in der herannahenden Osterzeit, in der das Volk zum Beichten geht, die Gelegenheit nutzen, um das Landvolk noch mehr gegen die Beziehung zwischen Ludwig und Lola aufzuhetzen. «In einer französischen Erziehungsschule soll der Religionslehrer die diese Schule besuchenden Mädchen alle Tage ungescheut für den verwirrten König beten lassen, daß ihn Gott bald erleuchte und er seine Maitresse wegjage, indem es ihm nichts nütze, Kirchen gebaut und sonstige gute Werke verrichtet zu haben, wenn er nunmehr einen so sündhaften Lebenswandel führe.»[144] Die gestürzte katholische Partei, so ist dies zusammenzufassen, agitierte weiter gegen Lola wie gegen den Teufel selbst und das dürfte die Stimmung im katholischen Bayern maßgeblich mit beeinflusst haben.

Hineis berichtete auch über die Ächtung aller Lola-Anhänger: «Übrigens wird in München jedermann, der mit ihr umgeht, von der öffentlichen Meinung proskribiert und von der übrigen Gesellschaft ausgeschlossen, so daß der Schriftsteller Plötz, als von ihm bekannt wurde, er besuche das Haus der Lola, von der Table d'hote, wo er täglich speiste, von den übrigen Gästen sogleich ausgeschlossen worden ist.»[145] Die Gesellschaft sanktionierte schnell und machte den Betreffenden schmerzhaft klar, dass sie eine Wahl zu treffen hatten. Leutnant Joseph Curtius, der bei Lola verkehrte, erschien zum Hofball – aber alle jungen Damen, die er zum Tanz aufforderte, gaben ihm einen Korb.[146] Lolas Leibarzt Dr. Ludwig Curtius, Bruder des Leutnants Curtius, verlor aufgrund seiner Nähe zu Lola alle seine Patienten.[147] Ein Besuch bei ihr kam für diejenigen nicht in Frage, die ihren politischen Einfluss nicht gefährden wollten. Ludwigs alter Freund und Finanzminister Karl von Seinsheim erklärte dem König, er würde vielleicht an einem dritten Ort mit Lola zusammentreffen, aber ihre Schwelle nicht überschreiten.[148] Die neuen Ministerverweser aus dem «Ministerium der Morgenröte» stellten für die Übernahme des Portefeuilles die Bedingung, dass der König sie nicht zu Lola einlade, sonst könnten sie ihm keine guten Dienste leisten. Das trug Lola besonders Georg von Maurer nach, der bei dieser Gelegenheit der Wortführer war, und sie versäumte nie, beim König schlecht über Maurer zu sprechen, obwohl es doch er war, der ihre Einbürgerungs- und ihre Standeserhöhungsurkunde unterzeichnet hatte.[149]

Lola selbst und mit ihr auch der König schoben den gesellschaftlichen Boykott auf «die Jesuiten». Lola werde «hier schmählich behandelt» und «als eine Paria angesehen», schrieb Ludwig an Heinrich von der Tann.[150] Doch Lola trug ihren Teil zu ihrem gesellschaftlichen Ausschluss bei. Ludwigs Freund General von Heideck bemühte sich früh, Lola klarzumachen, dass ihre heftigen Auftritte sie um die Sympathie des Publikums brächten: «[Ich] bemerkte ihr, daß man in Deutschland nur in dem Maße an Achtung gewinne, als man besonnen und höflich in allen Umgangsverhältnissen sei und leidenschaftliche Auftritte zu vermeiden wisse. Diese Manieren müsse sie sich umso mehr eigen zu machen suchen, wenn sie angenehm und unangefochten in München leben wolle, als sie eine Fremde und durch die Aufmerksamkeit des Königs gegen sie, teils dem Neide, teils und mehr noch dem öffentlichen Urtheil bloßgestellt sei.»[151] Doch Lola mäßigte sich nicht, sie machte keine Konzessionen an die öffentliche Meinung. Sie wollte nicht bescheiden im Hintergrund stehen, sie wollte partout zu ihren Bedingungen politisch wie gesellschaftlich eine Rolle spielen. Je mehr sie geschnitten wurde, desto provozierender trat sie auf.

Als Lola Anfang Mai für die Tänzerin Maria Taglioni eine Teegesellschaft gab[152] und der König auch General von Heideck nötigen wollte zu kommen, erklärte ihm der alte Freund schonungslos offen, er werde nicht erscheinen: Als er in den ersten Monaten ihres Aufenthalts mit Lola in Kontakt gewesen sei, habe sie nur eine Partei zum Gegner gehabt und mancher Edelmann besuchte sie. «Seitdem aber hat Fräulein Lola durch die bekannten Straßen- und Wirtshaus-Auftritte, durch die ungezähmten Ausbrüche ihres Temperaments, vor allem aber durch unvorsichtige und gehässige Äußerungen, welche selbst Eure Majestät kompromittierten, die ganze öffentliche Meinung, nicht allein die einer Parthei in einem Maße gegen sich empört, daß ich Eurer Majestät allerunterthänigst raten mußte, Allerhöchst Ihre Hofbeamte in ihre Gesellschaft zu bringen, bis zum Herbste zu vertagen, weil indessen dieser Sturm der Entrüstung sich legen und nach einiger Abwesenheit, bei ruhigem Verhalten und Nichteinmischung in öffentliche und Privatverhältnisse von Seiten dieser Dame, auch eine ruhigere Stimmung gegen sie in Aussicht stehen würde». Wenn er aber jetzt zu dieser Gesellschaft ginge, würde sein Haus «wie ein Pestspital» gemieden, und gegen die unehrlichsten und schmählichsten Motive, die ihm bereits bei früherer Gelegenheit unterschoben wurden, habe ihn auch der König nicht schützen können.[153] Der König hätte ihm diesen Brief vielleicht verziehen, aber Lola nicht: Sie sorgte dafür, dass sich Ludwig nur noch in Worten höchster Ungnade über Heideck äußerte. Nach dem 4. Mai fehlt Heidecks Name in Ludwigs Tagebüchern.

Beispielhaft für die gesellschaftlichen Verwerfungen, die solch ein Boykott zur Folge hatte, steht das Schicksal des Ehepaars Karl und Fanny von Günther, die Lola in Bad Brückenau kennengelernt hatten. Herr von Günther gehörte zu denjenigen, die für Lola in Würzburg ein Abendessen arrangierten. In einem ausführlichen und eifrigen Brief an den König schilderte Karl von Günther Ludwig die Ereignisse in Würzburg und betonte die große Sorgfalt, die er sich bei Lolas Begleitung gegeben hatte.[154] In der Hauschronik des Verwesers des Innenministeriums, Johann Baptist von Zenetti, der mit den Günthers entfernt verwandt war, ist zu lesen, wie es danach für die Günthers weiterging: «Darauf folgt für ihn wie seine ganze Familie die allgemeine Verachtung, er muss sich aus den öffentlichen Gesellschaften ausstreichen und wird auf der Straße nicht mehr gegrüßt, sondern beschimpft, sodaß ihm nichts wünschenswerter erscheinen musste, als so bald als möglich von Würzburg wegzukommen. Um nun diesen schon früher gehegten Wunsch zu erreichen, schickt er seine Frau und Tochter nach München, um durch eine solche, leider vielvermögende Person zu seinem Zwecke zu gelangen.» Fanny von Günther und Tochter Toni quartierten sich in München zunächst bei ihrer Schwägerin Lina Wolf ein. «Lina Wolf erzählt uns unter Tränen, dass ihre Schwägerin, Fanny Günther mit Tony ständig in Lolas Gesellschaft sei und mit ihr das Theater, die englischen Reiter besuche pp. Lina fühlt sich von ihren Verwandten sowie auch durch das eigene Gefühl von Ehre aufgefordert, die Frau ihres Bruders aus dem Hause zu weisen. Vater bestätigt sie in diesem Vorhaben, damit ihr ehrlicher Name und ihr Geschäft nicht darunter leide.» Daraufhin zog Fanny von Günther am 13. August zu Lola in die Barer Straße. Als sie Josephine von Zenetti besuchen wollte, ließ diese sie nicht vor; Ministerverweser Zenetti hingegen hörte sie zumindest an. «Ein interessantes Aktenstück […] bildet ein Brief Karl Günthers an seine Schwester, als eifrigen Loliten, worin des Königs Verhältnis als heilbringend und großen politischen Segen gebärend hingestellt wird. Er jubelt der […] Matze entgegen.»[155] Der König gab Karl von Günther dann auf Lolas Wunsch hin eine Stelle als Kreis- und Stadtgerichtsrat in München, damit Lola weiterhin in Gesellschaft seiner Frau und Tochter sein konnte.[156] Im Gegensatz zu vielen anderen Günstlingen blieb die Familie von Günther Lola verbunden.[157] In der Münchner Gesellschaft konnten sie als Lola-Günstlinge nicht Fuß fassen. Der König war zwar in der Lage, durch die Stellenvergabe eine finanzielle Absicherung zu schaffen, doch gerade diese durch Lola veranlasste Gunstbezeugung galt als verächtlich.

Eine gegenläufige Geschichte überliefert der Erzgießer Ferdinand von Miller in seinen privaten Aufzeichnungen: Als sie bereits Gräfin Landsfeld war, wollte sich Lola die Erzgießerei ansehen, wurde aber nicht hineingelassen, da Miller fremde Besucher nicht schätzte. Zunächst verlangte sie von Miller, er solle den Schlosser, der sie abgewiesen hatte, sofort entlassen. Als dieser aber bestätigte, die Lola Montez hätte er sofort eintreten lassen, nur irgendeine Gräfin nicht, war sie wieder fröhlich und meinte zu Miller: «Der Mann muß belohnt werden, weil er die Lola Montez höher schätzt als die Gräfin Landsfeld».[158] Vermutlich war Lola wirklich froh, einmal nicht auf Ablehnung gestoßen zu sein.

Die größte Sprengkraft entwickelte letztlich Lolas Umgang mit den Studenten: Am 18. Juni 1847 besuchten einige Mitglieder des studentischen Corps Palatia unter der Führung ihres Seniors, des 21-jährigen, aus der Oberpfalz stammenden Jurastudenten Elias (Fritz) Peißner, Lola in ihrem Haus in der Barer Straße.[159] Sie waren von Lola begeistert und setzten ihr wohl spielerisch die Kappe der Palatia auf den Kopf. Das erfuhren die Corpsbrüder, die die beteiligten Studenten daraufhin zunächst rügten, dann aus dem Corps ausstießen.[160] Nachdem Vermittlungsversuche gescheitert waren, genehmigte Ludwig die Gründung einer neuen Studentenverbindung, des Corps Alemannia.[161] Berks protegierte diese jungen Leute, die sich bald als Leibgarde der Gräfin Landsfeld verstanden.[162] Die Münchner erzählten sich Skandalgeschichten von Orgien, die Lola angeblich mit den Alemannen abhielt. Sie lud die jungen Männer immer wieder zu sich ein, so auch an Weihnachten.[163] An Silvester fand ebenfalls bei Lola eine Feier für die Alemannen statt und in angetrunkenem Zustand hoben die Studenten Lola auf ihre Schultern und trugen sie durch den Raum – direkt in den gläsernen Kronleuchter. Lola stürzte blutend zu Boden. Da ein Glassplitter in ihrem Auge stecken geblieben war, wurde der Augenarzt Dr. Joseph Schlagintweit geholt, der den Splitter entfernte; laut Familienüberlieferung erhielt er dafür einen Brillantring, dessen Verkauf die Familie nach dem Zweiten Weltkrieg über die Runden brachte.[164] Angeblich hatte Schlagintweit die Alemannen in Hemdsärmeln oder, nach einer anderen Version, nur mit ihren langen Hemden bekleidet vorgefunden. Als er darüber von der Polizei befragt wurde, versicherte er indes, alle in gebührendem Anstand angetroffen zu haben.[165] Doch Lolas Ruf war durch die Ereignisse erneut beschädigt. Der Widerstand der übrigen Studenten gegen die spöttisch als «Lolamannen» bezeichneten Alemannen steigerte sich letztlich bis zu den Unruhen, die den König am 9. Februar 1848 zur Schließung der Universität veranlassten: Wenn ein Alemanne in einer Vorlesung anwesend war, verließen die übrigen Studenten den Raum; wo immer Alemannen erschienen, wurden sie ausgepfiffen und es kam zu handgreiflichen Auseinandersetzungen. Die Ächtung derer, die Lola besuchten, war hier am nachdrücklichsten und folgenreichsten.[166]

Die Königin wiederum verstärkte ihren passiven Widerstand und wurde auch in der Öffentlichkeit deutlicher. Diese Demonstrationen waren gleichermaßen gegen Ludwig gerichtet und wurden sehr wohl auch so gedeutet. Anfang November 1847 schrieb Marie von Eichthal, geborene Armannsperg, aus München an ihren Vater über ein Konzert: «Vom Hof war niemand im Concert, da sie alle (der König ausgenommen) sich fürchteten, dass sich die Lola in die erste Bank setzen würde, als Gräfin von Landsfeld – allein – sie erschien ebenfalls nicht.»[167] Bei einem Weihnachtskonzert im Odeon am 22. Dezember 1847 fehlten neben der Königin auch fast alle adeligen Damen, weil sich herumgesprochen hatte, Lola würde kommen.[168] Die Königin versuchte jeder Begegnung aus dem Weg zu gehen, um zu vermeiden, dass ihr jemand Lola vorstellte: Dies hätte Lola als Hebel für den Hofzugang nutzen können.[169]

Demonstrative Abwesenheit war die eine Waffe der Königin, die andere war Nichtachtung. Als im Sommer Heinrich von der Tann mit Ludwig und Lola zusammen in Bad Brückenau gewesen war, fiel er bei Therese in Ungnade und sie sprach mit ihm während seines Aufenthalts in Aschaffenburg kein Wort.[170] Auch mit Berks, der früher ihr Sekretär gewesen war, sprach sie nie wieder, selbst wenn er an der königlichen Tafel neben ihr saß, und sie duldete nicht, dass er neben ihrer Tochter Alexandra saß. Als für ihn doch einmal dieser Platz vorgesehen war, erklärte sie, sie und ihre Tochter würden nicht zur Tafel erscheinen; zur allgemeinen Erheiterung musste Berks daraufhin ohne Mittagessen nach Hause gehen. Kleinschrod berichtete in seiner Hauschronik: «Wenn Personen, welche Zutritt bei der Lola Montez, im Hofzirkel erschienen, so schienen sie für die Königin unsichtbar zu sein, sie ging stillschweigend an denselben – ihre Verbeugungen nicht beachtend – vorüber und sprach mit den rechts und links von ihnen stehenden Personen.»[171] In der Umgebung der Königin gab es jedoch Befürchtungen, Therese sei persönlich gefährdet, beispielsweise durch vergiftete Schokolade vom Hoflieferanten Mayerhofer, der als Lola-Anhänger bekannt war. Lola soll gesagt haben: «Es sind nur zwei Augen zwischen mir und der Krone».[172] Die Königin unterließ auch ihre Spaziergänge in den Arkaden des Hofgartens, hatte doch Lola angeblich erklärt, «daß sie dort Gelegenheit finden würde, die Königin zu insultieren», wie es in der Hauschronik von Kleinschrod weiter hieß.

Nach Lolas Ernennung zur Gräfin war der Adel besorgt, sie könnte nun Hofzugang erhalten. Dazu hätte Therese Lola in den Theresienorden aufnehmen müssen. Doch in dieser Angelegenheit stand der Entschluss der Königin fest. Am 13. Oktober schrieb sie Ludwig einen Brief, in dem sie eindeutig Stellung bezog: «Welch liebe Pflicht es mir ist, unter allen Verhältnissen des Lebens Dein häuslich Glück ungetrübt Dir zu erhalten, müsste die letzte Woche unseres Aufenthaltes zu Aschaffenburg dir bewiesen haben, da ich um jene Zeit in dem Regierungsblatt ein Ereigniß verkündet fand welches ich, bei der Kenntniß Deines Charakters, für unmöglich gehalten hatte – ich mich daher doppelt schmerzlich dadurch berührt fühlte. Ferne sey es von mir, Dir über das Geschehene einen Vorwurf hier vernehmen zu lassen. Der Zweck dieser Zeilen ist dennoch nur der, durch ein im gegenwärtigen Augenblick – mit Offenheit ausgesprochenes Wort, einer ferner möglichen Vergünstigung vorzubeugen, durch welche der Frieden unseres Familienlebens für immer zerstört seyn würde. Ich bin es meiner Frauenehre schuldig – die mir theurer als das Leben –, diejenige, welcher Du eine Standeserhöhung verliehen, nie und unter keiner Bedingung von Ange-

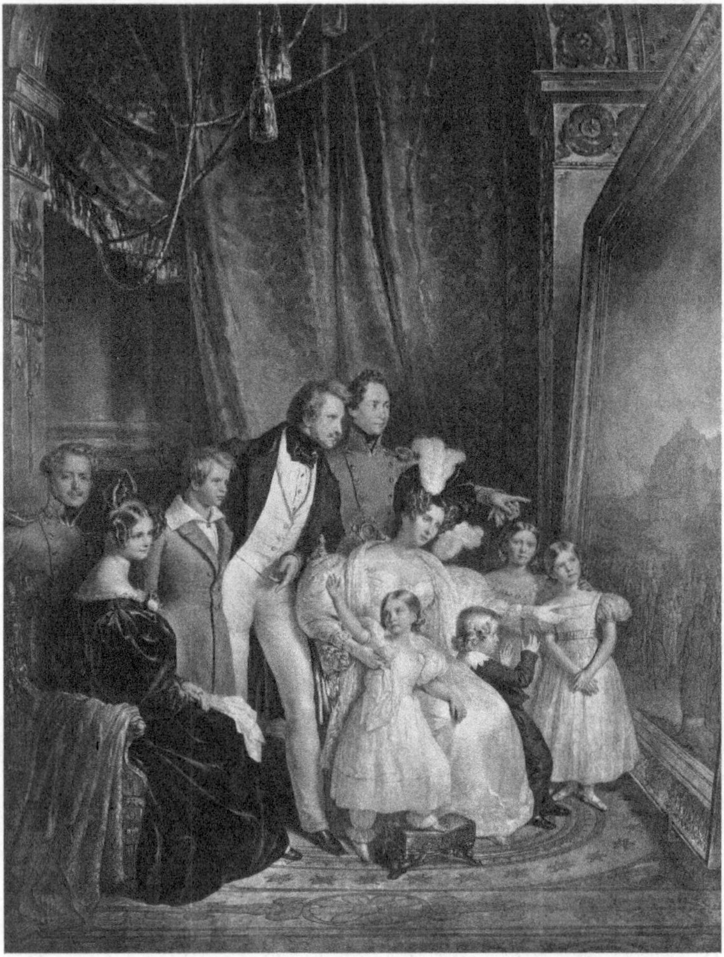

Ludwig als Familienvater. Ludwig I. und Königin Therese im Kreise ihrer Familie, v. l. n. r.: Prinz Karl (der jüngere Bruder des Königs), Prinzessin Mathilde Karoline, Prinz Luitpold, König Ludwig, Kronprinz Maximilian, Königin Therese (sitzend) mit den Kindern Alexandra, Adalbert, Adelgunde und Hildegard. Die Familie betrachtet ein Gemälde, das die Ankunft des Prinzen Otto in Griechenland zeigt, Lithografie nach einer Zeichnung von Gottlieb Bodmer, um 1836

sicht zu Angesicht zu sehen: Sollte sie das einstige Erscheinen am Hof durch ein Versprechen von Dir zu erlangen suchen, kannst Du mit Sicherheit ihr entgegnen, Du wißest es bestimmt – ja aus meinen Munde: daß die Königin – die Mutter Deiner Kinder, sie nimmermehr bei sich empfangen werde. Jeder Verwicklung, jedem Kampfe für die Zukunft vorzubeugen hielt ich es für meine Pflicht jetzt schon meinen durch nichts zu erschütternden Vorsatz Dir offen auszusprechen. Und nun auch kein Wort mehr weder schriftlich noch mündlich über diese schmerzliche Angelegenheit. – Du wirst vor wie nach mich heiter finden, dankbar für jede mir von Dir bereitete Freude, und sorgsam stets bemüht, den Frieden des Hauses ungetrübt Dir, meinem Ludwig zu erhalten. Deine Therese».[173]

Bisher ging man davon aus, der König habe auf Therese immer wieder Druck ausgeübt, sie solle Lola in den Theresienorden aufnehmen und ihr Hofzugang verschaffen. Therese habe jedoch tapfer widerstanden.[174] Ludwigs Tagebuch gibt dazu einen überraschenden Aufschluss. Er notierte unter dem 13. Oktober: «Schreiben Theresens geles u beantwortet, daß ich mein Wort gebe das Lolitta nicht bey Hofe aufzuführen, Sorgen ohne Noth, werde Therese so etwas nicht thun aber auch schon meiner selbst wegen thäte ich's nicht.»[175] Es konnte nicht ausbleiben, dass Lola ihn dennoch bedrängte, bei Hof vorgestellt zu werden. Ende November notierte der König: «Staatsrath Berks, den ich zu mir beschieden aufgetragen, Lolitten die mir heute abermals stark zugesezt bey Therese zu mache[n] daß sie derselben vorgestellt werde, zu sagen, von mir Theres[e] auf ihr Verlangen das Verspreche[n] gegeben zu haben daß solche[s] nie geschehe, was statt gefunde[n] bevor Lolitta d Wunsch mir geäussert. Befinde mich zwische[n] zwey ausnehmend entfernte[n] Endpuncte[n].»[176] Ludwigs Position zwischen den beiden Frauen, die er in Aschaffenburg bereits mehrfach seinem Tagebuch anvertraut hatte, wurde am Thema Hofzugang wieder deutlich. Es war einer der wenigen Punkte, an denen Ludwig Lolas Wünschen nicht entgegenkam.

Inzwischen hatte sich der Unmut gegen Lola weiter aufgestaut. Der Offizier Karl Spruner von Merz schrieb am 1. November 1847 an Berks: «Es besteht gegenwärtig eine förmliche Konspiration gegen die Angelegenheit der Gräfin Landsfeld, wobei ganz ungescheut vom hohen Adel bis zur niedrigen Bürgerklaße herab in den gemeinsten Ausdrücken konversiert wird. [...] Der hohe Adel entblödet sich nicht, in unseren Zirkeln seine entschiedene Gegenparthey gegen die Gräfin in unangemessenen Ausdrücken hinzustellen und ein für allemal die feste Erklärung abzugeben, nie und nimmermehr zugeben zu wollen, daß die Gräfin vielleicht einen noch größeren Einfluß auf den König ausübe; sondern den unwandelbaren Entschluß zu fassen, eher den Hof zu verlaßen. Diese Stimmung unter dem Gesamtadel ist so entschieden, daß die erbärmlichsten und bedrohlichsten Machinationen zu befürchten seyen, wenn nicht Seine Majestät der König bald, ja recht bald, entschiedene und durchgreifende Maßnahmen dagegen ergreifen, die allein vermögend sind, das umsichgreifende, am Ende gewiß unheilbare, Übel auszurotten.» Der König solle sich, so Spruner, nicht von der Freundlichkeit von Adeligen täuschen lassen. Auch unter den Theaterangestellten sei «eine förmliche Revolte ausgebrochen»: «Es wurden die schmählichsten Schimpfworte gegen selbe ausgestoßen und die lächerlichsten und schmutzigsten Erfindungen unter das Publikum gestreut, um Aufregungen hervorzubringen und dem König und der Gräfin Verdruß und Ärger zu bereiten.» Der Intendant sehe dem tatenlos zu, sei wohl selber inzwischen Teil der Gegenpartei; auch am Theater hatte sich Lola durch ihre Eingriffe, die als ungerecht empfunden wurden, höchst unbeliebt gemacht. «Welche Denkungsweise in der bürgerlichen Classe bezüglich auf erwähnten Gegenstand die vorherrschende ist, mag folgendes Faktum beweisen: In dem Caffeehause in der Dienersgasse hat eine Gesellschaft von Bürgern ein (abgeschlossenes) Zimmer, in welchem von den Anwesenden der Beschluß gefasst wurde, mit dem Chokoladefabrikanten Mayrhofer in der Nationalgarde nicht mehr dienen zu wollen, und diesen Beschluß dem Regimentskommando vorzulegen, weil er in das Haus der Gräfin kömmt und Parthey nimmt.»[177]

Eine weitere Stufe der Ausgrenzung folgte seit Anfang Dezember einem öffentlichen Eklat, der beinahe auch zu diplomatischen Verwicklungen geführt hätte. Anlass war der aus Russisch-Polen stammende Eustache Karwowski (Kawarowski), der zu Lolas Bewunderern gehörte und von ihr einem Wechselbad der Gefühle ausgesetzt wurde. Im Hoftheater waren Lolas Anhänger eifrig damit beschäftigt, im Publikum für Lola interessante Bemerkungen aufzuschnappen. Als ein in München lebender Franzose, Graf Edouard de Richemont, in seiner Loge zu den Nichten des Königs etwas sagte, was ein Alemanne als Bemerkung über Lola verstand, kam Karwowski in die Loge des Franzosen und verlangte eine Stellungnahme; es bahnte sich ein Duell an.[178] Richemont war in München beliebt, Karwowski wie alle «Loliten» verhasst. In dieser Nacht beschlossen im Münchner Herrenclub dreißig junge Männer aus den besten bayerischen Familien, darunter Offiziere aller in München vertretenen Waffengattungen: Wer immer Lolas Haus betrete, sei unehrenhaft und nicht satisfaktionsfähig. Dieser Beschluss wurde den beiden Streitparteien mitgeteilt. Auch der französische Gesandte Baron Paul-Charles-Amable de Bourgoing stellte sich schützend vor Richemont und besprach sich umgehend mit Oettingen-Wallerstein als dem neuen Verweser des Außenministeriums. Der russische Botschafter verlangte eine Auslieferung von Karwowski an Russland.[179] Oettingen-Wallerstein versicherte dem König, dass der Pole ein Spieler, Schuldenmacher und Großsprecher sei. Daraufhin fand sich Ludwig bereit, Karwowski auszuweisen, lieferte ihn aber nicht an Russland aus, sondern gestattete ihm die Ausreise nach Paris.

Durch den Beschluss, dass jeder Besuch bei Lola zur Entehrung führen würde, gerieten viele Offiziere in Konflikte – ganz abgesehen davon, dass er auch für den König höchst bedenklich war. Kriegsministerverweser Leonhard von Hohenhausen folgte als Offizier Ludwigs Befehl, zu Lola mitzukommen, legte aber am nächsten Tag sein Ministeramt nieder.[180] Ludwigs Flügeladjutanten mussten ihn dienstlich zu Lola begleiten; Freiherr von Hunolstein und Oberleutnant Gmainer, die in Bad Brückenau dabei waren und nun mit dem König in die Barer Straße gehen mussten, folgten ebenfalls dem Befehl, baten dann aber um Versetzung zu ihren alten Einheiten, ebenso Graf Ludwig Rechberg.[181] Hunolstein erklärte, dass er den König dienstlich überallhin begleite, «aber er habe befürchtet, daß die teure Gräfin von Landsfeld in Euer Koenigliche Majestaet dringen möchte, ihm Besuche als Privatmann aufzutragen [...]. Dieses könne er leider nicht, wegen der Stellung welche der gesammte Adel nach dem Beyspiele der höchsten Herrschaften habe annehmen müßen».[182]

Als Ludwig seinem vierten Flügeladjutanten Rudolf von der Tann, dem Sohn seines alten Freundes, den Befehl gab, ihn zu Lola zu begleiten, führte auch das zum Eklat: Er habe seinem Vater das Ehrenwort gegeben, nicht zu Lola zu gehen, so Tann.[183] Sein Vater erhielt einen wütenden Brief von Ludwig: «Verweigert ein Adjutant seinen König zu begleiten, so ist diese Aufkündigung des Gehorsams demnach eine Erklärung, daß er aufhört Offizier zu sein. Daß er heute Abend mich zu begleiten (habe), sagte ich ihm, ohne zu sagen wohin, er machte Einwendungen, wie oben. So sprach ich mich gegen ihn aus ich halte an seine Pflicht. Es ist Zeit hohe Zeit daß ich Leute zwinge. Dies Ihnen zu schreiben ist mir leid.»[184] Dank des mäßigenden Einflusses Oettingen-Wallersteins wurde Rudolf von der Tann dann nicht entlassen, sondern nach Würzburg versetzt.[185] Angeblich dachten die Offiziere sogar darüber nach, beim nächsten Landtag den Antrag zu stellen, das Militär auf die Verfassung und nicht mehr auf den König zu vereidigen.[186] Dies war zuvor nur eine Forderung der Radikalen gewesen. Ende Januar 1848 verabredeten sich etliche adelige Offiziere, keine Flügeladjutantenstelle bei Ludwig anzunehmen.[187]

Der gesellschaftliche Druck war so groß, dass sich ihm niemand mehr entziehen konnte. Für die bayerische Gesellschaft war die Ächtung der Gräfin Landsfeld und all derer, die sie besuchten, längst zu einer Möglichkeit geworden, sich über ihre gemeinsamen Werte zu verständigen. Dazu gehörten neben den katholischen Moralprinzipien die Forderung nach der Einhaltung ständischer Hierarchien, die Ablehnung als unangemessen empfundenen weiblichen Verhaltens, die Angst vor fremdbestimmter Herrschaft und der tiefe Widerstand gegen das absolute Regiment des Königs. Oettingen-Wallerstein prognostizierte, wenn sich nichts ändere, werde es vor Ende Februar zu einer Revolution kommen. Lola ließ ihm erwidern, dass sie ihn noch vor dem 1. März aus dem Amt jagen werde.[188]

7.
HYBRIS UND FALL

Die Zersetzung einer Beziehung

War Lolas Verhalten bis zum Sommer 1847 trotz aller Ausraster immer noch von Respekt für den König geprägt, so verlor sie seit dem Sommer immer mehr den Blick für ihre Grenzen. Sie wollte herrschen und instrumentalisierte dazu den König, der ihr fast nichts entgegenzusetzen wusste. Die Gründe dafür sind nicht einfach zu benennen: War es der Bruch der platonischen Magie im Juni, den sie Ludwig spüren ließ? Hatte sie mit der Ernennung zur Gräfin von Landsfeld ihr Ziel erreicht und glaubte, sich nun auch Ludwig gegenüber nicht mehr vorsichtig zurückhalten zu müssen? War es Ludwigs nachgiebiges Verhalten gegenüber dieser Frau, die lustvoll die Rolle einer anspruchsvollen und verwöhnten Tochter eingenommen hatte, der ein selbsternannter Vater keinen Wunsch abschlagen konnte? Waren es die Hilflosigkeit und Verlustangst, mit der Ludwig immer noch versuchte, Lola ganz für sich zu gewinnen? War es die Auflösung der symbiotischen Beziehung des ersten Dreivierteljahres durch Ludwigs langen Aufenthalt in Aschaffenburg? Oder war Lola möglicherweise gerade aufgrund des viel beschworenen Seelenbundes der Überzeugung, wie Ludwig in seinem Tagebuch notierte, «Von Herrsche[n] (od Ueberreden od welch and Worte) könnte keine Rede seyn denn sie und ich wären nur eines»?[1]

Aus den Tagebüchern wird unmissverständlich deutlich, dass Ludwig Lola gegenüber große Schuldgefühle empfand. Er fühlte sich dafür verantwortlich, dass über sie in München und auch in den Zeitungen Europas und Amerikas schlimme Gerüchte in Umlauf waren, dass sie und alle, die bei ihr verkehrten, ausgegrenzt wurden. Es war aber wohl noch mehr: Die Liebesbeziehung der ersten Monate zwischen Ludwig und Lola war in seinen Augen «unschuldig» gewesen. Die Nacht vom 17. auf den 18. Juni jedoch, die er bei ihr verbracht hatte, hatte dies geändert: Gemäß seiner katholischen Erziehung lud er damit Schuld auf sich. Gleichzeitig hatte er für die fast vierzig Jahre jüngere Lola im ersten Dreivierteljahr eine Art Vaterrolle gespielt; sie selbst betonte Dritten gegenüber mehrfach, Ludwig sei wie ein guter Vater zu ihr gewesen.[2] Vielleicht sah sie ihn wirklich so? Als König galt er als «Vater des Vaterlands», er war die höchste Autorität im Land, er sorgte eisern dafür, dass alle seine Befehle ausgeführt wurden. Lola übernahm gerne die Rolle der verwöhnten Tochter. Und nun hatte dieser «Vater» mit ihr geschlafen. Das beflügelte einerseits ihre Größenphantasien: Schon vorher hatte sie gesagt, sie sei mehr als die Königin, sie sei die Königin seines Herzens. Gleichzeitig verschob dies die Rollen, es veränderte die Machtverteilung und den Generationenabstand. Ludwig büßte bei ihr an Autorität ein und verlor Teile seiner königlichen Würde; fortan war er nur noch ein Mann, der mit ihr geschlafen hatte. Mit seinem Schuldgefühl korrespondierte daher die Rache, die sie an ihm nahm: Sie begann ihn zu unterjochen. Wie bei einem verwöhnten Kind wuchsen ihre Wünsche ins Grenzenlose. Da er sie vor dem Hintergrund seines Schuldgefühls nicht zu frustrieren wagte, verlor sie sich immer mehr in ihren Möglichkeiten. Und er blieb bei ihr, «an sie gekettet», aus Liebe, aus Starrsinn, aus Schuldgefühl.

Lola schrieb in ihren Memoiren: «Der König bot Alles auf, um mich für die vielen Anfeindungen, welche ich erleiden mußte, zu entschädigen. Ich hatte einen schönen Palast und war wie eine Prinzessin ausgestattet. Mit der größten Liberalität sorgte der König dafür, daß meine Chatoulle stets angefüllt war, und ich mache kein Hehl daraus, daß ich verschwenderisch lebte. [...] Hatte der König nicht so viel übrig, um eine Freundin zu unterhalten? Waren meine Launen so kostspielig, daß sie den Ruin des Landes nach sich ziehen mußten? – Erforderte ein kleiner Schoßhund, einige Bedienten und eine Equipage so viel Aufwand, daß die getreuen Stände sagen durften: Diese Frau, Sire, ist ein theures Kabinetstück, um dessentwillen das Land an den Bettelstab kommt?»[3] Auch nachträglich sah sie also Neid, Eifersucht und natürlich «die Jesuiten» als Grund für die gesellschaftliche Ablehnung. Doch das war es nicht: Sie selbst hatte den Boden unter den Füßen verloren, schwelgte in Größenphantasien und war blind für die Gefahren. Die ruinöse Phase der Beziehung von Ludwig und Lola, von Lola in Bayern, von Ludwig und seiner Regierung zwischen Dezember 1847 und Februar/März 1848 wirkt vor dem Hintergrund des bereits nahezu geschlossenen gesellschaftlichen Boykotts, der Verweigerung des Hofzugangs, der Abwehrmaßnahmen der Königin, der allgemeinen Verachtung in der Bevölkerung selbstzerstörerisch.

Seit Ludwigs Rückkehr aus Aschaffenburg im Oktober lieferte Lola dem König fast jeden zweiten Tag «Auftritte», wie er in seinem Tagebuch festhält: «In der Regel täglich jezo daß ich mich ärgere bey ihr».[4] Lola kritisierte ihn, wenn er mit ihrer Kammerzofe allein sprach: «Sie sah mich u mit erzürnten Ausdruk sagte sie mir nicht zu mögen daß ich mit ihren Leuten rede, sie, die sich so viel herausnimmt nimmt dieses übel. Von fröhlich[er] Unterhaltung bey ihr, allein, ist keine Rede, froh kann ich seyn gibt's kein Auftritt. Wie anders! anders war sie als ich sie kennen lernte, als sie Stieler zu ihrem ersten Bildnisse [...] saß.»[5] «Sie bejahte mir daß seit sie in München, sie sich geändert habe (die Verfolgungen/ die Behandlung wie ein Paria) haben ihre freudige Lebendigkeit gemordet. Sie ist nicht mehr die mit Seligkeit mich berauscht gemacht, die ein leidenschaftlichen Eindruk wie ich noch nie empfunden auf mich bewirkt hat».[6] Lola stellte an Ludwig immer wieder Forderungen, denen er nicht nachkommen konnte oder wollte. «Unstatthafte Ansinnen an mir sind so zu sagen an der Tagesordnung, die sie mir stellt ich ärgere mich, eine schöne Erhohlung! Dieses auf der einen Seite, während auf der andern ich so verlezt werde wegen ihr.» Unweigerlich folgte aber die Formel: «Die Welt kann mich nicht von ihr reissen; sie liebt mich.»[7] Diese ritualisierten Selbstbeschwörungen wurden immer häufiger:[8] «Find ich aber auch keine muntere Erhohlung bei ihr, kettet's mich doch an sie.»[9] Ludwig selbst reflektierte das so: «Die Verfolgung Seite ihrer Feinde gegen sie, die Schändlichkeit die man sich wid[er] sie erlaubt schmied[en] mich mehr an sie, meine Festigke[i]t nicht überwältigen zu lassen, mein Königssinn kömmt zu meinem Gefühl für sie, was mich, wenn ihr Benehm[en] mich abstößt, an sie zieht.»[10] Der «Königssinn», das war sein Bedürfnis, Schutz zu gewähren, das war aber auch sein dringender Wunsch, seinen Feinden gegenüber nicht nachzugeben, nicht zuzugestehen, dass sie mit ihrer Kritik an Lola recht gehabt hatten. Und immer noch schrieb Ludwig fast jeden Tag ein Gedicht für sie, das er ihr dann in französische Prosa übersetzte.

Lola enttäuschte Ludwig vielfach, gleichzeitig wuchsen ihre Forderungen, politisch mitzureden. Sie war offensichtlich nicht in der Lage, ihre eigenen Versprechen ernst zu nehmen oder gar einzuhalten, gleichzeitig verlangte sie von Ludwig, vor ihr keine Geheimnisse zu haben. Am 30. November versprach sie Ludwig fest in die Hand, die Ernennung ihres Günstlings Franz von Berks zum Innenministerverweser vor dem nächsten Tag niemandem mitzuteilen – eine Stunde später wurde Berks von ihren sechs Gästen, darunter einem Polen, als Innenminister begrüßt.[11] Sie verlangte, mit dem König und Berks über «Geschäftssachen» zu konferieren. «Die beständige Anforderung an mich das u jen[es] zu geben, das zu machen, [...] Beförderung zu ertheilen, Versetzung[en] [...] Strafen, daß ich thun soll was sie will statt erhohlender Gespräche, in Klagen, Beschwerden p von Geschäften u Vorwürfen, das ermüdet (reißt mich aber nicht von ihr los) daß in ihrer Art kein Dank auszuspreche[n] [...] erfreut nicht.»[12] Als Ludwig dem Vater ihres Protegés Peißner nicht die Stelle verlieh, die sie sich erhofft hatte, führte das zu einem Zornausbruch. «Je le veux» – «Ich will das» –, «sagte, bleich vor Zorn Lolitta zu Mussinan. Mir nichts Gutes erwartend habe ich ihr nicht selbst die Mittheilung machen wollen. Wenn sie Anfall von Zorn hat, ist sie nicht zurechnungsfähig, aber ich kein[e] Lust fühlte einen heftige[n] Auftritt wiede[r] zu bekommen, ließ ich ihr sagen hustete ständ[ig]. Kam diese[n] Abend nicht.»[13] Es ging Lola darum, nicht nur im Kleinen zu wirken, sie wollte mehr: «Abermals drükte sie mir ihr Gelüste aus zu Einfluß auf Staatsgeschäfte u ich abermals habe erwiedert Herrscher seyn zu wollen. Solche Gespräche sind keine Erhohlung».[14] Doch wenn sich Lola im Innenministerium mit ihrem Günstling Berks besprach, brachte sie stets eine dicke Mappe mit Unterlagen mit.[15] Als Ludwig mehr Pressefreiheit zugestand, beschwerte sie sich, dass er nicht vorher mit ihr darüber gesprochen hatte: Die Ultramontanen würden die freie Presse sicher ausnützen.[16]

Bei Gesprächen über Geld oder Schmuck zeigte sich Lolas fast kindliche Unverfrorenheit. Sie sagte Ludwig zunächst, wenn er ihr 200 Gulden im Monat mehr bezahle, würde sie nie wieder um Geld bitten, steigerte diese Summe eine Stunde später auf 300 Gulden, um zuletzt eine

Verdoppelung ihrer Jahresbezüge von 10000 auf 20000 Gulden zu verlangen.[17] Ludwig gestand ihr das einige Tage später zu, denn 5000 Gulden mehr würden zwar Geld kosten, aber bei ihr nicht gut ankommen; sie war «hoch erfreut». Insgesamt wurde sie immer unmäßiger: «Wünsche folgen auf Wünsche bey ihr, geeignet von ihr abwendung zu machen».[18] Nach seinem Tode wolle sie nicht in München bleiben, so Lola, sie könnte sich vorstellen, in der Pfalz zu leben. «Ob ich nicht ein castello da hätte, frug sie mich». Gleich dachte Ludwig daran, ihr die Villa Ludwigshöhe anzuweisen.[19] Besonders charakteristisch erscheint eine Szene, in der es um Schmuck ging: Lola wünschte sich eine Diamantbrosche für die enorme Summe von 13 000 Gulden, die ihr Ludwig schenken wollte, wenn sie ihm schriftlich zusagte, keine weiteren Geschenke mehr zu verlangen. Das versprach sie zwar, aber im selben Moment brach sie ihr Versprechen: «Mehr denn einmal begehrte sie sogar daß ich sämtliche auf d Tische stehende, einem englischen Edelsteinhändler gehörenden Schmuk für 150000 fl ihr kaufen möchte. Welches Ansinnen!!»[20] Lola lebte offenbar wie in einem Märchen aus 1001 Nacht und Ludwig war vom gebenden Herrn zum Diener ihrer Wunscherfüllung geworden.

Gleichzeitig gab Lola zunehmend Grund zur Eifersucht. Nußbammer tauchte wieder auf und behauptete wohl mit Recht, mit ihr ein «fleischliches Verhältniß» gehabt zu haben; daraufhin verlangte die irritierte Lola, Ludwig müsse ihn sogleich aus seinen Diensten entlassen. Auch das erledigte der König prompt, Nußbammer wurde nach Bamberg geschickt, um dort seine kleine Pension zu verzehren. Ludwig notierte: «Sie war recht zärtlich».[21] Die Alemannen traten immer offener als Lolas Leibgarde auf und waren mit ihr ständig in der Öffentlichkeit zu sehen.[22] Anfang Dezember machte die Schauspielerin Marie Denker gegenüber Ludwig eine Andeutung, dass Lola ihn mit einem Studenten betrog. Wenn er sie frage, sage sie ihm auch, mit wem, deutete sie an – doch Ludwig wollte es eigentlich gar nicht wissen; er sagte, sie solle mit Berks reden, mit dem Ludwig fast jeden Tag ausführlich über Lola konferierte. Ludwig sah also kein Problem darin, seinen Innenministerverweser wegen der Untreue seiner Favoritin ermitteln zu lassen. Berks setzte ihn in Kenntnis, dass der Polizeidirektor, die zur Wache vor Lolas Haus aufgestellten Gendarmen mit ihrem Hauptmann

Baur-Breitenfeld sowie Lolas Kammerjungfer Auguste Masson aussagten, dass zehn Studenten nachts aus Lolas Haus gekommen seien und auch schon Nußbammer nachts von ihr weggegangen sei. «Dieses machte die größte Wirkung also schon früher betrog sie mich Offen sagte ich Berks ohne mit Augen gesehen, könnte mir doch der Gedanken kommen es wäre Intrigue gewesen. Thränen drange[n] mir in die Augen. Ueberraschen will ich, wenn eine Nacht ein Student bey ihr, dann kann sie nicht sagen ich wäre hintergangen [...] Mit 2 Zeugen soll es geschehen.» Er dachte auch gleich weiter und besprach die Überlegungen mit Berks: «Edel will ich seyn, ihr nicht sch[ri]ftl[ich]es zwar, aber auf so lange ich nicht anders verfüge Jahrgeld geben. Berks meynt 6000 fl. (12 000 Franken, was wenig) für hinlänglich 10 000 Gulden aber ich. Nicht in die Lage versetzend entwede[r] auf's Theater gehen zu müss[en] od sich unterhalten zu lassen.» Nun fielen Ludwig auch viele verdächtige Kleinigkeiten ein: dass Lola ihm kurz zuvor gesagt hatte, er dürfe nicht allein mit ihrem Personal sprechen, dass sie behauptete, immer früh ins Bett zu gehen, und dann doch bis halb zehn schlief und etliches mehr.[23] Ludwig war sehr verwundbar, wenn es um Lola ging. Am selben Tag kam es dann auch noch zu dem Skandal um Lolas polnischen Verehrer Karwowski, dessen Ausweisung Ludwig zugestimmt hatte. Wieder fand eine große Szene statt; Ludwigs Verhalten sei infam, so Lola: «Sie machte mit den Fingern einen Schnelzer gegen mich, sie wäre freye Spanierin und keine bayerische Sklavin, welche 3 lezte Worte sie teutsch sagte. Ich war an das Hofthor gelangt sie wollte mich nicht hinaus, ich öffnete es aber, ging weg, sie warf es hinter mir zu.»[24] Ludwig ging sofort zu Berks ins Ministerium: «Ließ ihn mir versprechen nichts zu thun daß sie München verlassenzu macht (obgleich mir's erwünscht, würde sie weggehen) Er gab mir die Hand darauf.»[25] Wie bereits im August war Ludwig höchst zwiegespalten: Er wollte nicht für den Bruch der Beziehung verantwortlich sein, doch er wusste eigentlich, dass es so nicht weitergehen konnte. Lola wurde nicht nur zur Bedrohung für Ludwigs Seelenfrieden, ihre öffentliche Sprengkraft war auch für ihn nicht mehr zu übersehen. Nur seine enorme Leidensfähigkeit hinderte ihn daran, seinerseits einen Schlussstrich zu ziehen.

Lolas Antwort auf Berks' Vorhaltungen zeigt ihre Entgrenzung: «Berks theilte mir ihre Aeusserung mit für sie gäbe es keine Gesetze.»[26]

Ob sie das wirklich glaubte oder nur proklamierte, ist nicht klar; von einer Frau ihrer Intelligenz ist Letzteres anzunehmen: Sie wollte nicht akzeptieren, dass auch für sie Regeln galten, die sie in ihren Handlungen beschränkten. Letztlich lud sie Ludwig ein, er solle bitte zur üblichen Zeit zu ihr kommen. «Mir wär lieber gewesen, diese Zeile[n] nicht bekommen zu haben u daß es schon jezo gebrochen. Ein Aufschub dachte ich». Doch schon einen Tag später glaubte er wieder an ihre Unschuld: «Wie gut daß ich festhalte, alles Gerede mich von ihr nicht weichen mac[h]e[n] so lange ich nicht mit eigenen Augen Schuld sehe».[27] Berks, noch Teil von Lolas Anhängerschaft, versuchte, Ludwig zu beruhigen: Lola habe zwar drei üble Eigenschaften – Schwatzhaftigkeit, Unwahrheit, Leichtsinn. Er habe auch geglaubt, es «geschehe Unzucht», wenn ein Student abends so lange bei ihr sei. Davon sei er aber abgekommen, die Studenten klagten vielmehr über Langeweile: «Auf dem Sopha liegt sie (ihre Art) raucht Cigarre, d[er] Student ließt vor, darüber schläft sie ein, und d[er] Student darf sich nicht rühren.»[28]

Doch es war deutlich mehr als das: Lola betrog Ludwig seit November mit Elias Peißner, der dies dem König auf dessen ultimative Fragen ein Jahr später gestehen sollte: Am Anfang habe er so viel Ehrfurcht vor der Gräfin gehabt, so Peißner, dass er aufpasste, dass nicht sein Bein ihr Kleid berührte. Er sei dann in die Ferien nach Hause gefahren und erst von zwei Briefen der Gräfin Ende Oktober 1847 zurückgeholt worden. Sie habe ihm gesagt, sie liebe den König sehr, weil er so großmütig sei, «mon bon vieux», «mein guter Alter». Zunächst versicherte sie dann Peißner, ihm gehöre ihr Herz, doch ihren Körper dürfe er erst fordern, wenn sie verheiratet seien.[29] Im November habe er sich einmal allein mit ihr in ihrem kleinen Schlafzimmer befunden, «und nach längerem Liebkosen küßte und drückte sie mich und fragte in fingierter Überraschung plötzlich ‹Qu'avez vous? Que voulez vous? Vous etes si rouge› etc., berührte mich alsdann und bahnte mir den Weg, sie zu genießen, worauf – um kurz zu sein – ich fühlte, was ich nie zuvor gefühlt. Ich wußte nicht, wie mir geschehen, beim heiligen Cruzifix mußte ich knien und ihr schwören, ihr nie untreu zu sein. Sie selbst that desselben. Es waren entsetzlich heilige Augenblicke, die Folge davon, daß ich noch über beide Ohren in sie verliebt wurde, daß ich in jener Zeit selbst mein Leben für sie gegeben hätte.»[30] Bald räumte Lola ihm in einem Nebengebäude ein eigenes Zimmer ein, ohne dass Ludwig dies wusste. Im Februar begann sie dann auch noch mit Ludwig Leibinger, einem anderen Alemannen, eine Affäre.

Lola führte also seit November ein reales Liebesverhältnis neben der platonisch-idealisierten Beziehung zu Ludwig. Das ist vielleicht auch eine Erklärung dafür, dass sie am 1. Dezember nachmittags nochmals mit Ludwig schlief: Bei einer eventuellen Schwangerschaft wollte sie auf der sicheren Seite sein. Und davon sprach sie nun plötzlich im Januar.[31] Er sagte ihr, das Kind, mit dem sie schwanger sei, binde ihn noch mehr an sie, was sie bestätigte: Es solle Ludwig heißen, wenn es ein Sohn sei, Maria, wenn ein Mädchen. Wenige Tage später berichtete ihm Lolas Kammerjungfer Auguste indes, Lola sei nicht schwanger, sie habe ganz normal ihre Menstruation gehabt. «Was will Lolita damit, sich mir für schwanger auszugeben? Das weiß August[e] auch nicht, die mir sagen will wenn sie das Monatliche wied[er] hat.»[32] Einen Tag später meinte auch Lola zu Ludwig, sie sei wohl nicht schwanger. Obwohl sein Vertrauen in sie in vieler Hinsicht erschüttert war, bezahlte er anstandslos ihre Schulden in Höhe von 15 000 Gulden.[33]

Wie genau Ludwig letztlich die Situation sah, zeigt ein Text, den er Ende Januar 1848 für sie auf Spanisch aufgesetzt hatte, den er ihr aber nie übergab. Immer komme er nach allen anderen, schrieb er, jeder habe mehr Einfluss als er; «wenn Turk, der Hund, sprechen könnte, würde ihm mit größerem Interesse zugehört. Fürs Zahlen und Gehorchen bin ich gut, für das Erfüllen von Wünschen. Wenn ich nicht alles tue, was man mir aufgetragen hat, so werde ich beschuldigt, nichts getan zu haben. Wenn ich Wünsche erfülle, höre ich kaum jemals ein Wort des Dankes und schon gar nicht des Glücks, es ist, als hätte ich nur meine Pflicht getan. Das Gespräch besteht darin, daß ich […] Bitten und wieder Bitten mir anhöre, die aber nicht mit süßer Stimme vorgetragen werden, sondern in befehlendem Ton. Die Herrin des Hauses gibt ihrem Diener Anweisungen. […] Sie möchte auf ihre Weise leben, mit Studenten und ohne die geringste Rücksicht auf mein Herz und meinen Ruf, und sie erniedrigt mich in der Meinung der Öffentlichkeit. Sie will nicht als Querida leben, aber sie will die Macht einer Querida.»[34]

Am 6. Februar, kurz bevor die Unruhen an der Universität eskalierten, erfuhr Ludwig von Lolas Kammerjungfer, dass Peißner jede Nacht bei Lola schlief. Das wäre die Gelegenheit gewesen, beide in flagranti zu ertappen. Doch er zögerte und fürchtete die Konsequenzen: «Für und Gegen, als wenn Lolita ich überrascht[e], Trennung erfolge oder nicht, Gründe für beydes. Das wogt und schwankt in mir. Bleibt sie hier muß Peiß mir fort, Stipendium aus mr CabinettCasse nach Göttingen will ich ihm dann geben. Scheidet Lolitta so habe ich vor ihr jährlich 20000 Franks zu geben aber ohne schftlch Versicherung.»[35] Es blieb alles in der Schwebe, er sprach sie nicht auf ihre Untreue an, er machte auch keinen Versuch, ihr etwas nachzuweisen. Vermutlich war ihm spätestens jetzt klar, dass das Bild, das er sich von ihr gemacht hatte, nur ein Traum gewesen war. Doch er wollte nicht aufhören, das poetische Traumgebäude, das er errichtet hatte, zu bewohnen, und Lola war ihm dafür notwendig wie eine Droge.

Eskalation und Zusammenbruch

Die äußere Dynamik der Ereignisse im Februar und März 1848 ist bereits oft erzählt worden.[36] Spätestens seit Mitte Januar begann die Eskalation, die zu Lolas Vertreibung aus München und in letzter Konsequenz auch zu Ludwigs Thronentsagung führte. Rückblickend analysierte Fürst Oettingen-Wallerstein am 14. Februar in einem Brief an den König die Ereignisse; Lola sei Ludwigs einziger mächtiger Feind gewesen. «Ihre Sucht, zu scheinen, als ob sie regiere, regte die ruhigsten auf. Ihre: Il faut, je veux, j'ai ordonné à Louis usw. waren Wasser auf die antagonistischen Mühlen. Acht Tage, ehe Euer königliche Majestät die Schließung der Universität anordneten, hatte sie diese angekündigt: ‹Je ferai fermer L'université. Louis me l'a déjà promis; je ne lui rends plus sa parole.› [Ich lasse die Universität schließen. Ludwig hat es mir schon versprochen. Ich binde ihn an sein Versprechen.] Als nun der Allerhöchste Befehl kam, betrachtete man ihn als ihr Werk. Weil die ehrlichen, aber derben Bayern ihren König lieben, traten sie in ihrer unsanften Art gegen jene auf, von welcher sie glaubten, sie betrüge diesen geliebten König. – Bis Ende Dezember war alles auf dem besten Weg, mit Neujahr stieg ihr Paroxismus bis zu einer Art von delirio».[37]

Den Anfang machte ein Commers, also ein Bankett, der Alemannen

Mitte Januar; entgegen allen Konventionen zeigte sich Lola kurz auf der Empore des Saales. Da Oettingen-Wallerstein es offiziell aus rechtlichen Gründen abgelehnt hatte, bei dieser Gelegenheit zu sprechen, erklärte ihm Lola einen «Krieg auf Leben und Todt […]. Sie fügte bei, es sey ihr sehr gleichgültig, ob etwas üblich oder nicht; was sie sich einmal vorgesetzt, müßte geschehen, sollte es auch zu Revolutionen kommen, und sollten selbst Euer Koenigliche Majestaet und sie untergehen. Sie schloß sogar mit der Drohung, der treu gehorsammst Unterfertigte werde sehen, was eine geistvolle kühne Frau vermöge, wenn sie alle Triebfedern der Intrige in Bewegung setze. […] Die gute Gräfin spielt in ihrer Unkenntnis des Landes, und vermöge ihrer mehr westlichen Lebensanschauung mit brennendem Zunder auf einem durch Leidenschaften aller Art total unterminierten Boden.»[38] Statt Wallerstein sprach Berks und er bezeichnete die von allen geächteten Alemannen als Vorbilder für die männliche Jugend. Dies brachte die übrigen Studenten auf und es kam zu Unruhen an der Universität. Als Lola nach dem Tod von Professor Joseph Görres, der Leitfigur des deutschen Katholizismus, den Trauerzug kreuzte und verlangte, dass man ihr den Bürgersteig frei mache, war das eine weitere Provokation. Gendarmen mussten Lola in Schutz nehmen, die Empörung war groß.

Am 7. Februar begann dann mit Krawallen in der Universität die Eskalationsspirale; Fürst Wallerstein versuchte, die Studenten zu beruhigen, und versicherte ihnen, es werde keine Einschränkungen ihrer Freiheit geben, wenn sie Ordnung und Respekt bewahrten. Dennoch kam es zu einer Jagd auf zwei Alemannen, die sich letztlich im Rottmannschen Kaffeehaus am nördlichen Ende der Hofgartenarkaden, dem Stammlokal der Alemannen, in Sicherheit brachten. Am Nachmittag gab Graf Eduard von Hirschberg, Gründungsmitglied der Alemannia, einem anderen Studenten nach einem Disput eine Ohrfeige. Daraufhin forderten die Münchner Studentenverbindungen eine Auflösung der Alemannia. Truppen patrouillierten in den Straßen.

Am 9. Februar beschwerten sich Peißner und drei weitere Alemannen am späten Vormittag bei Rektor Friedrich von Thiersch über die Angriffe der Kommilitonen. Als sie die Universität verließen, folgten ihnen viele Studenten und Passanten. Wieder wurde das Rottmannsche Kaffeehaus zum Zufluchtsort. Der Alemanne Graf Eduard von Hirschberg, der sich von einer aggressiven Menge umgeben sah, zog den Dolch. Ein Gendarm packte ihn, Hirschberg konnte aber ins Kaffeehaus entkommen, das von den Gendarmen gegen die lärmende und drohende Menge abgeschirmt wurde. Ludwig, der gerade an einem Kammerball, einem Dejeuner dansant, in der Residenz teilnahm, hörte davon und eilte zu Lola, um sie davon abzuhalten, ihr Haus zu verlassen. Sie versprach es, doch sie hielt sich nicht daran, sondern ging zu Fuß zum belagerten Kaffeehaus. Hier ist ein Teil des «delirio», das Wallerstein beschrieb, zu erkennen: Es war vorauszusehen, dass Lolas Erscheinen in dieser Situation zu einer völlig unnötigen weiteren Steigerung des Unmuts führen würde. Es ist schwer zu entscheiden, ob ihrem Verhalten ein Gefühl der eigenen Unantastbarkeit oder ihre Verachtung der Volksmenge zugrunde lag,[39] ob sie die Gefahr für Leib und Leben nicht wahrnahm oder sie verdrängte.

Lolas Begleiter Oscar von Mussinan beschwor sie erfolglos, nicht auf den Odeonsplatz zu gehen, wo inzwischen bereits 3000 Menschen standen. Als man sie erkannte, stürzten sich die Menschen auf sie, es flogen Pferdeäpfel, sie wurde angerempelt und in den Kot geworfen. Als sie versuchte, in der nahen österreichischen Botschaft oder im Palais Arco Schutz zu suchen, schlossen sich dort die Tore: Hier wohnten diejenigen, die Lola immer als ihre größten Gegner bezeichnet hatte.[40] Lolas Lage war verzweifelt. Zwei Gesellen hatten Mitleid und stellten sich in den Weg, sodass Lola in die Theatinerkirche entkommen konnte; dort kniete sie angeblich nieder und betete: «Lieber Gott, beschütze meinen besten Freund!» Die Menge drängte nach, die Geistlichen forderten alle auf, die Kirche zu verlassen. Inzwischen hatten Gendarmen die Lage erkannt, sie nahmen Lola in die Mitte und eskortierten sie durch die brüllende und pfeifende Menge zur Residenz; angeblich hatte sie dabei ihre Pistole in der Hand, lachte und drohte mit der Faust. Der österreichische Gesandte bewunderte die Gutmütigkeit der Menge, aber auch «den Muth und die Verwegenheit eines Weibes [...] die allein zu Fuße sich mitten unter eine gegen sie erbitterte Volksmenge wagt und noch so viel Geistesgegenwart und kaltes Blut hat, in der Kirche die Komödie jenes Gebetes für den König zu spielen».[41] Abends verließ Lola in einer verhängten Kutsche die Residenz, um nach Hause zu fahren. Soldaten riegelten die Straßen ab.

Der König bewertete diese Ereignisse als Provokation des monarchischen Prinzips und reagierte wie nach den Studentenkrawallen infolge der Julirevolution von 1830 mit übertriebener Schärfe; damals hatte er die Studenten mit polizeistaatlichen Mitteln überwachen und Demonstranten gerichtlich verfolgen lassen.[42] Nun befahl er, die Universität für den Rest des Wintersemesters und für das Sommersemester zu schließen. Die Studenten sollten die Stadt innerhalb von 48 Stunden verlassen. Als der König dies im Ministerrat verkündete, erlitt Wallerstein einen Weinkrampf.[43] Er sah nur zu deutlich, wohin dies führen konnte. In der Folge des Beschlusses kam es zudem zu Konfrontationen zwischen ruhig auftretenden Studenten und der unnötig brutalen Polizei.

Nun folgte der nächste Eskalationsschritt: Im Rathaus versammelten sich der Magistrat und die angesehensten Bürger, um die Universitätsschließung zu besprechen, die einen großen wirtschaftlichen Schaden für die Bürger bedeuten würde, die aber auch als große Ungerechtigkeit gegen die Studenten empfunden wurde.[44] Lolas Einfluss, den sie dahinter vermuteten, lehnten sie einhellig ab. Die Bürger waren nicht mehr wie 1830 bereit, die eigenmächtige Maßnahme des Königs hinzunehmen, und beschlossen, eine Deputation solle dem König den Wunsch der Bürger nach Zurücknahme der Anordnung vortragen. Die Bürger bestanden darauf, die Deputation unter Bürgermeister Kaspar von Steinsdorf geordnet zur Residenz zu begleiten. Dies war wohl der traditional-republikanischen Überzeugung geschuldet, man habe ein Recht, gemeinsame Interessen öffentlich zu artikulieren und durchzusetzen. Um halb vier standen etwa 1000 Bürger ruhig und in Reihen auf dem Platz vor der Residenz: Das war etwa ein Viertel der Münchner mit Bürgerrecht.[45] Zusätzlich fand sich die gleiche Zahl Schaulustige ein. Der König, der gerade zum Essen ging, ließ ausrichten, er lasse seinen Willen nicht beugen. Er wollte die Delegation nicht empfangen: Er werde den Bürgern seine Antwort schriftlich über den ministeriellen Weg zustellen lassen. Auf Bitten des Bürgermeisters nahm sich Prinz Luitpold der Deputation an. Er und seine Frau Auguste versuchten, den König umzustimmen: Auguste bat kniefällig darum, die Bürger nicht ohne Antwort wegzuschicken. Schließlich empfing Ludwig die Deputation, er weigerte sich aber, seine Beschlüsse rückgängig zu machen, und lehnte das Gesuch ab.

Schweigend warteten die Bürger drei Stunden auf dem Platz und folgten dann der Deputation aufs Rathaus. Der König ließ ihnen dort durch Berks mitteilen, er werde die Universität im Mai wieder öffnen lassen, den Studenten das Semester voll anrechnen und den Gendarmeriehauptmann, der am Morgen übergriffig geworden war, einen Lola-Günstling, absetzen. Doch das reichte den Bürgern nicht mehr: Inzwischen ging es darum, Lola zu entfernen. In der Barer Straße versuchten einige Männer, Lolas Haus zu stürmen, sie wurden aber von den Gendarmen zurückgedrängt. Lola stand am Fenster und klatschte Beifall. Sie gab den Alemannen an diesem Abend ein Abschiedsessen. Die Soldaten, die im kalten Regen Wache hielten, weigerten sich, von ihr Essen und Trinken anzunehmen.

Im Polizeipräsidium wurden die Fenster eingeworfen. Die Ministerverweser Wallerstein, Beisler und Heres – Außen-, Justiz- und Finanzminister – baten um Entlassung von ihren Posten, erhielten aber keine Antwort des Königs. Die Reichsräte unter Führung des Fürsten Karl von Leiningen, des Halbbruders von Queen Victoria, beschlossen, am folgenden Tag zum König zu gehen und Lolas Ausweisung zu verlangen. Der englische Prinzgemahl Prinz Albert schrieb an seinen Schwager Leiningen: «Und wie loyal, brav, geduldig, doch mutig haben sich die Münchener gezeigt. Außer Deutschland wäre so etwas entsetzlich gewesen und geworden».[46] Der König teilte Lola mit, es könne zu einem Anschlag auf ihr Haus kommen und er bitte sie inständig, für einen Tag wegzufahren.[47] Sie weigerte sich: Er solle noch Militär aus Augsburg kommen lassen. Die Bürger, die Reichsräte und die Studenten berieten die ganze Nacht über.

Der 11. Februar brachte dann die höchste Eskalationsstufe: Der König hatte die Macht der Bürgerschaft unterschätzt, die zum Wortführer der Studenten und anderer ständischer Gruppen bis hin zu den Reichsräten wurde.[48] Die Bürger versammelten sich morgens im Rathaus und beschlossen, ein weiteres Gesuch an den König zu stellen. Wenn auch das abgelehnt werde, wollten sie um zwei Uhr nachmittags bewaffnet und in Landwehruniform in die Barer Straße gehen, um Lola mit Gewalt zu entfernen. Ludwigs Schwester Auguste von Leuchtenberg versuchte frühmorgens vergeblich, ihren Bruder umzustimmen. Er hörte, dass die Reichsräte im Hotel «Bayerischer Hof» tagten und überlegten, den Kronprinzen Maximilian auf den Thron zu bringen. Der Kriegsministerverweser Heinrich von der Mark teilte dem König mit, wenn Ludwig die Armee für Lola mobilisieren wolle, würde er sich mit seiner Pistole selbst erschießen. Ludwig berief eine Ministerratssitzung ein. Nun erklärte er sich letztlich notgedrungen bereit, die Universität sofort wieder zu öffnen. Dies wurde den Bürgern verkündet, ebenso die nicht mit dem König abgesprochene Botschaft, es sei Lolas Entfernung beschlossen worden. Im Rathaus brach größter Jubel aus, man zog zur Residenz, und als die Königin erschien, wurde sie mit Jubelrufen bedacht.

Anders die Szenerie vor Lolas Palais. Viele Schaulustige strömten in die Barer Straße, um ihre Abfahrt mitzuerleben. Doch sie weigerte sich nach wie vor abzureisen und verkündete ihren Entschluss, zu bleiben und zu sterben:[49] In gewisser Hinsicht war sie ebenso stur wie der König und sie wollte sich nicht geschlagen geben. Ihre Freunde suchten für sie nach einem Fluchtweg, doch die randalierende Menge bedrängte das Haus nicht nur von vorne, sie füllte auch bereits den rückwärtigen Hof. Die Bediensteten versteckten Lolas Schmuck und ihr Silber in einem Schuppen.[50] Es flogen faustgroße Steine. Plötzlich kam Lola mit einer Pistole in der Hand aus dem Haus. In ihren Memoiren schrieb sie, sie sei in den Garten hinausgerannt: «‹Wollt ihr mein Leben, da nehmt es› rief Lola, wie eine von den Pfeilen blutrünstiger Jäger verfolgte Löwin, dem an ihrer hintern Gartenmauer hinaufstürmenden Volke, von einem Stein bereits getroffen, dem Haufen entgegenstürzend zu. Und wahrlich, diese todesverachtende Herausforderung wäre angenommen worden, wenn nicht ein mächtiger Einfluß, ein magnetischer Zauber, der aus der Riesenkühnheit der Spanierin sprach, die Gartenstürmer in ihrem Grimme gedämpft hätte. – Sie zogen sich einen Augenblick zurück.»[51] In ihrer «Autobiography» hieß es, die Aktion habe den Mob erst einmal paralysiert, da es wie ein Akt des Wahnsinns wirken musste. Es sei vielleicht wirklich nicht ganz alltäglich gewesen, aber sie wollte versuchen, mit den Menschen zu reden, die von ihr verlangten, das rückgängig zu machen, was sie erreicht hatte, sie wollte ihnen erklären, dass alles zum Wohl des Volkes und Bayerns geschehen sei.[52] Doch nach einer Schrecksekunde flogen erneut Steine. Freunde und Bedienstete zogen die sich wehrende und um sich schlagende Lola wieder ins Haus. Leutnant Theodor Weber half dem Kutscher Georg Humpel-

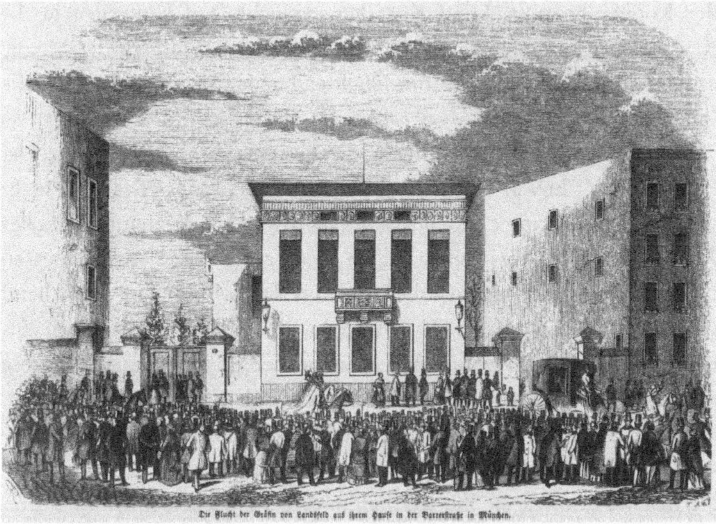

Volkstumult. «Die Flucht der Gräfin von Landsfeld aus ihrem Hause in der Barrerstraße in München», Holzstich, in: Illustrirte Chronik des Jahres 1848, Leipzig

meyer, die Pferde vor Lolas Kutsche zu spannen, mehrere Männer packten die immer noch schreiende und sich wehrende Gräfin und trugen sie in die Kutsche, Leutnant Weber stieg hinter ihr ein, das Tor wurde geöffnet, Georg Humpelmeyer raste mit der Kutsche in die überraschte Menge und bog dann zur Pinakothek ab, gefolgt von gellendem Geheul. Nun wurde das Haus gestürmt. Lolas Hund Turk versteckte sich unter dem Bett.[53] Die Soldaten sahen dem Geschehen untätig zu.

König Ludwig hatte sich nicht abhalten lassen, in die Barer Straße zu gehen. Er kam allein und zu Fuß; er wusste nicht, ob Lola noch da war oder schon hatte fliehen können. Ein Stein traf ihn am Arm. Einige Offiziere erkannten ihn und beschützten ihn mit ihren Säbeln. Ludwig sprach zum Volk und wurde mit Hochrufen bedacht; er bat, das Haus in Ruhe zu lassen, das ihm gehöre, und da sich niemand für das Kommando zuständig erklärte, übernahm er es selbst und ließ durch Militär erst den Hof, dann die Straße räumen, bevor er zur Residenz zurückkehrte. Als er später dort am Fenster erschien, wurde er mit «Hoch lebe der König» begrüßt. Lolas Kutscher versuchte auf Umwegen in die Residenz zu kommen, doch die Tore waren geschlossen; die Menge erkannte die Kutsche, und die Flüchtenden fuhren schnell durch die Innenstadt davon.

In Ludwigs Tagebuch drangen die Ereignisse in ihrer Wucht erst langsam ein.[54] Er war bestürzt, als Lola am 9. Februar nach ihrer Flucht in die Theatinerkirche mit beschmutztem Kleid in Begleitung etlicher Alemannen in der Residenz erschien, und er ließ ihnen etwas zu essen bringen. Doch ansonsten verlief Ludwigs Tag wie immer: Am Abend gab es Tee und Lotterie bei Therese. Sehr spät kam Lola dann noch einmal – als «Jüngling» verkleidet, ebenso einen Tag später. Als Therese nun doch von Ludwig verlangte, er solle Lola aus der Stadt weisen, lehnte er das ab.[55] Am entscheidenden 11. Februar wurde sichtbar, wie sehr Ludwig seine Handlungen innerlich immer noch von Lola abhängig machte und wie sie ihn letztlich in dieser entscheidenden Situation falsch bestärkt hatte: «Wenn ich nur nicht in Lolitta's Achtung verlier[e], gebe ich nach», schrieb er mit Blick auf die Wiederöffnung der Universität.[56] Dann war er aber doch zufrieden mit seiner Entscheidung: Er habe der «Jesuitenpartei» einen Strich durch die Rechnung gemacht, diese habe darauf hingearbeitet, dass Bürgerblut fließe, schrieb er. Graf Arco-Valley, Haupt der ultrakatholischen Partei, der nach Lolas Flucht zum Dank 5000 Gulden an die Münchner Armen gespendet hatte, erhielt Hofverbot, den Redemptoristen-Orden, der Ludwig als Arm der Jesuiten in Bayern galt, ließ der König auflösen.[57] Als er zu Lolas Haus in die Barer Straße ging, empfand er zwiespältige Gefühle; er wollte ihr helfen, «obgleich nicht überzeugt, daß sie mir treu, wusste daß Student Peißner Nächte in ihrem Schlafgemache bey ihr zugebracht». Später reflektierte er: «Ein machtloser König wie ich war, das ist etwas arges. Mein Inneres war zerrissen. Der Steinwurf war das einzige was mich freute, daß ich in Todesgefahr mich begab, den Muth den ich bewiesen. Darüber war ich mit mir zufrieden. Theresen benahm ich die Meynung als wenn ich mit Lolitta gebroche[n] hätte.» Und, etwas später: «Es wühlt in mir ein König der ein ihm Theure nicht b[e]schützen konnte».[58]

Inzwischen hatte Lola im Wirtshaus in Großhesselohe Zuflucht gefunden. Sie schickte ihren Kutscher mit einem Brief zum König: Sie werde in Großhesselohe auf ihn warten.[59] Doch sie wurde ungeduldig, verkleidete sich, puderte sich das Haar weiß und ließ sich vom Gastwirt nach München bringen. Hier herrschte Volksfeststimmung. In die Residenz kam sie nicht hinein, besuchte jedoch die Familie von Günther, erfuhr dort, dass die Alemannen in der Blutenburg, einem Schloss in Obermenzing, seien, und ließ sich dorthin fahren, während der König heimlich mit Berks nach Großhesselohe aufbrach und dort unruhig die Nacht verbrachte.[60] In der Blutenburg wollte Lola zunächst Peißner dazu bringen, mit ihr nach München zurückzukehren, um dort den «Kampf um ihre Macht» aufzunehmen, doch Peißner lehnte ab; daraufhin ohrfeigte und beschimpfte sie ihn, doch sie versöhnten sich wieder und er war letztlich bereit, zu gehorchen. Aber nun weigerte sich der Wirt, sie nach München zu bringen. Letztlich zogen sich Lola und der Student in eines der ungeheizten Zimmer zurück und versuchten, etwas zu schlafen: Lola auf dem Kanapee, Peißner auf zwei Stühlen daneben, wie er später berichtete.[61] Der Wirt fuhr sofort los, informierte nachts noch Berks und Wallerstein und kehrte mit Soldaten in die Blutenburg zurück. Auch zwei Gendarmen tauchten auf, die den Befehl von Berks vorlegten, Lola nach Lindau zu bringen; Berks hatte den König mühsam davon abgehalten, selbst zur Blutenburg zu fahren. Trotz heftigen Widerstands musste Lola nachgeben. Beim Umkleiden soll sie mehrfach gesagt haben: «Jetzt will ich die Krone!» und: «Ich habe hier zwei Pistolen, eine für Ludwig und eine für mich».[62] Zum Schluss gab sie noch einmal die bereits mehrfach inszenierte Furienszene: Sie zerriss den Befehl, den ihr der Polizist vorlegte, in kleine Stücke und warf sie auf den Boden; Peißner hob sie sorgfältig auf. Dann bestieg sie mit den zwei Polizisten und drei Alemannen die Kutsche, die sie zum Bahnhof nach Pasing brachte. Von dort ging die Reise per Zug und Kutsche nach Lindau, ein Zwischenhalt auf dem Weg in die Schweiz oder nach Italien. Ludwig schrieb ihr, er wolle sich im April mit ihr in Lausanne treffen, mindestens für einige Wochen, dann werde man sehen, wann sie nach München zurückkehren könne.[63]

Lola beschrieb sich in ihren Memoiren als Opfer eines katholischen und spießbürgerlichen Komplotts. Die Haltung sei gewesen: «Warum hat Sr. Majestät eine Tänzerin, ein so schlechtes, verrufenes, kokettes, freches, nichtswürdiges und Gott weiß was noch für ein Weib zur bayerischen Gräfin gemacht? Und dann soll die Welt nicht in Flammen ge-

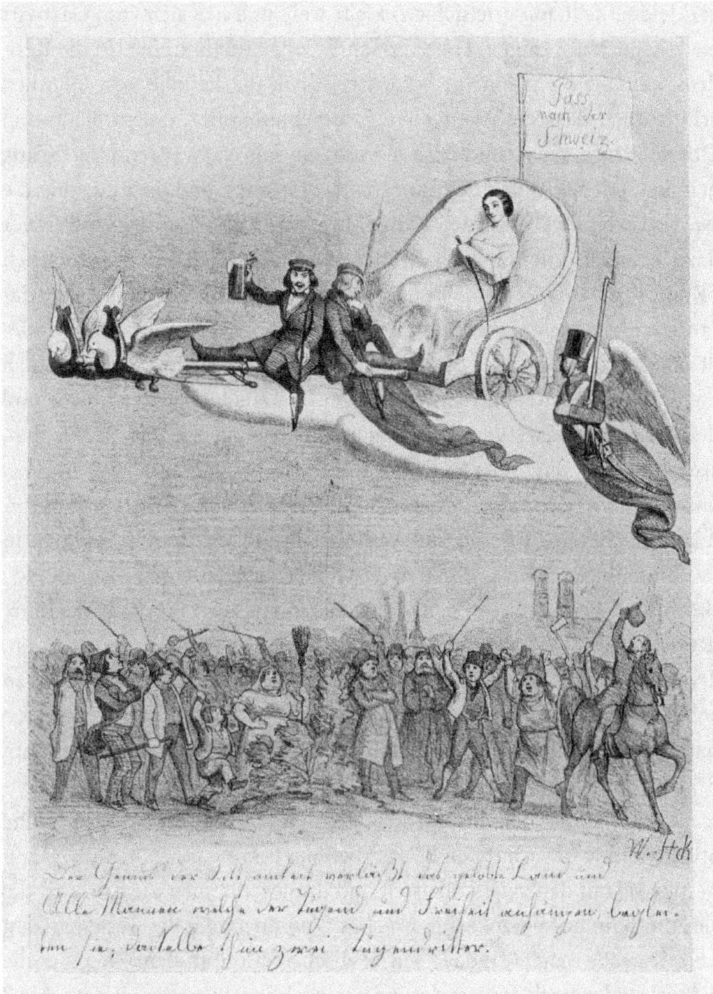

«Der Genius der Sittsamkeit verläßt das gelobte Land und Alle Mannen, welche der Tugend und Freiheit anhängen, begleiten Sie; dasselbe tun zwei Tugendritter». Leipziger Karikatur auf die Flucht der Lola Montez aus München und ihre Begleitung durch Mitglieder der Alemannia, 1848

rathen! […] Adieu, Gräfin von Landsfeld! – Adieu Tänzerin! – Packen Sie sich, – und es ist alles wieder in Ordnung!»[64]

Doch es war nichts in Ordnung. Wie der österreichische Gesandte schrieb, war die ganze Zeit kein revolutionärer Ruf gegen die Monarchie ertönt, man wollte nur Lola loswerden. Der König habe die Stimmung jedoch völlig falsch eingeschätzt und versäumt, rechtzeitig nachzugeben, da er an unbedingte Unterwerfung unter seinen Willen gewohnt war; nun habe er eine schwere Niederlage erlebt.[65] Der britische Gesandte Milbanke merkte an, die Aktionen gegen Lola hätten unglücklicherweise trotzdem sehr an eine Revolution erinnert und der König dabei eine äußerst bemitleidenswerte Rolle gespielt.[66] Viele erkannten schnell, dass der König nur aus Besorgnis um Lolas Leben nachgegeben hatte. Keiner von Lolas Günstlingen wurde entfernt, obwohl längst eine Proskriptionsliste mit «Loliten» kursierte.[67] Gerade Berks, der ganz oben auf dieser Liste stand, wurde zum engsten Vertrauten des Königs. Ludwig erfuhr nun nach und nach, dass bereits überall seine Absetzung diskutiert worden war. Das kränkte ihn sehr: Sein «Königsherz» sei zerrissen, schrieb er ins Tagebuch.[68]

Ludwig war von Lolas Abreise zutiefst berührt und vergoss bitterste Tränen; Therese bot ihm liebevoll an, er könne zum Weinen zu ihr kommen. Er ging zu Lolas Haus, besuchte ihren Hund Turk und begann dort wieder laut zu weinen.[69] Doch er erfuhr nun auch, dass selbst in der letzten Nacht in München Peißner bei Lola geschlafen hatte, ebenso in der Blutenburg. «Peißner ist weder schön noch durch Geist oder Benehmen ausgezeichnet, von niederer Abkunft», notierte er in einer Mischung aus Schmerz und Indignation. Die Schauspielerin Marie Denker bestätigte ihm, dass auch Nußbammer mit Lola ein Verhältnis gehabt hatte. Ludwig schrieb: «Welch an Geist u Körper gewöhnliche Mensch[en] hat die an beydem so ausgezeichnete Lolitta!»[70]

Lola wohnte unterdessen in Lindau standesgemäß im Hotel «Zur Krone». Die Polizisten informierten den Magistrat über den Befehl des Innenministers, die Gräfin Landsfeld zu verhaften, wenn sie nach München zurückzukehren versuche.[71] Es gingen viele Briefe zwischen Ludwig und Lola hin und her, er versicherte ihr seine unwandelbare Liebe und Treue, er küsse ihr Bild und ihren Marmorfuß, den sie ihm geschenkt hatte.[72] Sie tadelte ihn, dass er ihrer Vertreibung zugestimmt habe, dass die Polizei eingeschaltet worden war und dass nun lauter Lügen erzählt würden, etwa über sie und Peißner. Sie habe Ludwig immer die Wahrheit gesagt und liebe ihn unendlich, die Mehrheit könne nicht die «ideale Liebe» verstehen, die sie für ihn empfinde; er solle niemandem trauen, niemand sei ganz ehrlich und viele machtgierig, sie jedoch sei treu bis in den Tod. Wallerstein sei infam und habe alles schon lange vorbereitet. Sie wolle an den König von Preußen und andere schreiben, denn sie sei nur ein Vorwand für den Aufruhr der Ultramontanen gegen Ludwig; leider habe er nicht auf sie gehört und keine Geheimpolizei aufgebaut, die den Aufruhr hätte verhindern können. Ihre Zofe Auguste sei falsch, sie habe viel gestohlen und dauernd Männergeschichten gehabt, ebenso die ehemalige Freundin Babette, die Lügen verbreite.[73] Ludwig schickte Oberkriegskommissar Mussinan mit Kleidern und Geld zu Lola nach Lindau, später fuhr auf ihren Wunsch auch die Hofschauspielerin Marie Denker zu ihr. Lola erhielt einen Pass auf den Namen Mrs Bolton – immerhin war das ein gültiger Ausweis, wenn auch wieder auf einen falschen Namen. Ludwig verlangte jedoch, dass kein Student in die Schweiz mitreisen dürfe: Wer von den Mitgliedern der Alemannia das bayerische Gebiet mit Lola verlasse, habe «die Hoffnung auf Anstellung in Bayern verwirkt».[74] Darüber erregte sich Lola sehr, die sich gerade erst von Leibinger getrennt und wieder Peißner in die Arme geworfen hatte.[75] Als Marie Denker in Lindau ankam, wurde sie Zeugin dieser Vorfälle, machte Lola Vorhaltungen und erhielt postwendend eine Ohrfeige;[76] sie reiste verärgert nach München zurück und erzählte Ludwig, dass Lola den Studenten Leibinger «schwören machte. Ich will nicht hier schreiben was», wie Ludwig aufschrieb.[77] Endlich bestieg Lola am 24. Februar in Begleitung des eifrigen Oberkriegskommissars Mussinan das Dampfschiff nach Romanshorn, um von da nach Bern weiterzureisen. Dorthin hatte sie ihr alter Freund Robert Peel, englischer Geschäftsträger in Bern, eingeladen. Lolas Hund Turk war nicht dabei; er hätte eigentlich mit Marie Denker nach Lindau fahren sollen, daraus wurde aber nichts: «in Lolitt Haus, eigentlich in ein ihrer Hinternzimmer ihren Lieblingshund Türk, der auf der Eisenbahn, als bei Basing gehalten wurde, aus d vagon sprang, u heim sich begab, zu sehen. Er war mir freundlich».[78]

Revolution und Thronverzicht

Die Stille nach dem Sturm um Lola war die trügerische Ruhe vor dem Orkan. Am 23. und 24. Februar kam es in Paris zu Straßenkämpfen, König Louis Philippe dankte ab. Dies löste in München große Sorgen aus.[79] Noch blieb dort zwar alles ruhig, zunehmend wurden jedoch Gerüchte gestreut, Lola sei zurückgekommen; Auslöser war ein Artikel in der «Augsburger Allgemeinen Zeitung».[80] Fürst Karl von Leiningen, Vorsitzender der Reichsrätekammer, legte Ludwig in einem Brief nahe, den Lola-Günstling Berks zu entlassen, der zunehmend zum Stein des Anstoßes werde.[81] Einen Tag später, am 2. März, begannen in München die Unruhen, in deren Mittelpunkt zunächst Berks stand. Soldaten patrouillierten in der Stadt. Berks wurde auf eigenen Wunsch vom König beurlaubt.[82] Er war aber nur das Symbol für die Günstlingswirtschaft, die mit Lola Einzug gehalten hatte, längst ging es um mehr: Die Teuerung des Jahres 1847 und die damit verbundene Not breiter Bevölkerungsschichten, die mangelnde Bereitschaft zu Reformen, die sich wieder im vergangenen Landtag gezeigt hatte, die Unzufriedenheit mit Ludwigs absolutem Regiment, all dies hatte sich zu einer gefährlichen Mischung zusammengebraut. Am nächsten Morgen beschlossen die Bürger im Rathaus wieder eine Adresse, also eine Petition, an den König; sie enthielt die «Märzforderungen»: Ministerverantwortlichkeit, Pressefreiheit, öffentliche Gerichtsverfahren, Volksvertretung am Bundestag, Vereidigung des Militärs auf die Verfassung, sofortige Einberufung der Kammern, ein neues Polizeigesetz, ein freieres Wahlgesetz.

Die Adresse lag im Rathaus aus und tausende Bürger unterzeichneten, auch die Reichsräte, da Ludwig sie nicht anhören wollte.[83] Leiningen bat den König dringlich, die Deputation der Bürger zu empfangen, die Adresse entgegenzunehmen, die dort enthaltenen Bitten in Erwägung zu ziehen und sofort die Kammern einzuberufen.[84] Am Nachmittag empfing der König die Deputation, antwortete jedoch, er werde mit seinen Ministern beraten und am nächsten Tag Bescheid geben. 4000 Bürger warteten im Rathaus auf Antwort. Zuletzt gab Ludwig ein Stück nach und schickte Wallerstein mit der Botschaft, die Kammern sollten zum 31. Mai einberufen werden. Als Wallerstein lange

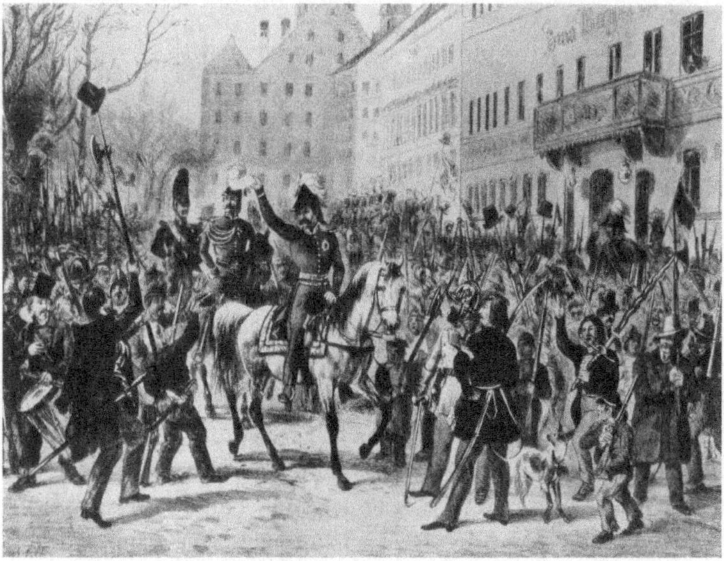

Revolution in Bayern. Prinz Karl beruhigt das Volk am 4. März 1848, kolorierte Lithografie, 1848

nicht aus dem Rathaus zurückkam, beschlichen Ludwig erste Zweifel: «Wie lange werde ich noch in diesen Gemächer[n] wohnen, die Krone behalten dacht ich dem nun als ein böses Zeichen erschien daß Fst Wallerstein so lange ausblieb.»[85] Zwar löste das königliche Nachgeben zunächst Jubel aus, doch da der König das Militär mit Kanonen ausrücken ließ, wuchs die Erbitterung weiter.[86] Die Bürger bewaffneten sich im Zeughaus. Ludwig berief die königlichen Prinzen zu sich; Bürgermeister und Bürger fielen vor Ludwig auf die Knie: Sie könnten die Menge nicht zurückhalten. Am selben Nachmittag verkündete dann Prinz Karl, der Bruder des Königs, der die Truppen kommandierte, den ersten Schritt: Die Stände würden zum 16. März einberufen.[87]

Obwohl Ludwig trotz allem bei den meisten Bürgern als König unangefochten war, gab es auch zunehmend Kritik. Prinz Karl berichtete, viele Bürger wollten ihn nicht mehr als König, auch nicht den Kronprinzen, lieber eine Republik. Die Miesbacher Bauern erwarteten nur ein Zeichen, um nach München zu ziehen. Wenn der König auf dem

Dach der Residenz spaziere, sage man: «Da geht der Narr». Ludwig sah, dass er nachgeben musste. Im Ministerrat am 6. März betonte er, man müsse sich in die neue Lage finden; die Verfasser der Petition seien Hochverräter, aber er unterzeichne die Forderungen. Fürst Wallerstein eilte mit der Proklamation ins Rathaus.[88]

Doch der König fühlte sich entehrt. Als die Bürger ihm Vivats ausbrachten, sagte er zu Therese nur: «erniedrigt», als im Theater weißblau gekleidete Mädchen Blumen streuten und damit Therese zu Tränen rührten, meinte er, auch ein Opfertier werde geschmückt. Und als Studenten ihm zujubelten und nur mühsam davon abzuhalten waren, der Kutsche des Königspaares die Pferde auszuspannen und sie selbst zu ziehen, dachte er an das Ostergeschehen: «Die Hosanna auf unseren Heiland riefen wenige Tage nachher Kreuzige ihn».[89]

Die Märzrevolution hatte in München im Gegensatz zu anderen Städten ohne Blutvergießen gesiegt. Der König sah sich zwar gedemütigt, aber er saß dank seiner Zugeständnisse in vieler Hinsicht fester auf dem Thron als andere Monarchen zu dieser Zeit. Doch Lola brachte sich erneut ins Spiel. Am 9. März weckte der Polizeidirektor Ludwig um ein Uhr früh: Die Gräfin Landsfeld sei in München. Ludwig eilte sofort ins Polizeigebäude. Lola war als Bäuerin verkleidet, wie er schrieb; die beiden umarmten sich. Sie sagte ihm, er möge die Krone niederlegen. «Es war ihre Ueberzeugung, wiederhohlt und wiederhohlt drang sie in mir. Wie könnte ich nach dem was vorgefallen Freude haben sie zu tragen. Mit dem Herrschen wäre es aus das Volk einmal erfahren daß es mit Gewalt durchgesezt würde künftig ebenfals so machen. Die Jahre welche ich noch zu leben hätte sollte ich freudig zubringen, mit ihr. Lolitta liebt mich die sehr eifersüchtig, sich sehr erkundigt, aber mit gutem Gewissen stand ich vor ihr. Treue für's Leben versprach ich ihr, wir gaben uns die Hand darauf. Es scheint doch daß sie auch mir treue, wenigstens kann es seyn». Sie wolle nie mehr in München leben, sich vielmehr ein Landhaus in Vevey in der Schweiz kaufen, so Lola. Er solle für sie Geld bei der Belgischen Bank anlegen und auch sein Geld aus Bayern dorthin transferieren. Als Lola von diesem Treffen in die Winternacht hinaustrat, so resümierte sie 1858 in ihrer «Autobiography», wusste sie, dass sie die Türme und Kuppeln Münchens zum letzten Mal sah.[90] Um vier Uhr verließ Lola die Stadt; sie nahm ihren Hund Turk mit. «Als mir Lolitta heute gesagt d Krone nieder zu legen miteinander zu leben, dachte ich wenn auch erstes würde lezteres doch nicht erreicht. Denn von meiner Frau kann ich mich nicht trennen.»[91]

Wie ein Lauffeuer verbreitete sich am nächsten Morgen die Geschichte ihres überraschenden Besuchs. Sie hatte diese Reise unternommen, da Ludwig seine Briefe nach Lausanne schickte und sie bei Lola in Bern nicht ankamen; sie war unsicher geworden, ob er sich von ihr abgewandt hatte, und eifersüchtig auf ihre ehemalige Freundin Marie Denker. Vor allem die Sicherung ihres Unterhalts war für sie ein wichtiges Thema.[92] Daher hatte sie sich in Begleitung des russischen Diplomaten Baron Georges Meller, den sie schon seit 1846 kannte und in Bern wiedergetroffen hatte, mit der Kutsche nach München aufgemacht. Dem eigenen Bericht zufolge war sie als Mann verkleidet. Lola und Meller waren zu Lolas Freundin Caroline Wegner gegangen, wo sie nach langem Klopfen Einlass erhielten, und Lola schrieb Ludwig einen Brief, er möge dorthin kommen. Doch ein im Haus wohnender Offizier war wach geworden und alarmierte die Polizei, die Lola dort fand und in die Polizeidirektion mitnahm.

Ludwig ging in den folgenden Tagen wie immer seinen «Berufsgeschäften» nach; er entließ Oettingen-Wallerstein, dem er eine Mitverantwortung für Lolas Vertreibung anlastete; er hielt Ministerratssitzungen ab, gab Audienzen, spielte Lotterie bei Therese.[93] Am 12. März überkam ihn bei einem Spaziergang im Englischen Garten die ganze Schwere seiner Situation: «Die frühe[ren] Verhältnisse sind alle gewes, kein Freund gege[n] den ich mich ausschütten könnte, aus d Ministerien entfernt zu den vertrauensvoll ich mich fühlte in München Empören, die Macht der Krone gebrochen, die Umwälzung gesiegt, Lolitta vertrieben, als Mensch, als König das Gemüth zerrissen, vereinzelt stehe ich da in Schmerz, nicht genug es wird verlangt daß ich zufrieden seyn soll, heiter mein Ausdruk. Wie freudig werde ich seyn wenn einmal Bayern hinter mir liegt, zu Lolitta in d Schweiz eilend».[94]

In München begann derweilen eine Lola-Gespensterjagd. Am 15. März ging das Gerücht um, Lola sei in Fürstenried. Kurz darauf hieß es, Lola und Wallerstein hätten ein Komplott geschmiedet, den König zu stürzen. Einen Tag später versammelte sich eine Menschenmenge vor der Polizeidirektion und behauptete, Lola sei dort gesehen worden. Sie wurde auch bei ihren ehemaligen Freundinnen Marie Denker und Caroline Wegner gesucht, ebenso in dem Haus in der Barer Straße. Ein Mitglied der Abgeordnetenkammer wollte Lola im Zug zwischen Heidelberg und Frankfurt erkannt haben. Angeblich war sie in Haidhausen gesehen worden, aber auch in Berg am Laim bei einem Kunstmaler, und sogar die Türme der Kirche von St. Michael Berg am Laim wurden durchsucht. Ludwig nahm Lolas Freundin Caroline Wegner in der Residenz auf und ließ die Möbel ihres Vaters in Sicherheit bringen, weil die Meute die Wohnung zu zerstören drohte.[95] Der «Münchner Punsch» schrieb: «Schau nicht um, die Lola geht rum!» Erneut gab es Anzeichen, dass das Zeughaus gestürmt werden sollte.[96] Truppen wurden vor der Residenz postiert.

In diesen Tagen eskalierte die Revolution in Wien und Berlin: Metternich floh aus Wien, am 18. März fanden in Berlin erbitterte Barrikadenkämpfe statt. Um Aufstände in München zu verhindern, war Ludwig gezwungen, Lola das Indigenat abzuerkennen: «Einwendunge[n] u Einwendungen machte ich sagte von ihr wäre ich überzeugt, sie gäbe es aus Rüksicht auf mich zurüke. Was ich bereits gestern vor dem Krawal Theresen gesagt, heute wiederhohlt vielleicht spät die Krone ich niederlege zu m. Ministerverwes gesagt, die davon nichts hören wollten. Jezo in diesem Augenblike der Gefahr sie niederzulegen wäre Mangel an Muth hatte ich gesagt zu Therese. [...] Hatte besorgt man verlange ich soll mit ihr abbrechen. Nicht daß ihr das Indigenat genommen sey, daß es ihr widerrechtlich ertheilt erklärte ich, sondern daß sie's nicht mehr besitze (Diese Erklärung kann es ihr nicht rauben). [...] Die Lolitta's Indigenat betffend gegeb Erklärung geht mir nicht aus dem Kopfe. Daß es so weit gekommen ist!» An Lola schrieb er, dass in München Fürchterliches passieren werde, wenn er ihr nicht das Indigenat aberkenne, sie bleibe aber auch ohne Staatsbürgerschaft Gräfin von Landsfeld.[97] Und er überlege, die Krone niederzulegen. Doch es war mehr: Lola wurde in Bayern zur Fahndung ausgeschrieben.[98]

Ludwig hatte schwere Migräne und er rang mit sich, er konferierte mit dem Präsidenten der Abgeordnetenkammer, Hermann Freiherr von Rotenhan, sowie mit Heinrich von der Tann:[99] «Aufgehört zu regieren habe ich in jedem Fall ob ich die Krone behalte oder ablege». Am 19. März, dem Höhepunkt der Revolution in Berlin, rief er dann alle volljährigen Prinzen zusammen, denen er seinen Entschluss mitteilte. Sie wollten ihn davon abhalten, alle brachen in Tränen aus. «Im 23n Jahre regier[en]d wie ich, kann ich in die neue Art nicht einzihe[n] der noch nicht regiert, kann es». Alle waren ergriffen; Ludwig formulierte seine Abdankungserklärung und ging heiter zu Therese. Am 20. Juli verlieh er noch einige Orden und empfing eine Pfälzer Abordnung mit einer Petition, die tausende Unterschriften trug. «Wie neu gebohren, in dieser Lage die Krone vom Haupte. Spazieren gegangen. Wie dis Alp befreyt, lustig, verjüngt, von der Last der Krone befreyt zu seyn.» Einen Tag später bereute er bereits ein wenig, weil er sah, dass seine Bauten vielleicht nicht vollendet würden. Als Bürgermeister Steinsdorf und der Münchner Magistrat zu ihm kamen, war er wieder ganz der Alte: «Genuß war mir, drükte ich aus mein Berufsgeschäfte zu thun, für mein Volk zu arbeiten als König in den Schranken der Verfassung zu herrsch. König seyn, nicht scheinen. Da die Empörung siegte, endigt meine Monarchie.» Den Ministern gab er zum Abschied mit: «Der ich den Ministern befahl konnte ihnen nicht gehorchen.»[100]

Es war sicher nicht primär der Gedanke an Lola, der zu Ludwigs Thronverzicht führte, auch ihr Besuch vom 9. März hatte hierauf keinen entscheidenden Einfluss. Zwar wollte er auch frei sein für Lola, wusste aber, dass er nicht dauerhaft bei ihr bleiben würde.[101] Im Rückblick von 1858 schrieb er, er sei zwar im März 1848 noch leidenschaftlich in sie verliebt gewesen, aber es sei ihm nicht in den Sinn gekommen, sich von seiner Frau Therese zu trennen, und auch nicht, vom Thron zu steigen. Wenn seine Worte in einem Brief an sie so auszulegen gewesen seien, als ob er ihretwegen abgedankt habe, so sei das nicht richtig: «Es waren Worte, die Verdienst mir bey ihr geben sollte. […] Aus meinem Leben ausstreichen möchte ich die Zeit ihres hiesigen Aufenthalts, die nur zu viel Stoff zu gerechtem Tadel gegen mich giebt». Er sei vor allem in den letzten Monaten ihres Aufenthalts sehr unglücklich gewesen. Doch der Gedanke abzudanken sei ihm erst gekommen, als ihm sein Bruder mitgeteilt habe, dass das Volk ihn nicht mehr liebe. Den Ausschlag gegeben habe letztlich das Verhalten des neuen Ministers Gottlieb von Thon-Dittmer, der eigenmächtig Entscheidungen getroffen und sie ihm erst nachträglich zur Genehmigung vorgelegt habe, «und ein Theaterkönig, eine Unterschreibmaschine zu seyn war meiner Natur zuwider».[102]

Durch die Lola-Affäre waren Ludwig deutlich die Grenzen seiner Macht gezeigt worden. Dies konnte er, der immer seinen Willen gegen alle durchzusetzen verstanden hatte, nur schwer ertragen. Die Minister, die Bürger, sie alle hatten ihn zu Handlungen gezwungen, die sein Selbstverständnis als absoluter Monarch zutiefst verletzten. Er konnte die Niederlage, die ihm wegen seines privaten Verhaltens zugefügt worden war, als König nicht akzeptieren. Es war für ihn vorauszusehen, dass es ihm in Zukunft nicht mehr möglich sein würde, auf seine Art alle Fäden der Regierung auf sich zu konzentrieren, wie er das nunmehr 23 Jahre lang in eiserner Disziplin und unter hohem persönlichen Einsatz gemacht hatte. Deshalb verzichtete er lieber auf den Thron, als sich zu beugen – nicht ohne es wenig später bereits bitter zu bereuen.

Fürstlicher Lebensstil als Sucht – Gräfin Landsfeld in der Schweiz

Bereits in den letzten Monaten in München waren bei Lola viele Anzeichen von Realitätsverlust und Größenphantasien zu erkennen gewesen: Sie sah sich wohl wirklich als eine Art Premierministerin Bayerns und glaubte, in einer Welt zu leben, in der ihre Wünsche Gesetz seien. Auch König Ludwig hatte immer mehr zu spüren bekommen, dass er vom Herrn zum Diener, zum Wunscherfüller geworden war. Bereits in diesen Monaten nahm Lola immer weniger Rücksicht auf Ludwigs Bedürfnisse und auf die öffentliche Meinung. Aufgrund seiner Schuldgefühle und seiner Liebe forderte Ludwig von ihr auch nur selten, Regeln einzuhalten – und wenn er das tat, gab es wie in Bad Brückenau Szenen und Auftritte. Wer Lola Grenzen setzte, galt ihr als Feind. Sie nahm sich, ohne viel Rücksicht zu nehmen, fast jede Freiheit. Dies setzte sich in den folgenden Monaten fort. Doch nun stieß Lolas Regellosigkeit an Grenzen: In der Schweiz gab es keinen König mehr, der sich vor Lola stellte, obwohl Ludwig nach wie vor viele ihrer extravaganten Wünsche erfüllte. Ihr Umgang mit dem Geld wurde zum Problem: Konnte sie in München dank Ludwigs Unterstützung im übertragenen wie im konkreten Sinne spielen, ohne zu bezahlen, so war dies nun nicht mehr der Fall.

Nach Lolas Flucht war Ludwig zunächst fest überzeugt, sie im April in Lausanne treffen zu können; darauf lebte er hin, das trug ihn über schwere Zeiten. Lola hatte ihm ihre Liebe versichert und er glaubte ihr. In den ersten Wochen war Lola in Bern von Robert Peel in Diplomatenkreise eingeführt worden. Dort saß sie an der Quelle politischer Informationen und gab diese großzügig, wenn auch oft widersprüchlich an Ludwig weiter. Nach ihrem lebensgefährlichen Kurzbesuch in München fuhr Lola zunächst mit Baron Meller nach Bern zurück, um danach allein wieder nach Frankfurt aufzubrechen. Der bayerische Oppositionspolitiker, der berichtete, Lola im Zug von Heidelberg nach Frankfurt gesehen zu haben, hatte also Recht:[103] In Heidelberg musste sie zwei Stunden auf den Anschlusszug warten, sie wurde erkannt und beschimpft.[104] Deckmantel ihrer Reise war ein geschäftlicher Termin mit John Murray in Frankfurt; Murray war ein Engländer, der zu ihrem Münchner Zirkel gehörte und von Ludwig auf Lolas Wunsch zum bayerischen Kammerherrn erhoben worden war.[105] Wie Ludwig ein Dreivierteljahr später von Elias Peißner erfuhr, hatte Lola diesem jedoch ultimativ nach Plauen geschrieben, wohin er sich mit anderen Alemannen vor den Münchner Stürmen in Sicherheit gebracht hatte: Sie wolle ihn in Frankfurt treffen; wenn er dieser Einladung nicht nachkomme, werde sie nach Plauen kommen. Peißner gehorchte. Er wohnte im «Hotel de Paris», sie im «Hotel Landsberg»: Trotz ihrer Liebesschwüre für Ludwig nur wenige Tage zuvor schwor sie nun dem jungen Mann, dass sie ihn heiraten wolle; doch er war deutlich skeptischer als Ludwig und wies «Hand, Wort und Schwur zurück mit dem Bemerken, es könnte sie einmal reuen, was sie heute gethan». Sie wollte ihn als Begleiter bis Basel gewinnen, er jedoch fuhr über Mainz nach Plauen zurück, da er fürchtete, erkannt zu werden.[106]

Obwohl oder weil sie sich also mit Peißner vergnügt hatte, quälte Lola Ludwig mit brieflichen Eifersuchtsdramen. Darin inszenierte sie Marie Denker als ihre Rivalin. Jene habe Ludwig bestimmt erzählt, Peißner sei Lolas Liebhaber, doch Peißner sei wie ein Bruder zu ihr. Marie Denker sei infam und intrigant, Ludwig solle sie nie wieder besuchen. Ludwig habe sie, Lola, verraten, nicht sie ihn, und sie, sie sei ihm immer, immer treu gewesen. Er habe sich nach Meinung der Leute sehr schlecht verhalten: «Nach dem, was ich erlitten habe, aus München wegen meiner Ergebenheit für Dich vertrieben und im Moment mit nichts anderem als dem, was ich bei mir habe. Dein Verhalten erscheint mir sehr eigenartig und herzlos. [...] Mein Gewissen ist klar und rein. [...] Oh Ludwig, Ludwig, wie hast Du mich betrogen. Du bist wirklich sehr schwach, jetzt ist es klar. [...] Du hast mich für immer unglücklich gemacht.» Das schrieb Lola gewissermaßen Hand in Hand mit Peißner, sei es aus tatsächlicher Eifersucht oder um Ludwig abzulenken.[107] Er sei ihr treu, antwortete Ludwig an dem tränenreichen und bedeutungsvollen Tag seines Rücktritts, er sei in seiner Liebe zu ihr glücklich.[108] Insgeheim schmeichelte ihm ihre Eifersucht, was sie sehr wohl wusste: Eifersucht galt ihm als das Zeichen wahrer Liebe.[109] In sein Tagebuch notierte er jedoch. «Auch das noch! Eifersucht gegen die Denker, gegen die Denker ...»[110]

Lolas Briefe der folgenden Wochen und Monate lassen sich auf bestimmte Themenstränge kondensieren: Liebe und Eifersucht, politische Ratschläge und Intrigen, die Opfer, die sie gebracht hatte, der Verrat von Menschen in ihrer Nähe, denen sie zunächst vertraut hatte. Und Geld, Geld und wieder Geld. Während Ludwig in vielen Stufen Abschied von seiner Herrschaft nahm, unter Tränen die Zuneigung vieler Untertanen erlebte und auf ein Treffen mit Lola hoffte, beschäftigte Lola sich damit, wie Ludwig sein Vermögen und das seiner Familie im Ausland in Sicherheit bringen könnte, wenn eine deutsche Republik ausgerufen würde. Sie riet ihm dringlich dazu, alles Geld der Familie aus Bayern abzuziehen und in Belgien oder England anzulegen. Sie schickte ihm sogar einen entsprechenden Brief für seinen Sohn Max, mittlerweile König, den er diesem tatsächlich weiterleitete.[111] Sie schrieb: «Wenn Dir ein Unfall passiert (Gott behüte), ich verloren bin – dann muß ich auf den Straßen betteln – was für eine Lage und was für ein Triumph für meine Feinde – Für meinen Teil denke ich eher an eine ‹allerletzte Lösung›, als ohne Geld zu sein.»[112] Damit meinte sie Suizid, mit dem sie auch später immer wieder einmal zumindest schriftlich drohte. Ludwig riet ihr dringlich, mit ihrem Geld zu haushalten, da er ihr aufgrund seiner reduzierten Einnahmen nicht mehr geben und auch keine Schulden bezahlen könne.[113]

Lola fuhr mit Peel und Baron Meller von Bern nach Lausanne und Vevey, um ein Haus für sich und auch für Ludwigs Besuch zu suchen.

Beide Orte gefielen ihr nicht, aber Genf sei wunderbar, schrieb sie ihm; es sei alles sehr teuer, aber es wäre für sie fürchterlich, «in einer miserablen Baracke zu leben, nur weil etwas Geld fehlt»; er könne dafür ihr Münchner Haus haben, müsse ihr aber noch etwas Geld dazugeben. Einige Tage später hatte sie ein «kleines Haus» gefunden, es koste 140 000 Franken.[114] Kleines Haus? Es war das «Château de l'Impératrice» mit herrlichem Blick auf See und Berge, das die Kaiserin Josephine Beauharnais nach ihrer erzwungenen Scheidung von Napoleon bewohnt hatte; dies war sicher für Lola ein weiterer Grund, sich dort niederzulassen, sah sie sich doch auch selbst vermutlich als eine Art verstoßene Kaiserin. 140 000 Franken waren mehr als das Dreifache dessen, was sie jährlich von Ludwig erhielt. Ludwig machte sie noch einmal darauf aufmerksam, dass er ihr nicht mehr Geld geben könne,[115] daher mietete sie das Haus zunächst unmöbliert für 500 Franken im Monat; sie wartete darauf, dass ihr Ludwig ihre Möbel und Wertsachen aus München schickte, einstweilen brauchte sie aber neue Teppiche und Gardinen und ließ größere Reparaturen ausführen.[116]

Obwohl sich eigentlich Ludwig für Mitte April angekündigt hatte, lud Lola Peißner in die Schweiz ein, der am 8. April in Bern ankam. Da lag Lola bereits mit Peel und Meller im Streit. Beide erwarteten von ihr, dass sie die Auslagen bezahlte, die bei der Reise nach Genf entstanden waren. Das kränkte Lola sehr: Die beiden seien nicht freundlich zu ihr gewesen, schrieb sie an Ludwig.[117] Eigentlich wollte Peißner am liebsten gleich wieder abfahren, doch da Lola größere Transporte nach Genf vornehmen musste, half er, einen der Wagen zu führen, und blieb zwei Wochen in Genf im eleganten «Hotel de Bergues». Er war entsetzt zu sehen, dass Lola keineswegs zurückgezogen lebte; sie gab vielmehr mit vollen Händen Geld aus, für Schmuck, Blumen und vieles mehr, sie engagierte acht Dienstboten, um das riesige Château zu bewirtschaften, und sie war höchst ärgerlich, als sich der vernachlässigte Peißner gut mit der Tochter des Hoteliers Alexandre Emmanuel Rufenacht unterhielt. Schließlich floh Peißner Ende April unter Hinterlassung seiner Wertsachen und seines Reisegepäcks nach Gießen.[118]

Ludwig wusste von alledem nichts; er war fest entschlossen, Mitte April zu Lola zu fahren, und hatte sich bei seiner Abdankung ausdrücklich zusichern lassen, reisen zu können, wohin er wolle.[119] Doch er erhielt Warnungen; sein alter Freund Heinrich von der Tann schrieb ihm, wie er im Tagebuch notierte, «Verachtung würde mich treffen wenn ich nach d Schweiz reiste zu Lolita, vielleicht würde ich nicht mehr in Bayern eingelassen werden od doch üble Begegnung mir widerfahren. Höchlich unangenehm mir dieses Schreiben, ändert aber meinen Entschluß nicht.»[120] Am 10. April begann er bereits für die Reise zu packen, doch einen Tag später bat ihn König Max um ein Gespräch:[121] Wenn Ludwig jetzt zu Lola reise, «wäre sein Thron, die Dynastie in Gefahr, ein Vorwand zu stürzen. Er wisse nicht sich Abends niederlegend, wie am Morgen aufstehen würde. (Sind denn die Leute toll, was soll das Bayern machen wenn ein vom Thron gestiegener keinen Einfluß habender vormaliger König Lolitta besucht!). Meine Reise verschob ich, aber verschob sie nur. So sagte Max könnte es nicht bleiben wenn das Parlament bey einander wird's besser. (Daß nenne ich Freyheit, das ich der ich vom Schauplaze abgetreten, nicht reisen kann wohin ich will). Schrieb Lolitta [...], es ihr anzeigend, es kettet mich noch mehr an sie.»[122] Wie ernst die Lage war, ist einem Brief Fürst Karl von Leiningens vom 8. April an seinen Schwager, Prinz Albert in London, zu entnehmen: «Den Fortbestand der kleinen Souveränitäten, selbst wenn die konstitutionelle Monarchie obsiegt, halte ich für fast unmöglich.»[123] Da die Reise verschoben war, spürte Ludwig wieder die große Leere nach dem Thronverzicht; es kamen ihm sogar einige kritische Gedanken. «Hätte Lolitta ihre Zunge u Feder nicht so geh[en] lassen, nicht so heftig sie gewes den Leuten nicht vor d Kopf gestossen, nicht herschsüchtig gewesen, der Schein eines gebende[n] Skandals von mir, wäre aber dennoch geblieben. [...] es gut, daß sie nicht mehr in München, aber wenn sie sich nicht losreist gekettet bleibe ich an sie. Die Welt vermag nicht mich von ihr zu trennen».[124] Der immer wiederkehrende Begriff, er sei an sie «gekettet» und könne sich nicht losreißen, beschreibt eindrücklich Ludwigs Situation: Er war tief verstrickt in seine Schuldgefühle, seinen Starrsinn, seine Angst vor Alter und Leere und daher nicht in der Lage, sich von der Bindung an Lola zu befreien.

Lola war sehr ungnädig wegen seiner Absage: Sein Brief habe sie sehr verletzt, schrieb sie, König Maximilian mache ihm nur Angst. Ludwig solle doch nicht an die Lügen seiner Familie glauben. Sie werde weiterhin verfolgt: Murray habe Geld gefordert, auch Peel und Meller wollten Geld von ihr. Sie erwarte, Ludwig in einigen Tagen zu sehen.[125] Entsprechend folgten Geldforderungen. Sie habe in Bern die Hotelrechnung nicht bezahlen können, ebenso wenig die Frachtkosten für ihre Möbel, sie besitze keinen Kreuzer mehr. Die Möbelsendung aus München umfasste 56 Kisten und wog mehr als acht Tonnen.[126] «Aber ich bin sicher, daß Du mir das schicken wirst, mi querido Louis. Sonst wird der Mann, der sie [die Möbel] von München gebracht hat, einen großen Skandal verursachen. [...] Bitte sende mir die Summe. [...] Ich habe überhaupt nichts gekauft, aber in diesem Hotel zu wohnen mit Zofen und Pferden, ist sehr teuer. Schicke das Geld.»[127] Auch aus München werde sie verfolgt von Leuten, die nie Geld von ihr gefordert hatten, und jetzt sollte sie plötzlich Schulden bezahlen. Außerdem brauche sie 3000 Franken für Möbel, 2000 für Hausreparaturen und 4000 für die Hotelrechnung.[128] Noch immer war Ludwig Wachs in ihren Händen: Er versicherte ihr, er wolle 400 000 Gulden für sie anlegen, damit ihr Unterhalt für immer gesichert sei: Diese Einlage bringe ihm in Bayern fünf Prozent Zinsen; doch wenn sie es anderswo anlegen wolle, solle sie es ihm sagen. Nach heutiger Kaufkraft entsprächen diese 400 000 Gulden über neun Millionen Euro.[129] Außerdem schickte er ihr 1000 Gulden, damit sie die Möbel auslösen konnte.[130] Und er küsste die Stellen in ihren Briefen, in denen sie ihm ihre Liebe versicherte.[131]

Das Angebot, diese enorme Summe für sie anzulegen, wiederholte er in den folgenden Monaten noch mehrfach, ohne eine klare Antwort zu bekommen. Für diese Art von kluger Zukunftssicherung war Lola nicht zu haben, sie lebte nur in der Gegenwart. Und sie wollte die freie Verfügung über die 400 000 Gulden, von denen er gesprochen habe – sie sei sonst verloren: «Ich kann keinen anderen Lebensstil mehr führen als den, den ich gewohnt bin. [...] Bevor ich nicht Sicherheit habe, kann ich nicht in Frieden leben.»[132] Am 8. Mai schickte Ludwig Lola noch einmal 7000 Franken, aber er war doch sehr ungehalten: «Es ist unglaublich, daß eine Frau ohne Familie in einem Hotel in so kurzer Zeit 4000 Franken schuldet.»[133] Mitte Mai gestand Lola, sie habe in Bern mit Peel und Meller Karten gespielt. «Aber sie waren gemein und ließen mich zahlen, als ich verlor. Ich habe 2000 Franken verloren, aber ich verspreche, daß ich niemals mehr eine Karte anrühre.»[134] Etwas später hieß es dann, es seien 3000 Franken gewesen.[135] Diese Szene ist höchst charakteristisch: Sie spielte hoch – wenn sie aber die Verantwortung für ihr Handeln übernehmen sollte, waren diejenigen «gemein», die das forderten. Von denjenigen, die Bezahlung für Einkäufe oder Dienstleistungen verlangten, sah sich Lola «verfolgt»; sie wurden für sie zu Feinden und standen vielleicht sogar mit den Jesuiten im Bunde. Lolas Denk- und Handlungsstrukturen dieser Zeit liegen hier offen zutage.

Gegenüber Ludwig inszenierte sie sich stets als hilflose und verzweifelte Kindfrau, als Opfer vielfältiger Komplotte; außer ihm habe sie niemanden auf der Welt. Sie könne nicht schlafen und nicht essen, sie könne weder das Hotel noch ihre Villa bezahlen und sie wisse nicht, was sie getan habe, dass Ludwig sie so streng bestrafe und ihr die paar tausend Franken verweigere: «Wenn Du ein Herz hast, dann schick mir das Geld.»[136] Ludwig schickte ihr 5000 Franken, damit sie das Hotel in Genf und etliches mehr bezahlen konnte; als ihm kurz darauf eine Hotelrechnung von Rufenacht über fast 2500 Franken auf den Tisch kam, schickte er sie jedoch zurück: Dafür habe er ihr doch die große Summe von 5000 Gulden gesandt![137] Darauf reagierte Lola nicht, sie bestand darauf, dass Ludwig die Rechnung bezahle, sonst bliebe der arme Hotelier Rufenacht ohne Geld.[138] Briefe dieser Art begleiteten die Beziehung zwischen Ludwig und Lola bis zum bitteren Ende: verzweifelte Bitten um Hilfe, sie könne nicht mehr im Elend leben, es sei so schlimm, dass sie so lang auf Geld warten müsse, sie sei so unglücklich. Am Vortag sei ein Schuldeneintreiber bei ihr gewesen, Ludwig solle ihr ihren Schmuck schicken und ihr Geld leihen, bis sie den Schmuck verkauft habe.[139]

Ende Mai 1848 fragte Ludwig, der immer noch auf ein Treffen mit Lola hoffte, ob Lola denn mit ihm schlafen wolle, wenn er zu ihr käme; er war von ihrer Antwort überwältigt: Natürlich wolle sie gerne mit ihm schlafen, schrieb Lola. Wenn er das lese, schrieb er ihr, habe er ständig Erektionen.[140] Wieso Ludwig zu diesem Zeitpunkt diese Frage stellte, ist nicht zu klären. In seinem Tagebuch findet sich keine Spur dieser brieflichen Sexualisierung der Beziehung. Er schrieb solche Fragen auch immer nur auf kleine rosa Zettel, die er seinen Briefen beilegte, mit der Bitte, sie gleich zu vernichten oder sie mit einer Antwort auf der Rückseite zurückzuschicken. Nach wie vor bestimmte seine katholische Sexualmoral nicht nur sein Handeln, sondern auch seine

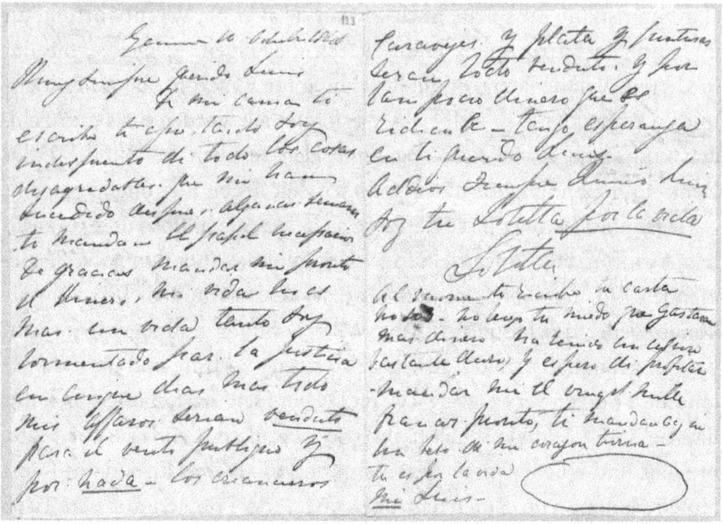

Geldnöte begleiteten Lolas Leben in Genf. Bettelbrief an König Ludwig, 10. Oktober 1848. «Muy siempre querido Louis, ich schreibe aus meinem Bett. Ich bin unpäßlich nach all dem, was sich in den letzten Wochen ereignet hat. Ich schicke das notwendige Papier. Bitte sende mir das Geld schnell. Mein Leben ist kein Leben mehr, ich bin so sehr von der Justiz gequält worden. In fünf Tagen werden alle meine Sachen bei einer öffentlichen Auktion verkauft – für nichts. […] Du wärest überrascht, wenn Du all die Verfolgungen sehen würdest, die ich zu erleiden habe, weil ich meine Schulden nicht bezahlen kann. Ich flehe Dich an, das Geld mit der nächsten Post zu schicken. […] Schick mir die 20 000 Franken sofort. Ich schicke Dir einen Kuß aus meinem zärtlichen Herzen. Du bist das Leben, mein Ludwig. Deine treue Lolita».

Gedanken. Dies zeigt auch ein Tagebucheintrag vom November. Er wünsche sich, notierte er, dass Lola heirate und eine treue Frau werde, da dies «das bevorstehende Ueble, Thereses und hinsichtlich des Volkes, wenn ich mich wieder geraume Zeit mit ihr an einem Orte befind werde», beseitige. Aber: «so aber lasse ich nicht von ihr […]. Denn fester Vorsatz muß dabey stattfinden, gar keine Sünde begehen zu wollen, wenn aber Lolitta nicht verehlicht so wenn auch nur kleine Sünde zährtliche Küsse z. B. würde zu unter lassen von mir nicht vorgenommen.»[141] Für diesen Mann so voller Skrupel war eine Frau wie Lola, die vermutlich gar nicht wusste, was Skrupel sind, nicht zu verstehen: So könne sich doch niemand verstellen, glaubte Ludwig, ihre Beteuerungen müssten der Wahrheit entsprechen.

Doch der Wunsch blieb, wenigstens ungefähr über Lolas Aktivitäten informiert zu sein. Ein Bericht in der «Augsburger Allgemeinen» über Lolas Umgang in Genf schreckte Ludwig auf.[142] Daher begann er eine Korrespondenz mit dem Hotelier Rufenacht in Genf, der sich Lola gegenüber mehrfach als zuverlässiger Freund erwiesen hatte, bis auch er in Ungnade fiel.[143] «Ob Lolita mir treu oder untreu lezters wahrscheinlich», hieß es im Tagebuch.[144] Ludwig hatte über zwei Wochen lang keinen Brief von ihr bekommen und war verzweifelt. Doch dann hörte er, sie habe mit Fieber im Bett gelegen, und war wieder beruhigt: «Liebe ausdrükend war ihr Brief den ich küßte, ich war glüklich. Meine Gedanke[n] hatten ihr Unrecht gethan».[145]

Doch Lola verwirklichte in ihrem Märchenschloss am Genfer See wieder einmal ohne Rücksicht auf Konventionen ihre eigene Traumwelt. Wie in München hatte sie eine Gruppe junger Männer angezogen, mit denen sie feierte, die ihr Gesellschaft leisteten und zum Entsetzen der Nachbarschaft in ihrem Haus übernachteten. Wie die Münchner vermuteten auch die sittenstrengen Genfer, dass dort Orgien stattfanden. Lola kaufte ein großes Schiff und mehrere kleine Segelboote; sie segelte mit ihren jungen Freunden und ließ sich von ihren «Korsaren», wie sie sie nannte, über den Genfer See rudern. In einem Briefentwurf von Rufenacht für Ludwig heißt es: «Sie geht während des Tages spazieren, sogar in der Nacht, diniert mit ihren Gästen, hat Abendessen mit den jungen Männern, die mit ihr segeln etc. Ich kann nur spekulieren, daß sie das Geld bekommen muß, das sie wirklich braucht.»[146] Rufenacht schrieb an Ludwig, die zwei von ihm engagierten Gesellschafterinnen seien aus dem Château geflohen, da Lola sie zwingen wollte, mit ihr und den «Korsaren» auf dem Boot zu übernachten: «Bitte fragen Sie mich nicht, was in der Villa vorgeht. Ich bin kein Diplomat oder Höfling, und ich kann nur als alter Soldat sprechen.»[147] Rufenacht warnte auch Peißner, den Lola nach Genf eingeladen hatte: Er solle lieber nicht kommen, «da die Gräfin jetzt wieder recht die Lola spiele».[148] Als er dennoch Mitte August ankam, so Peißner, lag die Gräfin bereits mit ganz Genf im Streit, und «höchst gewöhnliche Männer», genannt die «corsaires», gehörten zu ihren Trabanten. Peißner hatte gehofft, Lola könne seine Schulden bei Rufenacht bezahlen, machte sich aber bald unter Mitnahme einiger seiner Besitztümer, die er in Genf zurückgelassen hatte, zu Fuß wieder auf den Heimweg. Über Ludwig habe sie kaum gesprochen, so Peißner. Als sich Ludwig für seinen lange ersehnten Besuch anmeldete, ließ die Gräfin jedoch verlauten, Ludwig komme, um für immer von ihr Abschied zu nehmen.[149]

In dieser Zeit hatte sich ein Mann bei Lola eingeschmeichelt, der ihr gewachsen war; später sollte er zu einem ihrer erbittertsten Feinde werden: Auguste Papon, der sich Marquis de Sard nannte, war ein höchst geschickter Hochstapler, der offenbar ebenso viel Vergnügen daran fand, seine Überlegenheit über seine Opfer zu beweisen wie sie um ihr Geld zu betrügen. Er war etwa dreißig Jahre alt, Sohn eines Kellners, hatte in Toulouse ein katholisches Priesterseminar besucht, sich dann aber für den Beruf eines Advokaten entschieden. Wegen ungedeckter Schulden floh er zu seinen Eltern an den Genfer See. Er war höchst charmant und erlangte bald großen Einfluss auf Lola; Ende Juli zog Papon zu ihr in das Château de l'Impératrice.[150] Er tauchte auch immer häufiger in Lolas Briefen an Ludwig auf. Ludwig fragte Rufenacht nach Papon, der bald zum Herrscher über das Château geworden war. Rufenacht meinte: «Ich weiß nicht, was er in der Gräfin inspiriert, aber ich zweifle, dass es Liebe ist.» Lola behaupte überall, so Rufenacht, Ludwig werde ihr eine Million Franken zur freien Verfügung geben, und es bestehe das Gerücht, dass Papon sie heiraten und einen Titel fordern werde.[151]

Doch weiterhin hielt Ludwig zäh an Lola fest. Als Therese ihn Ende Juni bat, mit Lola zu brechen, wies er dies heftig zurück: Er müsste sich verachten, wenn er das täte. Therese ging sogar so weit, ihm zu wünschen, dass er sich wieder verliebe – aber in eine andere als Lola.[152] Bei dem Sommeraufenthalt in Berchtesgaden fragte ihn Therese, ob er nicht wieder mit ihr in einem Zimmer schlafen wolle, doch er lehnte ab: So könne er aufstehen, wann er wolle, lautete seine Begründung. Wie ein Bankräuber hortete er Lolas Diamantenkiste unter seinem Bett.[153] Im September wurde Therese deutlicher: «ich würd sie bald los seyn, das ertrüge sie nicht. Diese Rede durchfuhr mich, machte mich weich. Sie äusserte mir Lolitta habe gesagt, nur ihre 2 Augen stünden zwischen ihr und mir. Ob sie wirklich das gesprochen und wenn so ist nicht der Schluß daraus zu ziehen, den mir scheint Therese zieht.»[154]

Noch einmal versuchte Ludwig, sich mit Lola zu treffen: Er wollte von Berchtesgaden zu einem Besuch nach Innsbruck reisen und dann am 1. September mit ihr in Malans zusammenkommen, einem kleinen Ort auf halber Strecke zwischen Innsbruck und Genf. Wieder scheiterte das Treffen: Ludwig konnte nicht kommen, da in Bayern das Gerücht umging, er habe den Staatsschatz an Lola verschenkt, und Unruhen zu befürchten waren, wenn er in die Schweiz führe; es gab Maueranschläge, Bürgerversammlungen, Vivats auf den badischen Revolutionär Friedrich Hecker und weitere Ausschreitungen.[155] Ludwig war tief enttäuscht – aber gleichzeitig auch etwas erleichtert: «Sie Hinderniß, daß jede Sünde in puncto VI vermeide, denn auch zährtlicher Kuß ist eine, auf der anderen Seite bewahrt mich die Treue zu ihr daß ich der Versuchung mit irgendeiner Andern unterliege.»[156] Nach wie vor wollte Ludwig nicht an Lolas Untreue glauben: Ihr Herz sei ihm treu, war er überzeugt.

Lola, die es unter Mühen noch rechtzeitig nach Malans geschafft hatte, war nicht begeistert und gab Ludwig das auch deutlich zu verstehen. Außerdem hatte sie dringlich darauf gehofft, dass er ihr ihren Schmuck mitbringen würde, den sie nun einforderte. Er sandte ihr mit einem gewissen Bedauern die Schmuckkiste über den Bankier Benjamin von Hirsch.[157] Dafür erhielt er dann wieder einen «liebehauchenden» Brief von Lola.[158] Im Oktober schickte Lola Papon zu Ludwig, um wieder einmal Geld für ihre Schulden einzutreiben. Papon, der Jesuitenzögling, verstand es, Ludwig zu gewinnen: Er führe Lola zur katholischen Religion zurück, so Papon, Lola liebe Ludwig unendlich; doch alle Wertgegenstände seien verpfändet, der Rest stünde kurz vor der Versteigerung und Lola sei todkrank.[159] Wieder schrieb Lola einen Bettelbrief, Ludwig sei ihr einziger Freund, sie liebe ihn tief und treu und habe den Tod in ihrer Seele; wenn er ihr nicht helfe, sei ihre Ehre verloren. Ludwig verlangte zwar das Pfandrecht auf ihr Münchner Haus, schickte ihr aber sofort die 20000 Franken, die sie brauchte.[160] Er hatte, wie er ausrechnete, in diesen zwei Jahren fast 160000 Gulden für sie ausgegeben.[161] In Euro umgerechnet entspräche das einer Kaufkraft von 3,616 Millionen.[162] Doch die 20000 Franken beseitigten Lolas Sorgen nur kurzfristig. In der Schweiz seien alle so unfreundlich zu ihr: «Wenn Du die Unwürde wüßtest, die ich hier erleiden muß, wie mich die Leute, denen ich Geld schulde, beleidigen, weil ich es jetzt nicht zahlen kann.»[163] Lola wollte jetzt so bald wie möglich weg aus der Schweiz, am besten nach Rom.[164] Ludwig war besorgt: Sie solle auf keinen Fall öffentlich machen, dass sie nach Rom wolle, sonst gebe das den bayerischen Revolutionären wieder Anlass zu Unruhen.[165] Er hoffte aber im Stillen auf ein Treffen in Rom.

Ende Oktober zog Lola mit Papon und seinen Eltern in ein kleineres Haus nahe Genf. Papon hatte größten Einfluss auf sie gewonnen und Lola vertrat nun Positionen, die ihre Münchner Bekannten ungemein überrascht hätten: Plötzlich lobte sie die Jesuiten und die Ultramontanen.[166] Papon glaubte wohl, auf Dauer von dem Vermögen leben zu können, das die Gräfin von Ludwig erhalten würde.[167] Obwohl Lola ihn immer wieder bat, sie «mit einer kleinen Anstrengung» finanziell abzusichern,[168] wiederholte Ludwig seine Angebote vom Sommer nicht mehr. Er wusste, dass es im nächsten Landtag um sein Einkommen gehen würde und dass in dieser Lage eine große Ausgabe für Lola Gift wäre: «Wir sind auf dem Gipfel des Vulkans», schrieb er ihr.[169] Gleichzeitig begann Lola vorsichtig, Ludwig vor Papon zu warnen: Er sei ein Mann mit großem Machtstreben und Überheblichkeit, schrieb sie, und gefährlich. Sie deutete an, dass er an sie adressierte Briefe an sich genommen habe. Und am 20. November teilte sie mit, sie habe ihn und seine Familie aus dem Haus gewiesen.[170] Der Hintergrund war wohl Lolas Wunsch, den reichen jungen Grafen Julius von Schwandt an sich zu binden, den sie in Genf kennengelernt hatte und faszinieren konnte. Der Graf wollte Lola heiraten, war aber noch nicht volljährig. Papon hatte diese Liaison zu verhindern versucht, da er um seinen Einfluss fürchtete. Mit dem Hinauswurf schuf sich Lola einen Feind, der vor allem Ludwig noch viel zu schaffen machen sollte; bald kamen die ersten Schreiben von Papon an Ludwig: Er habe Ludwigs Briefe an Lola, so Papon, und wolle von Ludwig eine Entschädigung dafür, dass er sie ihm aushändige und nichts veröffentliche: den Titel eines Kammerherrn und Geld, mindestens 10 000 Franken.[171] Vermutlich war es auch diese Situation, die Lola letztlich zum schnellen Aufbruch zwang. Sie fuhr jedoch nicht etwa, wie vorher angekündigt, nach Rom, sondern nach London; immerhin hatte sie ja noch den gültigen Pass auf den falschen Namen Mrs Bolton.

8.
DER WEG IN DIE SELBSTÄNDIGKEIT

Neuorientierungen

Als Lola sich kurzfristig entschloss, die Schweiz zu verlassen und nach London zu reisen, kam das für Ludwig mehr als überraschend. Doch es handelte sich um einen jener typischen Entschlüsse, mit denen sich Lola aus Situationen der Stagnation oder der Bedrängung zu lösen pflegte, ungeachtet des Chaos, das sie damit hinterließ.[1] Sie schrieb an Ludwig, sie wolle ihren jugendlichen Verehrer, den Grafen Julius von Schwandt, loswerden und sie brauche Musik, Malerei, Leben.[2] Ob sie Sorge hatte, die Schweizer Behörden könnten sie auf Betreiben der Familie des noch minderjährigen Grafen aus der Schweiz ausweisen lassen, und dem durch ihre Reise zuvorkommen wollte, ist möglich, aber nicht belegt.[3] Sie reiste wieder in Begleitung von Baron Georges Meller. London gefiel Lola; sie kam nur noch einmal kurz nach Genf zurück, packte ihre Sachen und ihre Hunde Turk und Zampa und fuhr wieder nach England.[4] Zehn Tage später etablierte sie sich in einem Haus in London, wo sie bald zu Abendunterhaltungen einlud.[5]

Damit war die Gräfin Landsfeld nun fünfeinhalb Jahre nach Enttarnung und Flucht wieder dort angekommen, wo Eliza James 1842, ebenfalls mit einer Wohnung in der Half Moon Street in Mayfair, als Geliebte von George Lennox das erste Mal am Rande der Londoner Gesellschaft Furore gemacht, wo sie als die Kunstfigur Lola Montez 1843 ihren ersten großen Erfolg und ihre erste große Niederlage erlebt hatte. Inzwischen war sie berühmt – und berüchtigt. Ihre Berühmtheit war untrennbar mit Skandalen verbunden und sie musste damit leben, dass sie von der besseren Gesellschaft auch in England als moralisch minderwertig, als verworfen, sogar als Dirne betrachtet wurde.[6] Vermutlich ignorierte sie diese Anwürfe, sie hatte sie schon zu oft gehört, doch als Ludwig betonte, er wolle ihrem Glück nicht im Weg stehen, und ihr freistellte, zu heiraten,[7] schrieb sie ihm nicht ohne realistische Einschätzung der Lage: «Es gefällt mir, daß Du meinst, ich soll heiraten, aber vergiß nicht, daß ich keine Frau in ihrer ersten Jugend bin und mit all den Zeitungsgeschichten, die in München über mich verbreitet wurden, und vor allem ohne Geld, und im 19. Jahrhundert wäre es ein Wunder, einen respektablen Ehemann zu finden.»[8] Sie fügte – mit Blick auf die späteren Ereignisse prophetisch – hinzu: «Es wäre möglich, wie in Genf, einen verrückten Jungen zu treffen, der noch nicht einmal zwanzig ist und gedankenlos die Heirat verspricht, ohne die Einwilligung seiner Eltern zu haben. Aber einen Mann aus guter Familie in einer besonderen Position zu bekommen, ist mehr als unmöglich.» Nicht zuletzt ging es aber auch um die Differenz zwischen der ihr zugewiesenen Position am Rande der Gesellschaft und ihrer Selbsteinschätzung: «Und das Unmöglichste vom Unmöglichen ist, daß man nicht zu den anderen hinuntersteigen kann, wenn man die Geliebte eines Königs gewesen ist.»

Es ist davon auszugehen, dass die hinter ihr liegenden Jahre mit ihrer Fülle von Eindrücken und Erlebnissen, den Begegnungen mit Polizei und Staatsmacht, den Vertreibungen, aber auch mit der Erfahrung von fast grenzenlosem Luxus Lola verändert hatten. Sie war nicht mehr die junge Frau, die mit dem Rücken zur Wand stand und sich entschied, sich in eine Kunstfigur zu verwandeln, um sich dem Leben und dem Risiko einer Karriere als Tänzerin auszusetzen. Sie hatte inzwischen viel von der Welt gesehen und war durch eine harte Schule auf den großen Bühnen von Theater und Politik gegangen. Sie war selbstbewusst und fordernd. Und sie hatte sich daran gewöhnt, zu tun und zu lassen, was sie wollte. Sie hatte Macht kennengelernt und ausgeübt. Die ehemalige Geliebte eines Königs war nicht bereit, in die zweite Reihe zurückzutreten.

In London lebte Lola für ihre Verhältnisse zunächst sehr zurückgezogen. Darum hatte Ludwig sie Anfang Dezember 1848 gebeten: «Ich wünsche, daß hier die Leute Dich vergessen. Es ist gefährlich, wenn sie vor dem Ende der Sitzung der Kammern sich mit Dir beschäftigen. Erinnere Dich daran, alles Mögliche zu tun, um in London unerkannt zu bleiben, daß die Zeitung nicht von Dir spricht. Es ist sehr wichtig.»[9]

Dennoch kamen etliche Gesellschaftslöwen zu ihr zu Besuch. Es gab in der Weltstadt London wie in Paris eine «Zweite Gesellschaft» aus adeligen Müßiggängern, Politikern, Anwälten, Offizieren, Journalisten, die keineswegs nur bei den Bällen und Einladungen der besten Gesellschaft Unterhaltung suchten. Als Grund für Lolas Attraktivität klingt überzeugend, was Frederick Leveson-Gower, ein Sohn des Earl of Granville, überlieferte: Es sei der Mühe wert, eine Frau in Augenschein zu nehmen, die einen König bezaubert, zwei Ministerien gestürzt und die Revolution in Bayern ausgelöst hatte. «Sie lebte in einem schmalen Mietshaus in der Half Moon Street, wohin sie einige Herren, mich eingeschlossen, zu Abendunterhaltungen einlud. Sie hatte bereits viel von ihrem guten Aussehen verloren, aber ihre Konversation war anregend.»[10] Journalisten belagerten das Haus, da ganz London, wie einer von ihnen sagte, etwas über diese Frau erfahren oder einen Blick auf sie werfen wollte, und er berichtete, sie löse größere Sensationen aus als die berühmte Sängerin Jenny Lind.[11] Das widerspricht Lolas Angaben, wie zurückgezogen und anonym sie in London lebe. John Ponsonby, der 5. Earl of Bessborough, den sie schon von früher kannte, gehörte zu ihren regelmäßigen Besuchern,[12] vielleicht auch der Jurist und Bohemien William Ballantine, der wenige Jahre später als «Serjeant-at-law» die höchste Position eines Anwalts in der englischen Gerichtsbarkeit erreichen sollte und als Meister des Kreuzverhörs galt; er verkehrte viel in Literaten- und Theaterkreisen, kannte Charles Dickens und andere Schriftsteller.[13] Ob es weitere Verbindungen zu politischen Kreisen gab, ist unklar; Lola berichtete Ludwig, der Bruder des griechischen Generals Dimitrios Kallergis sei bei ihr gewesen, der eine zentrale Rolle in der griechischen Revolution von 1843 gegen Ludwigs Sohn König Otto von Griechenland gespielt hatte, sie habe ihm deswegen die Tür gewiesen.[14] Die Gräfin Landsfeld, wie sie sich ja immer noch nannte, traf wohl auch die berühmte Salonière Marguerite Countess of Blessington, jedenfalls bat Lola für sie um ein Autogramm des Königs.[15]

Eine der bemerkenswertesten Persönlichkeiten in Lolas Umfeld war Lord Henry Brougham, Anwalt, Politiker und Schriftsteller, Mitglied der Whig-Partei und ehemaliger Lordkanzler von England. Er war maßgeblich am Reform Act von 1832 beteiligt gewesen, engagierte sich erfolgreich für die Abschaffung der Sklaverei und war ein vehementer

Unterstützer einer Reform des Scheidungsrechts.[16] Man sah Lola mit Brougham im Theater und schnell wurde eine mögliche Beziehung zwischen den beiden öffentlich persifliert.[17] In Broughams Erinnerungen wird sie nicht erwähnt, doch das ist keine valide Aussage darüber, ob sie enger verbunden waren oder nicht.[18] Sicher ist nur eines: dass jeder Mann, der sich mit Lola öffentlich zeigte, in Gefahr geriet, als ihr Liebhaber zu gelten.

Ludwig hatte inzwischen zum Jahresende 1848 von Elias Peißner die Bestätigung erhalten, dass Lola ihn während der Münchner Zeit mit diesem und Ludwig Leibinger, ebenfalls Alemanne, mehrfach betrogen hatte. Peißner hatte sich um Unterstützung für die Weiterführung seines Studiums an Ludwig gewandt, der ihm tatsächlich 600 Gulden schickte; im Gegenzug verlangte er die Wahrheit mit Einzelheiten, die ihm der junge Mann dann auch schrieb.[19] Ludwig warf Lola ihre Untreue nicht unmittelbar vor, im Februar 1849 baute er die Information jedoch abrupt in einen Brief ein. Lola leugnete die Affären in ihrer Antwort und ging sofort zur Tagesordnung über,[20] aber Ludwig glaubte ihr nicht mehr. Bereits am 29. Januar hatte er an den Hotelier Rufenacht geschrieben, er sei nun sicher, dass Lola ihm bereits in München mit mehreren Personen untreu gewesen sei, und sehe daher nicht ein, warum er sich weiter für ihre Ausgaben und Probleme aufopfern solle.[21] Mit Blick auf Ludwigs Kommentare in Gedichten ist zu vermuten, dass diese nun unabweislich bewiesene Untreue, die er in einem späteren Gedicht als «lüsterne Begier» bezeichnete, der eigentliche Anlass dafür war, dass er Abstand gewann.[22]

Sehr langsam begann der Zauberbann zu brechen, aber noch immer war Ludwig nicht in der Lage, sich von Lola zu trennen. An den Jahrestagen der Februarereignisse erinnerte er sich schmerzlich an die Zeit ein Jahr zuvor, an seine aufgewühlten Gefühle, an Zurücksetzungen durch Lola: «den 10. Februar. In dieser Nacht, dem Jahrestag, daß ich das letzte Mal in Deinem Zimmer war, träumte ich das erste Mal, daß ich in Deinem Haus war. Ich ging anscheinend ins Erdgeschoß, aber die Teppiche und Möbel schienen mir so anders, sie gefielen mir nicht. Diesen Morgen vor einem Jahr sah ich Dich das letzte Mal in Deinem Haus und am Nachmittag in meinen Räumen. Weil die Allemannen am nächsten Tag fort mußten, hast Du es vorgezogen, mich nicht an diesem

Nachmittag in Deinem Haus zu sehen und sie stattdessen zu unterhalten. Den 11. Heute vor einem Jahr war der schreckliche Tag der schrecklichen Katastrophe. Ich möchte zu Deinem Haus zur gleichen Stunde gehen wie damals, in Lebensgefahr, um mein Versprechen zu halten, Dich zu retten. Das einzige, was mir an diesem Tag passiert ist, war der Stein, der meinen Arm traf.»[23] In einem Brief vom 30. April bat er sie dann um das schwarze Samtkleid, das sie bei dem ersten Treffen am 7. Oktober 1846 getragen hatte.[24]

Lola lebte nicht in solchen Erinnerungen. Für sie war wie immer das Hier und Jetzt wichtig, ihre Geldsorgen, ihre Gesundheit. Auch ihre Pariser Gläubiger wussten, wo sie zu finden war, und sie wurde von alten Schulden eingeholt. In jedem Brief flehte sie Ludwig um Geld an, obwohl er sie mit seinem monatlichen Wechsel gut ausstattete: Sie erhielt von ihm weiterhin 20 000 Gulden im Jahr, das entsprach damals 2000 Pfund Sterling, heute wären es rund 450 000 Euro.[25] Lola war auch im teuren London verschwenderisch und maßlos, Geld rann ihr durch die Finger. Immer wieder erreichten Ludwig ihre verzweifelten Bitten um den nächsten Wechsel, um Geld für eine Reise, um Geld für ihre alten Schulden. Ihre tiefe Existenzangst und Panik waren nicht gespielt, sie gehörten zu Lolas Leben in Extremen. Bürgerliche Tugenden wie Sparsamkeit, kluge Einteilung, vorausschauende Lebensplanung gab es bei ihr nicht. Sie traf Entscheidungen spontan und oft unüberlegt, ihr Element war der Wandel, nicht die Beständigkeit.

Ludwig wiederholte seine Angebote vom Sommer 1848 nicht, Geld für sie festzulegen, um sie mit den Zinsen lebenslang abzusichern.[26] Sie war darauf nicht eingegangen, da sie fürchtete, mit den Zinsen nicht auszukommen: Festlegungen für die Zukunft waren ihr ein Gräuel, sie brauchte das Geld jetzt. Noch immer waren Schulden unbezahlt geblieben, sei es in München, in Genf, in Paris. Doch nach seiner Abdankung waren die Mittel des ehemaligen Königs deutlich reduziert und die Kammern mussten der Höhe seiner Apanage noch zustimmen. Er konnte und wollte nicht noch mehr für Lola ausgeben. In dieser Lage wurde sie immer nervöser und begann sich nach anderen Geldquellen umzusehen.

So gewann die Idee Kontur, ihre Memoiren zu veröffentlichen, um Geld zu verdienen. Zu ihrem Kreis gehörte auch David Wemyss Jobson, ein Journalist, mit dem sie über das geplante Projekt diskutierte.[27] Die Frage der Memoiren war zu dieser Zeit hochaktuell: Auguste Papon versuchte seit Anfang Dezember 1848, Ludwig mit der Ankündigung zu erpressen, er wolle sich an Lola durch die Veröffentlichung eines Berichts über ihr Leben, verbunden mit Briefen von Ludwig, rächen.[28] Da dieser nicht bezahlte, erschienen Anfang 1849 die erste Vorankündigung des Buches und am 1. Februar dessen erster Teil im Druck, gefolgt einen Monat später vom zweiten Teil.[29] Das Pamphlet war gehässig und schamlos, sein erpresserischer Charakter deutlich zu erkennen, auch die Zeitungen bezeichneten den Text als übles Machwerk.[30] Daher wiesen die Genfer Behörden Papon und seine Familie aus.[31] Es gab auf diese Auslassungen von Papon eine englischsprachige Antwort, «A Response to the Memoirs», die den «Fall» Lola Montez in eine ganze Reihe ähnlicher aus der Geschichte einreihte und Papon als Betrüger entlarvte.[32] Auguste Papon ist das Musterbeispiel dafür, wie bei Lola ehemalige Vertraute zu Feinden wurden: Sie schenkte Menschen schnell Vertrauen, um sich enttäuscht und verraten zu fühlen, sobald etwas nicht nach ihren Vorstellungen lief.

Besonders schädlich war Papons Veröffentlichung für Ludwig, da man darin von seiner Bereitschaft lesen konnte, für Lola eine Million Franken anzulegen. Da die bayerischen Kammern zur selben Zeit über das Darlehen berieten, das Ludwig ohne Beteiligung der Kammern dem von König Otto regierten Griechenland gegeben hatte und dessen Zinsen schon seit der griechischen Revolution von 1843 nicht mehr bedient wurden, sahen seine Gegner die Möglichkeit, dieses Geld von dem abgedankten König persönlich zurückzufordern, und er musste für das Darlehen und die nicht bezahlten Zinsen 1,5 Millionen Gulden aus seinem persönlichen Besitz an den bayerischen Staatsschatz bezahlen.[33]

Bereits Ende Februar 1849 hatte Lola an Ludwig geschrieben, das Klima in London bekomme ihr nicht und sie wolle nach Südspanien reisen; in vielen Briefen betonte sie ihre schlechte Gesundheit, ihren Husten, ihre Schwäche. Das hielt sie jedoch nicht von großen Plänen ab, sie dachte an eine Reise in den Orient, nach Alexandria, in die Türkei, nach Konstantinopel und Ägypten.[34] Doch dazu reichte ihr Geld nicht. Um Reisen finanzieren zu können, ließ sie fast alle ihre Möbel, Bilder, Schmuck und andere Besitztümer, die Ludwig ihr von München nach Genf nachgeschickt hatte und die von dort nach London transportiert worden waren, am 22. März 1849 in den Phillips Auction Rooms in der New Bond Street versteigern.[35] Auch ihr Haus an der Barer Straße in München kam unter den Hammer, der Ertrag reichte aber gerade einmal, um ihre Schulden in Bayern zu begleichen.

Es ging jedoch nicht nur um Geld: Lola saß in England fest. Ihr bayerischer Pass auf den Namen Mrs Bolton, den ihr Ludwig für die Flucht aus München im Februar 1848 ausgestellt hatte – der einzig gültige Pass, den sie seit Jahren besessen hatte –, war nach einem Jahr ausgelaufen und Ludwig sah es als ganz undenkbar an, ihr einen neuen zu besorgen. Die spanische Botschaft in London stellte ihr natürlich auch keinen Pass aus, was sie Ludwig nur schwer erklären konnte. Sie war aber unter keinen Umständen bereit, wieder die englische Mrs Eliza James zu werden, von der sie sich so grundlegend gelöst hatte, dass sie vielleicht selbst an ihre spanische Biografie glaubte.[36]

So blieb Lola in London. In ihren Briefen an Ludwig tauchte kurzfristig ein fünfjähriges Mädchen namens Nina auf, um das sie sich einige Zeit kümmerte; sie sprach davon, es zu adoptieren. Es wird spekuliert, ob es sich um ihre Tochter gehandelt haben könnte; offenbar dachte dies auch Ludwig.[37] Doch weder ließ sich Ninas Spur zurückverfolgen, noch erscheint die These, es sei ihr Kind gewesen, überzeugend.[38] Auf das Kind gibt es einzig den Hinweis in Lolas Briefen an Ludwig. Auch ihre Hunde Turk und Zampa, die in München und Würzburg kleinere Skandale ausgelöst hatten, waren in London weiterhin dabei. Vor allem Turk, mit dem Ludwig ja in München anfangs Probleme gehabt hatte, war ihm ans Herz gewachsen und er erkundigte sich mehrfach nach ihm.[39]

Lolas und Ludwigs jeweilige Stimmungslagen drifteten immer weiter auseinander. Während Lola schrieb, sie habe nicht genug Geld, um sich in London zu amüsieren, um in die Oper oder ins Theater zu gehen, und sie wünsche sich nichts mehr, als nach Spanien, nach Italien oder irgendwohin aufzubrechen, nahm Ludwig nach mehr als zwanzig Jahren Regentschaft traurig und unter Tränen Abschied von seinen Zimmern in der Residenz. «Ich komme mir wie ein Reisender vor, der lange an einem Platz gewesen ist und jetzt abreist und nie mehr zurückkommt. Wahrscheinlich werde ich meine Zimmer in diesem Gebäude nie mehr sehen, wo so viele Erinnerungen sind.»[40] Am 12. Juli schrieb Lola an Ludwig, sie habe einen (falschen) französischen Pass bekommen und könne nun endlich abreisen. Höchst charakteristisch für sie ist der Satz: «Die Idee, hier bleiben zu müssen, war genug, um wieder gehen zu wollen.»[41]

Vier Tage nach diesem Brief wendete sich Lola mit der überraschenden Ankündigung an Ludwig, dass sie vorhabe, zu heiraten, dies aber nur mit seinem Einverständnis tun werde und mit seiner Zusicherung, ihr weiterhin 20 000 Gulden im Jahr zu bezahlen, denn ihr zukünftiger Mann sei nicht reich. Weitere drei Tage später war sie verheiratet, ohne auf Ludwigs Antwort zu warten.[42]

Mrs Heald

Der neue Mann in Lolas Leben war George Trafford Heald, gerade einundzwanzig Jahre alt, Leutnant des Zweiten Gardekavallerieregiments. Er stammte aus London, war als Vollwaise Mündel seiner unverheirateten Tante Susanna gewesen und hatte nach einer Ausbildung in Eton und einem abgebrochenen Studium in Cambridge ein Offizierspatent erworben. Von seinem Vater, einem Anwalt, erbte er ein großes Vermögen, das jährlich 7000 bis 8000 Pfund Sterling Zinsen abwarf. In heutiger Kaufkraft entsprächen dem etwa 1,3 Millionen Euro im Jahr. Zum Vergleich: Ein gut bezahlter junger Akademiker konnte 250 Pfund im Jahr, ein Arbeiter etwa 52 Pfund verdienen, ein Haus in London war für 50 Pfund jährlich zu haben.[43] Heald war eine der besten Partien der Stadt. Für eine unbescholtene junge Dame der besseren Gesellschaft aus einem vornehmen Internat in Bath, wie es Lola 1837 gewesen war, wäre er der ideale Heiratskandidat gewesen. Ein Dutzend Jahre später sah dies ganz anders aus. Doch als er Lola nach einer kurzen Bekanntschaft einen Heiratsantrag machte, schien das für sie etliche Probleme zu lösen und sie überdachte nicht die Schwierigkeiten, die unweigerlich kommen mussten. Zu den Problemen, die sie mit der Heirat lösen wollte, gehörte, wie sie Ludwig schrieb, dass sie legal keinen Pass bekommen konnte und sich bei Reisen immer als jemand anderer ausgeben musste; wenn sie Heald heirate, so Lola, werde sie kein Paria mehr sein und vor Verleumdungen in Schutz genommen werden.[44] Das könne aber nur gelingen, wenn ihr Ludwig weiterhin die zugesagte lebenslängliche Rente bezahle, ihr Mann sei nicht reich, und ohne dieses Geld werde sie von seiner Familie nicht akzeptiert.

Ludwig war nicht generell gegen die Heirat und schrieb ihr das auch. Doch Lola hatte aus nachvollziehbaren Gründen Eile mit der Eheschließung, musste sie doch befürchten, dass Healds Verwandte diese «skandalöse» Heirat unter allen Umständen zu verhindern suchen würden. Mit diesem Vorgehen stieß sie jedoch Ludwig endgültig vor den Kopf, um dessen Rat sie noch am 16. Juli gebeten hatte und der nun aus der Presse erfuhr, dass die Hochzeit bereits stattgefunden hatte, vorsichtshalber zweimal, einmal nach katholischem, einmal nach anglikanischem Ritus. Die Braut gab ihren Namen mit Maria de los Dolores de Landsfeld an. Sie hoffte wohl, Pass, Position und Reichtum zu gewinnen, ohne Ludwig zu verlieren; oder sie dachte gar nicht über weitere Folgen nach.

Doch Ludwig bediente sich nun eigener Informationsquellen, um nicht auf die Presse angewiesen zu sein: August von Cetto, bayerischer Gesandter in London, gab ihm auf seine Anfrage hin detaillierte Auskünfte. Cetto berichtete, der Bräutigam verfüge über ein Vermögen von sagenhaften 14 Millionen Pfund Sterling, doch die Familie gehöre nicht der englischen Aristokratie an. Heald sei sehr beliebt bei seinen Kameraden und es herrsche großes Bedauern über die Verbindung mit der Gräfin Landsfeld, auch da er deswegen den Dienst quittieren musste.[45] Bereits vier Tage später schob Cetto nach, dass die Affäre inzwischen andere Ausmaße angenommen habe, da Lola der Bigamie angeklagt worden sei: Sie sei von ihrem ersten Mann, einem Captain James, nicht legal geschieden und James noch am Leben.[46]

Der Skandal wurde immer größer. Wie mit ihrer ersten Heirat hatte Lola trotz ihrer inzwischen großen Welterfahrung eine dramatische Fehlentscheidung getroffen, wohl in der Hoffnung, wenn sie erst verheiratet sei, werde sich alles andere schon finden. Doch nun steckte sie in einer juristischen Situation, die nicht mehr mit dem Auftritt als «Furie» vor dem Gesetz zu lösen war: Auf Bigamie standen Deportation oder bis zu 13 Jahre Gefängnis.

Am 6. August um 8.30 Uhr morgens, also rund zwei Wochen nach der Heirat, war Lola auf Betreiben von Susanna Heald, der Tante ihres

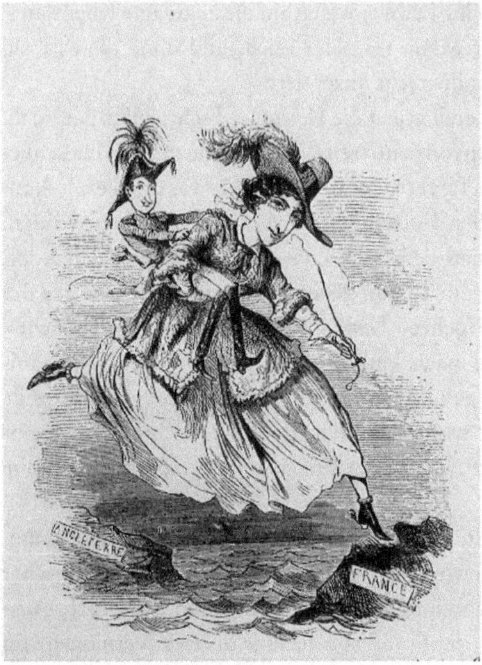

«Lola Montez, Gräfin von Landsfeld, entführt ihren letzten Gatten». Karikatur auf die Flucht von Lola Montez mit George Trafford Heald von England nach Frankreich wegen ihres Bigamieprozesses, Le Journal pour rire, Paris 1849

jungen Ehemannes, durch Inspektor John Whall verhaftet und auf die Wache gebracht worden. Die mit Gepäck beladene Postkutsche, die das junge Paar zur Fähre nach Dover hätte bringen sollen, stand bereits vor der Tür. Bei ihrer ersten Vernehmung am frühen Nachmittag in der Marlborough Street bemühten sich schon viele Schaulustige, im Gerichtssaal einen Platz zu finden, darunter auch zahlreiche Prominente.[47] Lola erschien höchst geschmackvoll gekleidet in schwarzem Seidenkleid, schwarzer, eng anliegender Samtjacke und einem weißen Strohhut, abgesetzt mit blauem Stoff und mit blauem Schleier. Sie wirkte gelassen, Heald saß neben ihr und hielt ihre Hand, flüsterte ihr ins Ohr und war sehr um sie bemüht. Ihr Alter gab sie mit 24 Jahren an. «Mit ihrer bleichen, dunklen Gesichtsfarbe kontrastieren zwei ungewöhnlich große blaue Augen, die von langen schwarzen Wimpern umschattet sind. Ihr mutmaßlicher Ehemann, Mr Heald, ist ein schlanker junger Mann von sehr jugendlichem Aussehen, mit straffen Haaren und dem

Anflug eines blonden Schnurrbärtchens. Die aufgestülpte Nase gibt ihm ein sehr einfältiges Aussehen.»[48] Susanna Heald hatte in aller Eile die Belege zusammengetragen. Es ging zunächst darum, nachzuweisen, dass Lola Montez Mrs Eliza James war, deren Ehe 1842 geschieden worden war mit der Auflage, dass keiner von beiden zu Lebzeiten des anderen wieder heiraten durfte. Der Anwalt konnte eine Zeugenaussage über ihre Identität vorlegen, nämlich die Identifikation durch Kapitän Ingram, mit dessen Schiff sie 1842 aus Indien nach England gekommen war; und es gab Dokumente mit dem Beweis, dass Captain James zumindest am 13. Juni 1849 noch am Leben war. Die Frage, ob Sir William Henry Bodkin, Healds Anwalt, auf die vorgelegten Dokumente klug reagierte oder nicht, wird unterschiedlich beantwortet: Es handelte sich um eine Voruntersuchung und es hätte wohl auch die Möglichkeit gegeben, dafür zu plädieren, die Anzeige fallen zu lassen. Vielleicht wäre der Richter darauf eingegangen. Doch Bodkin argumentierte, man müsse weitere Beweise einholen, ob der Ehemann in Indien noch am Leben war, als die neue Heirat stattfand. Lola wurde gegen die hohe Kaution von 1000 Pfund Sterling und zwei Bürgschaften von je 500 Pfund bis zum 10. September auf freien Fuß gesetzt.[49] Das junge Paar trat seine verzögerte Europareise an, während die Anwälte zu verhandeln begannen.[50]

Der Fall brachte einiges in Bewegung. Die Presse stand keineswegs nur auf der Seite von Healds Tante; es gab auch Stimmen, die Susanna Heald vorhielten, es entspreche nicht dem guten Geschmack, Familienangelegenheiten unnötigerweise vor einer sie skandalisierenden Welt auszubreiten.[51] Die englische Presse kommentierte das komplizierte englische Scheidungsrecht, hatte Lola doch in ihrer Anhörung gesagt, sie habe nicht verstanden, dass sie nach ihrer Scheidung nicht mehr heiraten durfte; es ist nicht einmal unwahrscheinlich, dass das der Wahrheit entsprach, die sie sich selbst eingeredet hatte.[52] Die englische Presse verlangte längst überfällige Reformen. Außerdem kritisierte der «Punch» die Doppelmoral hinter der Entscheidung von Healds Kommandanten, der wegen dieser Eheschließung Healds Austritt aus dem Regiment verlangt hatte, während ein anderer Offizier, der mit der Mätresse eines Kollegen durchgebrannt war und nun mit ihr in wilder Ehe lebte, keine solche Aufforderung erhielt.[53]

Doch Lola Montez' Name stand nun wieder im Mittelpunkt öffentlicher Diskussion. Auch die französische Presse berichtete über alle Details des Falles.[54] Durch diesen Bigamievorwurf wurde Lola noch «berühmter». Wie die «Assemblée Nationale» im Oktober schrieb: «Die Berühmtheit dieser Frau ist für sie ein Vermögen, und wir erzählen uns ihre Wechselfälle des Lebens. Ohne sie als Unglücksopfer anzusehen, ohne uns über ihre Zukunft zu beunruhigen.»[55]

Inzwischen fuhren Mrs Heald und ihr Mann über Paris und Marseille nach Rom, wo sie Ludwigs Villa Malta besichtigten, von dort weiter nach Neapel.[56] Mit einem eigens gemieteten Dampfer ging es dann wieder über Marseille nach London, das die Healds am 7. September abends erreichten, also drei Tage bevor die Kaution verfallen wäre.[57] Als Lola jedoch erfuhr, dass es ziemlich sicher zu einer Hauptverhandlung vor dem Obersten Strafgericht Englands, dem Old Bailey, kommen würde und sie dann im Gefängnis landen könnte, war ihr das Risiko zu hoch: Sie ließ die Kaution verfallen, nahm ihren Hund Turk mit und reiste sofort nach Frankreich zurück.[58] Hier fand sie zum ersten Mal wieder Zeit, an Ludwig zu schreiben. Sie stellte die Anzeige von Susanna Heald als infame Intrige hin und bat ihn um Geld; mit Captain James sei sie nie legal verheiratet gewesen, da sie Katholikin sei. Unterschrift: «Zahllose Küsse an Dich, mein immer geliebter Ludwig. Ich könnte nie jemanden wie Dich treffen, mit Deinem Herzen und Deinem Edelmut. Gott behüte Dich. Deine zugetane und zärtliche Lolitta».[59] Trotz ihres langen Schweigens rechnete sie offenbar nicht damit, dass Ludwig mit ihr brechen könnte. Doch Ludwig hatte sich genau über das Londoner Verfahren und über die finanziellen Verhältnisse von Heald informiert; außerdem: «Eineinhalb Monate nicht zu schreiben widerspricht den Gefühlen, die Du in Deinen Briefen für mich ausdrückst.»[60] Er halbiere die Zahlungen an sie, da ihr Mann über genug Geld verfüge.

Bis zu Lolas nächstem Brief aus Barcelona vom 16. November sollten noch einmal zwei Monate vergehen.[61] Sie reiste zunächst mit Heald nach Paris, wo das Paar in luxuriösen Räumen Einladungen gab, zu denen von Pariser Dandys bis zu russischen Fürsten und bayerischen Baronen verschiedenste Gäste kamen.[62] Dann ging es wieder nach Marseille und per Schiff nach Barcelona.[63] Von dort aus schrieb Lola einen ziemlich wirren Brief an Ludwig, in dem sie sich über ihren Ehemann beklagte, der geistlos, brutal, unselbständig und dumm sei, jeden Tag drohe er, sie zu verlassen.[64] Sie stand ständig unter öffentlicher Beobachtung und die Gerüchteküche brodelte. In einer etliche Jahre später veröffentlichten Klatschpublikation hieß es, sie habe am Spieltisch viel Geld verloren und Heald dadurch aufgebracht, doch das ganze Buch war wohl erfunden.[65] Erste Ehekräche fanden den Weg in die Zeitungen. Angeblich ging Lola sogar mit dem Dolch auf ihren Ehemann los.[66] Heald verschwand nach dieser Auseinandersetzung für einige Tage, kehrte aber reumütig zurück.[67] Die nächste Station war Cádiz.[68] Die Streitereien nahmen zu, schließlich setzte sich Heald am Weihnachtsmorgen ab, schrieb Lola einen Abschiedsbrief und machte sich wieder auf den Weg nach England. Den Hund Turk nahm er mit.[69]

Lola gab in ihren Briefen an Ludwig wie üblich Heald alle Schuld am Zerbrechen der ungleichen Verbindung, die nach so kurzer Zeit geschlossen worden war, ganz ohne Kenntnis der jeweiligen Charaktere und Eigenheiten, und die von Anfang an auf tönernen Füßen stand. Ob Ludwigs Brief vom 23. Dezember 1849 Lola tröstete, ist zu bezweifeln. Er sah inzwischen genau, wie Lola immer wieder alle Verantwortung von sich abzuwälzen verstand: «Es sind nicht Deine Feinde, die mich meine Gefühle für Dich haben ändern lassen, sondern Dein Verhalten. Du suchst die Gründe für das, was Dir geschieht, immer außerhalb von Dir, aber Du mußt in Dich schauen. Wie könntest Du in eine gute Lage kommen, wenn nach einiger Zeit fast alle Deine Bekannten von Dir verraten werden, so wie die Dinge passieren [...]. Sei glücklich und ändere Dich für Dein Wohl in dieser Welt und in der anderen.»[70]

Da der König trotzdem Geld geschickt hatte, konnte Lola Cádiz verlassen und nach Boulogne reisen.[71] Dort wurde ihr dann am 14. Februar 1850 im «Hotel de Folkstone Boulogne sur mer» eine letzte Vorladung zur Aussage in ihrem Bigamieprozess zugestellt.[72] Von Boulogne aus, so kündigte sie an, werde sie inkognito nach London fahren – eine gefährliche Sache, konnte sie dort doch jederzeit verhaftet werden; möglicherweise schickte sie aber auch nur Vertraute nach London.[73] Es gelang ihr, Heald wieder für sich gewinnen. Das Paar bezog im März 1850 ein eindrucksvolles Haus in der Nähe der Champs-Élysées, das Château Beaujon, und gab Unsummen für die Renovierung aus. Lola pflegte mit einer eleganten Kutsche auszufahren, die von vier Schimmeln gezogen wurde, der Haushalt verfügte über mehrere Kutschen, sieben Pferde und eine große Dienerschaft. Doch Lola bedrängte Ludwig weiterhin, ihr Geld zu schicken, und sie kam auf die Idee, ihm seine Briefe möglichst teuer zu verkaufen. Seit Papons Erpressungsversuchen war klar, dass diese Briefe ein Schatz waren. Sie bot ihm an, er müsse ihr keine dauerhafte Pension mehr bezahlen, wenn er ihr eine entsprechende Summe für die Briefe gebe. Um ihren Erpressungsversuch zu kaschieren, versicherte sie am Ende des Briefes, Leute hätten ihr geraten, so zu handeln.[74]

Das war das traurige Ende einer hochfliegenden Liebe. In einem letzten Brief vom 9. Juni 1850 schrieb Ludwig, da sie ihm die Briefe nicht geschickt habe, werde sie für Juli kein Geld mehr bekommen und auch in Zukunft werde er nichts mehr bezahlen, da sie in Paris in größtem Stil lebe.[75] Dies wusste er aus erster Hand, da er sich inzwischen von dem bayerischen Gesandten in Paris, August von Wendland, über Lolas Aktivitäten unterrichten ließ.[76] Er wollte von Wendland genau wissen, ob Lola den Namen ihres Mannes führe, ob sie wirklich versucht hatte, ihren Mann zu erdolchen, und ob Heald sie für sein mögliches Ableben finanziell abgesichert habe. Wendland konnte nicht alles beantworten, doch angeblich sagten ihm Gewährsmänner, wenn Heald Lola für sein Ableben sichergestellt hätte, müsste er um sein Leben fürchten.[77] Auf Lolas weitere Briefe antwortete Ludwig nicht mehr.

Die großen Ausgaben des Ehepaares Heald führten direkt in die Verschuldung und letztlich zur Trennung. Als Heald am 15. August 1850 endgültig zurück nach London floh, nahm er Lolas Schmuck und alle Wertsachen mit und ließ Lola mit den unbezahlten Rechnungen und der unbezahlten Miete in Paris zurück.[78] Wendland berichtete an Ludwig, Healds Familie habe alles getan, um ihn von Lola zu trennen, und sei damit letztlich erfolgreich gewesen; auch sei die Heirat inzwischen für null und nichtig erklärt worden.[79] Lola versuchte noch nachts kostbare Möbel aus dem Palais in Paris holen, wurde dabei aber durch den Gerichtsvollzieher des noch nicht bezahlten Polsterers gestoppt. Es kam zu einer heillosen Plünderung durch alle Gläubiger, die erst um sechs Uhr morgens von der Polizei beendet wurde – denn auch der Vermieter des Hauses fürchtete um seine Miete und hatte die Gräfin bei der

Polizei angezeigt.[80] Der Advokat Georges Duncan, der eigentlich in London dafür engagiert worden war, Healds Situation in Paris zu klären und den jungen Mann nach London zurückzubringen, war Zeuge des Geschehens und rettete für Lola auch die Kassette mit Ludwigs Briefen; sie hatte schon gefürchtet, diese seien in dem Gerangel verloren gegangen.[81] Sie halte sich nun, so Wendland, wohl in Paris oder in Boulogne versteckt und sei in Boulogne nur knapp einer Verhaftung entgangen. Über ihren Lebenswandel gebe es keine Informationen.[82]

Wieder einmal erlebte Lola Montez den Sturz aus luftiger Höhe: von der luxuriösesten Verschwendung und der scheinbar unbegrenzten Geldfülle in das finanzielle Desaster, vom großen Auftritt in einer Kutsche mit vier Schimmeln auf den Champs-Élysées in die drohende Verhaftung wegen Mietschulden. Doch obwohl sie in ihren Briefen an Ludwig darüber tiefste Niedergeschlagenheit signalisierte und Duncan ebenfalls schrieb, er habe sie in Boulogne in sehr schlechter Verfassung angetroffen,[83] gehörte es zur Persönlichkeit dieser Frau, dass sie auch in scheinbar aussichtslosen Situationen wieder aufstand, neue Helfer und neue Wege fand.

Übergangszeiten – von Paris nach New York

Für Lola begann eine Phase der Neuorientierung: Von Ludwig war kein Geld mehr zu erwarten. Doch zumindest hellte sich die Situation in Paris auf: Anfang Dezember 1850 konnte Wendland an Ludwig melden, dass offenbar Heald die Schulden in Paris bezahle. Für eine Übergangszeit erhielt Lola von ihm wohl 700 Pfund Sterling im Jahr. Die Gräfin werde zurzeit viel in der Kirche gesehen, so der bayerische Gesandte.[84]

Wie der Bericht der französischen Geheimpolizei, den Wendland beilegte, ergab, konnte Lola in ihrer Wohnung in der Rue St. Honoré, wohin sie Mitte September 1850 gezogen war, bereits wieder einen Kreis von interessanten Leuten um sich versammeln. Wendland hatte mit zwei Herren gesprochen, die in ihrem Salon gewesen waren; diese versicherten, die Wohnung sei zwar klein, es gebe aber keine Zeichen von Mangel. Sie empfing dort, so der französische Polizeibericht, auch viele hochgestellte Persönlichkeiten, darunter M. de Belleyme und M. Léon de Laborde. Adolphe de Belleyme war stellvertretender Bürgermeister des 1. Pariser Arrondissements, Marquis Léon de Laborde, ein weitgereister französischer Kunsthistoriker, Archäologe und Politiker, Entdecker der antiken Felsenstadt Petra, war Konservator der Sammlungen zu Antike, Mittelalter und Renaissance des Pariser Louvre. Lola Montez, so der Polizeibericht, verbringe ihre Tage damit, hervorragende Zigarren zu rauchen und ihre Dienstboten zu schikanieren.[85] Sie habe vor einigen Tagen schwere Kassetten mit wertvollem Geschirr und Silbersachen erhalten, man wisse aber nicht, woher. Und einer ihrer alten Gläubiger sei, nachdem er sie vor das Polizeigericht gebracht habe, bezahlt worden. Weitere Besucher seien der sehr gut aussehende «Daily News»-Korrespondent Savile Morton, dann Dujariers alter Freund, der Dandy Roger de Beauvoir; zwischen beiden sei es offenbar sogar zu einer Duellforderung gekommen. Außerdem besuche sie der bekannte Schriftsteller François Méry.[86] Die Wohnung in der Rue St. Honoré war von Michel de Corail im Voraus bezahlt worden, wohl als Vorschuss auf die Memoiren, die er mit und für Lola bearbeitete.[87] Denn das war das Projekt, das Lola nun vor sich sah. Bei einer ihrer Abendeinladungen war auch der Korrespondent des «New York Herald» anwesend, der von ihrer Grazie, ihrer Eleganz und natürlichen Naivität schwärmte, «die alle diejenigen erstaunte, die sich ihre Meinung anhand des Rufes gebildet hatten, den die Öffentlichkeit ihr gegeben hatte».[88]

Dass Lola tatsächlich im September 1850 mit dem nepalesischen Premierminister Jung Bahadur Rana ein Verhältnis hatte, wie die Presse wissen wollte, ist sehr zweifelhaft: Der exotische Prinz ging während seines mehrmonatigen Englandaufenthalts mit der jungen englischen Kurtisane Laura Bell eine Beziehung ein; er überschüttete Laura Bell mit Geschenken, die sich letztlich auf eine Summe von 250 000 Pfund beliefen. Angeblich wurde er im September 1850 dann während seines kurzen Parisaufenthalts mit Lola gesehen; doch er verließ die Stadt bereits wieder Ende des Monats. Botschafter Wendland schrieb an Ludwig, man habe ihm erzählt, dass Lola mit Bahadur gesehen worden sei und vermutlich auch Geschenke erhalten habe, ob dies aber ein Kleid aus Goldstoff gewesen sei, wisse er nicht. Einer der Begleiter des Prinzen habe jedenfalls behauptet, Lolas früheren Ehemann Thomas James zu kennen.[89] Es handelt sich bei dieser angeblichen Liebschaft vielleicht wieder um eine der üblichen Phantasiegeschichten rund um die berüchtigte Gräfin.[90]

Das Memoirenprojekt schritt einstweilen voran, mit dem Lola hoffte, wieder zu Geld zu kommen. Wie Wendland an Ludwig berichtete, hatte Lola Michel de Corail engagiert, um ihre Erzählungen in eine schriftliche Form zu bringen. Angeblich, so Wendland, bezahle die Zeitschrift «Le Pays» dafür unvorstellbare Summen. Da in den Ankündigungen bereits viele für Ludwig höchst peinliche Kapitel angeführt wurden, begab sich Wendland zum französischen Außenminister und fragte, ob die Publikation zu stoppen sei. Doch nachdem sich dieser mit dem Innen- und dem Justizminister besprochen hatte, bedauerte er, dass die französischen Pressegesetze einen solchen Eingriff in die Pressefreiheit nicht erlaubten. Doch er werde den Verleger von «Le Pays» einbestellen und ihm ankündigen, dass er bei der geringsten Beleidigung einer befreundeten Macht mit seiner Verhaftung rechnen müsse. Das Manuskript habe der Verleger jedoch bisher dem Minister nicht vorlegen wollen. Wendlands Erkundigungen, wie sich die Gräfin Landsfeld über König Ludwig äußere, ergaben nur höchst positive Ergebnisse.[91] Lolas Aktivitäten, so ist daraus zu schließen, waren durch ihre Beziehung zu König Ludwig längst Staatsaffären geworden. Am Tag vor der ersten Publikation kam ein unbekannter Herr zu Wendland, um ihn angeblich im Namen der Gräfin Landsfeld zu fragen, ob es ihm recht sei, dass am Beginn der Memoiren ein Widmungsbrief an Ludwig stehe. Ohne auf eine Antwort zu warten, wurde dieser Widmungsbrief indes veröffentlicht. Wendland riet Ludwig, in keiner Weise darauf zu reagieren, denn dadurch füttere man nur einen Skandal, der die Auflage nach oben treiben werde, und diese Strategie scheint aufgegangen zu sein.[92]

Mehrere Ghostwriter hatten sich um die Memoiren bemüht, neben Michel de Corail auch Charles Brifaut, die Teile über die Münchner Jahre stammten wohl von Paul Erdmann alias Fenner von Fenneberg.[93] Es ist kein in sich konsistentes Werk, sondern bediente sich auch aus der von Papon veröffentlichten Biografie und aus anderen Publikationen, basierte aber im Wesentlichen auf Lola Montez' Erzählungen.[94] Zieht man ihre Briefe zum Vergleich heran, so lassen sich die Teile gut erkennen, die von ihr stammten. Es ist eine Mischung aus autobiografischen Elementen, fiktionaler Reise- und Abenteuerliteratur, von Beschreibungen angeblicher oder tatsächlicher Amouren und Flirts, aber auch von dezidiert vorgebrachten Meinungen und Statements. Neue Varianten der eigenen Herkunft werden vorgetragen, die Heldin erscheint als mutig und tapfer, sie geht erfolgreich durch alle Anfechtungen, trifft unzählige Menschen und erlebt dabei ein Abenteuer nach dem anderen. Als Manifest des «Männerhasses», wie es ein Biograf sieht, ist es sicherlich nicht zu lesen,[95] wohl aber als ein Versuch, Handlungen in neuem Licht erscheinen zu lassen und den Vorwurf der Unmoral weit von sich zu weisen, ohne dabei die Anzahl und Leidenschaftlichkeit der hochgeborenen Verehrer zu schmälern. Da Lola Montez ohnehin von Anfang bis Ende eine konstruierte Kunstfigur war, ist es müßig, sich wie manche Biografen über das Thema Wahrheit oder Lüge zu ärgern: Lolas Biografie blieb lebenslang flexibel und sie war jederzeit bereit, ihren Lebenslauf den jeweiligen gesellschaftlichen Notwendigkeiten anzupassen.

Es gab in den Tagen der Veröffentlichung der Memoiren offenbar mehrere Versuche Dritter, über den Botschafter Wendland Ludwig zu Geldzahlungen zu nötigen. Der König erhalte seine Briefe zurück und sie würden nicht in den Memoiren verwendet, wenn er Lola eine Pension von 25 000 Gulden bezahle, teilte ein unbekannter Herr dem Botschafter mit.[96] Diesen und weitere Versuche blockte Wendland ab, er versicherte, der König werde der Gräfin nie mehr beistehen, wenn sie ihm nicht seine Briefe ohne weitere Forderungen zurückerstatte und sie in ihren Memoiren nicht verwende.[97] Die Publikation der Memoiren erbrachte 300 Franken in der Woche, insgesamt erhielt Lola für die gedruckten Teile 6000 Franken.[98] Doch die Memoiren waren kein Geschäft für «Le Pays», die Zeitung ging in andere Hände über und der neue Besitzer stoppte die Veröffentlichung. Finanziell klärten sich Lolas Verhältnisse dennoch ein wenig, sie erhielt offenbar von Heald jährlich 600 Pfund oder 15 000 Franken. Außerdem besaß sie mittlerweile einen englischen Pass.[99] Lola bemühte sich, andere Zeitungen für die Memoiren zu interessieren oder den Rest der Memoiren und die Briefe doch noch an Ludwig zu verkaufen, aber ohne Erfolg. Am 26. März 1851 schrieb sie Ludwig einen letzten Brief, den sie zeichnete mit «Deine immer zugetane Lolitta».[100] Im Mai erhielt Ludwig in der Villa Malta in Rom durch den von Lola ausgesandten Iren Patrick O'Brien seine

Briefe zurück. Zum Dank schickte er ihr zunächst 2000 und dann noch einmal 3000 Franken, die letzten Zahlungen, die er je an sie leistete. Mit einem Gedicht schloss er seine Beziehung zu ihr ab:

«Die Krone habe ich durch Dich verloren,
Ich grolle aber Dir darum doch nicht.
Die Du zu meinem Unglück bist geboren,
Du warst ein ganz verblendend, sengend Licht!

Sei glücklich! Dieses rufet meine Seele,
Aus ewig weiter Ferne her Dir nach;
Den Weg des Heiles endlich nun erwähle;
Das Laster bringt Verderben nur und Schmach.

Den besten Freund, der jemals Dir geworden,
Du stießest treulos ihn von Dir.
Verschlossen waren Dir des Glückes Pfordten,
Bloß folgend Deiner lüsternen Begier.

Fürs Leben bleiben immer wir geschieden,
Und nimmer sehen wir uns mehr,
Laß mir des Herzens schwer errungnen Frieden,
Das Leben lastet ohne ihn so sehr.»[101]

Dass von Ludwig nichts mehr zu erwarten war, machte Lolas finanzielle Situation prekär; auch Healds Zahlungen waren ihr nicht auf Dauer sicher und Lola konnte und wollte sich davon nicht abhängig machen: Sie bereitete sich auf eine neue Karriere vor. Im Sommer 1851 trainierte sie täglich viele Stunden, sie nahm Tanzunterricht und ein Pariser Choreograph entwarf mehrere Tänze für sie, so eine Tarantella, wohl die Urform des späteren «Spinnentanzes», außerdem einen bayerischen, einen ungarischen und einen Tiroler Tanz. Sie ließ sich aufwändige Kostüme schneidern. Daneben führte sie ein reges Gesellschaftsleben. Man traf bei ihren Soireen neben Europäern auch Inder und Amerikaner, mit denen sie sich geistreich in verschiedenen Sprachen unterhielt, manchmal trug sie Lieder vor. Der Amerikaner Edward Payson

Willis, der aus einer bekannten Schriftsteller- und Verlegerfamilie stammte, riet ihr zu einer Bühnenkarriere in Amerika auf den Spuren ihrer unerreichbaren Konkurrentin Fanny Elßler. Auch ein Bruder des Herausgebers des «New York Herald» besuchte sie, der seinem Bruder von ihr vorschwärmte.[102] Als die ersten Meldungen die Runde machten, Lola plane eine Amerikatournee, führte dies zu einem entrüsteten Rauschen im puritanischen amerikanischen Blätterwald: Auftritte dieser Frau seien eine Beleidigung für die amerikanische Gesellschaft, sie habe kein Talent und zweifelhaften Ruhm und sei nur durch ihre Schamlosigkeit berühmt geworden. Die Neugier der amerikanischen Gesellschaft war ihr nach dieser kostenlosen Reklame sicher. Am 26. August 1851 unterschrieb sie, so der «New York Herald», einen Vertrag über eine Welttournee; es ging um Vorstellungen in Frankreich, Amerika, Kuba, Brasilien, Mexiko, Chile, Peru und Afrika. Managen wollte diese Tournee, während der Lola sechs Auftritte die Woche absolvieren sollte, die Firma Roux et cie. in Paris, der 25 Prozent der Einnahmen zugesichert waren.[103]

Zunächst unternahm Lola eine Abschiedstournee in Frankreich und Deutschland, beginnend vor dem geladenen Publikum ihrer Freunde in Paris. Am Vorabend dieses ersten Bühnenauftritts seit fünf Jahren notierte sie ein Gedicht:

> «Freie Tochter der Lüfte; ich habe meine Flügel wiedergefunden
> Wie ihr, leichte Schwalben, im Frühling.
> Ich springe: auf die Bühne, wo ich morgen auftreten werde.
> Werde ich Freunde haben, die mir die Hand halten?»[104]

Théophile Gautier, der ihr Debut sieben Jahre zuvor niederschmetternd kommentiert hatte, fand ihre Darbietung nun überzeugender als damals, und auch in Boulogne, der nächsten Station der Tournee, waren die Kritiker begeistert. In Arras, in Gent und in Brüssel hatte Lola weniger Erfolg.[105] Das Angebot eines Zirkusunternehmers, die Gräfin Landsfeld in seinem Hippodrom auftreten zu lassen, lehnte sie tief empört ab.[106] Nach Antwerpen und Aachen wurde ihr Auftritt in Köln und in anderen preußischen Orten verboten, da sie als Sozialistin galt. Sie trat stattdessen in Bordeaux und in weiteren französischen Städten

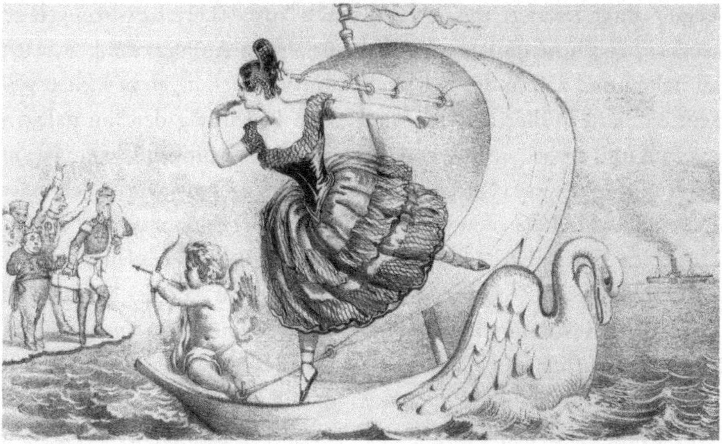

«Lola coming! Europe farewell! America I come.» Karikatur auf den Abschiedsschmerz europäischer Monarchen bei Lolas Abfahrt nach Amerika, Lithographie, um 1852

auf. Die Rezeption war unterschiedlich, der finanzielle Erfolg ansehnlich. Sie entledigte sich danach ihres Managers Roux und engagierte stattdessen Edward Willis.[107]

Die Gräfin Landsfeld war jedoch, auch wenn sie nicht im Zirkus auftrat, ein Schaustück geworden. Die Besucher kamen nicht, um ihre Tanzkunst, sondern um die berüchtigte Gräfin zu sehen. Daher waren die Reaktionen zwiespältig: Vielfach kamen die Menschen wohl, um sie auszupfeifen, und ließen sich auf ihren Tanz gar nicht erst ein. Damit ihre besondere Bühnenausstrahlung wirken konnte, die als «Poesie der Bewegung», als «manchmal phantastisch, oft lasziv», als Attraktion der Schönheit, der Neuartigkeit und des feurigen Temperaments beschrieben wurde,[108] musste sie nun oft erst eine Mauer der moralischen Ablehnung durchbrechen. Die Menschen kamen einmal, um sie zu sehen, aber danach nicht unbedingt wieder, deswegen waren Tourneen mit häufigem Wechsel der Aufführungsorte finanziell am erfolgreichsten. Für die pekuniäre Seite ihrer Karriere hatte Lola einen genauen Blick: Sie war eine gute Geschäftsfrau.

Neben ihrer Berühmtheit erwies sich dabei immer wieder ihr höchst geschickter Umgang mit der Presse als hilfreich. Sie verstand es seit

Beginn ihrer Karriere meisterhaft, durch Vorberichte Erwartungen zu wecken, gegebenenfalls durch offene Briefe die Aufmerksamkeit wach zu halten und z. B. moralisch grundierte Verurteilungen zurückzuweisen. Sie hatte früher als viele andere die Bedeutung der Journalisten erkannt und erwies sich als eine Vorreiterin des heutigen Umgangs von Stars mit der Presse. Neben der Sängerin Jenny Lind war sie eine der Ersten, die durch das neue Medium Fotografie berühmt wurden.[109]

Am 20. November 1851 bestieg Lola in Le Havre den Dampfer «Humboldt»; das Ziel war New York. In England kam der bewunderte ungarische Revolutionär Lajos Kossuth mit seiner Frau an Bord, was Lola offenbar unangenehm war, da auf der Fahrt und bei der Ankunft die Aufmerksamkeit der Presse Kossuth und nicht ihr gehörte. Die Fragen, die ihr bei der Ankunft von den amerikanischen Reportern gestellt wurden, zeigen, wie sie taxiert wurde: Hatte sie in Paris an einem Abschiedsdinner teilgenommen, das zu einer Massenorgie mit fünfzig Männern ausartete und ihr 10 000 Dollar einbrachte? Hatte sie ein Angebot abgelehnt, nackt zu tanzen? War sie Spanierin? War sie die politische Beraterin des bayerischen Königs gewesen? Trug sie immer eine Waffe bei sich?[110] Es gelang Lola, sich sympathisch zu präsentieren, sie traf den richtigen Ton, sie lobte die Freiheit der Neuen Welt und fand bald erste Bewunderer.

Zunächst aber musste sie wieder trainieren und sich auf andere Publikumserwartungen einstellen. Thomas Barry vom Broadway-Theater war bereit, sie auftreten zu lassen – doch das sollte in einem ganzen Stück sein, nicht nur in einigen Solonummern. Mit dem bekannten amerikanischen Solotänzer George Washington Smith und einer Ballettgruppe studierte sie einige Stücke ein, darunter «Betly the Tyrolean», «Diana and her Nymphs», «Un Jour de Carneval à Seville», in einem Stück trat Lola in Hosen auf und mit Smith erarbeitete sie eine erste Version ihres «Spider Dance», des «Spinnentanzes», als «Pas de deux». Der «New York Herald» widmete ihr am 23. Dezember 1851 freundliche Worte: «Lola Montez, der nur der Segen der Kirche und ein Paar Flügel fehlen – Lola mit den hellen Augen, die reizvolle, kluge, umgängliche und glänzende Lola wird nach der Abreise von Kossuth wie der Mond nach einer totalen Finsternis am Himmel auftauchen und umso mehr nach den vergangenen dunklen Machenschaften strahlen.»[111]

Am 29. Dezember 1851 trat Lola dann erstmals am Broadway auf.[112] Das Theater war restlos ausverkauft und 3000 Menschen sahen eine Aufführung, in der Lola zwar nicht als Tänzerin, aber wieder durch ihre Anmut, ihre natürliche Grazie und ihre Bühnenpräsenz, ihre Ausdruckskraft und ihr feuriges Temperament überzeugen konnte. Statt nur eine Woche trat sie drei Wochen lang auf und erzielte in der ersten Woche angeblich die höchsten Einnahmen, die das Theater bis dahin eingespielt hatte. Sie selbst erhielt davon 3400 Dollar.[113] Mit ihrer letzten Vorstellung spielte sie für die New Yorker Feuerwehrleute, denen sie den Abend widmete, 1200 Dollar ein und erhielt großen Applaus.

Es gab jedoch wieder öffentliche Auseinandersetzungen, beispielsweise mit ihrem Manager Edward Willis, dessen sie sich ebenso schnell entledigte wie seines französischen Vorgängers, es gab Auseinandersetzungen auf und hinter der Bühne und in ihrem Hotel. Kamen anfänglich zu den Vorstellungen in New York nur Männer, so zogen die Ladys nach und strömten ins Broadway-Theater.[114]

Doch ihr schlechter Ruf verfolgte Lola auch in Amerika. Vor allem der Vorwurf der Unmoral war in der strengen amerikanischen Ostküstengesellschaft fatal und sie sah sich genötigt, mit einem offenen Brief gegenzuhalten. Und wieder war es der «New York Herald», der ihr dafür seine Seiten öffnete. «Mr Bennet, ich bin sicher, dass Sie einer Ausländerin, überdies einer Frau, in Ihrem Blatt ein wenig Raum für einen Appell an eine intelligente und großmütige Gemeinschaft nicht verweigern werden, damit sie sich gegen ungerechte und engherzige Vorwürfe, mit denen bei den Menschen Vorurteile gegen sie geweckt werden sollen, zur Wehr setzen kann. […] Man hat mich, glaube ich, öfter verleumdet und diffamiert und mir Übles nachgesagt als irgendeinem anderen Menschen in diesem Jahrhundert. Wenn all das, was man mir nachsagt, wahr wäre – nein, wenn nur die Hälfte davon wahr wäre –, müsste man mich lebendig begraben.» Sie habe als 13-Jährige einen weit älteren Mann geheiratet, für den sie keine Zuneigung empfunden habe und von dem sie daher geschieden wurde. «Ich ging nach England und von dort auf den Kontinent, und ich wurde Künstlerin, Schauspielerin, Tänzerin, da dies die einzige Möglichkeit war, meinen Unterhalt auf ehrenwerte und tugendhafte Weise zu verdienen.» Ihre

Feinde, «diese Bande von Jesuiten und ihre Korona von willfährigen Werkzeugen», hätten sie angegriffen und verleumdet. Als Grund gab sie an: «Weil ich eine stolze Frau war – eine eigenwillige Frau – eine ehrgeizige Frau, wenn sie wollen, aber eine ehrbare Frau, die sich nicht zum Werkzeug von deren Bosheit machen lassen ließ.» In Lolas Darstellung ihrer Münchner Affären zeichnet sich das Muster ab, das bereits in den Memoiren angelegt war und später das Stück «Lola Montez in Bavaria» prägen sollte. Sie schrieb, in München sei sie als «Anwalt freiheitlicher Maßnahmen» aufgetreten. Sie habe nur das Glück und Wohlbefinden der Münchner befördern wollen, doch dies sei missverstanden worden, die Jesuiten hätten eine Revolution angezettelt und den König gestürzt. «Dieser verehrungswürdige Gentleman wurde verleumdet, was mich angeht. Ich bin eine arme, schwache und kleine Frau. Ich liebe ihn wie einen Vater. Dieser Art Liebe braucht sich keine Frau zu schämen. Ich bin stolz darauf. Er war mein Freund, und Zeit meines Lebens werde ich seine Freundin sein.» Sie bittet die «Gentlemen und Ladies» in Amerika darum, ihr zu glauben. «Ich weiß, dass ich im Leben Fehler gemacht habe, oft und immer wieder – wer hat das nicht? Ich bin eitel gewesen, frivol und ehrgeizig – stolz; nie aber lasterhaft, niemals grausam, niemals gemein. Ich kann nichts dafür, wenn schlechte Menschen auf mich zukommen – wenn sich schlechte Menschen in meine Bekanntschaft einschleichen [...]. Ich appelliere an eine freiheitliche Presse und an die klugen Gentlemen, die darüber verfügen, mir bei meinen Anstrengungen zum Erwerb der Mittel für einen ehrbaren Lebensunterhalt zu helfen.»[115]

Dieser geschickte Brief war erfolgreich, wurde häufig nachgedruckt und änderte auch die amerikanische Meinung über Lola. Wieder einmal gelang es ihr, die biografischen Stationen und Erlebnisse der Kunstfigur Lola Montez so hinzubiegen, dass sie für die amerikanische Gesellschaft akzeptabel waren. Dies als «Lügen» zu bezeichnen, verfehlt das Thema.[116] Es handelte sich jeweils um Interpretationen, die sie vielleicht sogar selber glaubte, die aber in jedem Fall der Figur der Lola Montez neue Schattierungen gaben.

Regelverletzungen blieben auch in den USA nicht aus, sie gehörten ebenfalls zur Figur der Lola. Ihre Tournee, die ihr neuer Manager Joseph Scoville für sie organisierte, führte sie und das Ensemble die

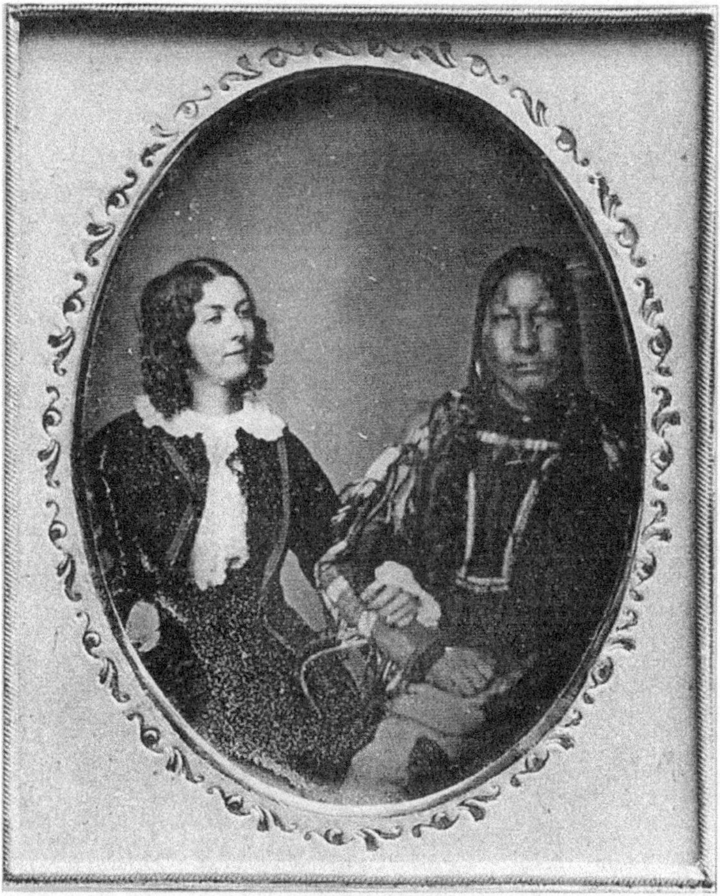

Spontan und provokant. Lola Montez begegnete dem Cheyenne-Häuptling Alights-on-the-Cloud, der mit anderen Häuptlingen von Friedensgesprächen beim amerikanischen Präsidenten kam, zufällig im Fotostudio, Philadelphia, Foto von Marcus A. Root, 1852

Ostküste entlang. Sie trat in Philadelphia auf und stieß dort in einem Fotostudio zufällig auf eine Gruppe indianischer Häuptlinge; sie ließ sich daraufhin im Fotostudio von Marcus A. Root vergnügt Arm in Arm mit dem Cheyenne-Häuptling «Alights-on-the-Cloud» fotografieren. Das war ein Tabubruch, galt es doch als undiskutabel, einen «Wilden» zu

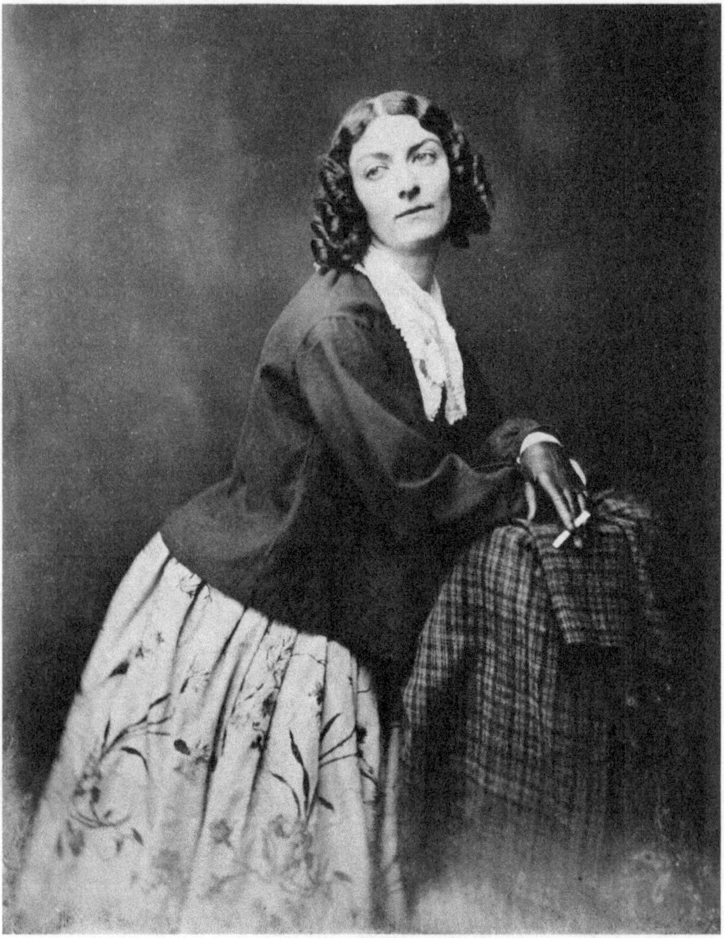

Tabubruch durch Pose und Zigarette. Porträtaufnahme von Lola Montez in Daguerreotypie-Technik, Boston, Foto Southworth und Hawes, 1852

berühren. Doch Lola wirkte auf dem Foto fröhlich und spontan wie in ihrer frühen Münchner Zeit.[117]

Laut Zeitungsmeldungen nahm sie bei ihren Auftritten in New York und Philadelphia 16 000 Dollar ein.[118] In Washington standen offenbar die Senatoren, Gouverneure und Diplomaten Schlange, um von ihr empfangen zu werden, und man sah sie bei einer Ausfahrt mit dem Bruder des ehemaligen amerikanischen Präsidenten James K. Polk, Major William Hawkins Polk.[119] Sie wurde überall gefeiert. Die Zeitungen konstatierten mehrfach, sie trinke sehr mäßig Alkohol, konsumiere aber unzählige Zigaretten am Tag.[120] Auch in Baltimore hielt sie Hof, alle wollten sie persönlich kennenlernen. Als sie jedoch eingeladen worden war, drei Schulen zu besuchen, folgte der Aufschrei des puritanischen «Boston Daily Evening Transcript», wie man die unschuldigen Seelen nur einer so unmoralischen Person ausliefern könne. Es begann eine muntere Zeitungskontroverse,[121] in deren Verlauf sich auch Lola zu Wort meldete: Von den Jesuiten seien unzählige Lügen über sie verbreitet worden, einschließlich der Behauptung, sie habe wilde Pferde gezähmt, Gendarmen mit der Reitpeitsche geschlagen, mit ihrer Pistole alten Herren Fliegen von ihren kahlen Köpfen geschossen. Das sei aber alles nicht wahr, und man solle ihr das doch nachweisen, wenn man es könne. In Providence trat sie am 20. März an einem Abend auf und die Sensation war so groß, dass ein Spekulant vorher alle Karten im Parkett aufgekauft hatte und damit ein gutes Geschäft machte.[122] Zeitweise wandte die Presse sich auch gegen sie und in jedem Falle wurden wie üblich viele Lola-Skandale frei erfunden.

In ihrer «Autobiography» nahm sie dies auf: «Ohne Vermögen und gesundheitlich zerbrochen kam sie neugierig und hoffnungsvoll zu den Ufern der Neuen Welt, zu diesem großartigen Asyl für die Unglücklichen dieser Welt, der letzten Zuflucht für Opfer der Tyrannei und der Verfehlungen der Alten Welt!»[123] Nach ihrer Ankunft habe sie erfahren müssen, dass es der schrecklichen Macht, die sie in Europa verfolgt habe – sie meinte damit wieder die Jesuiten –, gelungen sei, auch in Amerika die Zeitungen mit tausenden falschen Anekdoten und Gerüchten über sie zu füllen. «Neben anderem hatte sie die Ehre, hunderte Männer mit der Reitpeitsche geschlagen zu haben, Männer, die sie niemals kannte und niemals gesehen hatte.» «Horsewhipping» ist das schöne englische Wort für diese Tätigkeit. Spitz fügte Lola hinzu: «Es gibt einen Trost in all dieser Falschheit: dass es diese Männer wahrscheinlich durchaus verdient hätten, mit der Reitpeitsche geschlagen zu werden, wenn sie sie denn gekannt hätte.»

«Lola Montez in Bavaria»

Lola Montez, die sich seit ihrer Rückkehr aus Indien ob in England, Deutschland oder Frankreich meist in adeligen oder intellektuellen Kreisen bewegt hatte und die als Geliebte eines Königs berühmt geworden war, stand nun einer Gesellschaft gegenüber, die sich als Gegenbild zur europäischen Ständegesellschaft entwickelt hatte. Es gab keine Könige, keinen Adel, keine Standesunterschiede nach Geburt, sondern nach Leistung und Vermögen. Doch es war eine Gesellschaft von Einwanderern, darunter viele Engländer, Italiener, Franzosen, Spanier, aber auch etliche Deutsche. Alle diese ausgewanderten Europäer waren mit der Alten Welt meist noch bestens vertraut, sie standen in Briefkontakt mit ihren Verwandten und verfolgten mit Interesse die politischen Ereignisse, kommentierten die Revolutionen und die nachrevolutionären Entwicklungen.[124] Sie fühlten sich als Bewohner eines freien Landes den Ideen von 1848 meist eng verbunden. In den 1850er Jahren stellten allein die Bayern, darunter vor allem Pfälzer und Franken, ein Viertel aller deutschstämmigen Einwohner der USA.[125]

Auf diese Gesellschaft stellte sich Lola geschickt ein. Seit Anfang 1852 erarbeitete sie zusammen mit Charles Ware das Stück «Lola Montez in Bavaria»,[126] das am 25. Mai 1852 im Broadway-Theater seine Weltpremiere erlebte.[127] König Ludwig, der von Botschafter Wendland entsprechende Zeitungsmeldungen zugeschickt bekam, kommentierte besorgt: «Es ist nicht ihre Tanzkunst, sondern die Erinnerung an ihren Aufenthalt in Bayern, die ihr ein so großes Einkommen verschafft, doch ich fürchte, sie wird leider nicht viel davon über das Meer mit zurückbringen, was aber dennoch zu wünschen wäre, da sie ihre Gewinne gut anlegen muß. Gold bleibt nicht bei ihr, und wo sie ist, braucht es Luxus und Prunk».[128] Das fünfaktige Drama über Lolas Zeit in Bayern wurde für die folgenden Jahre ihr wichtigstes Repertoirestück. In der Premiere führte sie es mit dem Ensemble auf, mit dem sie an der Ostküste bereits gereist war. Es war eine Art Dokumentarstück und Lola spielte darin sich selbst. Dies gab ihr die Gelegenheit, ihre eigene Version der Münchner Ereignisse zu präsentieren und diese in den Köpfen der Zuschauer zu verankern. Damit stützte sie auch ihre

Behauptung, sie sei in München als Kämpferin gegen die «Jesuitenherrschaft» und für die Freiheit verfolgt worden und der verehrungswürdige König sei ihr wie ein Vater gewesen. Außerdem begann sie mit diesem Stück, sich als Schauspielerin zu profilieren. Dies war angesichts der Notwendigkeit, in Amerika ganze Abende zu gestalten, sehr wichtig, und es ermöglichte ihr, jenseits ihres Tanzes etwas Besonderes, Einzigartiges anzubieten: Lola Montez spielte Lola Montez! Sie agierte damit auch als kluge Geschäftsfrau, nutzte sie doch ihren Ruf und drehte gleichzeitig ihre Reputation in eine für die USA passende Richtung.[129]

Es ist kein Manuskript dieses Stücks überliefert, doch Bruce Seymour konnte es aus Kritiken weitgehend rekonstruieren.[130] Die fünf Akte hießen «Die Tänzerin», «Die Politikerin», «Die Gräfin», «Die Revolutionärin» und «Die Fliehende». Neben Lola trat «König Luis» auf; der Schurke des Stücks war «D'Abel, Ministerpräsident, ein Jesuit». Es wurden mit «Baron von Pappenheim, ein Stutzer und Gönner Lolas und der Oper», und «Ludwig von Schottenbottom, ein begeisterter Verehrer Lolas und der Künste», zwei fiktive komische Figuren eingebaut, es erschien aber auch «Count Hirschberg», «The Duchess von Wallenstein», «The Countess Bassenheim».[131] Insgesamt spielten 34 Personen mit, jeder Akt hatte ein eigenes Bühnenbild. Die erste Szene spielte in der Münchner Oper, Lola nimmt dort in einem weißblauen Kleid die Huldigungen ihrer Verehrer entgegen. Auch König Luis ist begeistert. In einer Audienz erklärt sie ihm die politische Situation in Bayern: Ministerpräsident D'Abel sei ein Agent Metternichs und unterdrücke das Volk. Der alte und fehlgeleitete König Luis ist guten Willens und verspricht, sie zur Gräfin zu erheben. Er unterzeichnet auf ihre Anregung hin den Befehl zur Freilassung des zu Unrecht inhaftierten Künstlers Schottenbottom und sie erlaubt ihm dafür, ihre Hand zu küssen. Er möchte sie als Beraterin immer um sich haben, doch sie verweigert ihm seinen Wunsch, in seinen Palast umzuziehen, und erlaubt ihm nur, für sie ein Palais in der Nähe zu bauen. D'Abel will sie loswerden und versucht sie zunächst mit Hilfe von Baron Malthus (Maltzahn) zu bestechen, dann zu vergiften. Baron Newsbaumer (Leutnant Nußbammer) und Pappenheim fechten ein Duell. Lola erscheint bei Hof, wo ihr nachgesagt wird, sie habe den König verhext. Doch sie kommt der Königin bei einem Ohnmachtsanfall zur Hilfe und wird danach zu deren bester Freundin. D'Abel wird gestürzt und Lola eine Art Premierministerin. Sie überredet den König dazu, das nächste Kabinett aus den Reihen des Volkes zu wählen, und sie führt in Bayern eine aufgeklärte Herrschaft ein. Daraufhin laufen die freiheitlichen Studenten zu ihr über. Doch die Jesuiten agitieren und es kommt zu einem Aufstand, Lola und ihre Studenten kämpfen auf den Barrikaden, sie muss aber verkleidet als Schottenbottoms Schwester fliehen. Schließlich gibt es noch einen letzten Aufruhr, als die Studenten mit D'Abels Leuten zusammenstoßen, es erklingt die Marseillaise und «Lola Montez in Bavaria» endet mit Alarmrufen, Feuer und Lärm. Die Sprache war gereimt und geschraubt, Seymour bringt eine Passage aus einer Szene mit D'Abel: «So, in der Stimmung wie ich ihn gefunden, werd' prompt ich Nutzen ziehen aus der Brunft, und, groß geworden durch den Anschein meiner Ehrlichkeit, auch bald den Schlußstein setzen ins Gewölbe meiner Macht. So formt der Mensch den größ'ren sich zum Instrumente; und mächt'ge Königswürde segelt über Tiefen bösen Zwecks, der kleinen Hand, die steuert, nicht bewußt; so also machen brave Diener ihre Könige zum Knecht der Politik.»[132]

In New York und Philadelphia war das Stück ein großer Erfolg, obwohl es in Philadelphia, in Washington und Baltimore wie auch später in anderen Städten jeweils mit dem ortsansässigen Ensemble in kurzer Zeit einstudiert wurde. Die Häuser waren voll, etliche Besprechungen positiv und Lola wurde für ihre Schauspielkunst gelobt. Doch eine Rezension in Philadelphia beschrieb das Stück als «eine windige Abfolge von Luftblasen», als Schauspielerin versuche Lola Montez, Beifall für die dargestellte Figur einzufahren, die zur Heldin stilisiert werde. Das Stück sei als Theaterproduktion wertlos, obwohl Lola eine bemerkenswerte und «waghalsige Pikanterie» an den Tag lege.[133] Eine andere Zeitung meinte, «bei der Berühmtheit, die Madame la Comtesse durch die ganze zivilisierte Welt bis nach Arabien, Algier oder ins Indianerland erreicht hat, verspricht die Geschichte genügend Interesse und Attraktion, um volle Häuser zu bekommen».[134] Durch ihre Auftritte mit dem Stück, in dem es an keiner Stelle indezent zuging, war es Lola gelungen, ihren schlechten Ruf in Vergessenheit geraten zu lassen; es kamen auch immer mehr Damen in die Vorstellungen. Im neu eröffneten Bowery-Theater in New York mit 4000 Plätzen führte Lola eine Neuproduktion des Stücks auf und vervierfachte die Einnahmen des Theaters.[135] Sie selbst verdiente dabei 1000 Dollar in der Woche – das war das Doppelte eines durchschnittlichen amerikanischen Jahreseinkommens.

Stolz, selbstbewusst, zornig und eloquent schrieb sie Leserbriefe an Zeitungen, von denen sie sich verunglimpft sah. Als die «New York Times» am 15. Juli 1852 in einem Kommentar Lola mehr oder weniger unverblümt als hartgesottene Prostituierte bezeichnete, die in der Öffentlichkeit versuche, ihren Fall als etwas Besonderes darzustellen, schrieb sie sofort einen Brief, in dem sie an das Gerechtigkeitsempfinden der Amerikaner appellierte. Es sei nicht das erste Mal, dass sie in den Spalten der «New York Times» auf infame Weise angegriffen werde. Sie fragte den Herausgeber Henry J. Raymond: «Warum werde ich dafür ausgewählt? Was habe ich getan, um von Ihnen und Ihrer Presse auf die herabwürdigendste Weise öffentlich verleumdet zu werden? Ich habe Sie nie gesehen, kenne Sie nicht und habe Sie nie im Leben verletzt. Und Ihr Artikel von heute zeigt mir, dass auch Sie mich nicht kennen und dass Sie überhaupt nichts von meiner vergangenen oder jetzigen Geschichte wissen.» Die degradierenden Unterstellungen in dem Artikel zeigten die Art der Quelle, aus der sie kamen, und entlarvten Raymond als einen Mann, der es nicht wert sei, eine Position als verantwortlicher Zeitungsherausgeber einzunehmen. Er greife höchst unehrenhaft eine unbeschützte Frau an, die bescheiden versuche, mit ihrem Beruf Geld zu verdienen. «Wenn ich die schändliche Person wäre, als die Sie mich erscheinen lassen wollen, warum hätte ich dann das fröhliche Europa verlassen, um in Amerika Geld zu verdienen? Mein bisheriger Lebensweg, Mr Raymond, war wild, exzentrisch und unglücklich – aber nicht schuldig in dem Lichte, in dem Sie ihn darstellen wollen.» Jemand wie er, der mit der großen Welt wohl nicht sehr vertraut sei, versuche nun, ihr ungezähmtes Verhalten und die unschuldige Fröhlichkeit ihres Wesens, die aus ihrer Kindheit in Indien stamme, als tiefe moralische Schuld darzustellen. Nach einer misslungenen Ehe und einer Laufbahn als Tänzerin habe in München der betagte König ihre Freundschaft gesucht und ihr sein Vertrauen geschenkt, das sie für «große und edle Zwecke» genutzt habe. Als sie nach Amerika kam, sei sie davon ausgegangen, dass sie hier sicher sei vor übler Nachrede, und nun zerstöre sein Artikel diese Hoffnungen.[136] Dieser Brief zeigt erneut, wie sich Lola, die selbst eine begeisterte Zeitungsleserin war, um ihr öffentliches Image sorgte und wie sehr ihr daran lag, sich fortan anders zu präsentieren. Ihr Appell an die amerikanische Gesellschaft, ihr eine Chance zu geben, war dabei sicher klug gewählt, sie drehte die Ereignisse geschickt so, dass man ihrer Darstellung bei gutem Willen Glauben schenken konnte. Sichtbar werden an solchen Briefen nicht zuletzt ihre rhetorischen Fähigkeiten und ihre Intelligenz.

Im Herbst 1852 bereitete Lola zwei für sie geschriebene Stücke vor: In «Charlotte Corday» über die Ermordung Jean Paul Marats waren fast alle Männer verzweifelt in Charlotte alias Lola verliebt, und in «Maritana, or the Maid of Saragossa» kämpfte sie anstelle ihres feigen Liebhabers in Männerkleidung gegen Napoleons Leute. Sie schloss mit diesen Stücken an das Image an, das sie mit «Lola Montez in Bavaria» vorgezeichnet hatte, und inszenierte sich als Freiheitskämpferin, die Freiheitskämpferinnen spielt. Die Kritiker lobten ihre Darstellung, obwohl immer wieder angemerkt wurde, dass es ihrer Stimme an Volumen fehle. Um Theaterhallen für 4000 Leute ohne jede Verstärkung zu beschallen, war vermutlich ein anderer Körperbau nötig, als ihn die kleine und schlanke Lola zu bieten hatte.

Doch es war Lola gelungen, sich als ernsthafte Schauspielerin zu etablieren und für amerikanische Bühnenverhältnisse beachtlich viel Geld zu verdienen. Das ist höchst bemerkenswert angesichts der Kritik, mit der sie von Anfang an zurechtkommen musste, und es zeigt, mit welcher Flexibilität es ihr gelang, ihre Kunstfigur für das Publikum zu verändern und aus Schwächen Stärken zu machen. Wenn sie dazu tanzte, erregte das noch immer den öffentlichen Ärger von Sittenwächtern, doch dies war gut für die Reklame. Vor allem ihr «Spider Dance» wurde immer wieder zum Anlass genommen, ihr Obszönität vorzuwerfen. Je nach Publikum führte sie diesen Tanz mehr oder weniger lasziv auf: Thema des Tanzes war es, Spinnen zu zertreten, die auf sie niedergefallen waren und sich in ihren Kleidern versteckten. Angeblich sollten diese Spinnen die Jesuiten symbolisieren.

Im Winter bereitete Lola mit ihrem neuen Manager John Jones eine erfolgreiche Tournee in den Süden vor, nach Charleston, South Carolina, Georgia und Alabama, bevor sie am 30. Dezember 1852 in New Orleans ankam.[137] Dort trat sie während einer Aufführung, in der in einer Loge laut geredet wurde, an die Bühnenrampe und bat sehr charmant erfolgreich um Ruhe. New Orleans war deutlich weniger sittenstreng als die Ostküstenstädte und die Zuschauer beklatschten auch ihre Tänze. Ihr Engagement wurde mehrfach verlängert und sie füllte sogar die Stehplätze des Theaters. Inzwischen war ihr Repertoire gewachsen, dem sie u. a. mit «The School for Scandal» weitere Stücke hinzufügte.[138] Sie spielte eine vierte Woche vor ausverkauften Häusern. Das war eine bemerkenswerte Kraftleistung: Sie hatte am Schluss 28 Abende in fünf Stücken und mit fünf Tänzen absolviert.

Da Lola mit «Lola Montez in Bavaria» nun weiterhin große Erfolge in den USA feierte, wurde König Ludwig immer unruhiger und sicher auch neugieriger. Im Januar 1853 versuchte Wendland in seinem Auftrag, eine Kopie des Stücks zu bekommen, das nicht im Handel erhältlich war. Wendland lobte einige hundert Franken aus, damit es jemand für ihn kopiere.[139] Doch im April 1853 musste er dem König mitteilen, dies sei nicht möglich.[140] Offenbar sammelte Lola die jeweiligen Rollentexte stets wieder sorgfältig ein, bevor sie in die nächste Stadt weiterreiste.

Es folgte eine Reise über den Mississippi nach Cincinnati, wo sie wiederum begeisterte Kritiken erhielt. In einer Zeitung war zu lesen, trotz eigener Vorurteile habe man «der unschuldigsten, natürlichsten und anmutigsten Schauspielerin» applaudiert, die je auf diesem Theater aufgetreten sei,[141] und ein deutschsprachiger Kritiker bezeichnete zwar das Stück «Lola Montez in Bavaria» als schlechtes Machwerk, aber: «Bisher konnten wir nicht begreifen, wie es ihr möglich war, so unumschränkten Einfluß auf König Ludwig zu erlangen, der doch nicht eben zahm oder gefügig gewesen. Jetzt, da sie uns ihr Hexenwerk auf der Bühne vorgeführt, glauben wir gern, daß der arme Ludwig nicht widerstehen konnte.» Auch in Cincinnati verlängerte sie ihren Aufenthalt, gab insgesamt 13 Vorstellungen und ergänzte ihr Repertoire um ein weiteres Stück: «Yelva, die russische Waise» von Eugène Scribe, in dem sie ihre pantomimischen Fähigkeiten zum Einsatz bringen konnte. In St. Louis lag sie im Streit mit dem Theaterbesitzer, doch auch dort absolvierte sie fünf ausverkaufte Auftritte. Sie engagierte wieder einen neuen Manager, Jonathan Henning.[142] Lola wusste sich bestens zu vermarkten.

Doch auch während ihrer erfolgreichen Tournee gab es immer wieder Auftritte, die den Weg in die Presse fanden, sei es eine tätliche Auseinandersetzung infolge eines Streits in Philadelphia, sei es ein handgreiflicher Streit mit ihrem Tanzpartner George Smith, sei es, dass sie in New Orleans ein Dienstmädchen schlug, das von ihr Geld für eine Rückfahrt haben wollte, ohne sie anzutreten, sei es ebenfalls in New Orleans eine Auseinandersetzung im Theater, wo sie sich an den Platz des Souffleurs drängte, um besser zu sehen, was zu einem Tumult führte.[143] Es gelang ihr, die Gerichtsverhandlung, die folgte, zu einer Lola-Show umzuwandeln und das zahlreiche Publikum zu Lachstürmen hinzureißen. So behauptete sie, der Souffleur habe ihr einen Fußtritt versetzt. Von ihrem Platz aus merkte sie im Bühnenflüsterton an: «Wenn ich von einem Pferd getreten worden wäre, würde mir das nichts ausmachen, aber von einem Arsch ...!»[144] Sie wurde letztlich gegen eine Kaution von 500 Dollar freigelassen und die Sache war beigelegt. Am 22. April 1853 startete sie per Schiff Richtung Kalifornien.

In solchen Szenen spiegelte sich das Selbstbewusstsein der inzwischen 32-Jährigen, die bereits die halbe Welt gesehen und mit der Zeit ein sehr gutes Gespür dafür entwickelt hatte, wie sie ein Publikum unterhalten konnte. Sie war eine hart arbeitende, souverän agierende Schauspielerin und Tänzerin geworden, die nur höchst selten wegen Krankheit eine Aufführung ausfallen ließ. Offenbar ging es ihr in den USA auch gesundheitlich deutlich besser als in Europa: Sie reiste legal und ohne die Furcht, ausgewiesen zu werden, konnte von ihren eigenen Leistungen gut leben, erhielt Applaus und Anerkennung, wurde von den örtlichen Honoratioren hofiert und geschätzt und von den Zeitungen meist gelobt. Hier nun führte sie endlich das selbstbestimmte Leben, das sie sich vermutlich bereits seit ihrem Entschluss von 1843, Künstlerin zu werden, ersehnt hatte.

Im Wilden Westen

Nun ging es also nach Kalifornien. Trotz des Goldrauschs war Kalifornien noch schwer erreichbar: Lola musste, wie viele der Goldsucher auch, entweder mit dem Packwagen durch Indianergebiet, mit dem Schiff den langen Weg um Kap Hoorn oder über den Isthmus von

Panama dorthin reisen.[145] Sie wählte die Panama-Route: zunächst per Schiff durch die Karibik bis Aspinwall, dem heutigen Colón, dann mit der neu gebauten Eisenbahn 50 Kilometer bis Barbacoas durch den panamesischen Dschungel und von Barbacoas aus mit offenen Booten bis zum Dschungeldorf Gorgona, wo teure Übernachtungsmöglichkeiten meist auf einfachen Feldbetten zur Verfügung standen. Angeblich verlangte Lola auch ein Feldbett für ihren Pudel Flora, wollte aber am nächsten Tag dafür keine fünf Dollar bezahlen. Dann führte der Weg weiter auf Maultieren durch fieberverseuchte Sumpfgebiete, belästigt von bösartigen Insekten und in drückender Hitze. Ziel war die Hafenstadt Panama. Von dort ging es dann mit dem Raddampfer am 5. Mai 1853 weiter nach San Francisco. Zu den Mitreisenden gehörten Senatoren, Beamte und Journalisten, die bei der Ernennung des neuen US-Präsidenten in Washington dabei gewesen waren und nun wieder nach Hause fuhren, darunter auch der 32-jährige Patrick Hull, Rechtsanwalt und Journalist, Miteigentümer des «San Francisco Whig», mit rötlichem Gesicht, scharfen Augen und lockigem Haar; er galt als guter Geschichtenerzähler.

Von dieser Reise wird wieder eine Anekdote über Lolas gelassenen Mut überliefert, diesmal bei einem Überfall auf einen Mitreisenden. Die Reise taucht jedoch auch in ihrer «Autobiography» auf, und zwar als Beispiel für die vielen Geschichten, die über sie erfunden worden seien. Eine Mrs Seacole habe in ihren Erinnerungen, so Lola, eine Begebenheit wiedergegeben, bei der Lola Montez, eine «gut aussehende, selbstsichere Frau mit schönen bösen Augen», ostentativ perfekt mit Samtmantel, Hut und Hosen als Mann gekleidet, auf dem Trail nach Panama in der Stadt Cruces von einem Amerikaner an ihren Rockschößen gezogen worden sei und ihm daraufhin mit ihrer Reitpeitsche einen Schlag über das Gesicht versetzt habe, der einige Tage sichtbar gewesen sei; sie, Mrs Seacole, sei froh gewesen, als diese elende Frau weiterritt.[146] Dazu Lola: «1. War Lola Montez nie in ihrem Leben außerhalb der Bühne in Männerkleidung unterwegs, außer bei ihrer verkleideten Rückkehr nach München. 2. Konnte sie daher kein Mann in Cruces an ihren Rockschößen ziehen. 3. Hatte sie niemals in Cruces eine Reitpeitsche in der Hand und konnte daher auch nicht den Amerikaner damit schlagen. 4. War sie niemals in ihrem Leben in Cruces. Bevor sie nach

Kalifornien kam, war die neue Route eröffnet worden und sie passierte Cruces in vielen Meilen Entfernung. 5. Die ganze Story ist ein gemeines Machwerk von Anfang bis Ende. Sie ist genauso falsch wie Mrs Seacoles angeblicher Name. Lustig ist auch, dass Mrs Seacole dies alles 1851 erlebt haben will, obwohl Lola Montez erst 1853 nach Kalifornien kam.»[147] Auf diese Weise lassen sich wohl, wie Lola hier selbst überzeugend vorführte, sehr viele der Geschichten auseinandernehmen, die über sie berichtet werden.

San Francisco, die erst etwa vier Jahre alte Stadt des Goldrauschs, der seit 1848 die Menschen nach Kalifornien gezogen hatte, bestand bereits aus 50 000 Einwohnern. Lola konnte schnell ein Engagement am American Theatre bekommen, das über 3000 Plätze verfügte. Ihre erste Aufführung am 26. Mai 1853 mit «The School for Scandal» brachte dem Theater 4500 Dollar ein.[148] Über den «Spinnentanz» waren die Kritiker verschiedener Meinung, sie oszillierte wie immer zwischen enthusiastischen Lobeshymnen und einem moralischen Proteststurm. Der Tanz war eigentlich eine Pantomime zu einer Musik aus Polka, Walzer und Mazurka und erzählte die Geschichte einer Frau, die von Spinnen angegriffen und in ein Netz eingesponnen wird. Manchmal waren das echte Spinnen aus Fischbein, die von der Decke fielen, manchmal waren sie der Vorstellungskraft des Publikums überlassen. Dann verwandelte sich Lola selbst in eine Spinne und bewegte sich in grotesken Sprüngen über die Bühne. Am meisten Kritik der Moralisten zog die Szene auf sich, in der Lola eine Spinne suchte, die sich in ihren Unterröcken versteckt hatte und offenbar an ihrem Körper entlangkrabbelte. In diese Szenen flossen auch etliche Elemente des französischen Cancan ein, der in Kalifornien noch unbekannt war.[149] Als am 30. Mai «Lola Montez in Bavaria» aufgeführt wurde, erwies sich die Probenzeit als zu kurz, «doch Lola mit ihrer Energie und Geistesgegenwart glich die Mängel all der anderen aus», wie die Zeitung schrieb, und auch in den folgenden Vorstellungen blieben keine Plätze frei. Lola hatte ihren Musikdirektor, die Partitur, Textbücher, Choreographieanweisungen und ihre eigenen Kostüme mitgebracht, aber alles andere musste vom Theater herbeigeschafft werden und die Schauspieler hatten das Stück in kürzester Zeit umzusetzen. Das führte naheliegenderweise immer wieder zu Spannungen. Am Ende ihres Engagements gab Lola wie auch anderswo eine Benefizvorstellung.[150] Die Einnahmen waren insgesamt dem Land des Goldrauschs angemessen: In einer Woche erhielt Lola 16 000 Dollar Gage.[151] Am 16. Juni 1853 beendete sie ihr Engagement in San Francisco. Der Violinist Miska Hauser, der sie dort kennenlernte und eine Weile in ihrem Team mitreiste, bezeichnete sie in einem Brief an seinen Bruder als «Kriegsgöttin»: «Hat Lola aus der Verjüngungsquelle getrunken? Noch immer sind an ihr die Spuren einer vorgerückten Jahreszeit nicht wahrzunehmen, ein ewiger Hochsommer mit zwei unvergleichlichen Tagesgestirnen, ihren beiden Augen am leuchtenden Horizonte. Ungezogen und frivol wie ein kleines Kind, ist sie doch imstande, mit einem einzigen Blick zu imponieren, und wehe demjenigen, der es wagt, ihre Ungnade auf sein Haupt zu ziehen. [...] Sie ist sehr erregbarer Natur, und bei dem unbedeutendsten Anlaß erbebt ihre ganze Gestalt, und ihre Augen flammen wie Blitze. Man hat guten Grund, sich in Acht zu nehmen, denn sie ist das muthigste und tollkühnste Weib, das je den irdischen Boden betreten. Dabei besitzt sie wirklich Geist und eine nicht alltägliche Bildung.»[152] Hauser erhielt von ihr ein Tintenzeug aus Silber geschenkt, statt des Streusands mit Goldstaub gefüllt, sie war von seinem Spiel begeistert und warf ihm Blumen auf die Bühne.[153]

Lolas Erfolg provozierte die Satiriker und wie bereits früher brachten lokale Witzbolde mehrere erfolgreiche Parodien auf die Bühne. Am 20. Juni wurde «Who's Got the Countess? or: The Rival Houses» uraufgeführt. Es ging darin um «Mlle Mula, Countess of Bohemia» und den Manager des American Theatre, einschließlich einer Parodie des «Spy Dear Dance». Lola hatte aber bereits Verteidiger gefunden, die die Parodie als vulgäre Attacke auf eine Frau bezeichneten, die sich als großherzig und generös erwiesen habe und diese Art der Karikatur nicht verdiene.[154] Dennoch war die Burleske ein großer Erfolg. Lola sorgte eben auch in der Satire für volle Kassen.

Bevor Lola nach Sacramento aufbrach, heiratete sie unter großer Geheimhaltung am 2. Juli 1853 um sechs Uhr morgens Patrick Hull in der kleinen katholischen Dolores-Missionskirche. Der «Golden Era» schrieb: «Mademoiselle Lola Montez, bekannt in der ganzen Welt, und Patrick Purdy Hull, Esquire [Titel für geprüfte Juristen],[155] des San Francisco Whig, wurden gestern Morgen in der Mission Dolores von Reverend Vater Flavel Fontaine mit dem heiligen Band der Ehe verbunden. Der schlichten und beeindruckenden Zeremonie wohnten etliche unserer wichtigsten Bürger bei. Wir wünschen dem glücklichen Paar viele Jahre ununterbrochenen Glücks und ehelicher Freuden.»[156] Es gab danach Kuchen, Wein, Zigaretten und Zigarren, Lola fragte, wo man hier gut frühstücken könne, und die Gesellschaft ging dafür ins Tivoli. Die Gründe für diese dritte Heirat, gegen die diesmal niemand Widerspruch einlegte, lassen sich nicht genau feststellen: Ob es sich wieder einmal um Pass und Aufenthaltsgenehmigung handelte, ob sie sich tatsächlich, was eher zu bezweifeln ist, in Kalifornien mit Hull niederlassen wollte oder ob ihr Pat Hull einfach gefiel? Am Nachmittag nach der Hochzeit brachen Lola, der Violinist Miska Hauser sowie der Flötist und Pianist Mons Chenal sowie Charles Eigenschenk als musikalischer Direktor per Schiff nach Sacramento auf; Hull war Lolas neuer Manager; seine Anteile an der Zeitung «San Francisco Whig» verkaufte er.[157] Miska Hauser beschrieb die Landschaft, die sie auf der Fahrt zu sehen bekamen: «Das Thal, das ich mit meiner abenteuerlichen Reisegefährtin durchfuhr, war bedeckt von einem Teppich von üppig grünem Grase. Blumen von jeder Gestalt, Größe und Farbe, schienen bei dem Herannahen der blumen- und männersüchtigen Lola Montez noch stolzer in ihrem Schmucke zu prangen.»[158]

In Sacramento erlebte Lola ein Desaster, sie wurde ausgelacht, ausgepfiffen und es flogen sogar faule Äpfel und Eier. Ihre mutige Ansprache am Bühnenrand verstärkte den Tumult – je größer der Widerstand des Publikums, desto mehr wurde Lola zur «Furie»: «Kommt herauf, gebt mir eure Hosen und nehmt dafür meine Röcke, ihr seid nicht würdig, Männer genannt zu werden!», rief sie dem Publikum zu, daraufhin wurden Stühle und Bänke zertrümmert; abends lieferte ihr eine Menge vor ihrem Hotel eine Katzenmusik.[159] So bedrohlich das Ganze aussah, nahm es Lola doch nicht sehr ernst. Miska Hauser versicherte sie: «Glauben Sie mir, lieber Hauser, der gestrige Abend war mir lieber als 1000 Dollar. Ich habe mich köstlich unterhalten, und die Reihe meiner Abenteuer hat sich wieder um eines vermehrt!»[160] Mit größtem Geschick gelang es ihr am folgenden Abend, das Publikum durch eine Rede für sich zu gewinnen, in der sie sich für den vergangenen Abend entschuldigte: Sie habe das Lachen des Publikums sicher zu Unrecht als Beleidigung aufgefasst, weil sie in Europa immer mit Anwürfen konfrontiert worden sei, doch die Amerikaner machten so etwas nicht, von denen werde sie geliebt. Der Auftritt wurde zu einem großen Erfolg: «Das Publikum ließ das Theater im Delirium seines Beifalls bis auf die Grundmauern erzittern. Kraft jenes Genius, der von allen vernünftigen Menschen zu Recht auf das Höchste bewundert wird, hat sich die Gräfin vollständig rehabilitiert.»[161] Auf den Vorwurf einer Zeitung, das Publikum sei gekauft gewesen, reagierte Lola mit einem ihrer berühmten offenen Briefe; die letzte Vorstellung war wieder ein großer Erfolg. Doch auf der nächsten Station der Tour, in Marysville, kam es zu ähnlichen Tumulten wie in Sacramento, gefolgt von lautstarken und handgreiflichen Auseinandersetzungen zwischen Patrick Hull und der Truppe. Lola warf angeblich Hulls Sachen aus dem zweiten Stock des Hotels auf die Straße.[162] Wieder einmal hatte sie einem Mann «den Fehdehandschuh hingeworfen». Am nächsten Tag verlief die Aufführung besser, ebenso in Grass Valley und Nevada City.[163] Doch ein weiterer Auftritt in Grass Valley zeigte Lola, dass ihre Art des Tanzes bei den Bergleuten nicht gut ankam.

Grass Valley – zwei Jahre in den Bergen von Nevada

Reisen in diesem noch sehr wilden Teil des Wilden Westens waren höchst beschwerlich. Es ging mit Pferdepostkutschen über Straßen, die in den ersten Jahren des Goldrauschs den Goldsuchern als Trampelpfade in die Wildnis gedient hatten. Im Sommer versank man im Staub, im Winter im Schlamm. Ein Bohlenweg zwischen Marysville und Nevada City war erst in Planung. Im «Golden Era» findet sich die Beschreibung einer Kutschenfahrt, wie sie Lola und ihr Team hinter sich brachten: «Wir fuhren über eine höchst unebene Straße, nicht über Kies, sondern über Felsbrocken, und die vielen unerwarteten Stöße, die wir erhielten, ließen uns viel über die Vernachlässigung und den Mangel an Unternehmergeist nachdenken.»[164]

In Grass Valley erreichte Lola mit den «Northern Mines» den entferntesten Außenposten der kalifornischen, multinationalen Gesellschaft der Goldsucher; dort lebten Europäer, Lateinamerikaner, Indianer, Chinesen und Amerikaner, rund 1400 Menschen, darunter nur

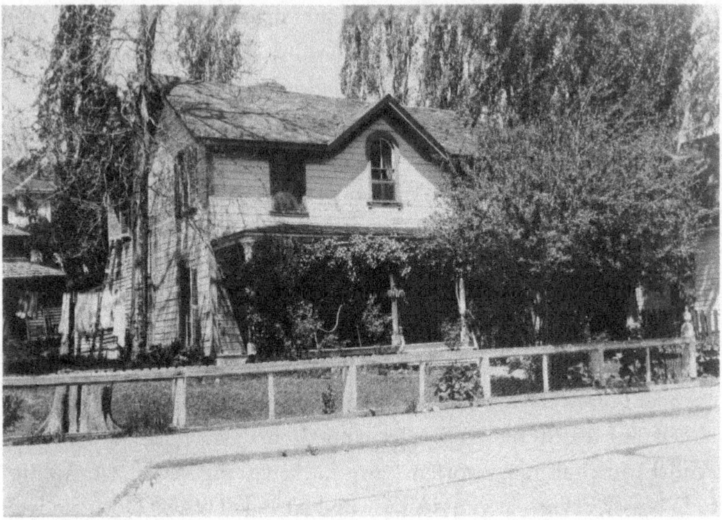

Lola Montez' House in Grass Valley, Kalifornien. Lolas mehrfach umgebautes Haus in der Goldgräberstadt, Postkarte

200 Frauen.[165] Das Klima auf 730 Metern über Meereshöhe war angenehm. Grass Valley mit seinen Holzhäusern und Zelten war die wichtigste Stadt für den industriellen Goldabbau geworden, der hier mit Hilfe von Erzbrechmaschinen, Dampfmaschinen und Raffinerien betrieben wurde. Das Kapital dafür kam meist aus Europa. Es war eine schnell wachsende Stadt in herrlicher Umgebung, in die sich jedoch immer mehr der Bergbau fraß. Auch der Holzhandel boomte. Auf den Straßen war man immer in einer Wolke von feinem Staub unterwegs, es gab erst wenige Bürgersteige. Nachts lagerten Schweine vor den Läden, Fußgänger sollten lieber die Straßenmitte benutzen, lautete der Ratschlag. Es gab ein kleines Theater über dem Saloon, eine Literarische Gesellschaft, einen Nähkreis. Schon vor ihrer Ankunft war nach Lola der «Mount Lola Montez» benannt worden, mit 2788 Metern der höchste Berg in der Umgebung.[166] Noch wenige Jahre zuvor hatten regelmäßig Indianer die Stadt überfallen.[167] Es war eine primitive, aber großartige Gegend, wild und aufregend.[168]

Anfang August ließ sich Lola mit ihrem Nochehemann in Grass Valley nieder und kaufte ein Haus in der Mill Street. Sie sammelte auch bereits wieder Bewunderer um sich. Zwischen den Pfosten der überdachten Veranda ihres Hauses hing eine Hängematte, in der Lola zu schaukeln pflegte.[169] Am 14. September war es dann so weit: Patrick Hull reiste nach San Francisco zurück, die Ehe war gescheitert.[170] Sie bemühte sich um eine Scheidung: Den Namen Hull führte sie nicht mehr.[171] Bei einem Besuch in San Francisco im Oktober erwarb sie neben Möbeln und einem selbstspielenden Pianola neue Hausgenossen, so einen Papagei, zwei Hunde und einen jungen Grizzlybären. Letztlich wuchs ihr Tierpark in Grass Valley auf vier Hunde, eine Ziege, ein Pferd, ein Mutterschaf mit Lamm, drei Kanarienvögel und eine Wildkatze an.[172] Sie kultivierte einen Kaktusgarten aus Pflanzen, die sie von ihren Ritten in die Umgebung mitbrachte, ließ sich Blumensamen und Weinsetzlinge schicken.[173] Sie kaufte sich wohl auch Aktien der prosperierenden Mine, die bald 20 000 Dollar wert waren. Jeden Mittwochabend gab es bei ihr gutes Essen, Brandy, Zigarren und anregende Unterhaltung, manchmal sang sie spanische Lieder. Reisende Künstler waren bei ihr jederzeit willkommen. Der norwegische Violinist Ole Bull, den Robert Schumann Paganini gleichgesetzt hatte, gab ein Konzert in ihrem Haus.[174] Jahre später berichtete Senator William Morris Stewart, er habe jeweils die Tage bis zu Lolas Abendeinladungen gezählt, an denen angeblich auch Victor Hugos Sohn teilnahm.[175] Der Theateragent Charles Warwick, der sie besuchte, schilderte die Szenerie in Grass Valley: «Ich traf die liebenswürdige Lola im hinteren Garten, wo sie ein kleines Spiel mit einem Paar zahmer Bären vollführte, mit denen sie eine verspielte und liebevolle Vertrautheit zu verbinden schien. Sie war barhäuptig und von der Sonne fast wie ein Mexikaner gebräunt; ihr Haar fiel in reicher Fülle auf ihre anmutigen Schultern. Ihre Kleidung war von einfachster Machart und aus derbstem Material, ein gewöhnliches Kleid, mit kurzem Rock und ebensolchen Ärmeln, welche die wohlgeformten Arme fast bis zur Schulter unbedeckt ließ. […] Ich hatte erwartet, eine blasierte Dame von Welt, eine raffinierte, hochfliegende Abenteurerin vorzufinden, die […] aus schierem ennui zu uns gekommen war […]. Ich muß mit Nachdruck bekennen, daß ich sie als großzügige, gütige und seelenvolle Frau kennengelernt habe. […] Die Gräfin war der allgemeine Liebling aller Schichten.»[176]

Lolas Leben im Wilden Westen blieb nicht ohne Abenteuer.[177] Im harten Winter verschwand Grass Valley fast im Schnee und sie unternahm mit ihrem Schlitten eine Tour nach Nevada City, wofür sie den Schlitten mit Kuhglocken ausgestattet hatte.[178] Bei einem Reitunfall kam sie mit viel Glück mit dem Leben davon. Im Juli 1854 unternahm sie mit Freunden aus Grass Valley einen Campingausflug über die Gipfel der Sierra Nevada, doch es gab Streit mit Lola, und der Mann, der das Lasttier führte, verließ die Gruppe, die nun zwei Tage ohne Nahrung war und nach Grass Valley zurückkehrte. Es wird vermutet, dass die Frauen des Ortes nicht viel in Kontakt mit Lola standen: Eine Frau mit ihrem Ruf, die Zigarren rauchte, galt nicht als «anständig». Aber sie war großzügig und wohltätig, kümmerte sich um bedürftige Kinder, brachte Nahrungsmittel zu Kranken oder versorgte verwundete Bergleute. Um zwei Mädchen war sie besonders bemüht: Sue Robinson und Lotta Crabtree, die beide später Bühnenkarrieren machten.[179]

Im November 1854 kam es zu einer der klassischen Auseinandersetzungen zwischen Lola und einem Zeitungsmann: Wieder einmal holte Lola ihren «Fehdehandschuh» aus der Tasche. Henry Shipley, Herausgeber des «Grass Valley Telegraph» und ein schwerer Trinker, hatte einen bösen Kommentar über drei Sänger geschrieben, die in Grass Valley aufgetreten waren. Lola setzte sich mit Blick auf die lange eigene Bühnenerfahrung für sie ein; sie war ohnehin immer generös und mitfühlend gegenüber Kollegen und Kolleginnen. Das Treffen zwischen Shipley und Lola wurde unterschiedlich wiedergegeben; jedenfalls war Lolas Pistole im Einsatz, mit der sie Shipley aus dem Haus beförderte. Der Höhepunkt der Auseinandersetzung kam jedoch, als sich Shipley über die schriftstellerischen Aktivitäten der verwitweten Königin Maria Christina von Spanien lustig machte und schrieb: «In ihren Zeilen liegt so viel Lola-Montez-mäßige Unverschämtheit und unverfrorene Heuchelei, daß selbst der Ex-König von Bayern angenehm überrascht sein würde.» Lola war zutiefst verärgert darüber, dass ausgerechnet ihr Heuchelei vorgeworfen wurde, schnappte sich ihre Reitgerte und das Zeitungsblatt und eilte zum Saloon, wo Shipley mit seinen Freunden beim Whisky saß. Die «Sacramento Union» berichtete: «Sie traf ihn im Golden Gate Saloon, eine Menge Leute, die etwas mitbekommen hatten, folgten ihr. Lola schlug den Zeitungsherausgeber mit ihrer Reitpeitsche, aber er entriss sie ihr, bevor sie zum zweiten Mal zuschlagen konnte.

Dann nutzte sie die beste Waffe der Frauen – ihre Zunge. Ihr Gegner blieb beleidigend kühl». Die Anwesenden hätten sich über sie amüsiert und eine Lokalrunde, die sie ausgeben wollte, abgeschlagen.[180]

In ihrer eigenen Darstellung in der «Alta California» schrieb sie: «Ich erinnerte mich an die Women's Rights Convention und nutzte Miss Lucy Stones Richtlinien – Haube auf den Kopf und Peitsche in die Hand; diese Peitsche, die bisher niemals für etwas anderes als für ein Pferd genutzt worden war, würde nun entehrt werden, indem sie auf den Rücken eines Arschs fiele. Ich ging voran, stark, wie ich sagte, gemäß den Regeln von Miss Lucy Stone und anderen starken Frauen – fand diesen zweifelhaften Mann, und schnell wie ein Blitz fiel die besagte Peitsche viermal auf seine Schulter und seinen Kopf, auf mein Ehrenwort, bevor mein Feind sich daran erinnern konnten, dass er auf einem Stuhl saß.»[181] Er habe ihr daraufhin nach «Yankee-Sullivan-Manier»[182] einen Schlag aufs Auge geben wollen. Da ergriff der Geist ihrer irischen Vorfahren von ihrer linken Hand Besitz, schrieb sie, und bevor er zuschlagen konnte, gab sie ihm eines aufs Auge, wobei ihre Ringe merkbare Spuren hinterlassen hätten. Es gab noch einen weiteren Augenzeugenbericht, der sich eher an der Version der «Sacramento Union» orientierte.[183] Die Weltpresse nahm die Geschichte dankbar auf.[184]

Bemerkenswert ist in Lolas Selbstdarstellung neben ihrem sportiven Stil ihr expliziter Bezug auf amerikanische Frauenrechtlerinnen und auf die «Women's Rights Convention», die seit 1850 jährlich stattfindende Versammlung amerikanischer Frauenrechtlerinnen, die die politische, gesetzliche und gesellschaftliche Gleichstellung der Frauen forderten.[185] Anklänge an solche Forderungen finden sich bereits in Lolas Memoiren von 1851 und ihre Biografie gibt genug Anlass, sie zumindest als Gegnerin der geltenden gesellschaftlichen und politischen Einschränkungen für Frauen zu sehen. Das Leben im egalitären kalifornischen Wilden Westen, das ihr so gut gefiel, bot ihr die Möglichkeit, endlich als gleichwertige und gleichberechtigte Person leben zu können. In Grass Valley musste sie nicht ständig die Kunstfigur Lola Montez bedienen, sie wurde angenommen, wie sie war, sie konnte ihre Muttersprache Englisch sprechen und war nicht stets gezwungen, die Spanierin zu spielen. Dies bedeutete sicherlich auch eine wichtige Rast auf ihrem ansonsten von ständiger Bewegung geprägten Weg.

9. THEATERUNTERNEHMERIN UND VORTRAGSREISENDE

Auf Welttournee in Australien

Nach zwei Jahren Ruhe in Grass Valley war es genug: Lola brach wieder auf, diesmal nach Australien. Wie sie 1851 in ihren «Memoiren» schrieb: Eine Fee hatte bereits ihre Wiege auf Rollen gestellt und sie spürte immer wieder den unwiderstehlichen Drang, neue Menschen und neue Länder kennenzulernen. Vermutlich fehlte ihr nach einiger Zeit all das, was das Leben auf der Bühne mit sich brachte: Auftritt und Applaus, Herausforderung und Belohnung, Publikum und Öffentlichkeit. Die kalifornische Wirtschaft stagnierte. Sicher weckte auch der finanzielle Erfolg ihrer USA-Tournee den Wunsch, dies in dem Land eines weiteren Goldrauschs, in Australien, fortzusetzen. Es gibt Hinweise, dass Lola von dort über Hongkong und die Philippinen nach Indien, in ihre erste Heimat, weiterreisen wollte, was sie jedoch nach ihrer Ankunft in Australien bald aufgab.

Die Zeiten als allein reisende Tänzerin, die sich mit Empfehlungen von Stadt zu Stadt durcharbeiten musste, waren längst vorbei. Lola agierte als Theaterunternehmerin, die Tourneen professionell vorbereitete. So schloss sie mit einigen Schauspielern Verträge für die geplante Welttournee:[1] Neben Charles Eigenschenk als musikalischem Direktor gehörte der 27 Jahre alte Schauspieler Noel Follin, Künstlername Frank Folland, dazu, der von Lola fasziniert war und bald auch nicht nur beruflich ihr Partner wurde.[2] Seine Frau und zwei Kinder hatte er bereits zwei Jahre nicht gesehen, sie lebten in Cincinnati. Als Schauspielerinnen engagierte Lola Josephine Fiddes mit Schwester und Mutter, ebenso Benjamin Naphtali Jones, George Daniels, James Simmonds und als Agenten Fred Jones, einen Mitbesitzer der Empire Mine in Grass Valley.[3]

Angeblich verkaufte Lola für 20000 Dollar ihren Schmuck, um die Tour zu bezahlen; das ist aber unwahrscheinlich, da sie den Schmuck erst ein Jahr später in San Francisco versteigern ließ. Vielleicht verpfändete sie ihr Haus oder ihre Minenanteile an John Southwick, den Direktor und Teilhaber der Empire Mine, der die Tournee finanzierte.[4] Sie versprach ihrer Truppe, Hin- und Rückreise und Verpflegung zu bezahlen, auf Reisen sollten die Schauspieler 20 Dollar pro Woche, bei Auftritten zwischen 40 und 60 Dollar pro Woche erhalten.[5] Die finanziellen Erwartungen waren hoch.

Zum Abschied versammelten sich viele Freunde in San Francisco, Lola zeigte sich freundlich und liebenswürdig. Da sie inzwischen auch mit ihren Anteilen am Bergbau von Grass Valley Geld verdient hatte und ein Haus besaß, das sie behielt, hinterlegte sie ein Testament. Sicherlich war sie auch etwas traurig, war doch ihr Pudel Flora, der noch bei ihrer Reise nach Kalifornien im Dschungeldorf Gorgona ein eigenes Feldbett erhalten hatte, in der Woche vor ihrer Abreise auf Nimmerwiedersehen verschwunden.[6] Am Kai wurde sie am 6. Juni 1855 von einer großen Menschenmenge verabschiedet und die «Fanny Major» verließ den Hafen. Mehr als zwei Monate sollte die Reise bis Sydney dauern, Zeit genug, um «Lola Montez in Bavaria» und andere Stücke vorzubereiten.

Am 16. August 1855 landete das Schiff in Sydney und nur zehn Tage später fand die Premiere statt.[7] Lola war nun wieder in der Welt angekommen, von der sie sich im Wilden Westen der USA eine Auszeit genommen hatte: Der «Sydney Morning Herald» weigerte sich ostentativ, ihre Anwesenheit überhaupt zur Kenntnis zu nehmen. «Bell's Life in Sydney» nahm sich jedoch engagiert ihrer an. Die viktorianische Doppelmoral dieser englischen Kolonie war deutlich zu spüren: Hohe Würdenträger von Sydney empfingen sie wegen ihres schlechten Rufes nicht.[8] Mit einer Ansprache forderte Lola die Damen Sydneys auf, ins Theater zu kommen, und der leidenschaftliche Brief von Caroline Dexter in «Bell's Life in Sydney» zeigt, dass sie auch weibliche Fans hatte: Viele Kritiker seien von einem «falschen, ungesunden Vorurteil gegen die auf schändliche Weise stigmatisierte und zutiefst verletzte Lola Montez geleitet», sie sei eine Frau mit einer großen Seele, funkelnden Ideen, zärtlicher Sensibilität und leuchtender Unabhängigkeit.[9] Caroline Dexter, englische Feministin und Schriftstellerin, Frau eines Malers, die sich während ihres Aufenthalts in Paris mit George Sand angefreundet hatte[10] und selbst erst seit Januar 1855 in Sydney lebte, gehörte offenbar zu Lolas Kreis in der Stadt.

Australien als englische Kolonie war sehr viel stärker vom viktorianischen Geist geprägt als die USA und es gab daher auch Zeitungsleute, die Lolas Auftritt nur vor dem Hintergrund ihrer Vorurteile betrachteten. «Bell's Life in Sydney» sah sich genötigt, sie vehement gegen Angriffe zu verteidigen, lobte den Auftritt und Lolas Spiel; viel von der Aufregung um ihre europäische Geschichte und Berühmtheit sei verschwunden und «die Zuschauer konnten wie ihre transatlantischen Brüder entdecken, dass diese oft verleumdete Lady einfach ein elegantes weibliches Wesen und eine gewandte Schauspielerin ist. Wir freuen uns, dass unschöne Vorurteile beseitigt sind und dass diese wirklich talentierte Künstlerin unsere Stadt mit freundlichen Erinnerungen an angemessene Wertschätzung ihrer guten Arbeit verlassen kann».[11] Wenn sich Kritik erhob, pflegte Lola am folgenden Abend ihren kleinen weißen Handschuh auf die Bühne zu werfen und ihren Kritiker aufzufordern heraufzukommen, um ihn aufzuheben – Lolas eleganter Fehdehandschuh.[12]

Wie immer spielte Lola stets vor ausverkauften Häusern, neben «Lola Montez in Bavaria» auch einige weitere leichte Komödien.[13] Lola war in diesen Tagen nicht gesund, sie litt unter Migräne und Schwächeanfällen. Und es kam zu Spannungen mit den Schauspielern, die immer aufsässiger wurden und es ablehnten, bestimmte Rollen zu übernehmen. Das bewertete Lola als Vertragsbruch.[14] Beim Aufbruch zum nächsten Engagement am 8. September nahm Lola nur noch den Musikdirektor Eigenschenk und den Schauspieler Folland auf dem Schaufelraddampfer «Waratah» nach Melbourne mit. Lola Montez war längst eine professionelle Theaterunternehmerin und sie hatte Anwälte engagiert, die den Schauspielern Abschlagssummen anboten. Doch diese lehnten ab,[15] sie wollten mehr und bemühten sich in aller Eile um vollstreckbare Verfügungen, um Lola an der Abreise zu hindern.[16] Eine Kanzlei schaffte es noch, eine gültige Verfügung zu bekommen, und mit der letzten Postbarkasse kam der Gerichtsvollzieher aufs Schiff.

Die folgenden Szenen sollten in Lolas Annalen eingehen:[17] Der Gerichtsvollzieher Kai Thomas Brown verkündete der Gräfin Landsfeld, er stelle sie unter Arrest, es bestehe eine Forderung von 100 Pfund plus Anwaltskosten gegen sie. Lolas Anwalt, der zur Verabschiedung noch an Bord war, erklärte sich bereit, eine Kaution zu stellen, und auch andere Herren zogen mit. In einem Leserbrief an die Zeitung «Argus» in Melbourne, die Skandalberichte aus Sydney nachgedruckt hatte, erklärte der als Zeuge an Bord anwesende Schauspieler Folland, Brown seien als Kaution zuerst 500 Pfund angeboten worden, dann, als er weitere Forderungen ins Spiel brachte, sogar 10 000 Pfund.[18] Brown behauptete jedoch später, niemand habe ihm das Geld wirklich gegeben. Er bestand darauf, Lola müsse ihn zum Sheriff begleiten, es lägen noch mehr Forderungen vor.[19] Brown habe, so Folland, Lola unbedingt nach Sydney zurückbringen wollen; das Ziel der zurückgelassenen Truppe sei es offenbar gewesen, Lolas Auftritt in Melbourne zu verhindern und ihr damit massiv zu schaden. An Bord des Schiffes, das schließlich abgelegt hatte, gingen die Debatten in der Kapitänsmesse weiter, wo Lola mit einigen Damen plauderte; Brown saß dabei. In Dawes Point brachten Anwaltsgehilfen mit dem Boot weitere Verfügungen, die jedoch nicht vom Sheriff unterschrieben und daher ungültig waren. Brown wollte Lola erneut nötigen, von Bord zu gehen. Sie weigerte sich und wurde von anderen Passagieren unterstützt. Ihre Anwälte versicherten später, sie übernähmen die Verantwortung dafür, dass ihre Klientin nicht mit Brown das Schiff verlassen wollte.[20] Auch der Kapitän vertrat die Meinung, wenn Brown nicht eine schriftliche Vollmacht habe, das Schiff zu stoppen, werde er nicht beidrehen, er werde auch nicht die Wasserpolizei anfordern, es lägen keine gültigen Papiere vor, die über 100 Dollar hinausgingen. Das Schiff lief unbeirrt auf die offene See zu. Lola war schlafen gegangen. Laut Folland zog nun Gerichtsvollzieher Brown unverrichteter Dinge ab. Brown selbst beschrieb in seiner öffentlichen Stellungnahme die Szene anders: Er habe schließlich von Lolas neuem Agenten James Crosby, dem Spielleiter des Victoria-Theaters, die Erlaubnis erhalten, die übrigen Verfügungen an Lolas Bett niederzulegen, in dem sie schlief, bevor er mit dem Beiboot zur Küste zurückruderte:[21] Lola hatte gewonnen.

Die Presse bemächtigte sich dieses Vorfalls und druckte davon aben-

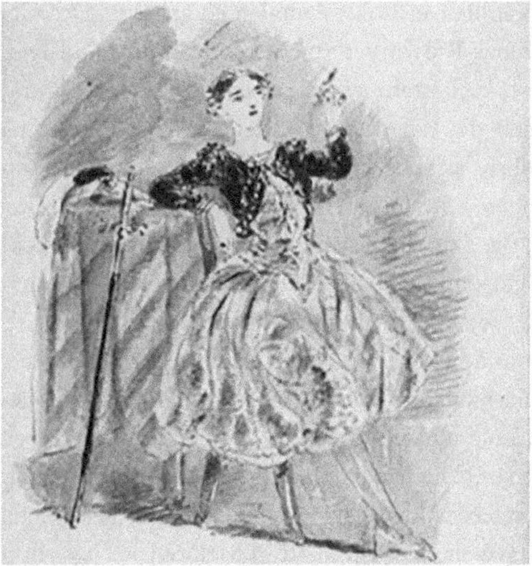

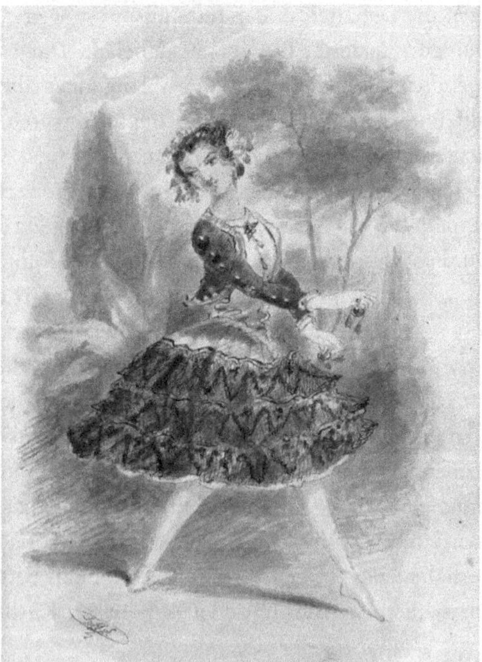

SPIDER DANCE.

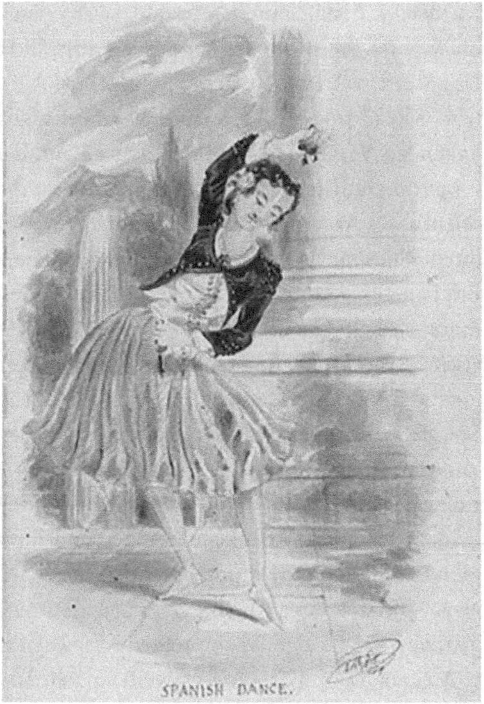

Bühnenzeichnungen. Lola Montez in Adelaide, Australien, eingefangen von John Michael Skipper, Kohle mit Tusche, Dezember 1855

teuerliche Versionen. Es begann mit der groß aufgemachten Berichterstattung durch den ihr von Anfang an feindlichen «Sydney Morning Herald»:[22] Lola habe sich in ihre Kajüte begeben, sich entkleidet und dem Gerichtsvollzieher erklärt, sie werde nicht mitgehen, aber er könne sie so haben, wie sie habe.[23] Er habe geklopft, hieß es in einem anderen Bericht, und sie habe nackt in ihrer Kabine gestanden.[24] Solche Meldungen wurden begierig überall nachgedruckt. Die Erklärungen ihrer Anwälte, die in den Zeitungen veröffentlicht wurden, halfen da nur wenig. Letztlich ließ sich der Streit aber wohl still und leise juristisch beilegen, denn als Lola nach Sydney zurückkam, sprach niemand mehr darüber. Doch wieder war eine typische Lola-Montez-Geschichte um die Welt gegangen.

In Melbourne begannen die Auftritte zwei Tage nach ihrer Ankunft mit «Lola Montez in Bavaria»; Folland spielte mit, die anderen Rollen wurden von einheimischen Schauspielern besetzt. Das Haus war trotz überhöhter Preise wie immer ausverkauft, die Kritik mäßig begeistert: Das Stück war einfach zu wenig geprobt. Am 19. September trat Lola trotz Sehstörungen wegen eines Migräneanfalls mit einer sehr zurückhaltenden Variante des «Spider Dance» auf, der den «Argus» zu heller Empörung aufstachelte:[25] Der Tanz untergrabe die Moral und sei ein öffentliches Ärgernis. Sie fand aber auch hier wie immer Verteidiger, die ihre vollkommene pantomimische Darstellung lobten. In einem offenen Brief an den «Argus» wies Lola mit großer Geste den Vorwurf der Unmoral zurück: Die Unzüchtigkeit liege auf Seiten derer, die ihre künstlerische Arbeit mit Hintergedanken betrachteten.[26] Es folgten Engagements in Geelong, dann wieder in Melbourne. Mit «The School for Scandal» bezauberte sie selbst den Kritiker des «Herald», der ihr eine «ungekünstelte Bereitschaft zu schlagfertigen und ironischen Erwiderungen», sprühendes Temperament sowie Freude an Spaß und Fröhlichkeit bestätigte: «Funkelnde Augen und ein lachender Mund verweigern sich der Unterwerfung unter die Ernsthaftigkeit.»[27] Sie gab in den zwei Monaten ihres Aufenthalts in Melbourne mehr als 30 Vorstellungen, obwohl sie eine Woche wegen Krankheit ausgefallen war.

Am 20. November ging es weiter nach Adelaide. Bei ihrem ersten Auftritt waren der Gouverneur von Südaustralien und seine Frau anwesend, ebenso die Freimaurer in voller Montur. Sie gab wieder ein Benefizkonzert und gewann durch kleine Ansprachen ihr Publikum für sich. Den Jahreswechsel erlebte sie in Sydney, wo sie viele Bewunderer empfing, die sie mit Tischerücken und Geisterbeschwörungen unterhielt; sie befasste sich schon eine ganze Weile mit Spiritismus.[28] Ihre Auftritte, die am 7. Januar begannen, wurden begeistert aufgenommen. Am 6. Februar ging es dann wieder per Schiff nach Melbourne, wo Lola am 16. Februar 1856 in der Goldgräberstadt Ballarat das große neue Victoria Theatre einweihte, das über 2500 Plätze verfügte. Sie ermutigte das Publikum, die Zustimmung in Form von Goldnuggets zu zeigen, und erhielt reichliche Antwort.[29]

Doch als eine Lokalzeitung ihre «Unmoral» angriff und schrieb, sie habe keinen Anspruch auf Achtung, reagierte sie zunächst mit einer Ansprache auf der Bühne, dann jedoch wurde es handfest: Sie hatte bei einer Benefizveranstaltung sicher nicht zufällig eine Damenreitpeitsche

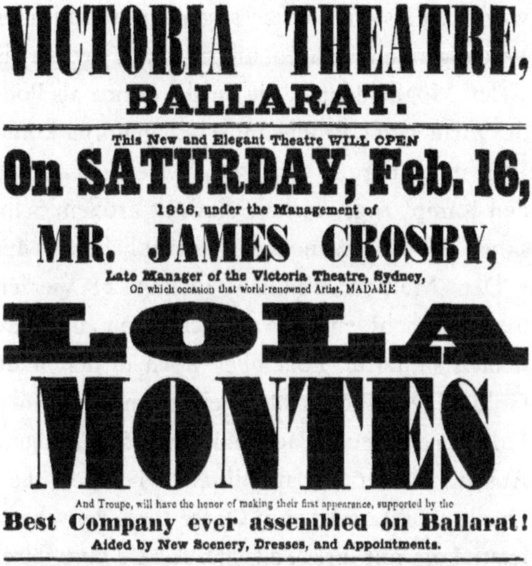

Auftritt bei den Goldgräbern: «This New and Elegant Theatre Will Open On Saturday, Feb. 16, [...] On which occasion that world-renowned Artist, Madame Lola Montez And Troupe, will have the honor of making the first appearance». Ankündigungsplakat für Lolas Auftritt in Ballarat, Australien, Februar 1856

gewonnen und erklärte nun, sie am verantwortlichen Herausgeber, Henry Seekamp, ausprobieren zu wollen. Daraufhin kam dieser nun seinerseits mit einer schweren Peitsche in ihr Hotel, es entwickelte sich ein Kampf, bis Umstehende beide entwaffneten. Kaum war Seekamp wieder frei, griff er nach Lolas Haaren und es begann eine zweite Runde. Schließich wurden beide getrennt und Seekamp kämpfte sich aus dem Hotel, gerade als Folland von Proben aus dem Theater kam. Fast wäre es zu einem weiteren Kampf gekommen, als Seekamp einen Totschläger und Folland eine Pistole aus der Tasche zogen, doch es blieb bei der Geste. Die Umstehenden bewarfen Seekamp mit diversen Wurfgeschossen und er zog sich zurück, während Lola aus einem Fenster mit ihrer Peitsche winkte.[30] Wieder ging eine Lola-Montez-Peitschengeschichte um die Welt.

Es ist auch vor dem Hintergrund ihres Berichts über den Peitschenzusammenstoß mit dem Zeitungsherausgeber Shipley in Grass Valley zu vermuten, dass Lola inzwischen dieses Image der Peitschenschwingerin, das ihr seit einem Jahrzehnt anhaftete, bewusst und mit viel Selbstironie bediente. Was vielleicht anfangs tatsächlich noch der Selbstverteidigung gedient hatte, war längst zum Attribut und Markenzeichen geworden. Sie war weiterhin nicht gewillt, Anwürfe unbeantwortet zu lassen, die sich allgemein moralisierend auf ihre europäische Vergangenheit bezogen, um sie damit jetzt zu diskreditieren. Neben den vielen Möglichkeiten, die ihr die Bühne als Podium bot, zu denen auch der zarte weiße Fehdehandschuh gehörte, konnte sie sich in der Neuen Welt meist darauf verlassen, Verteidiger zu finden. Doch wenn sie in den Kampf zog, geschah dies mit großem Selbstbewusstsein und – so sahen es die Zeitgenossen – «männlichem» Mut.

Der «Melbourne Punch» dichtete 28 Vierzeiler auf den Kampf, das lokale Gericht lehnte es ab, sich damit zu befassen, und die Goldgräber liebten sie dafür. Lola blieb noch in der Stadt, sie ließ sich von den Goldgräbern ihre Stollen zeigen und imponierte durch ihre in Grass Valley erworbenen Fachkenntnisse der Goldgewinnung. Doch bei einer Auseinandersetzung mit ihrem Manager über die Kasseneinnahmen wurde sie ihrerseits zum Opfer eines Peitschenangriffs: Seine Frau verletzte Lola mit ihrer Peitsche. Als sie kurz darauf wieder neun Abende lang in Melbourne gastierte, sorgten die Presseberichte aus Ballarat für volle Häuser: Eine gute Propaganda war es allemal.[31]

Bei der nächsten Station ihrer Tournee in Bendigo, einer weiteren Goldgräberstadt, wurde sie ebenfalls gut aufgenommen und zeigte ihre Kaltblütigkeit: Während der Aufführung schlug ein Kugelblitz ins Theater ein, verfehlte Lola und Folland nur knapp, zerschlug die Außenwand des Theaters und setzte Kulissen in Brand, bevor er durch ein weiteres Loch im Dach wieder hinausfuhr. Die ganze Bühne war in Aufruhr, alle liefen in Panik durcheinander. Nur Lola blieb völlig kühl, trat an die Bühnenrampe, bat das Publikum, keine Angst zu haben, sie gab weitere Anweisungen und das Stück wurde nach Kurzem fortgesetzt.[32] Am Schluss trat sie vor den Vorhang und dankte der Vorsehung, dass niemand verletzt worden sei. Die letzten Auftritte fanden in der Goldgräberstadt Castlemaine statt. Der finanzielle Erfolg in der Goldgräberregion war beachtlich. Doch nun ging die australische Tournee zu Ende. Über Melbourne, Sydney und Newcastle traten Lola und Folland die Rückreise nach Kalifornien an, die sie über Tahiti und Honolulu führen würde.

Als Folland im Anschluss an die Feier seines 29. Geburtstags kurz nach der Abfahrt von Honolulu in den frühen Morgenstunden des 8. Juli 1856 über Bord fiel und ertrank, bedeutete das für Lola Montez eine weitere der schlimmen Tragödien ihres Lebens. Sie war mit Folland mittlerweile seit einem Jahr unterwegs, sie hatten sich gestritten und wieder versöhnt. Die Tournee war sehr anstrengend gewesen. Lola zählte inzwischen 35 Jahre und stieß immer wieder an ihre physischen Grenzen. Ihre Schönheit begann langsam zu verblassen. Doch mit Folland hatte sie trotz stürmischer Auseinandersetzungen einen Mann an ihrer Seite gehabt, mit dem sie sich verstand. Nach einem der wenigen Berichte über das Unglück ging Folland nach einer langen Feier mit viel Champagner an Deck, sei es, um wieder einen klaren Kopf zu bekommen, sei es, um an Deck zu schlafen. Die offizielle Version lautete dann, er sei bei einer Schlingerbewegung des Schiffes über Bord geschleudert worden.[33] Gerüchte, Lola habe ihn über Bord gestoßen oder er sei aus Verzweiflung über die Beziehung mit ihr selbst in den Tod gesprungen, entbehrten jeder Grundlage. Lola war tief getroffen und fühlte sich für seinen Tod verantwortlich. Bis zur Ankunft in San Francisco vergingen noch fast 20 Tage. Die Zeitung «Golden Era» berichtete, Lola sei tief in Trauer versunken und untröstlich gewesen. Sie habe gesagt, Folland sei der erste und einzige Mann, den sie geliebt habe.[34] Follands Tod wurde zu einem Wendepunkt in Lolas Leben.

Als Vortragsreisende und Buchautorin in den USA und England

Zunächst mietete sie sich in San Francisco ein Haus und ließ sich dort mit ihren Hunden und exotischen Vögeln nieder. Ihr Ziel war es nun, möglichst viel Geld für Follands Familie einzuspielen. Sie organisierte Auftritte am American Theatre. Bereits am 7. August 1856 war Premiere und sie trat 14 Tage lang vor vollem Haus auf, zunächst mit ihren leichten Komödien, dann auch mit Tänzen. Die Kritik war positiv und lobte ihre Schauspielkunst, die sich deutlich verbessert habe.[35] Im September und Oktober folgten noch Auftritte in Sacramento und dann ihre kalifornischen Abschiedsvorstellungen in San Francisco.[36]

Zugunsten von Follands Familie versteigerte sie ihren Schmuck bei Duncan & Co in San Francisco;[37] er war auf etwa 20 000 Dollar geschätzt worden, brachte aber letztlich nur rund 10 000 Dollar ein, da es nicht genug zahlungskräftige Kunden gab.[38] Die Zeitungen vermuteten hinter der Versteigerung eine innere Veränderung dieser Frau, für die Schmuck ein wichtiges äußeres Zeichen des eigenen Erfolgs gewesen war.[39] Mit der Versteigerung trennte sich Lola aber nicht nur von ihrer Eitelkeit, sondern auch von ihrer Alterssicherung. Im September verkaufte sie ihr Haus in Grass Valley, das in dem Jahr ihrer Abwesenheit stark vernachlässigt worden war. Alles sollte Follands Kindern zufließen: Sie vermachte Follands Stiefmutter ihren ganzen Besitz treuhänderisch für dessen Kinder mit dem Wunsch, sie im spiritistischen Glauben zu erziehen.

Nun berichteten die Zeitungen, dass Lolas zweiter Ehemann George Trafford Heald am 28. Juni 1856 mit 28 Jahren an Tuberkulose gestorben war.[40] Mit seinem Tod erledigte sich für Lola das Verfahren wegen Bigamie: Sie konnte nun wieder ungefährdet nach England reisen.[41] Doch so weit war es noch nicht. Am 20. November 1856 brach sie nach New York auf; ihre kalifornischen Brücken hatte sie hinter sich abgebrochen. Es ging per Schiff nach Nicaragua, dann mit der Kutsche zum Lake Nicaragua, den die Reisegesellschaft mit dem Dampfer überquerte, bevor sie mit Booten den San Juan River hinunter an die karibische Küste gebracht wurde, von wo sie mit dem Dampfschiff nach New York fuhr. Lola landete dort am 16. Dezember. Mit über 23 000 Dollar Vermögen, die sie mit ihren Theaterunternehmen verdient hatte, konnte sie die weiteren Schritte sorgfältig planen – für sie eine ungewohnte Situation.

Zunächst wohnte sie bei der Familie ihres verunglückten Kollegen Folland. Dessen Halbschwester Miriam Follin war bildhübsch. Lola studierte mit ihr Rollen ein und nahm sie als «Minni Montez», ihre jüngere Schwester, mit auf Tournee. Die Auftritte liefen sehr gut, doch die Wege der beiden Schwestern im Geiste trennten sich bald wieder: Miriam heiratete mehrmals und stieg schließlich zu einer einflussreichen Zeitungsherausgeberin auf. Lola kam von der Tournee nach Albany und Providence über Pittsburgh, St. Louis, Louisville in Kentucky, Cincinnati und Chicago mit 7000 Dollar Einnahmen wieder nach New York zurück. Nach wie vor verdiente sie blendend: Dies entsprach dem 14-Fachen eines durchschnittlichen amerikanischen Jahreseinkommens. Nach Gastspielen in Buffalo ging es ins kanadische Toronto.

Hier beendete Lola ihre Karriere als Tänzerin und Schauspielerin: Sie wusste, dass sie sich neu orientieren musste.[42] Zusammen mit Charles Chauncey Burr, einem ehemaligen Politiker und Zeitungsmann, der sie wohl auch mit dem «Seher» und Spiritisten Thomas Lake Harris bekannt machte,[43] bereitete Lola im Mai und Juni 1857 ihre ersten Vorträge vor. Denn sie wollte sich wieder einmal neu erfinden: Als Vortragsreisende konnte sie ihre große Bühnenerfahrung, ihr Talent zum Gespräch mit dem Publikum und ihre Schlagfertigkeit einsetzen, ohne mit einem großen Stab von Musikern und Schauspielern ständig neu proben zu müssen. Zudem war ihr das Tanzen inzwischen körperlich zu anstrengend geworden. Obwohl immer wieder behauptet wurde, Burr habe die «Lectures» verfasst,[44] ist dies nicht sehr wahrscheinlich; zu ähnlich ist der Stil dieser Lesungen anderen Texten von Lola. Zu denken ist etwa an ihre vielen Leserbriefe, in denen sich ihr Talent zur pointierten Formulierung spiegelte. Doch für diejenigen, die in Lola nur eine ungebildete Kurtisane sehen wollten, schien es unmöglich, dass sie selbst in der Lage war, kluge Texte mit vielen historischen Exkursen zu verfassen. Aber ein Redakteur des «Cleveland Plain Dealer» verteidigte sie: Er könne beeiden, dass die Gräfin in Cincinnati in seine Redaktion gekommen, an den Setzkasten gegangen sei und «ohne Manuskript eine scharfe und schwungvolle Mitteilung aufsetzte, in der ein gewisser Redakteur ganz schön fertiggemacht wurde. [...] Lola Montez und nicht schreiben? Das können Sie Ihrer Großmutter erzählen! Sie kann sogar Typen setzen!»[45]

Lola war also sicherlich die Verfasserin der «Lectures», die sie nun zunächst in den USA, dann in Europa vortrug und die auch gedruckt erschienen.[46] Darin finden sich neben ihrer «Autobiography» die Vorträge «Beautiful Women», «Gallantry», «Heroines of History», «Comic Aspect of Love», «Wits and Women of Paris» und «Romanism»; in Letzterem ging es um eine Abrechnung mit der katholischen Kirche. Das Buch umfasst knapp 300 Seiten, die einzelnen Vorträge sind rund 30 Seiten lang, eine Abendvorstellung dauerte etwa eine Stunde. Lola wurde von der Presse hoch gelobt: Sie spreche amüsant, damenhaft und souverän, die Stimme sei sanft und tragfähig.[47] Sie ließ nun ihren «spanischen» Akzent weg und wurde für die Klarheit und Präzision ihrer Aussprache gelobt.

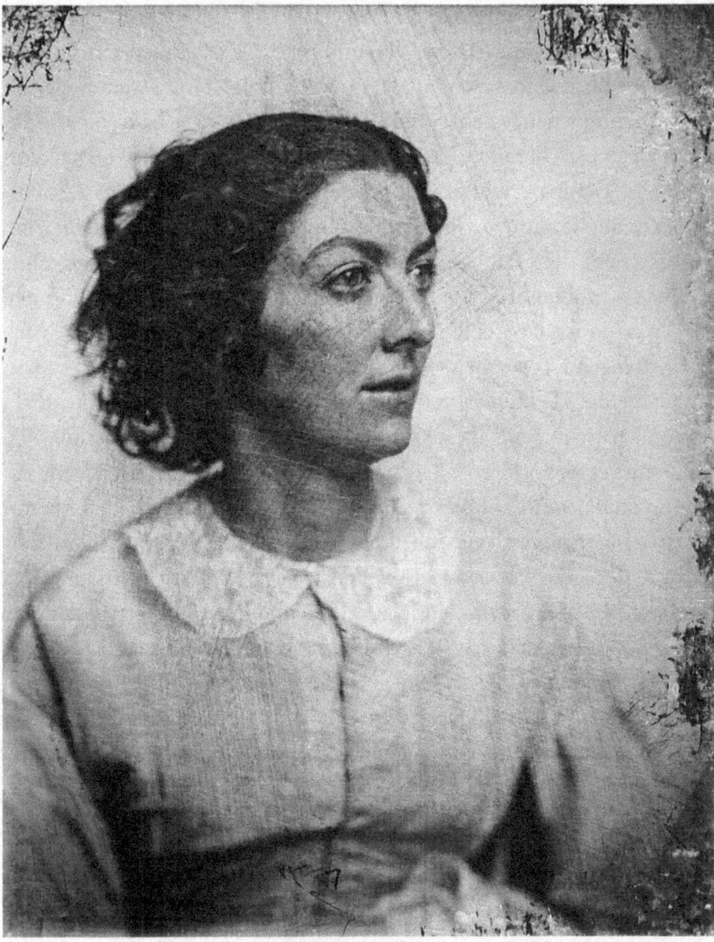

Lola Montez ganz privat. Daguerreotypie von Henry Meade, New York, um 1858

Auch die Inhalte stießen generell auf Wohlwollen. Exemplarisch ist hier ihr Vortrag über «Schöne Frauen» heranzuziehen, der viel von ihrem wenig später erschienenen Werk «The Arts of Beauty» enthält: 1858 schloss sie mit diesem Schönheitsratgeber an ihre erfolgreichen Vorträge an, in dem sie die Gedanken des Vortrags weiterführte.[48] Sie beschrieb in «Beautiful Women» die so verschiedenen Schönheitsideale unterschiedlicher Länder und Kulturen: Für Schönheit sei keine Standarddefinition zu finden, obwohl die Schönheit der Frauen die Weltgeschichte bewegt habe. Sie zitierte historische Beispiele und Weltliteratur und schloss amüsante Betrachtungen an: «Schönheit hat ein Verfallsdatum, und es ist eine Strafe der Natur, dass Mädchen dahinwelken und verhutzelt werden wie ihre Großmütter vor ihnen.» Doch der Abend habe seine Schönheit wie der Morgen. Sie ließ viele renommierte Schönheiten des europäischen Adels Revue passieren. Mit Blick auf den Wandel der Kleidung bewunderte sie die griechische und römische Art, sich zu kleiden, und bezeichnete die Moden, die Frauen in starre Kleidung zwängen, als unnatürlich: Man müsse die kleinen Mädchen unbehelligt von Kleidungsvorschriften heranwachsen lassen, damit sich ihre natürliche Schönheit entwickeln könne. Frauen wiederum sollten ihr Auftreten, ihre Kleidung und ihre Aufmachung stets dem Alter anpassen. Alle Kosmetik könne nicht über die Alterung hinwegtäuschen. Die einzigen drei Wege, Schönheit zu erhalten, seien Mäßigung, körperliche Übung und Reinlichkeit: Mäßigung betreffe Essen und Trinken sowie das Zubettgehen zu späten Stunden, ebenso starken Kaffee und Wein. Außerdem sei es wichtig, jeden Tag körperliche Bewegung an der frischen Luft zu suchen, denn nur so bleibe der Körper in Form. Reinlichkeit könne über ein tägliches warmes Bad mit Kleie erreicht werden, dies sei der sicherste Helfer zur Schönheit. Angebliche Schönheitsmittel wie rohe Kalbfleischscheiben, die man sich nachts aufs Gesicht lege, um Falten vorzubeugen, seien ein schrecklicher Anblick für den Liebsten, ebenso andere Schönheitsmittel. Irgendwann würden Frauen begreifen, dass die Männer eine Frau, die sich nur über Schönheit definiert, nur als Spielzeug behandeln, sie aber nicht respektieren. Dann erkenne die Frau, dass sie Verdienste haben muss, Geist und Herzensbildung. Keine künstlichen Mittel könnten, so Lola abschließend, die Defekte eines ungeschliffenen Geistes und eines unliebenswürdigen Herzens wettmachen. Die charmante Beweglichkeit der Seele, die geistige Energie und die Lebhaftigkeit, die «Grazie und lebendiges Licht verleihen», sei, so Lola, alles in allem die wahre Quelle weiblicher Schönheit.[49]

An diesem Vortrag war nun wirklich nichts zu mäkeln, er war weder unmoralisch noch indezent und das Publikum nahm ihn begeistert auf. Lola begann am 29. Juli 1857 ihre Karriere am Lesepult in Hamilton,

Ontario, mit diesem Vortag über «Schöne Frauen», den sie zwei Tage später in Buffalo wiederholte. Auf der Reise dorthin ließ sie sich im Gepäckwagen des Zuges nieder und rauchte ihre geliebten Zigarillos. Als ein Schaffner ihr sagte, sie könne dort nicht rauchen, blies sie ihm den Rauch ins Gesicht und sagte gelassen: «Aber Sie sehen doch, dass ich das kann». Auch in der seriösen Vortragsreisenden steckte also weiterhin die Rebellin Lola Montez.[50] Es folgte dort der Vortrag «Ursprung und Macht Roms» (gedruckt als «Romanism»), der die katholische Kirche in den Blick nahm und dieser die protestantischen Errungenschaften gegenüberstellte: Dampfschiffe, Eisenbahnen, Telegraphen und die amerikanische Republik.[51] Weitere Vorträge in New York und Neuengland folgten, bevor Lola Ende August nach Montreal fuhr. Dort brach wieder einmal ein Streit über Moral oder Unmoral der Lola Montez aus, als die Zeitung «Witness» das bürgerliche Publikum warnte, die Vorträge der «berüchtigten Lola Montez» zu besuchen.[52] Lola griff zur Feder und antwortete mit einem ihrer Leserbriefe. Sie fragte, weshalb sie wegen der Ausübung eines ehrenwerten Berufes angegriffen werde, der ebenso achtbar sei wie der Beruf des Zeitungsmannes. Er, der Schreiber, sei wohl einer der Männer ohne Charakter, die gleichzeitig «mit erhobener Stimme gegen das Laster wettern», sich aber selbst «im Dienst der Sünde verzehrt haben und sich jetzt als besondere Feinde der Sünder hervortun». Sie verdiene derlei Beschimpfungen nicht: «Sie haben mein Mitleid, werter Herr, und ich vergebe Ihnen in der Hoffnung, dieser Brief möge ein Weg sein, aus Ihnen einen Mann mit besseren Manieren und mit besseren Prinzipien zu machen.»[53] Andere Zeitungen wie «Le Minerve» stiegen auf der Seite der Moral ein, «Le Pays» verteidigte Lola. Diese große öffentliche Aufmerksamkeit brachte volle Häuser: Lola sprach über «Schöne Frauen» und über «Das Geistesleben und die Frauen von Paris». Ein Journalist des «Argus» schrieb über die Vortragsrednerin Lola Montez: «Sie ist beträchtlich schlanker, als sie auf den uns bekannten Stichen dargestellt ist, doch dem Ausdruck auf ihrem Gesicht und dem Glanz ihrer Augen kann kein Künstler gerecht werden. Ihre Haltung ist ungezwungen und damenhaft, und der Vortrag wurde von ihr mit einer Anmut und einer schönen Diktion dargebracht, wie wir sie auch von den vollendetsten Schauspielerinnen nur selten vortrefflicher vernehmen können.»[54] Zeitungen druckten Ausschnitte der Vorträge ab, alle waren voll des Lobes über die bescheiden und dezent auftretende Rednerin, hier wie in Boston oder Philadelphia. In Boston wurde sie zur «Königin des Vortragssaales» gekürt. Auf den Korridoren drängten sich die Zuhörer und die Vorträge entwickelten sich, wie viele von Lolas Aktivitäten, schnell zu einem guten Geschäft. In Washington und Baltimore wurden auch die «Heldinnen der Geschichte» dem Publikum präsentiert.[55] Die Zeitungskritiken zeigen, dass es ihr wieder einmal gelang, sich neu zu erfinden: Die Zuschauer kamen zwar wegen ihrer etwas anrüchigen Berühmtheit, doch, wie eine Zeitung schrieb, sie gingen angenehm enttäuscht nach Hause.[56]

Die Vorträge über «Galanterie» und über «Heldinnen der Geschichte» sind von besonderem Interesse. Titel und erwarteter Inhalt der «Galanterie» bedienten einerseits Lolas Image als «Femme fatale», deren Geschichten zu diesem Thema man hören wollte. Auch «Die komischen Aspekte der Liebe» oder «Das Geistesleben und die Frauen von Paris» passten zu einer weitgereisten schönen Frau mit ihrem besonderen Ruf. In den «Heldinnen der Geschichte» wiederum äußerte sie sich sehr klar zu ihren eigenen Auffassungen, welche Rolle Frauen eigentlich zustünde.

Zunächst zur «Galanterie»: Dieser Vortrag ist interessant, da Lola darin implizit eine Deutung ihrer Beziehung zu König Ludwig gab. Lola berichtete in dem Vortrag über die Geschichte der ritterlichen Tugenden, zu denen es gehörte, Frauen zu beschützen, und verwies darauf, dass es damals nicht um «Frauenrechte» ging: Die Wünsche der Frauen entschieden über Krieg und Frieden. Ritter hätten die Frau als ein mystisches Wesen betrachtet, die Liebe sei von ihnen tief, wild und geradezu lächerlich ernst genommen worden. Frauen waren damals, so Lola, kein Spielzeug, sondern Göttinnen. Dies habe auch den Charakter der Frauen mitbestimmt. Ritter kämpften mit den Farben ihrer «hohen Dame» im Turnier. In dem Respekt für Frauen bestehe die Ähnlichkeit zwischen einem Ritter und einem Troubadour; der eine diente mit dem Schwert, der andere mit Poesie. Nach einer Rundtour durch Geschichte und Literatur der Ritterlichkeit hielt Lola eine lange Eloge auf König Ludwig von Bayern: Er sei nicht nur einer der feinsten und vornehmsten Gentlemen der alten Schule, er sei auch einer der gebildetsten und klügsten Männer von Geist in Europa. Die Kunst schulde ihm mehr als jedem anderen König, er habe der Kunst in den deutschen Staaten wesentliche Impulse gegeben. Nicht umsonst werde er als «Kunstkönig» bezeichnet. Er sei der größte und beste König, den Bayern jemals gehabt habe. München sei durch ihn von einer drittklassigen zu einer erstklassigen Hauptstadt geworden. Und er sei einer der galantesten Männer in Europa, im besten und poetischsten Sinne des Wortes. Er wertschätze Schönheit wie einer der alten Troubadoure. In Wahrheit, so Lola, sei seine Galanterie ein Teil seiner enthusiastischen Liebe zur Kunst. «Ich sah ihn auf der Straße stehen, in Schnee und Eis, den Hut in der Hand, um mit einer schönen Frau zu sprechen. Wenn sie wirklich sehr schön war, konnte man ziemlich sicher sein, dass er sie für seine Schönheitengalerie malen ließ. Es ist für ein ungeschliffenes, unpoetisches und nur animalisches Gemüt unmöglich, die feine Bewunderung zu verstehen, die ein tiefes Gefühl von Galanterie in der Brust eines Mannes inspiriert. [...] Sie babbeln deswegen etwas von Lust oder Sünde. Was man ‹platonische Liebe› nennt, wird immer von denen abgestritten, die selbst unfähig sind, sie zu empfinden. Ein Hund oder ein Affe, ob auf zwei oder vier Beinen, finden es unmöglich, dass Gefühle existieren, die sie selbst nicht umsetzen können.»[57]

Lola beschrieb hier als gereifte Frau aus dem Abstand von zehn Jahren das, was sie selbst in München erlebte, was aber wohl niemand wahrhaben wollte: Die angebliche «Kurtisane» des Königs war eigentlich die «hohe Dame» des Ritters Ludwig von Wittelsbach, er trug ihre Farben im Turnier des Lebens, stritt ritterlich für sie gegen die ganze Welt, gegen seine Beamten, gegen sein Volk, er schützte sie gegen Angriffe und setzte sich dabei selbst großen Gefahren aus. Auch ihr Einfluss auf sein Handeln ist aus diesem Geist erklärbar.

Ein weiterer Vortrag aus Lolas Repertoire hatte die «Heldinnen der Geschichte» zum Inhalt. Darin äußerte sich Lola kritisch gegenüber Frauenzusammenschlüssen, «in denen ein- oder zweihundert Frauen zusammenkommen, um zu beschließen, dass sie schlecht behandelt werden und dass Männer große Tyrannen seien». Wahrhaft starke Frauen hätten gehandelt, nicht geredet, sie hätten ihre Rechte eingefordert und verteidigt und die Konsequenzen der Niederlage auf sich genommen. Durch die Geschichte, so Lola, bewiesen viele Frauen ihren

Mut und ihre intellektuelle Stärke: «Eine Frau, die in der Unabhängigkeit und Macht selbstbewusster Stärke ihre Individualität einfordert und mit den Mitteln, die Gott ihr gegeben hat, ihren Anteil an den Privilegien der Welt verteidigt, wird damit mehr für ihre Bekanntheit und Position in der Welt erreichen als eine Million Frauen in Frauenversammlungen.» Männer beachteten solche Zusammenschlüsse kaum, aber sie blickten mit Erstaunen und Respekt auf eine Frau, die sich durch Tapferkeit bei einer männlichen Aufgabe auszeichne. Weiblicher Heroismus und weiblicher Intellekt seien überhaupt keine Einzelfälle, sondern genauso häufig wie Heldentum der Männer. Lola zitierte die Amazonen, die Spartanerinnen, die Frauen, die bei Kreuzzügen dabei waren, sie nannte Elizabeth I., Zarin Katharina II., Christina von Schweden. Kaum eine dieser bedeutenden Frauen sei der Skandalisierung entgangen: Von großen Frauen werde immer erwartet, dass sie auch Heilige seien, den «großen Männern» hingegen verzeihe man alle Sünden. Frauen seien zwar meist physisch kleiner als Männer, doch sie machten das durch Geschwindigkeit wett, sie lernten schnell und gründlich. Lola verwies auf die großartigen, gebildeten und intellektuellen Schriftstellerinnen Europas, darunter George Sand. Aber es gebe auch besondere Frauen, die große Schönheit und besondere intellektuelle Kräfte in sich vereinten, so Aspasia oder Kleopatra. «Ich will ihre Fehler nicht verteidigen. Ich verlange nur, dass eine große Frau nach denselben Maßstäben betrachtet wird wie ein großer Mann. Wenn die Herren der Schöpfung dies ablehnen, dann werde ich fragen, nach welchem göttlichen Recht ihnen ein Leben der Vergnügungen zusteht, das den Frauen untersagt ist.» Sie ging dann noch auf den Heroismus der vielen einfachen Frauen ein, die ein Leben zwischen Küche, Kindern und einem verschwenderischen Ehemann führen müssten und die viel mehr Anerkennung verdient hätten. Doch Lola zweifelte daran, dass das Frauenwahlrecht wirklich etwas an der Lage der Frauen ändern würde, und plädierte für den entscheidenden Einfluss der Frauen hinter den Kulissen. Außerdem solle jede Frau ihren Weg gehen, sei es als Hausfrau oder als Politikerin. Im Mittelpunkt müsse jedoch der Gedanke der Gleichheit der Frauen mit den Männern stehen.[58]

Dieser Vortrag macht Lolas Position zur Frauenbewegung deutlich: Sie war sicher keine Mitstreiterin im Kampf um Frauenrechte. Sie war jedoch eine derjenigen Frauen, die zeigten, dass für Frauen ein selbstbestimmtes Leben möglich ist, dass Frauen auch ohne die Abhängigkeit von einem Mann bestehen können. In ihrer Zeit in den USA hatte sie sich gewandelt: Sie machte sich nie mehr zum «Spielzeug» eines Mannes, wie sie selbst es formulierte. In ihrer Zeit in Europa war sie zwar auch bereits vielfach eher Göttin als Sklavin gewesen, aber zur beruflichen und persönlichen Selbständigkeit fand sie erst in Amerika.

Doch es gibt auch hier wieder eine gegenläufige Bewegung, wie es für Lola vielfach typisch ist. In diese Zeit fällt eine Episode, die viele Rätsel aufgibt. Mitte Dezember 1857 fuhr sie von New York nach Paris, um dort auf einen Mann zu warten, mit dem sie sich verheiraten wollte: Prinz Ludwig Johann Sulkowski war ihr bereits 1843 in Berlin begegnet, nun hatte sie ihn wiedergetroffen. Nach der Revolution von 1848 musste dieser österreichische Adelige ins Exil gehen, da er auf der Seite der Aufständischen gestanden hatte. Er ließ sich im Staat New York als Farmer nieder. Durch eine Amnestie, so erklärte er wohl Lola, habe er seine beschlagnahmten Güter in Schlesien zurückerhalten und könne zurückkehren. Er überredete sie, sich mit ihm an Weihnachten in Paris zu treffen, um dort zu heiraten.

Wieder einmal brach Lola zu einem neuen Leben auf.[59] Doch als sie in Paris ankam, war weder der Prinz da, noch gab es Vorbereitungen zu einer Hochzeit. Sie erfuhr, dass zwar die erste Frau des Prinzen 1852 gestorben war, er aber wieder geheiratet hatte und mit seiner Frau auf der Farm in New York lebte. Lola buchte das nächste Schiff zurück in die USA. Die dortige Presse verbreitete die Meldung, sie habe den Prinzen geheiratet. Noch war sie nicht sicher, betrogen worden zu sein. Doch als der Prinz die Hochzeit mit ihr dementierte, verbreitete sie, er sei trotz seines Heiratsversprechens mit einer Sängerin herumgereist, und sie habe daher von der Ehe Abstand genommen.[60]

Diese Episode hatte Folgen: Als Lola zurückkam, stand sie auch finanziell vor Problemen. In Erwartung der reichen Heirat hatte sie ihre Besitztümer in den USA wohl weitgehend verkauft, gespendet und verschenkt. Nun musste sie wieder einmal Geld verdienen – und das gelang ihr erneut mit ihren Vorträgen, diesmal in der Hope Chapel in New York City. Die Räume waren überfüllt, sie erhielt umfängliche Besprechungen. Sie stellte immer wieder ihre Schlagfertigkeit und ihren blitzenden Humor unter Beweis, auch in einem Gerichtsverfahren, zu dem sie als Zeugin geladen war und in dem sie in einem Kreuzverhör unangenehme Fragen zu ihrer Autobiografie so zu drehen wusste, dass das Publikum sich bestens unterhielt. Angeklagt war ein David Wemyss Jobson, der Lola 1849 in London angeboten hatte, ihr bei den Memoiren zu helfen. Der Prozess lief völlig aus dem Ruder.[61] Als Jobson sich nach seiner Entlassung mit einem Vortrag über Lola rächen wollte, hatte er kaum Publikum: Es war Lola gelungen, sich in den Staaten so zu etablieren, dass niemand an alten Skandalgeschichten Interesse hatte.

Im Anschluss an den Prozess, in dem sich wieder viel Neugierde um ihre «wahre» Geschichte gebildet hatte, erarbeitete sie nun die Vorträge zu ihrer «Autobiography», die sie ab April dem Publikum vorstellte. Der Text war nicht so blumig und ausführlich wie ihre Memoiren, doch sie blieb darin weiterhin nahe an der konstruierten Biografie ihrer Kunstfigur Lola Montez. Was hätte es ihr jetzt auch nützen können, offenzulegen, dass die ganze Lola Montez erfunden war? Vermutlich wäre damit ihr mühsam aufgebautes neues Image wieder zerstört worden, da sich die Zeitgenossen wie noch heute etliche Biografen über ihre unzähligen «Lügen» erregt und ihr das Vertrauen in ihre Seriosität entzogen hätten.[62] Auch wenn Biografen natürlich gerne eine «wahre» Autobiografie lesen würden, so war es nicht Lolas Ziel, nun nach zwanzig Jahren plötzlich wieder als Eliza Gilbert, verheiratete und geschiedene James, auf der Bühne zu stehen.

Doch da in der Gerichtsverhandlung ihre Zeit im schottischen Montrose erwähnt worden war, meldete sich Maria Buchanan, geborene Thompson, bei ihr, die mit Eliza Gilbert in die Schule gegangen war. Sie lebte inzwischen als Frau des größten Blumenhändlers in New York. Die beiden Frauen freundeten sich erneut an. Diese Freundschaft wurde zu einem wichtigen Ruhepol in Lolas Leben.

Inzwischen galt Lola den New Yorker Zeitungen als die beste Vortragskünstlerin ihrer Zeit. Sie mietete das Broadway-Theater für ihre autobiografischen Lesungen und ein letztes Mal für einen Auftritt in einem Theaterstück. Während der Sommerpause lebte sie mit ihren Hunden, darunter dem Pudel Gyp, und vielen vergnüglichen Abendempfängen mit interessanten Leuten in einem kleinen Haus in Yorksville bei New York und machte ihre Vorträge druckfertig, die als Buch

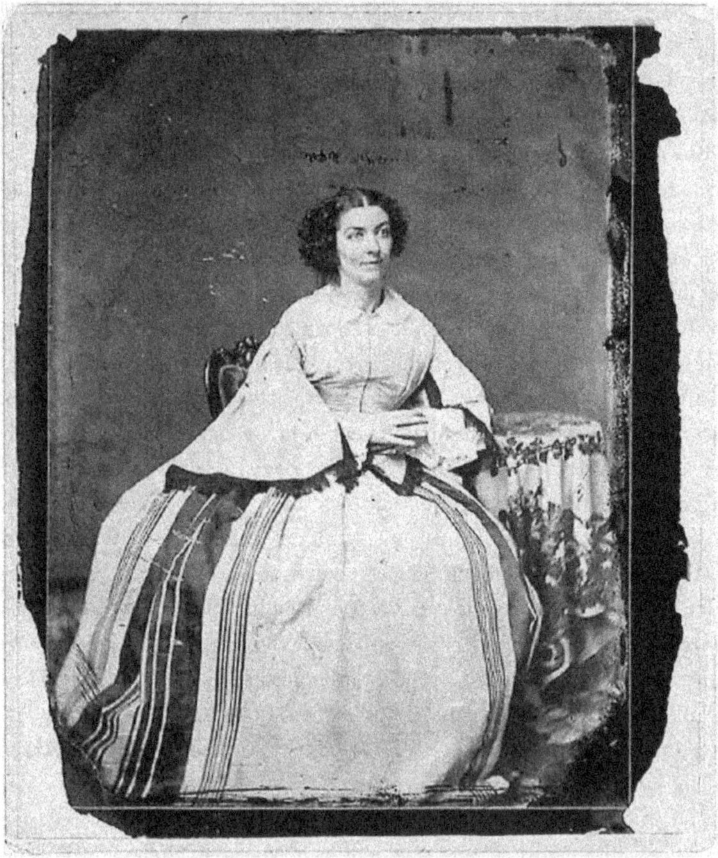

Experiment mit der neuen Technik der Kalotypie. Fotosequenz mit Lola Montez im Studio, Kalotypie von Henry Meade, New York, um 1858

reißenden Absatz fanden. Es gibt eine Schilderung, wie Abendeinladungen bei Lola abliefen, zu denen sie «alle Arten von besonderen und eigentümlichen Menschen» einlud, darunter auch Mitglieder der sexuellen Befreiungsbewegung des Spiritisten Stephen Pearl Andrews: Lola führte den Vorsitz der Gesprächsrunde, rollte für jeden aus einem großen Tabaksbeutel Zigaretten und begrüßte jeden Neuankömmling geistreich und eloquent. Sie war ohnehin eine Königin der Konversation und konnte sich, wie viele Besucher bestätigten, fast über alle Themen in verschiedenen Sprachen unterhalten.[63] Als erneut die Behauptung auftauchte, eigentlich seien die Vorträge von Chauncey Burr verfasst, der nach wie vor als ihr Manager fungierte, reagierte Lola wieder mit einem ihrer Leserbriefe: «Jeder, der Verstand genug besitzt, mein Buch zu lesen, kann sehen, dass alle wichtigen Teile der ‹Lecture› meiner persönlichen Beobachtung entstammen und sich auf Personen und Ereignisse meiner eigenen Zeit und Bekanntschaft beziehen. Eigentlich sollte ich auf diese Angelegenheit nicht öffentlich eingehen, nur wegen des Lärms einiger hirnloser seltsamer Käuze, die zu Literatur und Literaten das gleiche Verhältnis haben wie Leisetreter, Klatschtanten und Lästerer zu achtenswerten und wohlerzogenen Leuten. Einer von ihnen, wahrscheinlich der Ausgehungertste und Abgerissenste der schwachsinnigen Truppe, hat es gewagt, bei mir einen Erpressungsversuch zu machen, so als sei es mir möglich, ständig in Angst vor zwanzigtausend feigen Räubern dieser Art auszuharren.»[64]

Auch «The Arts of Beauty», ihr Schönheitsratgeber, den sie folgen ließ, wurde ein Erfolg; über die Ratschläge ihres Vortrags zu den schönen Frauen hinaus verriet sie darin ihre Rezepte für Schönheitsmittel und sogar für Zahnpulver, die alle auf der Basis von Naturprodukten selbst herstellbar waren. Die erste Auflage verkaufte sich 60 000 Mal, die zweite in 45 000 Exemplaren, es folgten Übersetzungen ins Französische, Italienische, Deutsche.[65] Doch noch immer waren die Moralisten hinter ihr her: Als sie einen Benefizvortrag für eine vom Sturm zerstörte Kirche anbot, erhob sich moralische Entrüstung, die sie bravourös zurückwies: «Nun konnte ich mir allerdings zu keiner Zeit vorstellen, selbst in gesegneten Gefilden des Klerus eine Bigotterie und Intoleranz vorzufinden, die so dumm und unverschämt ist und die einen wahrhaft menschenfreundlichen Kleriker für seine Bereitschaft kritisiert, eine Gabe von mir anzunehmen.»[66]

Im November 1858 brach Lola zusammen mit Burr und seinem Vater, den sie ebenfalls schon seit Langem kannte, mit dem Dampfschiff zu einer Europatournee auf. Erste Station der Reise war Irland. Lola besuchte dort wohl auch ihre – bzw. Elizas – Tante Mary. In ihrem ersten Vortrag in Dublin stellte sie erneut ihre Fähigkeit unter Beweis, das Publikum richtig einzuschätzen: Sie lobte nicht die amerikanische Republik, sondern kritisierte das Wahlrecht, das nur einem Sechstel der

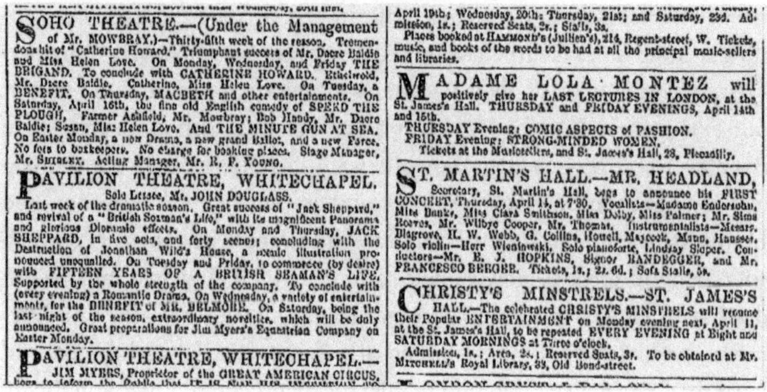
SOHO THEATRE.—(Under the Management of Mr. MOWBRAY.)—Thirty-fifth week of the season. Tremendous hit of "Catherine Howard." Triumphant success of Mr. Dacre Baldie and Miss Helen Love. On Monday, Wednesday, and Friday THE BRIGAND. To conclude with CATHERINE HOWARD. Ethelwold, Mr. Dacre Baldie. Catherine, Miss Helen Love. On Tuesday, a BENEFIT. On Thursday, MACBETH and other entertainments. On Saturday, April 16th, the fine old English comedy of SPEED THE PLOUGH, Farmer Ashfield, Mr. Mowbray; Bob Handy, Mr. Dacre Baldie; Susan, Miss Helen Love. And THE MINUTE GUN AT SEA. On Easter Monday, a new Drama, a new grand Ballet, and a new Farce. No fees to boxkeepers. No charge for booking places. Stage Manager, Mr. Shirley. Acting Manager, Mr. R. F. Young.

PAVILION THEATRE, WHITECHAPEL.
Sole Lessee, Mr. JOHN DOUGLASS.
Last week of the dramatic season. Great success of "Jack Sheppard," and revival of a "British Seaman's Life," with its magnificent Panorama and glorious Dioramic effects. On Monday and Thursday, JACK SHEPPARD, in five acts, and forty scenes; concluding with the Destruction of Jonathan Wild's House, a scenic illustration pronounced unequalled. On Tuesday and Friday, to commence (by desire) with FIFTEEN YEARS OF A BRITISH SEAMAN'S LIFE. Supported by the whole strength of the company. To conclude with (every evening) a Romantic Drama. On Wednesday, a variety of entertainments, for the BENEFIT of MR. BELMORE. On Saturday, being the last night of the season, extraordinary novelties, which will be duly announced. Great preparations for Jim Myers's Equestrian Company on Easter Monday.

PAVILION THEATRE, WHITECHAPEL.—
JIM MYERS, Proprietor of the GREAT AMERICAN CIRCUS,

April 19th; Wednesday, 20th; Thursday, 21st; and Saturday, 23rd. Admission, 1s.; Reserved Seats, 2s.; Stalls, 3s.
Places booked at HAMMOND's (Jullien's), 214, Regent-street, W. Tickets, music, and books of the words to be had at all the principal music-sellers and libraries.

MADAME LOLA MONTEZ will positively give her LAST LECTURES IN LONDON, at the St. James's Hall. THURSDAY and FRIDAY EVENINGS, April 14th and 15th.
THURSDAY Evening: COMIC ASPECTS of FASHION.
FRIDAY Evening: STRONG-MINDED WOMEN.
Tickets at the Musicsellers, and St. James's Hall, 28, Piccadilly.

ST. MARTIN'S HALL.—MR. HEADLAND, Secretary, St. Martin's Hall, begs to announce his FIRST CONCERT, Thursday, April 14, at 7'30. Vocalists—Madame Endersohn, Miss Banks, Miss Clara Smithson, Miss Dolby, Miss Palmer; Mr. Sims Reeves, Mr. Wilbye Cooper, Mr. Thomas. Instrumentalists—Messrs. Blagrove, H. W. Webb, G. Collins, Howell, Maycock, Mann, Hausser. Solo violin—Herr Wieniawski. Solo pianoforte, Lindsay Sloper. Conductors—Mr. E. J. HOPKINS, Signor RANDEGGER, and Mr. FRANCESCO BERGER. Tickets, 1s.; 2s. 6d.; Sofa Stalls, 5s.

CHRISTY'S MINSTRELS.—ST. JAMES'S HALL.—The celebrated CHRISTY'S MINSTRELS will resume their Popular ENTERTAINMENT on Monday evening next, April 11, at the St. James's Hall, to be repeated EVERY EVENING at Eight and SATURDAY MORNINGS at Three o'clock.
Admission, 1s.; Area, 2s.; Reserved Seats, 3s. To be obtained at Mr. MITCHELL's Royal Library, 33, Old Bond-street.

Als Vortragsrednerin in London. Ankündigung von «Comic Aspects of Fashion» und «Stong-minded Women» in der Zeitung «The Era», 5. Juni 1859

Bevölkerung das Stimmrecht gebe und durch das Wahlmännersystem ohnehin keine echte Abstimmung sei. Es gehe in den USA auf die Anarchie zu, so Lola, und die Konflikte zwischen den Einwanderergruppen seien hochgefährlich. In einem weiteren Vortrag ging es um die Geschichte der Mode mit ihren oft negativen Folgen für die Frauen, in einem dritten verglich sie England und Amerika: In Amerika entwickle sich gerade eine neue Nation mit ganz eigenen Charakterzügen.[67] Die Europatournee führte Lola von Dublin über Cork, Limerick, Glasgow, Edinburgh, Sheffield, Nottingham, Leicester, Wolverhampton, Worcester und York nach London, wo sie bei alten Freunden wohnte und in der St. James Hall auftrat. 16 Jahre war es her, dass Lola Montez hier als Tänzerin erstmals reüssierte und scheiterte. Wieder hatte sie ein zufriedenes Publikum und der Ruf einer Zeitung, im «Interesse der Moral» gegen «diese Art der Zurschaustellung» zu protestieren, verhallte ungehört. Das vornehme Publikum war weiterhin einhellig begeistert.[68]

Als die Burrs nach Amerika zurückkehrten, blieb Lola in London. Sie hielt im Juni 1859 dort noch weitere Vorträge. Die nächste sichere Meldung über sie ist ihre Abreise als Mrs Heald per Schiff am 4. Oktober aus Southampton nach New York.[69] Doch was machte sie in den fast vier Monaten dazwischen? Die Quellen bieten dafür mehrere Versionen an. Eine stammt aus einer anonymen Erinnerung, die nach ihrem Tod in der «New York Tribune» erschien. Demnach hatte der nicht näher bezeichnete Zeuge, der dort zitiert wurde, Lola zufällig in London kennengelernt: Sie traf ihn bei einem Spaziergang und erklärte ihm, sie besuche die Ärmsten der Armen in London, um sie mit der Bibel vertraut zu machen – erst durch die großartige Wahrheit der Bibel sei sie glücklich geworden. Als sie ihn später (ebenso zufällig?) in Amerika wiedertraf, habe sie ihm erzählt, dass sie ein vornehmes Haus in Mayfair gepachtet habe, um es teilweise unterzuvermieten und sich so ihren Lebensabend zu finanzieren. Das sei jedoch schiefgegangen. Es folgten Schulden und der finanzielle Zusammenbruch. Als sie schwer an einer Hirnhautentzündung erkrankte, habe ein älteres Methodisten-Ehepaar aus Derby von ihrer Notlage erfahren und sie in ihr Landhaus gebracht, wo sie umgeben von 40 Morgen Land von Dienstboten umsorgt wurde, Pferde zum Reiten zur Verfügung hatte und von schönster Natur umgeben war. Dort bereute sie ihre Sünden, fand zu Gott, wurde wieder gesund und es war sogar die Rede davon, dass das Paar sie adoptieren würde. Doch nach einem Streit fuhr sie am 4. Oktober 1859 zurück nach New York.[70]

Diese Version, die Lola als Büßerin zeigt, wird von einem spirituellen Tagebuch unterstützt, von dem einige Einträge in einem Büchlein von 1867 überliefert sind. Der erste Eintrag stammt vom 10. September 1859. «Wie viele Jahre meines Lebens habe ich doch Satan und meiner Liebe zur Sünde geopfert! Wessen habe ich mich in jenen Jahren des Elends und der Verderbtheit nicht schuldig gemacht in Gedanken oder Taten! […] Was würde ich nicht darum geben, meine schrecklichen und furchtbaren Erfahrungen als dringende Warnung für alle jene hinzugeben, die von ähnlicher Natur sind wie ich! […] Lieber Herrgott, zwinge mein heftiges Temperament zur Selbstbeherrschung und verleihe mir ein Herz voller Demut!»[71] Seit dem Tod ihres Freundes Folland, so die Argumentation, habe sich Lola immer mehr der Religion zugewandt und eine Reise nach innen angetreten.[72]

Dennoch erscheinen mehrere Elemente der Überlieferung über ihre Zeit in England nicht überzeugend. Zwar schrieb sie im Januar 1860 an ihre Freundin Camille: «Mein Londoner Besuch hatte traurige Folgen, denn ich verlor bei meiner unglücklichen Hausspekulation meine ganzen schwer verdienten Einnahmen». Von einer schweren Krankheit ist jedoch nicht die Rede. Lola wohnte zwar offenbar nach ihrem London-

Aufenthalt bei «zwei reichen Leuten in Derby», wie sie schrieb, doch ob dies fromme Methodisten waren, ist zu bezweifeln. Sie wäre noch dort, schrieb sie der Freundin, «wenn nicht diese unglückliche Sache mit den Männern passiert wäre, die immer sündig sind, und wenn nicht jener Herr sich zuviel angemaßt hätte; Du weißt was ich meine; ich wollte das nicht leiden und packte meine Koffer und, wie die Amerikaner sagen würden, machte mich ‹auf die Socken› übers Wasser.»[73] Das angebliche spirituelle Tagebuch, das in der Veröffentlichung in eine Lebensgeschichte voller Sünde und Reue eingebettet wurde, erschien sechs Jahre nach Lolas Tod und stützte sich auf die Tagebuch-Fragmente, zu denen es keine Originalüberlieferung gibt. Die Publikation dieser «Geschichte einer reuigen Sünderin» durch die «Protestant Episcopal Society for the Promotion of Evangelical Knowledge» in New York steht zeitgenössisch in einer ganzen Reihe vergleichbarer «christlicher Pamphlete», wie die Gesellschaft ihre Veröffentlichungen selbst bezeichnet: Das waren evangelikale Erbauungsbücher und Predigten. Darunter ist «The Story of a Penitent. Lola Montez» mit sieben Auflagen der Spitzenreiter.[74] Es scheint, dass Lolas Marktwert nach ihrem Tod auch noch von dieser eher überraschenden Seite genutzt wurde.

Der hier erzählten Geschichte von Krankheit und Bekehrung in England im Sommer 1859 widerspricht auch eine besondere Fotografie, die im Studio von Antoine Samuel Adam-Salomon in Paris entstand. Lola ist darauf mit einem sehr eleganten langen Mantel abgebildet, in der Hand eine Reitgerte. Der Mantel wurde bereits bei ihrer Ankunft in Irland beschrieben: «Sie trug ein geblümtes schwarzes Seidenkleid – ohne Krinoline – und darüber einen üppigen Pelzmantel, besetzt mit Biberpelz.»[75] Der französische Bildhauer Adam-Salomon hatte 1858 bei Franz Hanfstaengl in München das Fotografieren erlernt und 1859 in Paris ein Fotostudio eröffnet. Das Bild gehörte zu seinen frühen bedeutenden Aufnahmen. Er hatte es zahllosen Retuschen unterzogen, bis die perfekte Ikone der Kunstfigur Lola Montez entstanden war.[76] Obwohl das Foto daher die reale Lola von 1859 verändert und geschönt wiedergab, so ist es doch auf jeden Fall in Adam-Salomons Pariser Fotostudio entstanden: Der Hintergrund entspricht genau dem vieler anderer Porträtaufnahmen des Künstlers, der durch seine Techniken beim Einsatz von Licht bald als führend galt. Er porträtierte in den folgenden Jahren

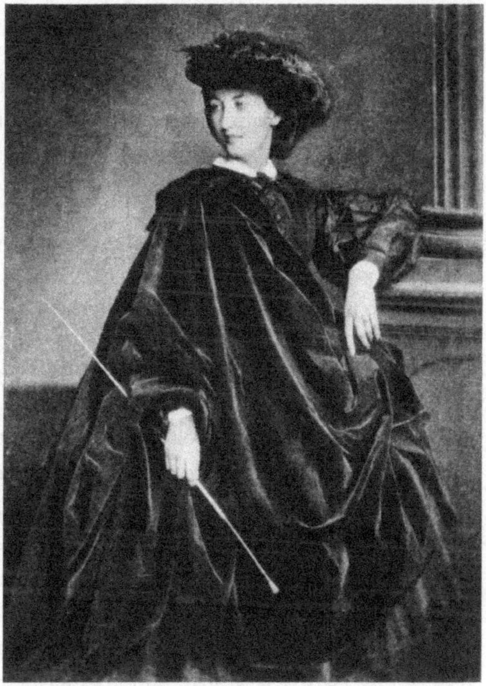

Die Kunstfigur Lola Montez. Lola im Studio von Antoine Samuel Adam-Salomon, Paris, 1859

alles, was Rang und Namen hatte. Lola muss also 1859 in Paris gewesen sein, vielleicht um alte Freunde zu besuchen oder um abzuwägen, ob sie in Paris oder New York leben wollte. Außer dem Foto gibt es jedoch bisher keine Belege für ihren Parisaufenthalt. Der gesamte Habitus von Lola auf diesem Foto entspricht nicht dem Bild einer Büßerin, im Gegenteil: Es zeigt eine elegante, welterfahrene und selbstsichere schöne Dame.

Paris blieb nur ein Zwischenstopp. Nach ihrem Aufenthalt in London und Derby war Lola nach 14 Tagen auf See am 18. Oktober wieder in den USA. In New York hatte sie ihre eigentliche Heimat gefunden, wie sie ihrer Freundin Camille schrieb. Am 15. Dezember sprach sie bereits wieder vor knapp 3000 Zuhörern; eine Tournee in Städte der amerikanischen Ostküste und durch den Mittleren Westen schloss sich an. Sie las fast jeden Abend in einer anderen Stadt, was sie jedoch als eintönig und ermüdend empfand.[77] Im April kehrte sie nach New York zurück, wo sie als «Mrs Heald» in Greenwich Village eine Wohnung mietete und sich fröhlich mit einem Kreis guter Freunde als New Yorkerin einrichtete. Ihre Finanzen hatte sie ihrer Freundin Mrs Buchanan übergeben, um nicht wieder ins Trudeln zu kommen.[78] Sie hatte noch viele Pläne und war nach vielen Jahren zur Ruhe gekommen.

Das Ende

Am heißen 30. Juni 1860 erlitt Lola in ihrer Wohnung in New York einen Schlaganfall. Zunächst dachten ihre Freunde und die Ärzte, sie würde nicht überleben, doch die Zeitungsnachrichten, die in die Welt gingen und kolportierten, Lola Montez sei gestorben, waren verfrüht. Lola, linksseitig gelähmt und ihrer Sprache beraubt, kämpfte sich zurück ins Leben. Ihre Freunde, die Buchanans, unterstützten sie dabei.[79]

Im Herbst 1860 reiste Eliza Craigie aus England an, Lolas Mutter. Angeblich kam sie, um sich vielleicht vorhandene Reichtümer ihrer Tochter zu sichern. Sie besuchte Lola, wie sich ein Freund erinnerte, während ihres zwei- bis dreiwöchigen Aufenthalts nur zweimal. Eine Versöhnung zwischen Mutter und Tochter fand nicht statt; Briefe, die die Mutter nach ihrer Rückkehr schrieb, beantwortete Lola nicht. Zu tief saßen die Vorwürfe, die sie ihrer Mutter machte, einer Mutter, die sie früh vernachlässigt, sie als Fünfjährige nach England abgeschoben, sie durch den Besuch in Bath und ihre Heiratspläne in eine kopflose Flucht und eine zum Scheitern verurteilte Ehe getrieben und sie dann in Kalkutta nicht aufgenommen, sondern nach England geschickt hatte. Mrs Craigie trug sicherlich viel Verantwortung für den schwierigen Lebensweg ihrer Tochter.[80]

Lolas Gesundheitszustand verbesserte sich sichtlich und sie ließ sich mehrfach zur New York Magdalen Society fahren, die sich um Frauen kümmerte, die sich von der Prostitution lossagen wollten. Lola wollte dort beraten und unterstützen, vielleicht auch eigene Erfahrungen mit den Vorurteilen der Welt weitergeben. In diese Zeit fiel wohl auch ihr erster Kontakt mit Reverend Francis Lister Hawks, vermittelt durch Lolas eng mit der Kirche verbundene Freundin Mary Buchanan.[81] Lola stand viele Jahre und auch noch Anfang 1860 eher dem Spiritismus

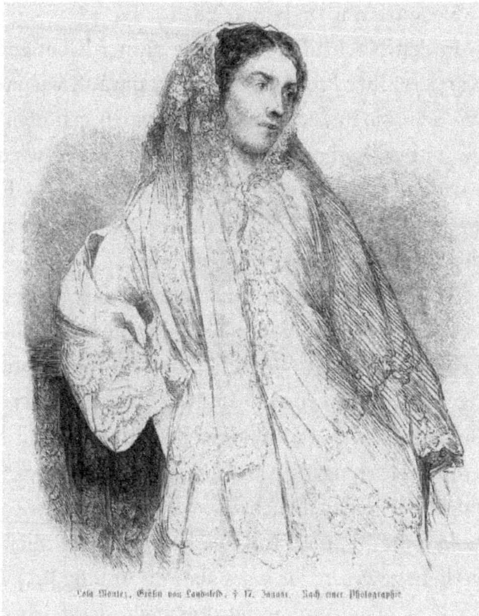

Zeitungsmeldung zu Lolas Tod. Stahlstich nach einer Fotografie der Meade Brothers von 1852, 1861

nahe.[82] Gesundheitlich ging es ihr wieder gut und es sah aus, als könnte sie vollständig genesen. Doch als sie am Weihnachtstag einen Ausflug an die frische Luft machte, zog sie sich eine Lungenentzündung zu, die nicht mehr kurierbar war. Es ging dem Ende zu. In ihrem Testament vermachte sie dem Magdalen-Heim 300 Dollar, alles andere sollten die Buchanans für wohltätige Zwecke verwenden.

Auch ihre letzte Reise bereitete Lola sorgfältig vor. Wie bei ihren großen Tourneen war sie hoffnungsvoll, im Jenseits gut aufgenommen zu werden.[83] Selbst wenn sie nicht zu der großen Büßerin geworden war, die sechs Jahre nach ihrem Tod die evangelikale Publikation aus ihr machen wollte, so hatte sie sich in den letzten Monaten doch intensiv mit der Bibel beschäftigt und Gott zugewandt, sie hatte ihre Sünden bereut und war überzeugt, dass Gott ihr vergeben würde. An ihrem Sterbebett saß Reverend Hawks und ein Freund las ihr auf ihren Wunsch aus der Bibel vor. Sie bestätigte auf die Frage des Pfarrers, ihre Seele habe Frieden gefunden und sie sei überzeugt, Christus werde sie retten.[84]

Sie starb am 17. Januar 1861.

In den Nachrufen stand wie immer Richtiges und Falsches über ihre Karriere. Ihre Freunde verwiesen darauf, wie großzügig sie gewesen sei, wie sehr sie anderen in Not finanziell geholfen habe. Sie sei nur durch ihr unbezähmbares Temperament immer wieder zu Fehlern verleitet worden.[85] Auf ihrem Grabstein stand: «Mrs Eliza Gilbert, verstorben 17. Januar 1861». Nun erst war Lola Montez nach fast 20 Jahren wieder zu Eliza Gilbert zurückgekehrt.

Maria Buchanan schrieb Ludwig nach München einen Brief, in dem sie ihm im Auftrag der Lola Montez mitteilte, Lola habe bis an ihr Lebensende große Wertschätzung für ihn empfunden und sei in aufrichtiger Reue gestorben.[86] Ludwig dankte ihr, er höre mit großer Befriedigung, dass sie ihr früheres Benehmen bereut habe, und es sei ihm ein großer Trost, dass sie als Christin gestorben sei.[87] Er schrieb in sein Tagebuch: «In einen Bruchstük e Nord-Amerik Zeitung geles vorgeste[r]n Lola habe Achtung (od wie heißt es?) für mich gehabt wäre aber nicht verliebt gewesen. Sie wars aber im Anfang [...]. Das habe ich jedoch mit, weiß nicht mit wie viele[n] gemein, desgleichen daß es nur von kurzer Dauer, Wiederhohlt und wiederhohlt habe ich gesagt daß ein Teufel und Engel in ihr. Glüklich[er]weise hat lezterer am Ende gesiegt.»[88]

10.

NACHLEBEN

Eliza Gilbert war gestorben, die Kunstfigur Lola Montez lebte fort. Zunächst erschienen weltweit umfängliche Zeitungsartikel, die ihre Geschichte wieder und wieder aufnahmen, wie zu ihren Lebzeiten teils moralisierend, teils bewundernd. In späteren Jahren waren es dann Erinnerungsbücher und Erzählungen von Zeitgenossen, die Lola getroffen hatten und nun wahre oder falsche Begebenheiten schilderten. Es gab sogar sieben Personen, die behaupteten, Lolas Kinder zu sein, darunter eine Schauspielerin und eine Tänzerin.[1] Lola war berühmt und dies zog Menschen an, die sich nach geliehenem Ruhm sehnten.

Auch etliche Autoren und Autorinnen von Novellen und Romanen nahmen sich des Stoffs an. Zeitgenössisch inspirierte die Affäre von Lola mit dem König bereits 1846 Eduard von Bülow zu seiner Novelle «Die neueste Melusine» und Franz Grillparzer 1851 zu dem Trauerspiel «Die Jüdin von Toledo». Historische Romane erschienen ebenfalls in großer Zahl.[2] In München löste Lola noch einmal Aufregung aus, als 1904 Josef Ruederers Komödie «Die Morgenröthe» aufgeführt werden sollte; Ruederer hatte aus dem Lola-Montez-Stoff eine Satire über die Münchner «Bierrevolution» von 1848 gemacht. Die Zensur griff ein, das Stück durfte aus Rücksicht auf den Prinzregenten Luitpold, immerhin Sohn König Ludwigs I., nicht gespielt werden. Erst nach dessen Tod kam es 1913 auf die Bühne.[3] Noch immer galt die Lola-Montez-Affäre als Schwachpunkt des Hauses Wittelsbach. Frank Wedekinds männermordende «Lulu», das «wahre schöne Tier» in der Lulu-Tragödie, war ebenfalls von Lola inspiriert.[4]

Fasziniert von Lolas Geschichte zeigte sich auch die Filmindustrie: Der erste Film, der ihr Schicksal in den Mittelpunkt stellte, «Lola Montez», wurde 1918 in Deutschland gedreht: Regisseur war Robert Heymann. Es folgten Filme wie etwa 1922 Willi Wolffs «Lola Montez, die

Tänzerin des Königs». Auch Laurel & Hardy nannten ihre Saloonsängerin in dem Stan & Olli-Film «Way out West» von 1937 sicher nicht zufällig «Lola».[5] 1955 schrieb dann Max Ophüls' Film «Lola Montez» mit Martine Carol und Peter Ustinov Filmgeschichte, ein grandioser Rausch an Farben und Szenen, Zirkuswelt und Alltag, gedreht nach dem Roman «La vie extraordinaire de Lola Montès» von Cécil Saint-Laurent.[6] Weitere Verfilmungen folgten. Alle hatten eines gemeinsam: Sie bedienten sich punktuell aus Lolas Biografie und erzählten eine eigene Geschichte. Ophüls' eindrucksvoller Film prägte vielfach bis heute die Vorstellung, Lola hätte sich in den USA als Zirkusattraktion verkauft.

Auch für die Bühne war und ist der Lola-Montez-Stoff weltweit bis heute immer wieder attraktiv: Als «Zauberin Lola» inszenierte ihn 1937 Eduard Künneke in einer Operette; zwei Jahre später folgte Léonide Massine mit dem Ballett «Bacchanale» in New York, für dessen Ausstattung Salvador Dalí verantwortlich zeichnete. 1946 brachte Edward Caton ebenfalls in New York das Ballett «Lola Montez» heraus, das im Anschluss durch die USA tourte. In London hatte 1947 das Ballett «The Life and Death of Lola Montez» Premiere. Als Musical inszenierte Peter Stannard Lolas Geschichte 1958 in Australien und Peter Kreuder schrieb die Musik zu dem 1972 aufgeführten Musical «Lola Montez», das in der Spielzeit 2012/13 im Münchner Cuvilliéstheater neu aufgenommen wurde.[7] Lola und kein Ende: Für 2020 war im Münchner Residenztheater die «abenteuerliche Oper» «Lola M.» von Georg Ringsgwandl angekündigt.

Lola Montez blieb und bleibt eine schillernde Figur, die fasziniert. Ihr Name steckt wohl auch in vielen der späteren Lolas und Lolitas der Literatur- und Filmgeschichte. Am prominentesten zeigt dies die Figur der Lola Lola in Carl Zuckmayers Drehbuch zu dem Film «Der blaue Engel» von 1930 nach Heinrich Manns Roman «Professor Unrat oder Das Ende eines Tyrannen». Marlene Dietrich wurde dort nicht als Rosa Fröhlich wie bei Heinrich Mann, sondern als «fesche Lola» weltberühmt.[8]

Lola Montez, die Kunstfigur, erlebt in jeder Epoche eine Auferstehung.

ANMERKUNGEN

1. Lola Montez – eine Kunstfigur?

1 Montez, Memoiren 1, S. 395
2 Coyne, Lola Montes; ders., Pas de fascination; Seymour, Lola, S. 291; Dyer, Penitent
3 Montez, Memoiren 1 und 2; dies., Autobiography
4 Montez, Autobiography, S. 17; Übersetzungen stammen im Folgenden, soweit nicht anders gekennzeichnet, von der Verfasserin
5 Stollberg-Rilinger, Maria Theresia, S. XX f.
6 Seymour, Lola; Rauh, Lola; Panzer, Lola; Morton, Lola; NDB-Eintrag: Paul, Lola
7 Rauh/Seymour, Briefwechsel
8 The Bancroft Library, University of California, Berkeley, Bruce Seymour collection of Lola Montez materials, Seymour, Persons associated with Lola Montez; ders, Annotated Bibliography
9 BSB L. I. A. 3,150–3,158; Gollwitzer, Ludwig; Glaser, Klenze
10 Ohne die Transkriptionen der langjährigen Leiterin der Handschriftenabteilung der Bayerischen Staatsbibliothek, Dr. Sigrid von Moisy, wäre eine Einarbeitung in dieses Buch dennoch nicht möglich gewesen, ihr gilt daher allergrößter Dank.
11 Dazu z. B. Gollwitzer, Abel, S. 533
12 Kent, Cupid and the King
13 Krauss, Reisen in die Selbstbestimmung, S. 38; Pelz, Reisen durch die eigene Fremde, S. 68–87; Härtel/Köster (Hrsg.), Die Reisen der Frauen; Keay, Mehr Mut; Barche, Moral, S. 184
14 Montez, Memoiren 1, S. 25 f.
15 Kobelt-Groch, Judith, S. 174–178
16 Vogel, Die Furie und das Gesetz, S. 148 f.
17 Joller, Skandal und Moral, S. 13
18 BSB Klenzeana
19 Morton, Lola
20 Montez, Memoiren 2, S. 1798
21 Montez, The Arts, Widmungsspruch
22 Montez, Autobiography, S. 53

2. Großbritannien, Indien und zurück

1 Zu diesen Daten: Seymour, Lola, S. 10–13
2 Montez, Autobiography, S. 17
3 Montez, Memoiren 1, S. 67
4 Marriot, The Other Empire, S. 98 f.; inzwischen auch Dalrymple, The Anarchy

5 Montez, Memoiren 1, S. 47 f.
6 Montez, Memoiren 1, S. 64–66
7 Montez, Memoiren 1, S. 75
8 Montez, Autobiography, S. 21; vgl. Montez, Memoiren 1, S. 66
9 Dyer, Penitent, S. 4 f.
10 Ross, The uncrowned Queen, S. 7 f.
11 Montez, Memoiren 1, S. 81; zum Folgenden S. 81 f.
12 Montez, Autobiography, S. 21
13 Hughes, The Victorian Governess; Martin, Woman
14 Brontë, Jane Eyre; Dickens, Oliver Twist
15 J. G. Grant, Letter to Sunderland Herald, 31.08.1849, zit. nach Seymour, Lola, S. 20 f.
16 Urbach, Queen Victoria, S. 12, 23
17 British Library India Office Records and Private Papers, Papers of Lt-Gen Sir Jasper Nicolls, Mss Eur F175, Journals of Sir Jasper Nicolls, Eintrag vom 14.09.1832
18 Montez, Memoiren 1, S. 78
19 British Library India Office Records and Private Papers, Papers of Lt-Gen Sir Jasper Nicolls, Mss Eur F175, Journals of Sir Jasper Nicolls, Eintrag vom 31.07.1837
20 Martin, Women, S. 4
21 Hughes, The Victorian Governess
22 Hughes, The Victorian Governess, S. 22–24
23 British Library India Office Records and Private Papers, Papers of Lt-Gen Sir Jasper Nicolls, Mss Eur F175, Journals of Sir Jasper Nicolls, Eintrag vom 15.11.1837
24 Zu den Schwestern Aldridge vgl. die von Bruce Seymour zusammengestellte Liste aller Personen, die mit Lola Montez in Berührung kamen; außerdem Seymour, Lola, S. 22 f.
25 Montez, Memoiren 1, S. 84
26 British Library India Office Records and Private Papers, Papers of Lt-Gen Sir Jasper Nicolls, Mss Eur F175, Journals of Sir Jasper Nicolls
27 Montez, Memoiren 1, S. 109 f.
28 Montez, Memoiren 2, S. 1798
29 Hibbert, London zu Dickens Zeit, S. 95
30 Hobsbawm, Industry, S. 55
31 Maccoby, English Radicalism; Cannadine, Victorious Century, S. 150–183
32 British Library India Office Records and Private Papers, Papers of Lt-Gen Sir Jasper Nicolls, Mss Eur F175, Journals of Sir Jasper Nicolls, Eintrag vom 14.02.1834
33 Caine, English Feminism; Gleadle, British Women; Denney, Women
34 Bridges Adams, On the Condition; Krauss, Unitarischer Radikalismus
35 Montez, Memoiren 1, S. 56–58
36 British Library India Office Records and Private Papers, Papers of Lt-Gen Sir Jasper Nicolls, Mss Eur F175, Journals of Sir Jasper Nicolls, Eintrag vom 18.04.1837
37 Montez, Memoiren 1, S. 110
38 Seymour, Lola, S. 26 f.
39 Montez, Memoiren 1, S. 111
40 Montez, Memoiren 1, S. 119 f.
41 Montez, Memoiren 1, S. 95
42 Montez, Memoiren 1, S. 120 f.
43 Austen, Pride and Prejudice
44 British Library India Office Records and Private Papers, Papers of Lt-Gen Sir Jasper Nicolls, Mss Eur F175, Journals of Sir Jasper Nicolls, Eintrag vom 31.07.1837

45 British Library India Office Records and Private Papers, Papers of Lt-Gen Sir Jasper Nicolls, Mss Eur F175, Journals of Sir Jasper Nicolls, Eintrag vom 12.08.1837
46 British Library, India Office Records and Private Papers, Papers of Lt-Gen Sir Jasper Nicolls, Mss Eur F175, Journals of Sir Jasper Nicolls, Eintrag vom 15.11.1837
47 Seymour, Lola, S. 29
48 Montez, Memoiren 1, S. 126–130, dort auch die folgenden Zitate
49 Seymour, Lola, S. 30; DL/C/1152, James vs. James, Zeugenaussage von Thomas James' Schwester Sarah Watson im Scheidungsprozess am 24.10.1842
50 Montez, Autobiography, S. 24
51 Seymour, Lola, S. 31
52 Montez, Memoiren 1, S. 132
53 Montez, Memoiren 1, S. 137
54 Montez, Memoiren 1, S. 182–189
55 Montez, Memoiren 1, S. 191
56 Seymour, Lola, S. 33 f.
57 Eden, Up the Country, S. 148 f.
58 Montez, Memoiren 1, S. 211 f.
59 Eden, Up the Country 2, S. 149 f.
60 Bridges Adams, On the Condition
61 Eden, Up the Country 2, S. 180
62 Eden, Up the Country 2, S. 183
63 Seymour, Lola, S. 36 f.
64 Montez, Memoiren 1, S. 231–384
65 Montez, Memoiren 1, S. 386
66 Horstmann, Victorian Divorce, S. 27 f.
67 Seymour, Lola, S. 37 f.; Montez, Autobiography, S. 39
68 Montez, Memoiren 1, S. 388
69 DL/C/1152, James vs. James, Aussage von Ann Ingram am 27.10.1842
70 DL/C/1152, James vs. James, Aussage von Caroline Marden am 27.10.1842
71 DL/C/1152, James vs. James, Aussage von Ann und Charles Ingram am 27.10.1842
72 Montez, Memoiren 1, S. 394
73 DL/C/1152, James vs. James, Aussage von Elizabeth Walters und Richard Walters am 22.10.1842
74 DL/C/1152, James vs. James, Aussage von Robert McMullin am 08.11.1842
75 DL/C/1152, James vs. James, Aussage von Sarah Watson am 24.10.1842
76 Montez, Memoiren 1, S. 446
77 Horstmann, Victorian Divorce, S. 34
78 Horstmann, Victorian Divorce, S. 42 f.
79 Taylor, Eve and the New Jerusalem, S. 183–216
80 Bridges Adams, On the Condition
81 Horstmann, Victorian Divorce, S. 21, 32
82 Austen, Mansfield Park
83 Austen, Mansfield Park, S. 449 f.

3. Im vormärzlichen Europa

1 Montez, Memoiren 1, S. 395
2 Montez, Autobiography, S. 40
3 Kent, Cupid

4 Montez, Autobiography, S. 40
5 Montez, Memoiren 1, S. 478
6 Weidner, Die Spanierin, 138–148
7 Montez, Autobiography, S. 41
8 DL/C/1152, James vs. Lennox und James vs. James; dazu s. o.
9 BSB L. I. A. 39, Akte Cetto, Cetto an Ludwig im August 1849, Zeitungsausschnitt ohne Quellenangabe von 1842 zum Scheidungsprozess
10 Malmesbury, Memoirs 1, S. 218
11 Montez, Autobiography, S. 41
12 Seymour, Lola, S. 77
13 Kobelt-Groch, Judith, S. 174–178
14 Krünitz online, Spanien
15 Hellwig, Ludwig I., S. 44–46 zu Lola und der Spanienmode
16 Seymour, Lola, S. 50
17 Lumley, Reminiscences, S. 76–78
18 Rauh, Von Lola Montez bis Madonna, S. 106–111
19 Q, You have heard of them, S. 101 f.; auch abgedruckt in The London Literary Gazette and Journal of Belles Lettres, 15.12.1855, S. 792–794; dort lautete die Geschichte anders: Lord Ranelagh, den sie bereits einmal zurückgewiesen hatte, pfiff sie angeblich aus und entfesselte einen Sturm gegen sie. Doch Lumley berichtete glaubwürdig von anderen Reaktionen.
20 Morning Post, 03.06.1843, S. 5
21 The Times, 05.06.1843, S. 6
22 Theatrical Journal, 10.06.1843, S. 177 f.
23 The Times, 05.06.1843, S. 3; Morning Herald, 05.06.1843, S. 3; Evening Chronicle, 05.06.1843, S. 3
24 Lumley, Reminiscences, S. 78
25 Age, 11.06.1843, S. 5 f.; Era, 18.06.1843, S. 5
26 Age, 18.06.1843, S. 5 f.
27 Zit. nach Seymour, Lola, S. 59 f.
28 Der Beherrscher eines Kleinstaates, S. 593; ein Bericht in der Sonntagsbeilage zum Augsburger Anzeigenblatt, 01.06.1862, gibt die Geschichte anders wieder.
29 Der Beherrscher eines Kleinstaates, S. 593; auch der Heimatforscher Weber hat nur die Quelle von 1901 zur Verfügung, Weber, Das Schloß, S. 45, und Weber, Ebersdorf, S. 32
30 Kressner, Das erste Auftreten, S. 683
31 Seymour, Lola, S. 65 f.
32 Seymour, Lola, S. 66
33 Montez, Memoiren 1, S. 598 f.
34 Bülow, Melusine, S. 279–329; Moulin-Eckart, Bülow, S. 29 f.; Birkin, Hans von Bülow, S. 10 und 270, verweist auf Tagebucheinträge, denen zufolge Hans von Bülow Lola durch Liszt in Dresden kennenlernte.
35 Chroust, Österreichische Gesandtschaftsberichte, S. 409 f., Senfft an Metternich am 01.02.1847
36 BSB L. I. A. 3,151, S. 10, 03.01.1847
37 Bülow, Melusine, S. 287
38 Bülow, Melusine, S. 292
39 Bülow, Melusine, S. 294
40 Bülow, Melusine, S. 303
41 BSB Klenzeana I/5, fol. 59v und 60r

42 Seymour, Lola, S. 69
43 Paulmann, Pomp, S. 242
44 Zu den Berliner Auftritten auch Allgemeine Theater-Chronik. Organ für das Gesamtinteresse der deutschen Bühnen, 108 (1843), S. 433; Allgemeine Theater-Zeitung. Originalblatt für Kunst, Litteratur, Musik, Mode und geselliges Leben, 06. und 08.04.1844, S. 349 f.; Correspondenznachrichten aus Paris, 28.03.1844
45 Frankfurter Konversationsblatt, 30.09.1843, S. 3
46 Auskunft des Geheimen Staatsarchivs Preußischer Kulturbesitz, Berlin, 25.02.2020
47 Berlinische Nachrichten von Staats- und gelehrten Sachen (Haude- und Spenersche Zeitung), 18.09.1843 mit großem Bericht über die Parade ohne Bezug auf den Vorfall; auch die Vossische Zeitung berichtete nicht darüber; ich danke für diese Auskunft der Zeitungsabteilung der Staatsbibliothek Berlin.
48 Neue Würzburger Zeitung, 01.10.1843, S. 3
49 Regensburger Zeitung, 03.10.1843, S. 1087; Frankfurter Konversationsblatt, 04.10.1843, S. 1095; Bayerischer Eilbote, 08.10.1843, S. 980; Allgemeine Theater-Zeitung Wien, 09.10.1843, S. 1050; Allgemeine musikalische Zeitung Leipzig, 13.09.1843; als erste Berliner Zeitung und bereits mit Bezug auf die Ereignisse in Warschau Locomotive Berlin, 01.11.1843, S. 10
50 Journal des Débats, 07.10.1843; fast wortgleich L'illustration Paris, 14.10.1843, S. 100; Era, 15.10.1843, S. 5
51 Theatrical Journal, Oktober 1843, S. 343
52 Allgemeine Zeitung, 21.10.1843
53 Frankfurter Ober-Post-Amts-Zeitung, 18.10.1843, unter Bezug auf eine Meldung vom 13.10.1843 mit der Sigle RWZ. Da die Rheinisch Westfälische Zeitung diesen Namen erst 50 Jahre später erhielt, ist nicht klar, auf welche Quelle sich diese Nachricht bezieht.
54 Der Wanderer, Wien, 17.10.1843, S. 987
55 L'illustration Paris, 09.12.1843, S. 234
56 Montez, Memoiren 1, S. 974–979
57 Der Ungar. Zeitschrift für magyarische Interessen, 18.10.1843, S. 1105
58 Vogel, Die Furie, S. 9–11, 148 f.
59 Montez, Memoiren 1, S. 643
60 Era, 28.07.1844, S. 5
61 BayHStA Hoftheaterintendanz 1036, Bericht des Theaterdirektors August von Frays an König Ludwig I. vom 08.10.1846
62 Montez, Memoiren 1, S. 980
63 Borejsza, Polnische Flüchtlinge, S. 885–889
64 Rolf, Imperiale Herrschaft, S. 45–49
65 Simon, L'extraordinaire aventure, S. 133; vgl. auch weitere Literaturangaben bei Morton, Lola, S. 342, Anm. 10 sowie S. 45 f.
66 Zit. nach Simon, L'extraordinaire aventure, S. 133; Morton, Lola, S. 46 f.
67 Simon, L'extraordinaire aventure, S. 134
68 Montez, Autobiography, S. 47
69 Abend-Zeitung Dresden, 05.12.1843, S. 447 f., zit. nach Seymour, Lola, S. 511
70 Morton, Lola, S. 47 f.
71 Era, 21.01.1844, S. 5
72 Morton, Lola, S. 48; der Pianist hieß S. M. A. Wolowski
73 Seymour, Lola, S. 84 f. mit Belegen
74 Montez, Autobiography, S. 49
75 Montez, Memoiren 1, S. 666–847

76 Zu den Konzertterminen in Dresden die Kritik in: Beiblätter zu den Korrespondenz-Nachrichten der Abend-Zeitung Dresden, 14.03.1844, S. 42–44
77 Montez, Autobiography, S. 41
78 D'Auvergne, Lola, S. 59–63
79 Wilmes/Prézelin, Lola Montès, S. 99–102; ähnlich Wyndham, The Magnificent Montez, S. 62–64
80 Walker, Liszt, S. 391–394; ähnlich auch Hilmes, Franz Liszt, S. 125–127, der voller Verachtung über Lola schreibt
81 Wagner, Mein Leben, S. 283; vgl. Cosima Wagner, Tagebücher, Bd. 1, S. 37
82 Walker, Liszt, S. 394
83 Seymour, Lola, S. 91 f.
84 Walker, Liszt, S. 393
85 De Pourtalés, Liszt, S. 145
86 Anonym, Lola Montez. Abenteuer, S. 203
87 Zit. nach Seymour, Lola, S. 92
88 Die Literatur und die Quellen dazu sind ungemein umfangreich, vor allem im Umfeld von Vater und Sohn Alexandre Dumas; als Beispiele Murger, Scènes; de Viel-Castel, Mémoires; Audebrand, Derniers Jours mit Erwähnung von Lola
89 Maurois, Les Trois Dumas, S. 186–199; Alexandre-Debray, La Païva
90 Journal des Débats, 18.03.1843
91 Guest, The Romantic Ballet, S. 230
92 Alles zit. nach Seymour, Lola, S. 93–97
93 Morton, Lola, S. 52–54, behauptet dies, aber ohne Belege; er stützt sich dabei vermutlich auf Mirecourt, Lola, S. 35 f.
94 Maurois, Les Trois Dumas, S. 231 f.
95 Claudin, Mes souvenirs, S. 37
96 Guest, The Romantic Ballet, S. 230 f.; Mirecourt, Lola, S. 38
97 Ein ausführliches und bewunderndes Porträt bei Maillier, Trois Journalistes Drouais, S. 65–182
98 La Presse, 10.03.1845, S. 2 f.
99 Era, 16.03.1845
100 Anonym, Causes Célèbres; außerdem Seymour, Lola, S. 101–108
101 Anonym, Causes Célèbres, S. 12
102 Zur Presseberichterstattung Seymour, Lola, S. 513
103 Anonym, Causes Célèbres, S. 8 f.
104 Vandam, An Englishman, Bd. 1, S. 145 f.
105 Zur Wertschätzung des Duells Frevert, Das Duell
106 Hall, The Bravo Mystery, S. 190–237; Hall berichtet über das ganze Verfahren.
107 Morton, Lola, S. 64
108 Vandam, An Englishman, S. 152; Maillier, Trois Journalistes Drouais, S. 117
109 Vandam, An Englishman, S. 161
110 Zum Thema der schönen Frauenleiche Bronfen, Nur über meine Leiche
111 Seymour, Lola, S. 114
112 Gazette des Tribunaux, 26.07.1846
113 Gazette des Tribunaux, 19.12.1845
114 Gazette des Tribunaux, 26.07.1846
115 Gazette des Tribunaux, 26.07.1846; Morton, Lola, S. 53, vermutet ohne Beweise hinter Madame Azam eine Person aus dem Rotlichtmilieu.
116 Morton, Lola, S. 66–71, steht ganz auf der Seite der Azams
117 Berlioz, Les soirées de l'orchestre; Paulmann, Pomp, S. 260

118 Schorn, Lebenserinnerungen, S. 200 f.
119 Moscheles, Recent Music, S. 316
120 Chorley, Modern German Music, Bd. 2, S. 258
121 Schorn, Lebenserinnerungen; Chorley, Modern German Music, Bd. 2, S. 272–275
122 Moscheles, Recent Music, S. 316
123 Journal des Débats, 18.08.1845
124 STAM RA 16177, Abschrift des Polizeidirektors v. d. Mark für das Regierungspräsidium, 16.02.1847; Mannheimer Abendzeitung, 29.01.1847
125 Ich danke PD Dr. Stefan Lindl und Cornelia Wild für die Recherchen im Stadtarchiv Baden-Baden; Badischer Beobachter, Juli 1845 bis Oktober 1845; Guinot, Der Sommer in Baden
126 Diese Angabe findet sich in einem nicht näher bestimmten Zeitungsartikel eines Karl Fischer im Baden-Badener Stadtarchiv.
127 Zu Robert Peel, dem ältesten Sohn, Gash, Sir Robert Peel, S. 176; zu dem Treffen Seymour, Lola, S. 119–121

4. Auf dem Weg zur «Königin seines Herzens» – die ersten Monate in München

1 Montez, Memoiren 2, S. 1284
2 BSB L. I. A. 3,150, S. 747, 07.10.1846; zu Ludwigs Spanienverehrung Hellwig, Ludwig I., S. 46–51
3 BayHStA Intendanz Hoftheater 1036, hier die Korrespondenz zwischen Frays und Ludwig vom 06. und 08.10.1846
4 BSB L. I. A. 3,150, S. 758 und 764, 11.10. und 12.10.1846
5 BSB L. I. A. 3,150, S. 768, 13.10.1846
6 Chroust, Österreichische Gesandtschaftsberichte, S. 433 f., Metternich an den Grafen Senfft am 05.03.1847
7 BSB L. I. A. 39, Maltzahn an Ludwig am 31.12.1846: Hier schwor Maltzahn, er habe nichts von Lolas Aufenthalt in München gewusst, als er sie im Hotel «Bayerischer Hof» traf.
8 Seymour, Lola, S. 130 f.; Morton, Lola, S. 78–80
9 BSB L. I. A. 36, Notizen Ludwigs vom 27.06.1858
10 StadtAM PKR Serie V/58831, nach Weidner (Hrsg.), Lola, S. 319; zum Ankauf des Hauses in der Barer Straße für 16000 Gulden BayHStA GHA NL Lola Montez 4, 06.12.1846
11 BayHStA FA Pechmann 103, Einleitung zum Tagebuch, S. 2
12 Boiserée, Tagebücher, Bd. IV, S. 884
13 Fournier, Lola, S. 216; Seymour, Lola, S. 131; Morton, Lola, S. 80 f.
14 BSB Klenzeana Memorabilia I/5, fol. 12r, 12v, 13r; die Memorabilia werden hier zitiert nach einer Abschrift des Architekturmuseums der TUM, Beilage zum Katalog Nerdinger (Hrsg.), Klenze; ich danke ganz besonders herzlich Anja Schmidt für ihre Hilfe.
15 BayHStA MInn 45390, dort eine umfängliche Sammlung dieser Schriften
16 Zu Ludwig siehe besonders die Biografien Gollwitzer, Ludwig; Conte Corti, Ludwig
17 So die Formulierung in den Tagebüchern
18 Signate König Ludwigs I., Bd. 6, 1845–1848
19 Weidner, Lola, S. 122 f.
20 Prinz, Geschichte Bayerns, S. 96 f.
21 Zerback, Kuratel, S. 280

22 Detailliert Gollwitzer, Abel
23 Prinz, Geschichte Bayerns, S. 306–313
24 Abel an Ludwig am 28.06.1846, zit. nach Gollwitzer, Abel, S. 532
25 Blessing, Biergeselligkeit, S. 97 f.; zu Preußen Gailus, Straße und Brot
26 Krauss, Herrschaftspraxis, S. 313, 331–337
27 BayHStA GHA NL Max II., 76/5/33, 23.06.1857, Hermann an den Sekretär des Königs Franz Seraph Pfistermeister; ich danke Manfred Pix für den Hinweis.
28 Zerback, Kuratel, S. 290
29 Keller, Gesammelte Werke, Bd. 2,3, S. 91
30 Langenstein, Kunstverein; Eschenburg, Darstellungen, S. 169
31 Zerback, König, Dame, Bürger, S. 29
32 Bericht des österreichischen Geheimagenten Hineis an Metternich vom 20.03.1847, zit. nach Fournier, Lola, S. 227
33 Kobell, Die bayerischen Könige, S. 156 f.
34 Zur Öffentlichkeit der Hoftheater Daniel, Hoftheater, S. 113–355
35 Als Beispiel BayHStA NL Armannsperg 96, Carl von Eichthal an Joseph Ludwig Graf von Armannsperg, 24.10.1847: «Der König hat sich, wie man sagt, wieder sehr dem Fürsten Wallerstein genähert, spricht viel und lange bei einer jeden Gelegenheit mit ihm, man glaubt allgemein, dass er wieder ein Portefeuille erhält.»
36 Stollberg-Rilinger, Maria Theresia, S. 47–53
37 Vgl. auch Paulmann, Pomp, S. 206 f.
38 Krauss, Herrschaftspraxis, S. 185–194
39 Anonym, Lola Montez in München, S. 2 f.
40 Daniel, Hoftheater
41 BayHStA Intendanz Hoftheater 1036, Frays an Lola am 30.11.1836
42 Anonym, Lola Montez in München, S. 4
43 BSB L. I. A. 3,350, S. 799, 10.12.1846
44 Rauh/Seymour, Briefwechsel, S. 202, Ludwig an Lola vom 16.06.1848 mit beigelegtem Zettel
45 Chroust, Österreichische Gesandtschaftsberichte, S. 403, Senfft an Metternich am 26.12.1846
46 Montez, Memoiren 2, S. 1318 f.
47 BSB L. I. A. 36, Gedichte, unpaginiert
48 Zit. nach Conte Corti, Ludwig, S. 467 f.; zu von der Tanns Antwort BayHStA GHA NL L. I. ARO 35, Tann an Ludwig am 05.12.1846
49 Bülow, Melusine
50 BSB L. I. A. 3,150, S. 979, 10.12.1846
51 Ludwig an v. d. Tann am 17.11.1846, zit. nach Conte Corti, Ludwig, S. 465; Hinweis in BSB L. I. A. 3,150, S. 873, 17.11.1846
52 BSB L. I. A. 3,150, S. 832, 04.11.1846
53 BSB L. I. A. 3,150, S. 809 f., 27.10.1846
54 BSB L. I. A. 36, Gedichte, unpaginiert
55 BSB L. I. A. 3,150, S. 983 f., 11.12.1846
56 BSB Klenzeana I/5, fol. 25v
57 BSB Klenzeana I/5, fol. 26r
58 Tagebucheintrag vom 27.05.1846, in: Bauer/Münchhoff (Hrsg.), Tagebücher, S. 256
59 BSB L. I. A. 37, Verzeichnis der von der Gräfin Landsfeld vom 27. März 1847 bis 8. Februar 1848 entliehenen Bücher, 13.02.1848
60 Wie die Eintragungen in den Tagebüchern zeigen, war «Tee und Lotterie bei Therese» die Hauptunterhaltung an den langen Abenden in der Residenz.

61 BSB L. I. A. 36, Gedichte, unpaginiert
62 Zit. nach Conte Corti, Ludwig, S. 342
63 Hier verwendet wurden BSB L. I. A. 3,150–3,158.
64 BSB L. I. A. 3,150, S. 775 f., 16.10.1846
65 BSB L. I. A. 3,150, S. 786, 789, 791, 19.10. und 20.10.1846
66 BSB L. I. A. 3,150, S. 795–797, 22.10.1846
67 BSB L. I. A. 3,150, S. 800, 23.10.1846
68 BSB L. I. A. 3,150, S. 805, 25.10.1846: Sie wolle bei ihm über Constanze Dahn stehen, versicherte sie ihm; S. 847 f., 967, 970, 09.11., 06.12., 07.12.1846
69 BSB L. I. A. 3,150, S. 928 f., 30.11.1846
70 BSB L. I. A. 3,150, S. 854 f., 11.11.1846
71 BSB L. I. A. 3,150, S. 1019, 26.12.1846
72 BSB L. I. A. 3,150, S. 993, 14.12.1846
73 BSB L. I. A. 3,150, S. 839, 06.11.1846
74 BSB L. I. A. 3,150, S. 881, 19.11.1846
75 BSB L. I. A. 3,150, S. 938, 02.12.1846
76 BSB L. I. A. 3,150, S. 858, 12.11.1846
77 BSB L. I. A. 3,150, S. 895, 22.11.1846
78 BSB L. I. A. 3,151, S. 85, 23.01.1847
79 BSB L. I. A. 3,151, S. 119, 02.02.1847
80 BSB L. I. A. 3,151, S. 143 f., 09.02.1847
81 Gollwitzer, Ludwig, S. 254
82 Chroust, Österreichische Gesandtschaftsberichte, S. 403, Senfft an Metternich am 26.12.1846
83 BSB L. I. A. 39, Akte Charlotte Auguste, Charlotte Auguste von Österreich an Ludwig am 10.03.1847
84 BSB L. I. A. 3,151, S. 14, 04.01.1847
85 BSB L. I. A. 36, Gedichte, unpaginiert
86 BSB L. I. A. 3,150, S. 879 f., 19.11.1846
87 BSB L. I. A. 3,150, S. 887 f., 20.11.1846
88 BSB L. I. A. 3,351, S. 12 und 16, 04.01. und 05.01.1847
89 BayHStA Intendanz Hoftheater 915, Gehalt der Mathilde Thierry und ihrer Kolleginnen
90 BayHStA GHA 88/4/2, Aufstellung der Ausgaben für Lola
91 Paulmann, Pomp, S. 210
92 BSB L. I. A. 39, Maltzahn an Lola am 15.11.1846
93 BSB L. I. A. 3,151, S. 104 f., 28.01.1847
94 Eine Biografie bei Schad, Bayerns Königinnen, S. 99–169, siehe dort auch zu den früheren Geliebten des Königs
95 Beck, Mathilde, S. 146
96 BSB L. I. A. 3,151, S. 3 und S. 85, 01.01. und 23.01.1847
97 BSB L. I. A. 3,151, S. 54, 16.01.1847
98 BSB L. I. A. 3,151, S. 94, 25.01.1847; 33, Ludwig an Lola, 11.01.1847
99 BSB L. I. A. 3,151, S. 170, 17.02.1847
100 BSB L. I. A. 3,151, S. 157, 13.02.1847
101 Anonym, Lola Montez und München, S. 4
102 Tagebucheintrag vom 16.11.1846, in: Bauer/Münchhoff (Hrsg.), Tagebücher, S. 250
103 BSB L. I. A. 3,350, S. 972 f., 08.12.1846
104 BSB L. I. A. 3,350, S. 939, 02.12.1846
105 BSB L. I. A. 3,351, S. 21 f., 06.01.1847

106 Montez, Memoiren 2, S. 1320
107 BSB L. I. A. 3,150, S. 913 und 1001, 26.11. und 17.12.1846
108 BSB L. I. A. 3,150, S. 1001 f. und 1005, 17.12. und 18.12.1846
109 BSB L. I. A. 3,150, S. 908 f., 25.11.1846
110 BSB L. I. A. 3,150, S. 1006, 19.12.1846
111 BSB L. I. A. 3,150, S. 797, 22.10.1846; zur weiteren Unterstützung der Familie Thierry auch BayHStA GHA NL L. I. 587d, Ulrich Thierry an Ludwig am 21.07.1847 mit «allerunterthänigstem Dank» für die Unterstützung, «mit Vorwissen der Madame Montez unserer edlen Beschützerin»
112 BayHStA Intendanz Hoftheater 915
113 BSB L. I. A. 3,150, S. 942, 03.12.1846
114 BSB L. I. A. 3,150, S. 921, 28.11.1846
115 BSB L. I. A. 3,150, S. 928, 30.11.1846
116 Götschmann, Wirtschaftsgeschichte, S. 42
117 BSB L. I. A. 3,150, S. 822, 30.10.1846
118 BSB L. I. A. 3,150, S. 874, 17.11.1846
119 BSB Klenzeana I/5, fol. 23v
120 BSB L. I. A. 3,150, S. 990, 13.12.1846
121 Rauh/Seymour, Briefwechsel, S. 78, Lola an Ludwig am 23.09.1847
122 Rauh/Seymour, Briefwechsel, S. 80 f., Lola an Ludwig am 24.09.1847
123 Rauh/Seymour, Briefwechsel, S. 79 f., Ludwig an Lola am 23.-26.09.1847 (ein Brief an mehreren Tagen geschrieben)
124 Rauh/Seymour, Briefwechsel, S. 81, Ludwig an Lola am 27.09.1847

5. Macht und Ohnmacht der katholischen Partei

1 Valentin, Geschichte I,S. 115–140; Müller, Revolution, S. 30 f., 43; Hummel, München, S. 23–42
2 Gollwitzer, Ludwig, S. 668
3 Valentin, Geschichte, S. 116
4 Nerdinger, Das Hellenische, S. 8
5 BSB Klenzeana I/6, fol. 7v
6 BSB Klenzeana I/5, fol. 7v, 8r, 8v, 16v
7 BayHStA FA Pechmann 103, Einleitung zum Tagebuch, S. 2
8 Zu Pechmann auch Jungmann-Stadler, Pechmann
9 Wilkens, Spanierin, S. 21 f., danach auch die folgenden Angaben; außerdem Hellwig, Ludwig I., S. 44
10 Auf Deutsch erschienen in seiner Gesamtausgabe von 1846
11 Wilkens, Spanierin, S. 43, 51–66, zu Lola 61 f.
12 Müller, Am Rande, S. 93
13 Zu dem Zusammenspiel von Privatleben, öffentlicher Selbstdarstellung und bürgerlichem Publikum Paulmann, Pomp, S. 209
14 Chroust, Österreichische Gesandtschaftsberichte, S. 395–397, Senfft an Metternich am 25.11.1846
15 Chroust, Österreichische Gesandtschaftsberichte, S. 402, Senfft an Metternich am 25.12.1846
16 Stollberg-Rilinger, Maria Theresia, S. 51–53, zu dem System der «Gnadenvermittlung» bei Hofe
17 BSB L. I. A., 3,350, S. 861, 13.11.1846

18 Chroust, Preußische Gesandtschaftsberichte, S. 203, Bernstorff an Canitz am 30.11.1846
19 Valentin, Geschichte, S. 117; Chroust, Österreichische Gesandtschaftsberichte, S. 398, Senfft an Metternich am 06.12.1846; nach Lolas Vertreibung im Februar 1848 kursierte dann sogar eine Art Proskriptionsliste der Lola-Anhänger, Chroust, Preußische Gesandtschaftsberichte, S. 384, Bernstorff an König Friedrich Wilhelm IV. am 19.02.1848; zu Angioletta Mayer Mlakar, Unsterblicher Theatertanz, S. 252
20 Chroust, Österreichische Gesandtschaftsberichte, S. 397, Senfft an Metternich am 25.11.1846
21 Chroust, Preußische Gesandtschaftsberichte, S. 204, Bernstorff an Canitz am 30.11.1846
22 Müller, Am Rand, S. 98–101; STAM RA 16177, die polizeiliche Untersuchung ab dem 18.11.1846
23 BSB Klenzeana I/5, fol. 17v
24 BSB L. I. A. 3,155, S. 188, 16.02.1848
25 BSB Klenzeana I/5, fol. 17v
26 Müller, Am Rand, S. 99
27 Zu dem Fall STAM RA 16177 sowie BayHStA FA Pechmann, die Dokumente standen bisher im Original nur Karl Alexander von Müller zur Verfügung; STAM RA 16177, Vormerkung vom 18.11.1846
28 STAM RA 16177, Zeugenaussage vom 18.11.1846
29 STAM RA 16177, Zeugenaussage vom 19.11. und für den König vom 23.11.1846
30 STAM RA 16177, Zeugenaussage vom 19.11.1846
31 STAM RA 16177, Hoermann an den König am 09.12.1846
32 BSB L. I. A. 3,150, S. 869 f., 16.11.1846
33 BSB L. I. A. 3,150, S. 871 und 875 f., 16.11. und 17.11.1846
34 BSB L. I. A. 3,150, S. 923, 29.11.1846; es gab viele Versionen des Geschehens, eine weitere in Vehse, Bayerische Hofgeschichten, S. 311 f.
35 BSB L. I. A. 3,150, S. 881 f., 19.11.1846
36 BayHStA FA Pechmann 103, Protokoll Pechmanns zum Rapport vom 20.11.1846
37 BayHStA FA Pechmann 102, Schreiben Ludwigs vom 20.12.1846
38 Krauss, Herrschaftspraxis, S. 185–271, zur Rolle der hohen Ministerialbürokratie in Bayern
39 Zu dieser Wertung Gollwitzer, Abel, S. 129
40 Gollwitzer, Abel, S. 534
41 BayHStA FA Pechmann 103, Tagebuch, Bericht über das Treffen vom 20.11.1846
42 BayHStA FA Pechmann 100, Signat des Königs vom 12.11.1846
43 Müller, Am Rand, S. 97
44 BayHStA FA Pechmann 102, Pechmann an Ludwig am 21.11.1846 und Antwort am 23.11.1846; zur Abstimmung mit den Vorgesetzten 103, Eintrag vom 21.11.1846
45 BayHStA FA Pechmann 103, Tagebucheintrag Pechmanns vom 27.11.1846
46 Conte Corti, Ludwig, S. 471
47 BayHStA FA Pechmann 103, Einleitung zum Tagebuch, S. 2 und 3
48 BayHStA FA Pechmann 103, Eintragung Pechmann am 04.12.1846
49 Kristl, Lola, S. 69
50 STAM RA 16177, zwei Seiten Abschriften aus dem Buch der Frau Ganser
51 STAM RA 16177, Auszüge aus den polizeilichen Abschriften
52 Conte Corti, Ludwig, S. 472, Ludwig an von der Tann am 27.12.1846
53 BSB L. I. A. 3,150, S. 949–951, 05.12.1846

54 Kristl, Lola, S. 64 f.
55 BSB L. I. A. 38, Ludwig an Heideck am 05.12.1846; es liegt eine französische Übersetzung bei, was darauf hindeutet, dass Ludwig diesen Brief später auch Lola gegeben hat.
56 BSB L. I. A. 3,150, S. 951–954, 05.12.1846
57 Zit. nach Kristl, Lola, S. 67 f.
58 BayHStA FA Pechmann 103, Eintrag Pechmanns am 05.12.1846
59 Chroust, Österreichische Gesandtschaftsberichte, S. 398 f., 05.12.1846 mit Nachträgen
60 BSB L. I. A. 3,150, S. 964 f., 06.12.1846
61 BSB L. I. A. 39, Akte Pechmann, Frh. von Leoprechting an die Polizeidirektion am 10.12.1846 und Pechmann an Ludwig am 11.12.1846
62 BSB L. I. A. 3,150, S. 985 f., 12.12.1846
63 BayHStA FA Pechmann 103, 14.12.1846
64 BayHStA FA Pechmann 103, 15.12.1846
65 BSB L. I. A. 38, Ludwig an Pechmann am 15.12.1846; 39, Akte Pechmann, beiliegendes Scheiben von Ulrich Thierry; 3,150, S. 995, 15.12.1846; BayHStA GHA Kopien, Drucke, Tafeln 847, Akte Curtius, Ludwig an Curtius am 22.12.1847: Er müsse der gerichtlichen Verhandlung freien Lauf lassen, das sei Teil der von ihm beschworenen Verfassung. Sollte es für seine «geliebte Lola» ungünstig ausfallen, so könne er verhindern, dass es Folgen für sie habe. Lolas Leibarzt Curtius hatte bei Ludwig interveniert, BSB L. I. A. 3,151, S. 1012, 22.12.1846; Ludwig saß dann auf Lolas Wunsch bei der Verhandlung des Stadtgerichts im Nebenzimmer und las die Allgemeine Zeitung, 3,151, S. 1024, 30.12.1846.
66 BayHStA GHA NL L. I. 586b, Pechmann an Ludwig am 17.12.1846; Abel an Ludwig am 22.12.1846, betr. Pechmann
67 BayHStA GHA NL L. I. 586b, Abel an Ludwig am 17.12.1846, betr. Seinsheim; Gumppenberg an Ludwig am 19.12.1846; Seinsheim an Gumppenberg am 19.12.1846; Signat Ludwig 21.12.1846
68 Zusammenfassend Gollwitzer, Abel, S. 534–537, außerdem BSB L. I. A. 3,150, S. 997, 16.12.1846; BayHStA GHA NL L. I. 586b, Korrespondenzen rund um den Fall
69 BSB L. I. A. 39, Charlotte Auguste an Ludwig am 15.12.1846
70 Langenstein, Kunstverein, S. 168
71 BSB L. I. A. 39, Akte Auer, Franz von Paula, Auer an Ludwig am 28.12.1846; BayHStA GHA Kopien, Drucke, Tafeln 487, Ludwig an Curtius am 26.12.1846
72 BSB L. I. A. 38, Ludwig an Maltzahn am 06.12.1846 und am 19.12.1846
73 BSB L. I. A. 39, Maltzahn an Ludwig am 31.12.1846
74 BayHStA GHA NL L. I. 85/3/VII, von der Tann an Ludwig am 02.01.1847
75 The Times, 18.03.1847; Montez, Memoiren 2, S. 1328–1340
76 BSB L. I. A. 3,151, S. 11, 03.01.1847
77 Montez, Memoiren 2, S. 1316
78 Anonym, Lola Montez in München
79 Montez, Memoiren 2, S. 1310
80 Anonym, Lola Montez in München, S. 6 f., danach auch das Folgende
81 Rauh/Seymour, Briefwechsel, S. 38
82 STAM RA 16177, Bericht des Innenministeriums an den König wegen Lola Montez' bissigem Hund, 08.02.1847
83 Chroust, Österreichische Gesandtschaftsberichte, S. 414 f., Senfft an Metternich am 11.02.1847; Anonym, Aus den Tagen der Lola Montez, S. 925
84 Montez, Memoiren 2, S. 1312

85 Montez, Memoiren 2, S. 1394
86 Erdmann, Lola
87 Chroust, Preußische Gesandtschaftsberichte, S. 200, Geschäftsträger von Nagler an das Preußische Außenministerium am 27.07.1846
88 BSB L. I. A. 3,150, S. 1007 f., 20.12.1846
89 BSB L. I. A. 3,150, S. 1012, 22.12.1846; 3,151, S. 14, 25, 51, 97, 04.01., 07.01., 15.01., 26.01.1847
90 BSB L. I. A. 39, Akte Charlotte Auguste, Charlotte Auguste von Österreich an Ludwig am 10.03.1847
91 Ludwig an von der Tann am 28.12.1846, zit. nach Conte Corti, Ludwig, S. 477. Pallavicini war sardischer Gesandter.
92 Conte Corti, Ludwig, S. 475 f.
93 Diepenbrock an Ludwig am 29.01.1846, zit. nach Conte Corti, Ludwig, S. 480 f.
94 BSB L. I. A. 38, Entwurf des Briefes von Ludwig an Melchior von Diepenbrock am 05.02.1847; BayHStA GHA Autogr. 463, Abschrift des Briefes vom 09.02.1847
95 BayHStA Staatsrat 4828, Gutachten vom 05.02.1847; 886, Protokoll der Sitzung
96 BSB L. I. A. 3,151, S. 140–143, 09.02.1847
97 Zit. nach Conte Corti, Ludwig, S. 489
98 Das Memorandum ist abgedruckt u. a. bei Hummel, München, S. 526–528
99 Zu dem gesamten Vorgang ausführlich Gollwitzer, Abel, S. 537–543
100 Chroust, Österreichische Gesandtschaftsberichte, S. 423, Senfft an Metternich am 25.02.1847; Conte Corti, Ludwig, S. 490
101 Hacker, Die Beziehungen zwischen Bayern und dem Heiligen Stuhl, S. 131–152 zu den Jahren seit 1845, auch zum Verhältnis von Ludwig und Reisach
102 BayHStA GHA NL L. I. 586b mit allen Dokumenten und Briefwechseln; Chroust, Österreichische Gesandtschaftsberichte, S. 422, Senfft an Metternich am 25.02.1847
103 BayHStA GHA 586b, Abel an Ludwig am 22.02.1847
104 BayHSta FA Pechmann 111, Erklärung des Herrn Reichsrathes von Maurer, Gegenerklärung des Abgeordneten Abel, 1949
105 Chroust, Preußische Gesandtschaftsberichte, S. 221, Bernstorff an König Friedrich Wilhelm IV. am 16.02.1847
106 Chroust, Preußische Gesandtschaftsberichte, S. 227, Bernstorff an König Friedrich Wilhelm IV. am 24.02.1847
107 Chroust, Preußische Gesandtschaftsberichte, S. 230 f., Bernstorff an König Friedrich Wilhelm IV. am 28.02.1847
108 Ludwig an von der Tann am 18.02.1847, zit. nach Conte Corti, Ludwig, S. 491
109 BayHStA GHA NL Luitpold 57, Ludwig an Luitpold am 24.02.1847
110 Mösslang u. a., British Envoys, Bd. II, S. 472, Milbanke an Palmerston am 17.02.1847
111 Zit. nach Beck, Mathilde, S. 147
112 Varnhagen von Ense, Biographien, S. 705
113 Kristl, Lola, S. 58 f.
114 Gollwitzer, Abel, S. 545
115 BSB L. I. A. 3,151, S. 155, 13.02.1847
116 Gollwitzer, Abel, S. 547 f., danach auch die folgenden Ereignisse; außerdem die Münchener politische Zeitung vom 01.–03.03.1846
117 Hummel, München, S. 31
118 BayHStA GHA NL L. I. 587d, Bericht des Polizeidirektors Mark vom 01.11.1847; 587e, Bericht von der Mark vom 20.09.1846
119 BSB L. I. A. 39, Maltzahn an Ludwig am 18.02.1847; 3,151, S. 180 f., 20.02.1847
120 STAM RA 16177, Schreiben eines Aktuars im Kriegsministerium an Curtius vom

23.05.1847, das Curtius an das Regierungspräsidium weitergab; Gendarmeriebericht über die getroffenen Schutzmaßnahmen dagegen, u. a. die Begleitung der Lola durch einen Gendarm zu Pferd und zwei Gendarmen zu Fuß, 26.02.1847 und 28.02.1847; BayHStA GHA NL L. I. ARO 35, Schreiben eines Mannes an Ludwig vom 19.03.1847, der berichtete, er sei geworben worden, Lola zu entführen

121 BSB L. I. A. 3,151, S. 203, 01.03.1847

122 Zeitgenössisch dazu Bernhard, Gräfin Landsfeld

123 Ludwig an von der Tann am 11.03.1847, zit. nach Conte Corti, Ludwig, S. 498

124 BSB L. I. A. 3,151, S. 204, 01.03.1847; BayHStA GHA NL L. I. 586c, Hohenhausen an den König am 22.04.1847 wegen Ehrengerichtsverfahren gegen Curtius und Nußbammer u. a. mit Blick auf diese Ohrfeige und ihr Verhältnis zu Lola, beide wurden freigesprochen; BSB L. I. A. 33, Ludwig an Lola, 23.04.1847

125 Conte Corti, Ludwig, S. 489 f.

126 Chroust, Französische Gesandtschaftsberichte, S. 239, Boutgoing an Guizot am 02.03.1847

127 Chroust, Preußische Gesandtschaftsberichte, S. 233, Bernstorff an Friedrich Wilhelm IV. am 02.03.1847

128 BayHStA GHA NL L. I., 586c, ausführlicher Bericht Polizeidirektor von der Mark an Ludwig am 02.03.1847; Conte Corti, Ludwig, S. 499

129 Friedrich Wilhelm IV. an Ludwig am 21.03.1847; Ludwig an Friedrich Wilhelm IV. am 05.04.1847, zit. nach Conte Corti, Ludwig, S. 502

130 Montez, Memoiren 2, S. 1386–1388

131 Schmeller, Tagebucheintrag vom 01.03.1847, in: Bauer/Münchhoff (Hrsg.), Tagebücher, S. 254 f.

132 Anonym, Aus den Tagen der Lola Montez, S. 927

133 BSB L. I. A 3,151, S. 204, 01.03.1847; auch Schmeller, Tagebücher, S. 451, 01.03.1847, nennt Curtius; Hummel, München, S. 32

134 Anonym, Aus den Tagen der Lola Montez, S. 927

135 Chroust, Österreichische Gesandtschaftsberichte, S. 461, von Brenner an Metternich am 26.06.1847; BSB L. I. A 3,151, S. 215, 04.03.1847; BayHStA NL Kleinschrod, 100seitige Hauschronik, unpaginiert, Bericht über Lola mit Zuschreibungen

136 BSB L. I. A 3,151, S. 212, 03.03.1847

137 Francis, The King, S. 102 f.

6. Aufstieg und Ächtung der Gräfin Landsfeld

1 Conte Corti, Ludwig, S. 500; Münchener politische Zeitung, 08.03.1847, S. 221

2 BSB L. I. A. 3,151, S. 210, 02.03.1847

3 Zit. nach Beck, Mathilde, S. 147; Tante Auguste war Ludwigs Schwester Auguste von Leuchtenberg

4 Z. B. BSB L. I. A. 3,151, S. 157, 13.02.1847

5 Chroust, Österreichische Gesandtschaftsberichte, S. 437, Senfft an Metternich am 05.03.1847

6 BSB L. I. A. 3,151, S. 226, 10.03.1847; Spekulationen, wie bei Morton, Lola, S. 103 f., Lola habe den König mit Syphilis angesteckt und dies seien die ersten Symptome gewesen, sind aus vielen Gründen haltlos; der König hatte diese Flechte bereits zuvor zu verschiedenen Zeiten gehabt.

7 BSB L. I. A. 3,151, S. 242, 17.03.1847

8 BSB L. I. A. 3,151, S. 229, 231, 242, 11.03., 13.03., 16.03.1847

9 Chroust, Österreichische Gesandtschaftsberichte, S. 443, Zwierzina an Metternich am 29.03.1847
10 BSB L. I. A. 3, 152, S. 290, 06.04.1847
11 BSB L. I. A. 3,151, S. 264, 26.03.1847
12 Montez, Memoiren 2, S. 1436
13 BSB L. I. A. 3,151, S. 274, 31.03.1847
14 Zum Zusammenhang solcher Teuerungen mit der Revolution von 1848 Gailus, Straße und Brot
15 Chroust, Österreichische Gesandtschaftsberichte, S. 450, Zwierzina an Metternich am 06.04.1847
16 BSB L. I. A. 3,152, S. 287, 05.04.1847
17 BSB L. I. A. 3,152, S. 296, 09.04.1847
18 Chroust, Österreichische Gesandtschaftsberichte, S. 454, Zwierzina an Metternich am 13.05.1847; Krauss, Herrschaftspraxis, S. 331–335, speziell zu den Unruhen im März und April 1847
19 BSB L. I. A. 3,152, S. 309 f. und 322, 14.04.und 19.04.1847
20 BSB L. I. A. 3,152, S. 390, 14.05.1847
21 BSB L. I. A. 3,152, S. 493, 14.06.1847
22 Montez, Memoiren 2, S. 1434
23 Dickopf, Maurer; Dickerhof (Hrsg.), Dokumente zur Studiengesetzgebung, S. 320 f.
24 Für das Frühjahr Chroust, Österreichische Gesandtschaftsberichte, S. 445, Zwierzina an Metternich am 29.03.1847; für den Herbst BayHStA NL L. I. 587e, von der Mark an Ludwig am 20.09.1847
25 The Times, 08.03.1847 und 09.03.1847
26 The Times, 11.03.1847; Journal des Débats, 08.03.1847
27 BSB L. I. A. 3,151, S. 235, 14.03.1847
28 The Times, 02.03.1847
29 The Times, 18.03.1847
30 Chroust, Österreichische Gesandtschaftsberichte, S. 435 f.; der Artikel aus Le National nachgedruckt u. a. in Berliner Zeitungs-Halle, S. 2, Lola Montez, Die Politik und die Jesuiten
31 Pictorial Times, 20.03.1847; The Times, 09.04.1847
32 Abgedruckt in Montez, Memoiren 2, S. 1433 f.
33 Zit. nach Conte Corti, Ludwig, S. 507
34 Montez, Memoiren 2, S. 1393–1416
35 Anonym, Aventures; Anonym, Abenteuer
36 Anonym, Mola; STAM RA 16177, Regierungspräsident von Godin am 03.12.1847
37 Beyer, Glorreiches Leben
38 Erdmann, Lola; Montez, Memoiren 2, S. 1288
39 Chroust, Österreichische Gesandtschaftsberichte, S. 464, v. Brenner an Metternich am 25.07.1847; Artikel zu Fenner von Fenneberg in: ÖBL, S. 298
40 BSB L. I. A. 3,154, S. 729, S. 752, S. 790, 10.08., 20.08., 04.09.1847
41 The Times, 19.03.1847 und 30.07.1847
42 Hierzu und zum Folgenden Kristl, Lola, S. 93–97
43 BSB L. I. A. 3,151, S. 99, 27.04.1847
44 BSB L. I. A. 3,152, S. 399, 17.05.1847
45 STAM RA 16177
46 BSB L. I. A. 3,152, S. 389, 14.05.1847 und etliche weitere Einträge
47 BSB L. I. A. 3,152, S. 434, 28.05.1847
48 BSB L. I. A. 3,152, S. 367 f., 07.05.1847 und etliche Einträge mehr

49 Weidner, Kaulbach, S. 236–247; BSB Klenzeana I/5, fol. 73v
50 BSB L. I. A. 3,152, S. 366, 06.05.1847 und etliche andere Einträge
51 BSB L. I. A. 3,152, S. 373, 08.05.1847
52 BSB L. I. A. 3,152, S. 398, 17.05.1847
53 Dazu etliche Einträge im Tagebuch; außerdem Conte Corti, Ludwig, S. 504–506
54 Chroust, Österreichische Gesandtschaftsberichte, S. 460, Zwierzina an Metternich am 26.06.1847; BayHStA NL Zenetti 6, Hauschronik, Eintragung vom 21.07.1847
55 BSB L. I. A. 3,152, S. 505, 18.06.1847
56 Rauh/Seymour, Briefwechsel, S. 202, Brief vom 16.06.1848 mit beigelegtem Zettel
57 Montez, Memoiren 2, S. 1436
58 Conte Corti, Ludwig, S. 511
59 BSB L. I. A. 3,153, S. 526 f., 24.06.1847; BayHStA GHA Kabinettskasse L. I. 52/2/7, Bericht u. a. des bestellten Poststallmeisters über die Unruhen in Bamberg 29.06.1847
60 Tann an Ludwig am 29.05.1847, zit. nach Conte Corti, Ludwig, S. 507 f.; BayHStA GHA NL L.I. 85/3/VII, Briefe Tann an Ludwig
61 Das Folgende nach den täglichen Einträgen in BSB L. I. A. 3,152 bis 30.06.1847 und 3,153 bis 03.08.1847
62 BayHStA Intendanz Hoftheater 915, Antrag vom 19.02.1847 und Ludwigs Genehmigung vom 20.02.1847
63 BayHStA GHA 85/3/VII, Ludwig an Karoline von Heygendorff am 07.01., am 26.03. und zuletzt am 22.06.1847
64 BSB L. I. A. 3,153, S. 568 f., 05.07.1847
65 BSB L. I. A. 3,153, S. 573 f., 06.07.1847
66 BSB L. I. A. 3,153, S. 657., 26.07.1847
67 BSB L. I. A. 3,153, S. 661 f., 27.07.1847
68 BSB L. I. A. 3,153, S. 585 f., 09.07.1847
69 BSB L. I. A. 3,153, S. 596, 13.07.1847
70 BSB L. I. A. 3,153, S. 596–600, 13.07.1847
71 BSB L. I. A. 3,153, S. 602–606, 14.07.1847
72 BSB L. I. A. 3,153, S. 627 f., 20.07.1847
73 BSB L. I. A. 3,151, S. 982, 11.12.1846
74 BSB L. I. A. 3,151, S. 629–631, 21.07.1847
75 BSB L. I. A. 3,153, S. 631–633, 21.07.1847
76 BSB L. I. A. 3,153, S. 752, 20.08.1847
77 BSB L. I. A. 3,153, S. S. 633 f., 21.07.1847
78 BSB L. I. A. 3,153, S. 633–640, 21.07. und 22.07.1847
79 BSB L. I. A. 3,153, S. 646, 24.07.1847
80 BSB L. I. A. 3,153, S. 664 und 667, 28.07. und 30.07.1847
81 BayHStA GHA NL L. I. 85/3/VII, Bericht des Arztes vom 04.09.1847
82 BSB L. I. A. 3,153, S. 706, 02.08.1847
83 BSB L. I. A. 3,153, S. 701 und 712, 01.08. und 04.08.1847
84 Gedruckt in Rauh/Seymour, Briefwechsel
85 Rauh/Seymour, Briefwechsel, S. 52; BSB L. I. A. 3,153, S. 715 f., 05.08.1847
86 BSB L. I. A. 3,153, S. 720, 07.08.1847
87 Rauh/Seymour, Briefwechsel, S. 52, Ludwig an Lola am 06.08.1847
88 BSB L. I. A. 3,153, ab S. 740 die Einträge ab dem 15.08.1847
89 Rauh/Seymour, S. 73 und S. 77, Ludwig an Lola am 05.09. und 16.09.1847
90 BSB L. I. A. 3,153, S. 765, 25.08.1847
91 BSB Cgm 8091, Signate Ludwig an von der Mark, Bad Brückenau 27.07. und 05.08.1847, Aschaffenburg 07.08.1847

92 BSB GHA NL L. I. 587e, Maurer an Ludwig am 06.08. und 11.08.1847
93 BSB GHA NL L. I. 587e, Signat Ludwig auf Maurers Schreiben, undatiert, und Antwort Maurers vom 11.08.1847
94 BSB GHA NL L. I. 587e, Maurer an Ludwig am 11.08.1847
95 BSB GHA NL L. I. 587e, Maurer an Ludwig am 13.09.1847
96 Vogel, Die Furie und das Gesetz
97 Schilderung bei Rauh/Seymour, Briefwechsel, S. 53 f. sowie S. 55 f., Lola an Ludwig am 06.08.1847
98 Montez, Memoiren 2, S. 1584 f.
99 Rauh/Seymour, Briefwechsel, S. 55
100 BayHStA GHA NL L. I. 85/3/VII, Bericht des Arztes an Ludwig am 04.09.1847
101 Zum Auf und Ab von Lolas Gunst für Bertha Thierry Mlakar, Unsterblicher Theatertanz, S. 249
102 BayHStA GHA NL L. I. 587e, Maurer an Ludwig am 25.08.1847; Maurer betonte auf Ludwigs Nachfrage, Zenetti habe den Erzbischof erst vor zehn Tagen bei der Priesterweihe seines Sohnes kennengelernt und stehe sonst nicht mit ihm in Kontakt; 587 f. Zenetti an Ludwig am 12.09.1847, Zenetti stellte dem König wegen des Verdachts, mit der ultrakirchlichen Partei zu paktieren, sein Portefeuille zur Verfügung, was Ludwig aber vor dem Landtag nicht annahm; BayHStA NL Zenetti Hauschronik, unpaginiert, Eintrag vom 08.09.1847
103 BayHStA GHA NL L. I. 587e, Maurer an Ludwig am 21.09.1847 mit Bericht von der Mark vom 20.09.1847
104 Rauh/Seymour, Briefwechsel, S. 52–84
105 BayHStA GHA NL L. I. 587e, Maurer an Ludwig am 17.08.1847: Maurer äußerte die Sorge, dass manche Zeitungen die Veröffentlichung vielleicht nicht abdrucken würden, und wollte erst aktiv werden, wenn es Ludwig ausdrücklich anordnete.
106 BSB L. I. A. 3,153, S. 792 f., 05.09.1847
107 BSB L. I. A. 3,153, S. 828, 19.09.1847
108 Rauh/Seymour, Briefwechsel, S. 77, Ludwig an Lola am 20.09.1847
109 Dazu hatte Ludwig auch einen Bericht von Maurer, BayHStA GHA NL L. I. 587e, Maurer an Ludwig am 06.09.1847
110 Rauh/Seymour, Briefwechsel, S. 78–81, Lola an Ludwig am 23.09. und 24.09.1847
111 Rauh/Seymour, Briefwechsel, S. 81 und S. 83, Ludwig an Lola am 27.09. und 01.10.1847
112 Rauh/Seymour, Briefwechsel, S. 84, Lola an Ludwig am 04.10.1847
113 Götschmann, Berks, S. 764–778; außerdem BSB L. I. A. 3,154, ab S. 873 für die Zeit ab Oktober 1847
114 Metzger, «Der revolutionäre Fürst», S. 72 f.
115 Gollwitzer, Ludwig, S. 684 f.
116 Chroust, Österreichische Gesandtschaftsberichte, S. 480 f. zur Pressefreiheit, 489–493, 496; Conte Corti, Ludwig, S. 530
117 Rauh/Seymour, Briefwechsel, S. 73, Ludwig an Lola am 05.09.1847
118 Kristl, Lola, S. 85
119 BSB L. I. A. 36, Notizen Ludwigs vom 29.04.und 04.05.1854 und vom 27.06.1858; hier schrieb Ludwig, dass Lola ihn tatsächlich immer wieder für die Freimaurer werben wollte.
120 Kristl, Lola, S. 61
121 Eisenhart, Kleinschrod
122 BayHStA NL Kleinschrod, 100seitige Hauschronik, unpaginiert; BayHStA GHA NL Luitpold 30, Freiin Sophie von Wambold, Obersthofmeisterin von Prinz Luitpolds

Gattin Auguste, war Kleinschrods zweite Frau, daher war Kleinschrod hervorragend über Interna informiert.

123 BayHStA NL Kleinschrod, 100seitige Hauschronik, unpaginiert
124 Droß, Vom Spottgedicht zum Attentat
125 BayHStA MInn 45390, Pasquille vom 12.11.1847; wie etliche andere Schreiben auch in STAM RA 16177 sowie in BayHStA GHA NL L.I. 587d
126 BayHStA MInn 45390, Pasquille vom 27.12.1847
127 BayHStA MInn 45390, Pasquille vom 26.01.1847
128 BayHStA MInn 45390, Pasquille vom 09.02.1847
129 BayHStA GHA NL L.I. 587d, Dr. Richter an Ludwig am 18.07.1847
130 BSB L.I.A. 39, Konvolut Dritter an Dritte, Zuschrift o.D., Kommentar Ludwigs vom 16.12.1847
131 BSB Klenzeana I/5, fol. 27r
132 Fuchs, Lola, S. 56a; Pulz, Lola-Montez-Darstellungen, S. 310 f.
133 Pulz, Lola-Montez-Darstellungen, S. 303, S. 312–322; dort werden diese Themen überzeugend aufgeschlüsselt; Barche, Moral, S. 182 f.
134 Fuchs, Ein vormärzliches Tanzidyll; ders., Lola
135 Pulz, Lola-Montez-Darstellungen, S. 309
136 Fuchs, Lola, S. 21
137 Fuchs, Lola, S. 33; s. o. S. 133
138 Fuchs, Lola, S. 37
139 Fuchs, Lola, S. 40 a–b; s. o. S. 157
140 Fuchs, Lola, S. 57 b, 64 a–b
141 Kobelt-Groch, Judith, S. 174–178, zu Lola als der «herrischen» Frau mit der Peitsche
142 BayHStA FA Pechmann 187, Pater Felix, Franziskaner in Berchtesgaden, an Hans Pechmann vom 22.12.1846; ebenso 186, Brief eines weiteren Geistlichen vom 19.12.1846 an Pechmann
143 Bericht vom 20.03.1847, in: Fournier, Lola, S. 222 f.
144 Bericht vom 20.03.1847, in: Fournier, Lola, S. 225
145 Bericht vom 20.03.1847, in: Fournier, Lola, S. 228
146 Anonym, Lola Montez in München, S. 1–6
147 Ausführlich bei Kristl, Lola, S. 76–81
148 Conte Corti, Ludwig, S. 469
149 BayHStA GHA NL L.I. 587e, Maurer an Ludwig am 13.09.1847; Maurer schrieb, mit Blick auf den bevorstehenden Landtag sei es zentral, dass kein Minister «diese Dame» persönlich kenne; so etwas verzieh Lola nicht.
150 Zit. nach Conte Corti, Ludwig, S. 479
151 Zit. nach Kristl, Lola, S. 56
152 BSB L.I.A. 3,152, S. 373, 08.05.1847
153 Kristl, Lola, S. 108 f.
154 BSB L.I.A. 39, Karl von Günther an Ludwig am 02.08.1847
155 BayHStA NL Zenetti 6, Hauschronik, Einträge vom 12.08., 13.08., 18.08., 09.09.1847
156 Rauh/Seymour, Briefwechsel, S. 77, Ludwig an Lola am 20.09.1847
157 Dazu die weiteren Erwähnungen in Rauh/Seymour, Briefwechsel
158 Ferdinand von Miller, Erinnerungen, S. 30 f.; ich danke Marie von Miller-Moll vielmals für diese Quelle!
159 BSB L.I.A. 39, Akte Peißner, Peißner an Ludwig am 29.12.1848; zu Peißners Geschichte Schleucher, Das Leben, S. 382–405, bes. S. 387 f.
160 BSB L.I.A. 3,152, S. 541, 29.06.1847; s. Fournier, Studenten; Chroust, Französische Gesandtschaftsberichte, S. 314, Bourgoing an Guizot am 03.12.1847

161 BayHStA GHA NL L. I. 587d, Antrag auf Zulassung der Alemannia an Ludwig, gez. u. a. von Elias Peißner, am 23.07.1847; beiliegend Peißner an Ludwig zu den Hergängen vor der Gründung; GHA Kabinettskasse L. I. 52/2/7, Ludwig an Zu Rhein am 22.07.1847 wegen Zulassung der neuen Burschenschaft
162 Conte Corti, Ludwig, S. 528
163 BSB L. I. A. 39, Akte Wallerstein, Wallerstein an Ludwig am 02.02.1847
164 Anonym, Lola Montez in München, S. 15; Information von Franz G. Roeckl vom 20.03.2020
165 Anonym, Lola Montez in München, S. 15; BSB L. I. A. 3,155, S. 26 f., 07.01.1848
166 Anonym, Lola Montez in München, S. 14
167 BayHStA NL Armannsperg 96, Marie von Eichthal an ihre Eltern vom 02.11.1847
168 Conte Corti, Ludwig, S. 527
169 Conte Corti, Ludwig, S. 527
170 BSB 3,153, S. 752, 20.08.1847
171 BayHStA NL Kleinschrod, Hauschronik, unpaginiert, danach die folgenden Informationen
172 Chroust, Österreichische Gesandtschaftsberichte, S. 519, Auszug aus einem Schreiben aus München vom 07.02.1848
173 BSB L. I. A. 39, Akt Therese von Bayern, Therese an Ludwig am 13.10.1847
174 Schad, Bayerns Königinnen, S. 156 f.
175 BSB L. I. A. 3,154, S. 913, 13.10.1847
176 BSB L. I. A. 3,154, S. 1064 f. und 1670, 24.11. und 26.11.1847
177 BSB L. I. A. 39, Spruner an Berks am 01.11.1847
178 Ausführliche Schilderung bei Chroust, Französische Gesandtschaftsberichte, S. 314 f., Bourgoing an Guizot am 03.12.1847
179 BSB L. I. A. 39, Akte Wallerstein, Oettingen-Wallerstein an Ludwig am 01. und 02.12.1847
180 BSB L. I. A. 39, Hohenhausen an Ludwig am 07.01.1848; Chroust, Österreichische Gesandtschaftsberichte, S. 513 f., Brenner an Metternich am 07.01.1848
181 BSB L. I. A. 3,155, S. 37 f., 11.01.1848; BSB L. I. A. 39, Akte Wallerstein, Hunolstein an Ludwig am 14.12., Wallerstein an Ludwig am 16.12. und Ludwig an Hunolstein am 16.12.1847; wegen Rechberg Wallerstein an Ludwig am 12.01.1848
182 BSB L. I. A. 39, Akte Wallerstein, Wallerstein an Ludwig am 18.12.1847
183 Conte Corti, Ludwig, S. 531–533; BSB L. I. A. 39, Akte Wallerstein, Wallerstein an Ludwig am 21.01.1848
184 BSB L. I. A. 39, Ludwig an von der Tann am 21.01.1848
185 Conte Corti, Ludwig, S. 534
186 Chroust, Österreichische Gesandtschaftsberichte, S. 514, Anm. 1, Brenner an Metternich am 24.01.1848
187 BSB L. I. A. 3,155, S. 96 f., 27.01.1848
188 Conte Corti, Ludwig, S. 531

7. Hybris und Fall

1 BSB L. I. A. 3,154, S. 1026, 11.11.1847
2 BSB L. I. A. 39, Akte Peißner, Peißner an Ludwig am 29.12.1848; zu Lolas späteren Darstellungen der Beziehung in den amerikanischen und australischen Zeitungen und in «Lola Montez in Bavaria» s. u. das Kapitel zu Lolas USA-Aufenthalt
3 Montez, Memoiren 2, S. 1592 f.

4 BSB L. I. A. 3,154, S. 1016, 09.11.1847
5 BSB L. I. A. 3,154, S. 1028 f., 12.11.1847
6 BSB L. I. A. 3,154, S. 1067, 25.11.1847
7 BSB L. I. A. 3,154, S. 1675 f., 27.11.1847
8 BSB L. I. A. 3,154, S. 974, S. 1015, 24.10., 08.11.1847
9 BSB L. I. A. 3,154, S. 1067, 25.11.1847
10 BSB L. I. A. 3,154, S. 1709, 03.12.1847
11 BSB L. I. A. 3,154, S. 1694 f., 30.11.1847
12 BSB L. I. A. 3,154, S. 1708, 03.12.1847
13 BSB L. I. A. 3,154, S. 1171–1174, 16.12.1847
14 BSB L. I. A. 3,154, S. 1143, 08.12.1847
15 BSB L. I. A. 3,154, S. 1181, 18.12.1847; Seymour, Lola, S. 229
16 BSB L. I. A. 3,154, S. 1178, 17.12.1847
17 BSB L. I. A. 3,154, S. 947 f., 17.10.1847
18 BSB L. I. A. 3,154, S. 974, 24.10.1847
19 BSB L. I. A. 3,154, S. 991, 30.10.1847
20 BSB L. I. A. 3,154, S. 1704 f., 02.12.1847
21 BSB L. I. A. 3,154, S. 985–987, 20.10. und 29.10.1847; BayHStA GHA 46/6/12, 4, Ludwig an Kriegsminister von der Mark am 03.02.1848
22 Chroust, Französische Gesandtschaftsberichte, S. 314, Bourgoing an Guizot am 03.12.1847
23 BSB L. I. A. 3,154, S. 1720–1730, 04.12.1847
24 BSB L. I. A. 3,154, S. 1726–1730, 04.12.1847
25 BSB L. I. A. 3,154, S. 1730, 04.12.1847
26 BSB L. I. A. 3,154, S. 1731, 05.12.1847
27 BSB L. I. A. 3,154, S. 1726–1731, 04.12. und 05.12.; S. 1130 f., 06.12.1847 (hier springt die Zählung von 1731 auf 1130 zurück)
28 BSB L. I. A. 3,155, S. 63 f., 18.01.1848
29 BSB L. I. A. 39, Akte Peißner, Peißner an Ludwig am 29.12.1849
30 BSB L. I. A. 39, Akte Peißner, Peißner an Ludwig am 05.01.1849
31 BSB L. I. A. 3,155, S. 73 und 84, 20.01. und 23.01.1848
32 BSB L. I. A. 3,155, S. 94 f. und 101, 26.01. und 27.01.1848
33 BSB L. I. A. 3,155, S. 98, 27.01.1848
34 BSB L. I. A. 36, «Begonnen im Monat Januar beendet im Februar 1848», Übersetzung zit. nach Seymour, Lola, S. 227 f.
35 BSB L. I. A. 3,155, S. 135–137, 06.02.1848
36 Z. B. Hummel, Revolution, S. 23–97; Conte Corti, Ludwig, S. 528–560; Gollwitzer, Ludwig, S. 685–720; Seymour, Lola, S. 233–266; Forster, Vor 50 Jahren, S. 18–23; Kurz, Der Anteil; Chroust, Österreichische Gesandtschaftsberichte, S. 518–557; ders., Preußische Gesandtschaftsberichte, S. 360–437; sehr ausführlich und faktografisch Seitz, Die Februar- und Märzunruhen; zur Rolle der Presse Pfundtner, Die politische Presse. Die Darstellung in Montez, Memoiren 2, S. 1615–1641, ist aus anderen Quellen entnommen und wird entsprechend von Lola kommentiert.
37 Wallerstein an Ludwig am 14.02.1848, zit. nach Conte Corti, Ludwig, S. 546 f.
38 BSB L. I. A. 39, Akte Wallerstein, Wallerstein an Ludwig am 12.01.1848
39 Montez, Memoiren 2, S. 1639: Sie habe das Volk in seinem blinden Fanatismus verachtet, schrieb Lola.
40 Montez, Memoiren 2, S. 1628
41 Chroust, Österreichische Gesandtschaftsberichte, S. 523, Die Ereignisse in München 9., 10., 11. Februar 1848

42 Gollwitzer, Ludwig, S. 554
43 Gollwitzer, Ludwig, S. 686
44 Zerback, München, S. 226–234
45 Zerback, München, S. 227
46 Prinz Albert an Karl von Leiningen am 10.02.1848, zit. nach Valentin, Leiningen, S. 61
47 Rauh/Seymour, Briefwechsel, S. 93, Ludwig an Lola am 10.02.1848 und Lola an Ludwig am 10.02.1848
48 Valentin, Geschichte, S. 134 f.
49 BSB L. I. A. 39, Akte Hagemann, Maximilian Hagemann an Ludwig am 18.02.1848
50 Rauh/Seymour, Briefwechsel, S. 98, Ludwig an Lola am 12.02.1848
51 Montez, Memoiren 2, S. 1634
52 Montez, Autobiography, S. 71
53 Rauh/Seymour, Briefwechsel, S. 98, Ludwig an Lola am 12.02.1848
54 BSB L. I. A. 3,155, S. 138–147
55 BSB L. I. A. 3,155, S. 151–159, 09.02. und 10.02.1848
56 BSB L. I. A. 3,155, S. 162 f., 11.02.1848; zum Folgenden S. 164–169
57 Conte Corti, Ludwig, S. 548 f.; Valentin, Geschichte, S. 137
58 BSB L. I. A. 3,155, S. 211, 25.02.1848
59 BayHStA GHA Kabinettskasse L. I. 52/2/7, Karolina Pfanner an Ludwig, undatiert, ausführlicher Bericht über den Aufenthalt in Großhesselohe und die Bemühungen zugunsten Lolas; die Wirtstochter brachte die Sorge zum Ausdruck, dass nun die Besucher das Wirtshaus ihrer Eltern meiden könnten; GHA NL L. I. ARO 35, Schreiben Lolas an Ludwigs Flügeladjutanten Baron Seefried nach ihrer Flucht aus München: Die Canaille habe ihren Tod gewünscht, schrieb sie.
60 BSB L. I. A. 3,155, S. 171 f., 11.02.1848
61 BSB L. I. A. 39, Akte Peißner, Peißner an Ludwig am 05.01.1849
62 Vogt, Das Nachtlager in Blutenburg; BSB L. I. A. 3,155, S. 183, 14.02.1848
63 Rauh/Seymour, Briefwechsel, S. 98 f., Ludwig an Lola am 12.02.1848
64 Montez, Memoiren 2, S. 1611
65 Chroust, Österreichische Gesandtschaftsberichte, S. 531 f., Brenner an Metternich am 14.02.1848
66 Mösslang u. a., British Envoys, Bd. III, S. 356, Milbanke an Palmerston am 11.02.1848
67 Chroust, Preußische Gesandtschaftsberichte, S. 384
68 BSB L. I. A. 3,155, S. 207, 21.02.1848
69 BSB L. I. A. 3,155, S. 173 f., 12.02.1848
70 BSB L. I. A. 3,155, S. 178 und 188, 13.02. und 16.02.1848
71 Seymour, Lola, S. 259
72 Weidner, Lolas Fuß, S. 212–216
73 Rauh/Seymour, Briefwechsel, S. 97–124
74 BSB L. I. A. 3,155, S. 176, 13.02.1848; 38, Ludwig an Mussinan am 19.02.1848
75 Rauh/Seymour, Briefwechsel, S. 266
76 BSB L. I. A. 39, Marie Denker an Ludwig, undatiert, Februar 1848 sowie 25.02.1848
77 BSB L. I. A. 3,155, S. 212, 26.02.1848
78 BSB L. I. A. 3,155, S. 192 f., 17.02.1848
79 BSB L. I. A. 3,155, S. 214, 27.02.1848
80 Chroust, Österreichische Gesandtschaftsberichte, S. 538, Brenner an Metternich am 27.02.1848; Götschmann, Berks, S. 778; als Beispiel für die zeitgenössischen Pamphlete zu Lola: Anonym, Anfang und Ende der Lola Montez; Anonym, Humoreske aus den Februartagen 1848

81 Leiningen an Ludwig am 01.03.1848, zit. nach Valentin, Leiningen, S. 66 f.
82 Götschmann, Berks, S. 780
83 Ludwig an Leiningen am 03.03.1848, zit. nach Valentin, Leiningen, S. 68 f.
84 Leiningen an Ludwig am 03.03.1848, zit. nach Valentin, Leiningen, S. 69 f.; zum Folgenden ebd., S. 71 f., außerdem das Memorandum Steinsdorfs über die Ereignisse in Dirr, Sturmbewegte Zeiten
85 BSB L. I. A. 3,155, S. 235 f., 03.03.1848
86 Zur Bekanntmachung vom 03.03.1848 «Zur Aufrechterhaltung von Ruhe und Ordnung» BayHStA GHA 49/2/38, 4
87 BSB L. I. A. 3,155, S. 237–240, 04.03.1848
88 BSB L. I. A. 3,155, S. 245 f., 06.03.1848
89 BSB L. I. A. 3,155, S. 248, 264, 278, 06.03., 09.03., 13.03.1848; zum Jubel auf der Seite der Bürger Wolf, Geschichtliche Walhalla
90 Montez, Autobiography, S. 73
91 BSB L. I. A. 3,155, S. 255–264, 09.03.1848
92 Rauh/Seymour, Briefwechsel, S. 137 f.
93 Zu dieser Phase differenziert Gollwitzer, Ludwig, S. 706–720
94 BSB L. I. A. 3,155, S. 273 f., 12.03.1848
95 Rauh/Seymour, S. 141–144, Briefe vom 17.–19.03.1848
96 BSB L. I. A. 3,155, S. 283, 286–288, 291, 15., 16., 17.03.1848; Chroust, Österreichische Gesandtschaftsberichte, S. 555, Brenner an die Staatskanzlei in Wien am 18.03.1848; Chroust, Französische Gesandtschaftsberichte, S. 355, Bourgoing an De Lamartine am 17.03.1848
97 BSB L. I. A. 3,207, S. 246 f., 23.03.1861; als nach Lolas Tod Zeitungen behaupteten, ihr seien Indigenat und Gräfinnenwürde aberkannt worden, betonte Ludwig in seinem Tagebuch, sie habe das Indigenat auf seinen Wunsch hin ruhen lassen, aber die Gräfinnenwürde sei davon unberührt gewesen.
98 BSB L. I. A. 3,155, S. 292–294, 17.03.1848; Rauh/Seymour, Briefwechsel, Ludwig an Lola am 17.03.1848; zu Ludwig und Minister Thon-Dittmer: Albrecht, König Ludwig I., zeitgenössisch Sepp, Ludwig Augustus, S. 507 f.
99 Gollwitzer, Ludwig, S. 716 f.
100 BSB L. I. A. 3,156, S. 295–310, 18., 19. 20., 21.03.1848
101 BSB L. I. A. 3,156, S. 553–556, 11.05.1848
102 BSB L. I. A. 36, Notizen Ludwigs vom 29.04.und 04.05.1854 und vom 27.06.1858
103 BSB L. I. A. 3,155, S. 287, 16.03.1848
104 Rauh/Seymour, Briefwechsel, S. 152, Lola an Ludwig aus Frankfurt am 16.03.1848
105 BSB L. I. A. 39, Akte Murray, 90 Seiten Briefe von Murray an Ludwig
106 BSB L. I. A. 39, Akte Peißner, Peißner an Ludwig am 05.01.1849
107 Rauh/Seymour, Briefwechsel, S. 147–150, zwei Briefe von Lola an Ludwig am 12.03.1848; S. 151 f., Lola an Ludwig am 16.03.1848 aus Frankfurt; außerdem ebd., S. 153–155
108 Rauh/Seymour, Briefwechsel, S. 152 f., Ludwig an Lola am 19.03.1848
109 Rauh/Seymour, Briefwechsel, S. 152 f., Ludwig an Lola am 19.03.1848
110 BSB L. I. A. 3,156, S. 311, 22.03.1848
111 BSB L. I. A. 3,156, S. 343 f., 29.03.1848; Rauh/Seymour, Briefwechsel, S. 161 f., Lola an Ludwig am 22.03.1848
112 Rauh/Seymour, Briefwechsel, S. 165, Lola an Ludwig am 23.03.1848
113 Rauh/Seymour, Briefwechsel, S. 168, Ludwig an Lola am 02.04.1848
114 Rauh/Seymour, Briefwechsel, S. 171 und 172, Lola an Ludwig am 02. und 05.04.1848
115 Zur finanziellen Abwicklung der Abdankung BayHStA GHA NL Ludwig I 46/3/6, 5

116 Seymour, Lola, S. 286 f.
117 BSB L. I. A. 39, Akte Peißner, Peißner an Ludwig am 29.12.1848; Rauh/Seymour, Briefwechsel, S. 173 f., Lola an Ludwig am 07. und 16.04.1848
118 BSB L. I. A. 39, Akte Peißner, Peißner an Ludwig am 29.12.1848
119 BayHStA GHA NL Ludwig I 46/3/6, 9
120 BSB L. I. A. 3,156, S. 361, 06.04.1848
121 Zur Haltung des Kronprinzen und dann Königs Max: Sing, Memoiren, S. 81, 91, 130
122 BSB L. I. A. 3,156, S. 373–375, 11.04.1848
123 Karl von Leiningen an Prinz Albert am 08.04.1848, zit. nach Valentin, Leiningen, S. 215
124 BSB L. I. A. 3,156, S. 384 f., 17.04.1848
125 Rauh/Seymour, Briefwechsel, S. 174, Lola an Ludwig am 16.04.1848
126 Seymour, Lola, S. 289
127 Rauh/Seymour, Briefwechsel, S. 176, Lola an Ludwig am 20.04.1848
128 Rauh/Seymour, Briefwechsel, S. 181 f., Lola an Ludwig nach dem 23.04. und am 29.04.1848
129 Deutsche Bundesbank (Hrsg.), Kaufkraftäquivalente; Rauh/Seymour, Briefwechsel, S. 175, Ludwig an Lola am 17.04.1848
130 Rauh/Seymour, Briefwechsel, S. 177, Ludwig an Lola am 23.04.1848; de facto hatte Ludwig die 400 000 Gulden bereits für Lola festgelegt, BSB L. I. A. 3,156, S. 386, 18.04.1848
131 BSB L. I. A. 3,156, S. 424, 29.04., S. 602, 28.05., S. 648, 15.06.1848
132 Rauh/Seymour, Briefwechsel, Lola an Ludwig am 29.04.1848
133 Rauh/Seymour, Briefwechsel, S. 186, Ludwig an Lola am 08.05.1848
134 Rauh/Seymour, Briefwechsel, S. 188, Lola an Ludwig am 09.05.1848
135 Rauh/Seymour, Briefwechsel, S. 190, Lola an Ludwig am 15.05.1848
136 Rauh/Seymour, Briefwechsel, S. 188, Lola an Ludwig am 09.05.1848; zu den Spielschulden BSB L. I. A. 3,156, S. 565, 14.05.1848: «Sie braucht doch gar viel Geld».
137 Rauh/Seymour, Briefwechsel, S. 190 f., Ludwig an Lola am 20.05.1848
138 Rauh/Seymour, Briefwechsel, S. 193, Lola an Ludwig am 23.05.1848
139 Aussagen dieser Art finden sich in fast allen Briefen der folgenden Monate.
140 Rauh/Seymour, Briefwechsel, S. 199, Lola an Ludwig am 08.06.1848
141 BSB L. I. A. 3,157, S. 1142–1144, 25.11.1848
142 Augsburger Allgemeine Zeitung, 28.07.1848
143 BSB L. I. A. 39, Akte Rufenacht, Rufenacht an Ludwig am 08.08.1848
144 BSB L. I. A. 3,157, S. 766, 31.07.1848
145 BSB L. I. A. 3,157, S. 767 f., 01.08.1848
146 Zit. nach Rauh/Seymour, Briefwechsel, S. 216 f.
147 BSB L. I. A. 39, Akte Rufenacht, Rufenacht an Ludwig am 08.08.1848
148 BSB L. I. A. 39, Akte Peißner, Peißner an Ludwig am 29.12.1849
149 BSB L. I. A. 39, Akte Peißner, Peißner an Ludwig am 29.12.1849
150 Seymour, Lola, S. 294
151 Rauh/Seymour, Briefwechsel, S. 234–237 zu Papon
152 BSB L. I. A. 3,156, S. 665 f., 23.06.1848
153 BSB L. I. A. 3,157, S. 698 f., 04.07.1848
154 BSB L. I. A. 3,157, S. 876 f., 14.09.1848
155 Hummel, München, S. 180–183; BSB L. I. A. 3,157, S. 822, 26.08.1848; Bayerischer Landbote, 24.08.1848, S. 1027 f.
156 BSB L. I. A. 3,157, S. 815, 24.08.1848
157 BSB L. I. A. 3,157, S. 879, 16.09.1848

158 BSB L. I. A. 3,157, S. 848, 05.09.1848
159 BSB L. I. A. 3,158, S. 971 f. und 974–976, 05.10. und 06.10.1848; Rauh/Seymour, Briefwechsel, S. 242, Ludwig an Lola am 05.10.1848 über Papons Besuch und Berichte
160 Rauh/Seymour, Briefwechsel, S. 242 f., Ludwig an Lola am 06.10.1848
161 BayHStA GHA NL L. I. 88/4/2, eigenhändige Aufzeichnungen Ludwigs über die Ausgaben für Lola 1847/48; Rauh/Seymour, Briefwechsel, S. 257, Ludwig an Lola am 17.11.1848
162 Deutsche Bundesbank (Hrsg.), Kaufkraftäquivalente historischer Beträge in deutschen Währungen, Januar 2020
163 Rauh/Seymour, Briefwechsel, S. 242, Lola an Ludwig am 02.10.1848
164 Rauh/Seymour, Briefwechsel, S. 248, Lola an Ludwig am 12.10.1848
165 Rauh/Seymour, Briefwechsel, S. 248, Lola an Ludwig am 18.10.1848
166 Rauh/Seymour, Briefwechsel, S. 250, Lola an Ludwig am 20.10.1848
167 Rauh/Seymour, Briefwechsel, S. 236
168 Rauh/Seymour, Briefwechsel, S. 253, Lola an Ludwig am 01.11.1848
169 Rauh/Seymour, Briefwechsel, S. 254, Ludwig an Lola am 05.11.1848
170 Rauh/Seymour, Briefwechsel, S. 255 und 259, Lola an Ludwig am 08.11. und 20.11.1848
171 Rauh/Seymour, Briefwechsel, S. 264 f., Papon an Ludwig am 01.12.1848

8. Der Weg in die Selbständigkeit

1 Seymour, Lola, S. 305; zu ihrer Abreise Rauh/Seymour, Briefwechsel, S. 261 f., Lola an Ludwig am 25.11.1848
2 Rauh/Seymour, Briefwechsel, S. 261, Lola an Ludwig am 25.11.1848
3 Seymour, Lola, S. 302–305; Morton, Lola, S. 147 f.
4 Rauh/Seymour, Briefwechsel, S. 275, Lola an Ludwig am 25.12.1848 aus Paris
5 Wyndham, Magnificent Montez, S. 164; Seymour, Lola, S. 314
6 Als Beispiel dafür Wyndham, Magnificent Montez, S. 161: Dort wird ein englischer Leitartikel zitiert, der Lola als «Bavaria's famous strumpet», «Bayerns berühmte Dirne», bezeichnet.
7 Rauh/Seymour, Briefwechsel, S. 261, Ludwig an Lola am 25.11.1848
8 Rauh/Seymour, Briefwechsel, S. 269 f., Lola an Ludwig am 07.12.1848
9 Rauh/Seymour, Briefwechsel, S. 257, Ludwig an Lola am 02.12.1848
10 Gower, Bygone Years, S. 116 f.
11 Wyndham, Magnificent Montez, S. 164 f.
12 Rauh/Seymour, Briefwechsel, S. 80 f., Lola an Ludwig am 23.09.1847; S. 296, Lola an Ludwig am 20.02.1849; auch in späteren Briefen wird mehrfach auf ihn Bezug genommen.
13 Wyndham, Magnificent Montez, S. 164; Ballantine, Some Experiences, S. 278, schrieb, er habe Lola im Zusammenhang mit ihrem Bigamieprozess kennengelernt, aber das muss nicht stimmen; Ballantine, in: Encyclopaedia Britannica (online)
14 Rauh/Seymour, Briefwechsel, S. 298, Lola an Ludwig am 01.03.1849; Ludwig reagierte in seinem Antwortbrief sehr karg darauf, er glaubte wohl die Geschichte nicht.
15 Rauh/Seymour, Briefwechsel, S. 292, Lola an Ludwig am 11.02.1849; S. 297, Lola an Ludwig am 24.02.1849
16 Horstman, Victorian Divorce, S. 69
17 Morton, Lola, S. 153 f.

18 Brougham, The life and times
19 BSB L. I. A. 39, Akte Peißner, Peißner an Ludwig am 05.01.1849; er tauschte diese Informationen gegen ein Stipendium.
20 Rauh/Seymour, Briefwechsel, S. 292 f., Ludwig an Lola am 15.02.1849 und S. 298, Lola an Ludwig am 01.03.1849
21 BSB L. I. A. 38, Akte Rufenacht, Ludwig an Rufenacht am 20.01.1849
22 Rauh/Seymour, Briefwechsel, S. 370, Gedicht «An Lola»
23 Rauh/Seymour, Briefwechsel, S. 291, Ludwig an Lola am 08.02.1849 und S. 300 f., Ludwig an Lola am 01.03.1849
24 Rauh/Seymour, Briefwechsel, S. 318, Ludwig an Lola am 30.04.1849
25 Rauh/Seymour, Briefwechsel, z. B. S. 289, Brief aus London vom 31.01.1849; Deutsche Bundesbank (Hrsg.) Kaufkraftäquivalente historischer Beträge in deutschen Währungen, Januar 2020
26 Rauh/Seymour, Briefwechsel, S. 282
27 Morton, Lola, S. 151 f.
28 BSB L. I. A. 39, Papon an König Ludwig, 01.12.1838; abgedruckt in Rauh/Seymour, Briefwechsel, S. 264 f.
29 Papon, Lola; die deutsche Ausgabe erschien ebenfalls 1849.
30 Nouvelliste Vaudois, 31.03.1849, S. 1; Journal de Genève, 05.04.1849, S. 3
31 Seymour, Lola, S. 315–317
32 Ein Briefwechsel mit Babouchkine in Genf führte nicht zu dem geplanten Gegenbuch, BSB L. I. A. 39, Babouchkine an Ludwig am 24.02.1849; Babouchkine war Übersetzer einer auf Russisch erschienenen Geschichte Zar Nikolaus' I. von Nikolai Ustrialov ins Französische.
33 Gollwitzer, Ludwig, S. 732–734
34 Morton, Lola, S. 159; Sunday Times, 25.03.1849; so begründete Lola die Versteigerung ihrer Besitztümer.
35 Rauh/Seymour, Briefwechsel, S. 296, Lola an Ludwig am 20.02.1849
36 Seymour, Lola, S. 313; dort auch zum Verkauf des Hauses in der Barer Straße
37 Rauh/Seymour, Briefwechsel, S. 340, Ludwig an Lola am 11.08.1849
38 Morton, Lola, S. 161
39 Rauh/Seymour, Briefwechsel, S. 318, Lola an Ludwig am 26.04.1849, S. 319 am 06.05.1849, S. 321 am 12.05.1849
40 Rauh/Seymour, Briefwechsel, S. 326 f., Lola an Ludwig am 28.06.1849, S. 327, Ludwig an Lola am 01.07. und am 04.07.1849
41 Rauh/Seymour, Briefwechsel, S. 329, Lola an Ludwig am 12.07.1849
42 Rauh/Seymour, Briefwechsel, S. 331 f., 335–340
43 Nach Seymour, Lola, S. 319
44 Rauh/Seymour, Briefwechsel, S. 331 f., Lola an Ludwig am 16.07.1849
45 BSB L. I. A. 39, Akte Cetto, die Korrespondenz zwischen Ludwig und Cetto seit 04.08.1849
46 BSB L. I. A. 39, Akte Cetto, Cetto an Ludwig am 08.08.1849
47 Die Londoner Zeitungen waren voll von Berichten; Daily News, 07.08.1849, zit. nach Rauh, Lola, S. 154 f.; Seymour, Lola, S. 530; Rauh/Seymour, Briefwechsel, S. 343 f. Außerdem BSB L. I. A. 39, Akte Cetto, Cetto an Ludwig im August 1849
48 Daily News, 07.08.1849; eine umfängliche Sammlung von Zeitungsausschnitten dazu in BSB L. I. A. 39, Akte Cetto, Cetto an Ludwig im August 1849
49 Der Prozess in DL/C/1471, Matrimonial Cause: Heald, George Trafford vs James, Eliza Rose Anna falsely calling herself Heald; Morton, Lola, S. 166 f.; Seymour, Lola, S. 326 f.

50 The Times, 14.08.1849
51 The Satirist, 18.08.1849
52 Rauh/Seymour, Briefwechsel, S. 342–344; Horstmann, Victorian Divorce zum Scheidungsrecht; Seymour, Lola, S. 530 zu den Zeitungsartikeln
53 Punch 17 (1849), S. 66, 70, 75
54 Journal des Débats, 08.08.1849, 12.09.1849
55 Assemblée Nationale, 24.10.1849, nach: Rauh/Seymour, Briefwechsel, S. 347
56 BSB L. I. A. 39, Akte Cetto, Cetto an Ludwig im August 1848, Zeitungsausschnitt zur Ankunft von Mr und Mrs Heald in Neapel, Rushton Green, 28.08.1849
57 The Times, 08.09.1849
58 The Times, 13.09.1849; zu Vorladung und Kaution DL/C/1471
59 Rauh/Seymour, Briefwechsel, S. 344–346, Lola an Ludwig am 15.09.1849
60 Rauh/Seymour, Briefwechsel, S. 346, Ludwig an Lola am 19.09.1849
61 Rauh/Seymour, Briefwechsel, S. 348, Lola an Ludwig am 16.11.1849
62 Seymour, Lola, S. 331
63 The Times, 18.10.1849
64 Rauh/Seymour, Briefwechsel, S. 348, Lola an Ludwig am 16.11.1849
65 De Marguerittes, The Ins and Outs; eine vernichtende Rezension in The Athenaeum, 20.10.1855, S. 1206 f. entlarvt die Story als zusammengestohlenen Unsinn.
66 The Times, 24.10.1849; Assemblée Nationale, 24.10.1849
67 The Times, 29. und 30.10.1849
68 The Times, 18.12.1849
69 Rauh/Seymour, Briefwechsel, S. 351, Lola an Ludwig am 31.12.1849; die Zeitungen kommentierten das entsprechend ironisch, Morton, Lola, S. 173
70 Rauh/Seymour, Briefwechsel, S. 350, Ludwig an Lola am 23.12.1849
71 The Times, 12.02.1850
72 DL/C/1471, Vorladung zugestellt am 14.02.1850 in Boulogne
73 Morton, Lola, S. 173, 177
74 Rauh/Seymour, Briefwechsel, S. 358 f., Lola an Ludwig am 26.06.1850
75 Rauh/Seymour, Briefwechsel, S. 358, Ludwig an Lola am 09.06.1850
76 BSB L. I. A. 39, Akte Wendland, Wendland an Ludwig am 05.06.1850. BayHStA GHA NL Wendland 50/I
77 BSB L. I. A. 39, Akte Wendland, Wendland an Ludwig am 03.07.1850
78 BSB L. I. A. 39, Akte Wendland, Wendland an Ludwig am 18.11.1850; zu den Auseinandersetzungen um nicht bezahlte Bilder u. a. The Times, 02.08.1850
79 DL/C/1471
80 The Times, 16.08.1850
81 Nach Morton, Lola, S. 176–181, bes. S. 180; dort sind Teile der Briefe von Georges Duncan an seine Frau abgedruckt.
82 BSB L. I. A. 39, Akte Wendland, Wendland an Ludwig am 18.10.1850
83 Nach Morton, Lola, S. 181; Rauh/Seymour, Briefwechsel, S. 360, Lola an Ludwig am 27.10.1850
84 BSB L. I. A. 39, Akte Wendland, Wendland an Ludwig am 08.12.1850
85 Der Vorwurf, sie werde ihren Dienstboten gegenüber ausfallend, findet sich immer wieder, so auch in BSB L. I. A. 39, Akte Wendland, Polizeibericht als Beilage zum Bericht Wendlands an Ludwig vom 08.12.1850
86 Morton, Lola, S. 186 f.
87 BSB L. I. A. 39, Akte Wendland, französischer Bericht als Beilage zu dem Schreiben von Wendland an Ludwig vom 08.12.1850; zu Michel de Corail, seiner Vorgeschichte und seiner Biografie gibt es keine belastbaren Informationen.

88 New York Herald, 23.12.1850
89 BSB L. I. A. 39, Akte Wendland, Wendland an Ludwig am 21.12.1850
90 Morton, Lola, S. 182–184, unter Bezug auf New York Herald, 21.10.1850
91 BSB L. I. A. 39, Akte Wendland, Wendland an Ludwig am 05.01.1851
92 BSB L. I. A. 39, Akte Wendland, Wendland an Ludwig am 18.01.1851; BayStA GHA NL Wendland 50/I, Ludwig an Wendland am 24.01.1851
93 Erdmann, Lola
94 BayHStA GHA NL Wendland 50/I, Ludwig an Wendland am 12.03.1851; er hatte von Lola anderes gehört und glaubte immer noch daran.
95 Rauh, Lola, S. 148–152
96 BSB L. I. A. 39, Akte Wendland, Wendland an Ludwig am 08.01.1851
97 BSB L. I. A. 39, Akte Wendland, Wendland an Ludwig am 08.02.1851
98 BSB L. I. A. 39, Akte Wendland, Wendland an Ludwig am 10.03.1851
99 BSB L. I. A. 39, Akte Wendland, Wendland an Ludwig am 24.03.1851
100 Rauh/Seymour, Briefwechsel, S. 366 f., Lola an Ludwig am 26.03.1851
101 BSB L. I. A. 37, undatiert
102 Dies und das Folgende nach Seymour, Lola, S. 346 f.
103 New York Herald, 30.12.1851, S. 4
104 Rauh/Seymour, Briefwechsel, S. 367, Gedicht auf Französisch von Lola
105 L'Indépendance Belge, 20.09.1851; BSB L. I. A. 39, Akte Wendland, Wendland an Ludwig am 30.09.1851
106 Seymour, Lola, S. 349
107 BSB L. I. A. 39, Akte Wendland, Wendland an Ludwig am 28.01.1852; The Times, 24.11.1851
108 Seymour, Lola, S. 348, 250
109 Day, Lola Montez and her American Image, S. 339
110 Morton, Lola, S. 201 f.
111 Zit. nach Rauh, Lola, S. 164
112 Odell, Annals of the New York Stage, S. 115 f., beschreibt diese Auftritte als misslungen, sie habe nicht überzeugen können.
113 Seymour, Lola, S. 357; Maretzek, Revelations of an Opera Manager, S. 181–193, behauptet, sie hätte in den USA keinen Erfolg gehabt, was nicht stimmen kann; er wiederholt dazu alle Vorurteile der Alten Welt mit Bezug auf Lola.
114 BSB L. I. A. 39, Akte Wendland, Wendland an Ludwig am 22.03.1852 mit beigelegten Zeitungsausschnitten; zu den Skandalen Morton, Lola, S. 203–211
115 New York Herald, 15.01.1852; Übersetzung nach Seymour, Lola, S. 357–359
116 Seymour, Lola, S. 359
117 Morton, Lola, S. 210 f.
118 Seymour, Lola, S. 360
119 Morton, Lola, S. 211
120 BSB L. I. A. 39, Akte Wendland, Wendland an Ludwig am 28.05.1852, Beilage eines Zeitungsausschnitts
121 BSB L. I. A. 39, Akte Wendland, Anlagen zu Wendland an Ludwig am 03.06.1852
122 Als Beispiel Blake, Providence Stage, S. 256
123 Montez, Autobiography, S. 77
124 Zu den Briefwechseln Helbich (Hrsg.), Briefe aus Amerika
125 Nadel, Leben in der neuen Heimat, S. 69
126 BSB L. I. A. 39, Akte Wendland, Wendland an Ludwig am 14.05.1852, Beilage eines Zeitungsausschnitts, in dem berichtet wird, dass Lola mit Charles Ware eine Vereinbarung zu einer «Komödie über ihr Leben» getroffen habe; The Times, 27.04.1852,

Ware wird hier als der Sohn der bekannten Schauspielerin Mrs Ware aus Neuengland bezeichnet.

127 Odell, Annals of the New York Stage, S. 119; Seymour, Lola, S. 360 f.
128 GHA NL Wendland 50/I, Ludwig an Wendland am 14.06.1852
129 BSB L. I. A. 39, Akte Wendland, Wendland an Ludwig am 25.08.1852, Beilage von Zeitungsausschnitten über «Lola Montez in Bavaria», in denen Lola gut in ihrer Rolle beschrieben wird.
130 Seymour, Lola, S. 365–367, sowie Seymour, «What I did in the Revolution», S. 94–96, danach die folgenden Ausführungen
131 Odell, Annals of the New York Stage, S. 119
132 Seymour, Lola, S. 366 f.
133 Nach Seymour, Lola, S. 368
134 BSB L. I. A. 39, Akte Wendland, Wendland an Ludwig am 25.08.1852, Beilage eines amerikanischen Zeitungsausschnitts ohne Herkunftsangabe
135 Odell, Annals of the New York Stage, S. 138 f.
136 BSB L. I. A. 39, Akte Wendland, Wendland an Ludwig am 25.08.1852, Beilage eines amerikanischen Zeitungsausschnitts ohne Herkunftsangabe
137 Seymour, Lola, S. 375–379 zu New Orleans
138 Morton, Lola, S. 225
139 BSB L. I. A. 39, Akte Wendland, Wendland an Ludwig, Brief angekommen am 31.01.1853
140 BSB L. I. A. 39, Akte Wendland, Wendland an Ludwig am 01.04.1853
141 Nach Seymour, Lola, S. 380
142 Seymour, Lola, S. 382
143 Morton, Lola, S. 220 f., 226–233
144 Seymour, Lola, S. 384
145 Zum Folgenden Rauh, Lola, S. 170; Seymour, Lola, S. 386
146 Zu dem Zitat, das Lola hier kommentiert, Mary Seacole, The Adventures, S. 40 f.
147 Montez, Autobiography, S. 79 f.
148 Foley, Divine Eccentric, S. 15 f., dort auch viele Informationen zum Folgenden sowie etliche Zeitungsartikel zu ihrem Debut in San Francisco, S. 23–27; Varley, Lola Montez, S. 95–136, zu San Francisco
149 Gagey, San Francisco Stage, S. 43
150 The Daily Herald, 16.06.1853, zit. nach Foley, Divine Eccentric, S. 36, weitere Meldungen ebd., S. 31 f.
151 Hauser, Wanderbuch, S. 42; Gagey, San Francisco Stage, S. 45; zu ihrer Zeit in Kalifornien auch Neville, The Fantastic City, S. 52–54
152 Hauser, Wanderbuch, S. 41 f.
153 Hauser, Wanderbuch, S. 43
154 Gagey, San Francisco Stage, S. 45 f.; Foley, Divine Eccentric, S. 37–44 mit Zeitungsmeldungen
155 Dieser Titel wurde in den USA für geprüfte Juristen verwendet, zu denen Hull gehörte.
156 The Golden Era, 03.07.1853, zit. nach Foley, Divine Eccentric, S. 46 f.
157 Foley, Divine Eccentric, S. 45–47
158 Hauser, Wanderbuch, S. 45
159 Hauser, Wanderbuch, S. 47–50
160 Hauser, Wanderbuch, S. 51
161 Zit. nach Seymour, Lola, S. 396 f.
162 Foley, Divine Eccentric, S. 56

163 Zum Auftritt in Nevada: Nevada Journal, 29.07.1853, zit. nach Foley, Divine Eccentric, S. 71
164 The Golden Era, 10.12.1853, zit. nach Foley, Divine Eccentric, S. 57
165 Morton, Lola, S. 251
166 Foley, Divine Eccentric, S. 84 f.
167 Morton, Lola, S. 250
168 Foley, Divine Eccentric, S. 63
169 Seymour, Lola, S. 400
170 BSB L. I. A. 39, Akte Wendland, Wendland an Ludwig am 01.04.1854; aus den beigelegten Zeitungsartikeln erfuhr Ludwig von der dritten Heirat und gleich auch von der Trennung.
171 Hauser, Wanderbuch, S. 65 f., berichtet, Lola habe die Scheidung eingereicht.
172 The Golden Era, 06.11.1853, zit. nach Foley, Divine Eccentric, S. 107
173 Seymour, Lola, S. 400
174 Nevada Journal, 25.08.1854, zit. nach Foley, Divine Eccentric, S. 113; insgesamt ebd., S. 112–116; alle Biografen beziehen sich auf die Quellen bei Foley, Divine Eccentric.
175 Nach Morton, Lola, S. 258
176 Zit. nach Seymour, Lola, S. 401
177 Etliche wurden auch, wie üblich, von der Presse erfunden, die nach wie vor Interesse an Lola hatte; vgl. Bayerisches Volksblatt 1855, S. 337; Nürnberger Friedens- und Kriegskurier 1855: Dort ging es um ihre angebliche Beziehung zu einem «Yankee», der mit ihr nach Europa zurückkehren wolle.
178 Nevada Journal, 20.01.1854, zit. nach Foley, Divine Eccentric, S. 118 f.
179 Foley, Divine Eccentric, S. 121–127
180 BSB L. I. A. 39, Akte Wendland, Wendland an Ludwig am 29.12.1857, Beilage des Artikels ohne Herkunftsangabe
181 Alta California, 01.12.1854, nach Foley, Divine Eccentric, S. 141. Lucy Stone war eine US-amerikanische Reformerin, Frauenrechtlerin, Abolitionistin und Publizistin; dazu Stone Blackwell, Lucy Stone.
182 Yankee Sullivan war ein amerikanischer Bare-Knuckle-Schwergewichtschampion.
183 Daily Evening News, 24.11.1854, zit. nach Foley, Divine Eccentric, S. 140–143
184 Ein Hinweis darauf in Fränkischer Kurier, 22.02.1855
185 Zu der Bewegung und den Treffen Baker, Sisters

9. Theaterunternehmerin und Vortragsreisende

1 Seymour, Lola, S. 409–411
2 Morton, Lola, S. 260
3 The Golden Era, 03.06.1855, zit. nach Foley, Divine Eccentic, S. 150 f.
4 Foley, Divine Eccentric, S. 149 f.
5 Morton, Lola, S. 260 f.
6 The Golden Era, 10.06.1855, zit. nach Foley, Divine Eccentric, S. 152
7 Die Meldung ihrer Ankunft in: Empire (Sydney), 24.08.1855, S. 4; Love, The Australian Stage, S. 56, erwähnt ihren Besuch in Australien nur nebenbei. Ausführlich Australian Dictionary of Biography, Lola Montez
8 McCarthy, Lola Montez Down Under, S. 88
9 Bell's Life in Sydney, 01.09.1855, S. 3
10 Australian Dictionary of Biography, Caroline Dexter

11 Bell's Life in Sydney, 01.09.1855, S. 2
12 So der Bericht bei Morton, Lola, S. 265
13 Die Meldung, dass Lola «Lola Montez in Bavaria» aufführen wird, in: Courier (Hobart), 24.08.1855, S. 2; Empire (Sydney), 24.08.1855, S. 4; eine Kritik in Bell's Life in Sydney, 25.08.1855, S. 2
14 The Argus, Melbourne, 17.09.1855, S. 6, Leserbrief von Folland
15 McCarthy, Lola Montez Down Under, S. 90; The Argus, Melbourne, 17.09.1855, S. 6, Leserbrief von Folland, auch mit Bestätigung der vorher gemachten Vergleichsangebote
16 McCarthy, Lola Montez Down Under, S. 89
17 Sydney Morning Herald, 14.09.1855, S. 5, Bericht des Gerichtsvollziehers Brown; Seymour, Lola, S. 416–418
18 Der Artikel des Argus ist abgedruckt in McCarthy, Lola Montez Down Under, S. 89, Erklärung von Lolas Anwälten, The Argus, Melbourne, 17.09.1855, S. 6, Leserbrief von Folland
19 Zu Browns Darstellung Sydney Morning Herald, 14.09.1855, S. 5; McCarthy, Lola Montez Down Under, S. 89, Erklärung von Lolas Anwälten
20 McCarthy, Lola Montez Down Under, S. 89 f., Erklärung von Lolas Anwälten
21 Sydney Morning Herald, 14.09.1855, S. 5, Bericht des Gerichtsvollziehers Brown
22 Sydney Morning Herald, 11.09.1855, S. 5
23 McCarthy, Lola Montez Down Under, S. 89
24 Pask, Enter the Colonies Dancing, S. 34
25 Pask, Enter the Colonies Dancing, S. 33, 35; Seymour, Lola, S. 419
26 Herald, Melbourne, 21.09.1855, S. 6; McCarthy, Lola Montez Down Under, S. 91
27 Herald, Melbourne, 03.11.1855, S. 5, zit. nach Seymour, Lola, S. 422
28 Seymour, Lola, S. 425
29 Morton, Lola, S. 274 f.
30 Nach Seymour, Lola, S. 428 f.
31 Morton, Lola, S. 274–277
32 Pask, Enter the Colonies Dancing, S. 37
33 Bell's Life in Sydney, 04.10.1856, S. 2
34 Golden Era, 02.08.1856, S. 4
35 Sacramento Union, 14.08.1856, zit. nach Seymour, Lola, S. 436
36 The Golden Era, 19.10.1856; Daily Evening Bulletin, 17.10.1856, zit. nach Foley, Divine Eccentric, S. 174
37 Der Versteigerer war der Onkel der später berühmten Tänzerin Isadora Duncan.
38 San Francisco Daily Evening Bulletin, 01.09.1856 und 08.09.1856, zit. nach Foley, Divine Eccentric, S. 171
39 San Francisco Daily Evening Bulletin, 08.09.1856
40 Seymour, Lola, S. 439
41 DL/C/1471 zu dem Bigamieverfahren
42 Seymour, Lola, S. 445
43 Seymour, Lola, S. 440
44 Morton, Lola, S. 288 f.
45 Zit. nach Seymour, Lola, S. 464
46 Montez, Lectures; Seymour, Lola, S. 446
47 BSB L. I. A. 39, Akte Wendland, nicht näher bestimmte Zeitungsausschnitte als Beilage zu einem nicht datierten Brief Wendlands an Ludwig
48 Montez, The Arts of Beauty
49 Montez, Lectures, S. 83–123

50 The Times, 12.08.1857
51 Montez, Lectures, S. 265–292
52 BSB L. I. A. 39, Akte Wendland, nicht näher bestimmte Zeitungsausschnitte als Beilage zu einem nicht datierten Brief Wendlands an Ludwig
53 BSB L. I. A. 39, Akte Wendland, Zeitungsausschnitt vom 27.08.1858 als Beilage zu einem nicht datierten Brief Wendlands an Ludwig
54 Daily Argus, Montreal, 29.08.1857, zit. nach Seymour, Lola, S. 450
55 Montez, Lectures, S. 171–206
56 Philadelphia Press, 16.11.1857, S. 2, zit. nach Seymour, Lola, S. 452; BSB L. I. A. 39, Akte Wendland, Zeitungsausschnitt als Beilage zu einem nicht datierten Brief Wendlands an Ludwig
57 Montez, Lectures, Gallantry, S. 162–166
58 Montez, Lectures, S. 174–205
59 The Times, 28.12.1857 zu Lolas Ankunft in Le Havre
60 Seymour, Lola, S. 455
61 BSB L. I. A. 39, Akte Wendland, Zeitungsausschnitte zu dem Prozess als Beilage zu einem nicht datierten Brief Wendlands an Ludwig; ausführlich in The Times, 12.03.1858
62 Selbst Seymour, Lola, S. 474, schließt sich der Meinung an, das Lügen sei einer ihrer «Wesenszüge» gewesen, eine «Charakterschwäche».
63 Leland, Memoirs, S. 161
64 New York Herald, 04.11.1858, S. 4
65 Z. B. Montez, L'arte della bellezza; dies., Die Kunst der Schönheit. Das Bändchen Montez, Anecdotes of Love, das folgte, war nur eine Kompilation aus historischen Geschichten, die vermutlich nicht von ihr selbst zusammengestellt wurden.
66 Zit. nach Seymour, Lola, S. 467
67 Alles nach Seymour, Lola, S. 469–472, der die Manuskripte der Vorträge in der Harvard Theatre Collection eingesehen hat.
68 Evening Journal, 07./08.04.1859, S. 5, zit. nach Seymour, S. 475
69 Ansbacher Morgenblatt, 14.10.1859, S. 959: «Mittlerweile ist Lola Montez auf dem Rückweg nach Amerika und zwar an Bord der ‹Hammonia›.» Würzburger Anzeiger, 10.10.1859
70 New York Tribune, 30.01.1861, S. 7
71 Dyer, Penitent, S. 20–28; Seymour, Lola, S. 477 f., hält die Einträge für authentisch; ich bin hingegen sehr skeptisch.
72 Seymour, Lola, S. 473 f., zitiert einen Brief vom 04.04.1859 aus London an eine nicht näher zuzuordnende Laura Cornelia Mitchell in New York; hier finden sich ebenfalls religiöse Bekenntnisse.
73 Monacensia Literaturarchiv Montez, Lola, Nr. 2, Lola aus Cleveland, Ohio, an ihre Freundin Camille, 11.01.1860; Seymour vermutet, es habe sich um Mrs Helen Osborne in London gehandelt, dazu Seymour, Persons associated with Lola Montez
74 Protestant Episcopal Society for the Promotion of Evangelical Knowledge, URL: http://worldcat.org/identities/lccn-n85387603/ (05.05.2020)
75 Zit. nach Morton, Lola, S. 307
76 Casha, The story behind the photograph, S. 2
77 Seymour, Lola, S. 482, nach einem Brief an ihre Freundin Maria Buchanan
78 BSB Autograph Montez, Lola, Generalvollmacht von Lola Montez für Isaac Buchanan von 1860
79 Zu den verschiedenen widersprüchlichen und verwirrenden Versionen, die über ihre letzten Lebensmonate im Umlauf waren, Morton, Lola, S. 316–325

80 Rogers, A Hundred Years, S. 78; Seymour, Lola, S. 485
81 Deyer, Penitent, S. 35, Bericht von Hawks
82 Literaturarchiv Monacensia Montez, Lola, Nr. 2, Lola an Camille, Cleveland, 11.01.1860
83 BSB L. I. A. 39, Akte Wendland, Zeitungsausschnitt zu Lolas Tod als Beilage zu einem Brief Wendlands an Ludwig vom 15.02.1861
84 Dyer, Penitent, S. 40
85 BSB L. I. A. 39, Akte Wendland, Zeitungsausschnitt zu Lolas Tod als Beilage zu einem Brief Wendlands an Ludwig vom 15.02.1861
86 BSB L. I. A. 39, Akte Buchanan, Maria Buchanan an Ludwig, 16.03.1861
87 BSB L. I. A. 39, Akte Buchanan, Maria Buchanan an Ludwig, April 1861; Seymour, Lola, S. 491 und 547, dort die Angabe zu Ludwigs Brief vom 09.04.1861
88 BSB L. I. A. 3,207, S. 249 f., 24.03.1861

10. Nachleben

1 Morton, Lola, S. 332–334, dort alle angeblichen Kinder mit Namen und Schicksal
2 Bülow, Melusine; Grillparzer, Jüdin von Toledo. Allein im OPAC der Bayerischen Staatsbibliothek finden sich 143 Lola-Montez-Titel, darunter viele Romane.
3 Ruederer, Die Morgenröthe; Engelmann, Öffentlichkeit und Zensur, S. 271 f.
4 Wedekind, Lulu
5 Laurel & Hardy, Way out West, Spielfilm, 1937
6 Lola Montez, 1918, Regie Heymann; Lola Montez, die Tänzerin des Königs, 1922, Regie Wolff; Lola Montez (Lola Montès), 1955, Regie Ophüls; Saint-Laurent, La vie extraordinaire
7 Künneke (Musik), Brieger/Graff (Text), Zauberin Lola, Operette; Massine, Bacchanale, Ballett, 1939; Caton, Lola Montez, Ballett; Kreuder (Musik), Pacher (Libretto), Lola Montez, 1972 sowie erneut 2012/13; zu weiteren Produktionen Morton, Lola, S. 336 f.
8 Mann, Professor Unrat oder Das Ende eines Tyrannen; von Sternberg (Regie), Der blaue Engel, Spielfilm, 1930

DANKSAGUNG

Eine Lola-Montez-Biografie führt durch vier Kontinente, in königliche Residenzen wie in den Wilden Westen, durch große Höhen und manchmal in Abgründe. Dr. Stefan von der Lahr vom Verlag C.H.Beck, dem Anreger des Buches, ist es zu danken, dass ich mich auf dieses in vielen Farben schillernde Thema einließ. Die zentrale neue Quelle für die Beziehung zwischen Lola Montez und Ludwig I. sind die Tagebücher des Königs, deren Verwendung mir großzügig Herzog Franz von Bayern ermöglichte, dem dafür sehr zu danken ist. Dies war ein wichtiger Schritt, um ein neues Licht auf dieses viel besprochene und oft missinterpretierte Liebesverhältnis zu werfen. Vor allem Dr. Sigrid von Moisy, der ehemaligen Leiterin der Handschriftenabteilung der Bayerischen Staatsbibliothek, ist sehr dafür zu danken, dass ich damit tatsächlich auch arbeiten konnte, obwohl die Corona-Pandemie zu umfänglichen Bibliotheksschließungen führte: Sie stellte mir ihre Transkriptionen der Tagebücher digital zur Verfügung und prüfte dann noch einmal sorgfältig alle meine Zitate. Unterstützung kam überdies von der Konferenz der Bayerischen Landeshistoriker, von Dr. Gerhard Immler vom Geheimen Hausarchiv, von Dr. Christoph Bachmann vom Staatsarchiv München und Oberbayern. Ihnen sowie Dr. Claudia Fabian von der Bayerischen Staatsbibliothek, deren Entgegenkommen ich die Nutzung weiterer Materialien aus dem Ludwig-I.-Archiv verdanke, ist hier stellvertretend für alle anderen hilfreichen Archivar*innen und Bibliothekar*innen zu danken. Bei der spannenden Enträtselung des Phänomens Lola Montez half mir Dr. Michael Kletter, dem ich dafür sehr dankbar bin.

Dank gilt dann auch meinen geduldigen Lehrstuhlmitarbeiter*innen Greta Schlenker, Dominik Wiedemann, Hayati Can Kasli, Benjamin Traber, Isabel Finsterer und Lisa Findl, die über Monate Bücher bestellten und kopierten, schwer lesbare Texte transkribierten, Bibliografien und Register erstellten. Zu guter Letzt danke ich meinem Mann Erich Kasberger für geduldiges Zuhören, intensive Diskussionen, kritisches Lesen und gutes Kochen.

Im Mai 2020 Marita Krauss

BILDNACHWEIS

S. 9, 141, 167, 195, 202, 239, 244: akg-images | *S. 15:* https://commons.wikimedia.org/wiki/File:Jules_Laure_-_Portrait_of_Lola_Montez,_1845.jpg | *S. 23:* https://en.wikipedia.org/wiki/Jasper_Nicolls#/media/File:Sir_Jasper_Nicolls.jpg | *S. 25:* © Look and Learn/Bridgeman Images | *S. 38* https://commons.wikimedia.org/wiki/File:Annotated_drawing_of_%27Larkins_East_Indiaman,_April_27th_(Thursday)_1843%27_RMG_PY3776.tiff | *S. 46*: The New York Library Digital Collections, https://digitalcollections.nypl.org/items/e85bdbb0-8cc2-0134-3629-00505686a51c | *S. 47:* The Stapleton Collection/Bridgeman Images | *S. 61:* https://commons.wikimedia.org/wiki/File:CHODZKO(1839)_p349_GRAND_THEATRE_NATIONAL,_A_WARSOVIE.jpg | *S. 68:* https://commons.wikimedia.org/wiki/File:Salle_Le_Peletier_during_a_performance_of_%27Robert_le_diable%27_-_Fontaine_2004_p74.jpg | *S. 69, 111, 147:* Münchner Stadtmuseum, Sammlung Graphik/Gemälde (G-MII-1067; G-MII-1259, (SL-89-7)) | *S. 79*: bpk | *S. 80:* The New York Library Digital Collection https://digitalcollections.nypl.org/items/e874da60-8cc2-0134-5179-00505686a51c | *S. 93, 117, 146, 214:* Bayerische Staatsbibliothek München | *S. 101:* https://de.wikipedia.org/wiki/Therese_von_Sachsen-Hildburghausen#/media/Datei:Egloffstein theresebayern.JPG | *S. 124:* Münchner Stadtmuseum, Sammlung Fotografie (FM-85-101-9) | *S. 129, 133, 157, 198, 228:* Aus Eduard Fuchs, Ein vormärzliches Tanzidyll. Lola Montes in der Karikatur, Berlin 1904, S. 89, Abb. 45; Abb. 15, S. 32; Doppelseite nach S. 4; S. 105, Abb. 105; S. 129 | *S. 176*: bpk/Bayerische Staatsbibliothek | *S. 243, 282:* http://www.costumecocktail.com/2016/01/20/alights-on-a-cloud-cheyenne-chief-185152/; lola-montez-ca-1858 | *S. 258:* https://www.atlasobscura.com/places/home-of-lola-montez | *S. 266 f.:* State Library of South Australia, Adelaide (B-9422.2/3/12), mit freundlicher Genehmigung | *S. 269*: Aus James Morton, Lola Montez. Her Life and Conquests, London 2007 – Hans Tasiemka Archives | *S. 274:* National Portrait Gallery, Smithsonian, Washington; gift of Mr. and Mrs. Dudley Emerson Lyons, https://npg.si.edu/object/npg_S_NPG.85.240 | *S. 284:* The Era, 6.5.1859 | *S. 287:* Archives Charmet/Bridgeman Images | *S. 289:* Archiv Autorin.

BIBLIOGRAFIE

Ungedruckte Quellen

British Library (London)
India Office Records and Private Papers, Papers of Lt-Gen Sir Jasper Nicolls, Mss Eur F175.

Diocese of London/Court Records: Consistory Court of London
1152: Matrimonial Cause; James, Thomas and Eliza Rose Ann (DL/C/1152).
1471: Matrimonial Cause: Heald, George Trafford vs James, Eliza Rose Anna falsely calling herself Heald (DL/C/1471).

Bayerisches Hauptstaatsarchiv (BayHStA)
Gesandtschaft Karlsruhe
Gesandtschaft London

Ministerium des Innern (MInn)

Staatsrat
Intendanz Hoftheater

Nachlass (NL) Arco-Zinneberg
Nachlass (NL) Armannsperg
Nachlass (NL) Kleinschrod
Familienarchiv (FA) Leuchtenberg
Familienarchiv (FA) Pechmann
Nachlass (NL) von der Pfordten
Nachlass (NL) Zenetti

Geheimes Hausarchiv (GHA)
Nachlass (NL) Ludwig I.
Nachlass (NL) Lola Montez
Nachlass (NL) Luitpold von Bayern
Nachlass (NL) August von Wendland
Kabinettskassenverwaltung Ludwigs I. (Kabinettskasse L. I.)

Staatsarchiv München (STAM)
Regierungsakten (RA)

Bayerische Staatsbibliothek (BSB)
Codices germanici monacenses (Cgm)
Klenzeana
Ludwig I. Archiv (L. I. A.)
Autograph Montez, Lola

Monacensia Literaturarchiv
Montez, Lola, Nr. 2

Monacensia Bibliothek
Anonym: Lola Montez in München, masch. Manuskript, o. O. o. J. (Monacensia 4 Mon 2660).

Privatarchiv Marie von Miller-Moll
Miller, Ferdinand: Erinnerungen, masch. Manuskript.

The Bancroft Library, University of California, Berkeley, Bruce Seymour collection of Lola Montez
Seymour, Bruce: Persons associated with Lola Montez, URL: www.zpub.com/sf/history/lola/lm-Persons.doc (04.01.2020).
Seymour, Bruce: Annotated Bibliography On Lola Montez, URL: http://www.zpub.com/sf/history/lola/crit.bibliog.doc (20.04.2020).

Spielfilme, Ballett- und Theaterproduktionen

Caton, Edward: Lola Montez, Ballett, 1946
Coyne, Stirling Joseph: Lola Montes, or: A countess for an hour (später als: Pas de Fascination, or, Catching a governor), Theaterstück, London 1848 und folgende
Der blaue Engel, Spielfilm, 1930, Regie Josef von Sternberg
Grillparzer, Franz: Die Jüdin von Toledo, 1851
Kreuder, Peter (Musik), Pacher, Maurus (Libretto): Lola Montez. «Dramma per musica», Musical, 1972
Künneke, Eduard (Musik), Brieger, Alfred/Graff, Sigmund (Text): Zauberin Lola, Operette, Uraufführung Dortmund 1937
Laurel & Hardy: Way out West (Zwei ritten nach Texas), Spielfilm, 1937
Lola Montez, Spielfilm, 1919, Regie Robert Heymann
Lola Montez, die Tänzerin des Königs, Spielfilm, 1922, Regie Willi Wolff
Lola Montez (Lola Montès), Spielfilm, 1955, Regie Max Ophüls
Massine, Léonide: Bacchanale, Ballett, 1939
Wedekind, Frank/Berg, Alban: Lulu, Oper, Uraufführung Paris 1979

Gedruckte Quellen

Anonym: Anfang und Ende der Lola Montez in Bayern. Wahrheitsgetreue Schilderung der Zeit vom Oktober 1846 bis Februar 1848, München 1848.
Anonym: Aus den Tagen der Lola Montez, in: Neue Deutsche Rundschau XII, 3,4 (1901), S. 914–944.
Anonym: Beherrscher eines Kleinstaates, in: Gartenlaube 38 (1866), S. 591–595.
Anonym: Humoreske aus den Februartagen 1848. Mit einem Titelkupfer, in: Münchener Fliegenblätter, Leipzig 1848.
Anonym: Lola Montez. Abenteuer der berühmten Tänzerin. Von ihr selbst erzählt, Leipzig 1847.
Anonym: Lola Montès, Aventures de la célèbre danseuse racontées par elle-même, avec son portrait et un fac-simile de son écriture, Paris 1847.
Audebrand, Philibert: Derniers Jours de la Bohème. Souvenirs de la vie littéraire, Paris 1905.
Austen, Jane: Mansfield Park, London 1814.
Dies.: Pride and Prejudice, London 1813.
Bachmann, Karl: Die Volksbewegung 1848/49 im Allgäu und ihre Vorläufer, Erlangen 1954.
Baker, Jean H.: Sisters. The lives of America's suffragists, New York 2005.
Ballantine, William: Some Experiences of a Barrister's Life, London 1890.
Bauer, Reinhard/Münchhoff, Ursula (Hrsg.): Lauter gemähte Wiesen für die Reaktion. Die erste Hälfte des 19. Jahrhunderts in den Tagebüchern von Johann Andreas Schmeller, München/Zürich 1990.
Berlioz, Hector: Les soirées de l'orchestra, Paris 1852.
Bernhard, Gustav: Die Gräfin Landsfeld weiland Lola Montez und die Münchner Studenten, Leipzig 1848.
Beyer, L. (Pseud.): Glorreiches Leben und Taten der edelen Sennora Dolores, Leipzig 1847.
Blake, Charles: An historical account of the Providence stage. Being a paper read before the Rhode Island Historcial Society, October 25th, 1860, Providence 1868.
Boisserée, Sulpiz: Briefwechsel/Tagebücher Bd. 1, Göttingen 1970.
Bridges Adams, William (Pseud. Junius Redivivus): On the condition of women in England, in: Monthly Repository VII (1833), S. 217–231.
Brontë, Charlotte (Pseud. Currer Bell): Jane Eyre. Roman, London 1847.
Brougham and Vaux, Henry: The life and times of Henry Lord Brougham, Edinburgh 1871.
Bülow, Eduard von: Die Neueste Melusine, in: Novellen, Bd. 1, Stuttgart/Tübingen 1846, S. 279–328.
Chorley, Henry Fothergill: Modern German Music (1854), Nachdruck New York 1973.
Ders.: Thirty years' musical recollections, Bd. I., London 1862.
Chroust, Anton (Hrsg.): Gesandtschaftsberichte aus München 1814–1848.
– Abteilung I: Berichte der französischen Gesandten, Bd. V (Schriftenreihe zur bayerischen Landesgeschichte, Bd. 23), München 1936; Bd. VI (Bd. 24), München 1937.
– Abteilung II: Die Berichte der österreichischen Gesandten, Bd. II (Bd. 36), München 1941; Bd. III (Bd. 37), München 1942; Bd. IV (Bd. 38), München 1942.
Abteilung III: Berichte der preußischen Gesandten, Bd. IV, V (Bd. 42, 43), München 1951.
Claudin, Gustave, Mes Souvenirs. Les Boulevards de 1840–1870, Paris 1884.
D'Auvergne, Edmund B.: Lola Montez. An adventuress of the Forties, London 1909.
Deutsche Bundesbank (Hrsg.): Kaufkraftäquivalente historischer Beträge in deutschen Währungen, URL: https://www.bundesbank.de/resource/blob/615162/5a6229cebc013

4fb82eba4055a927812/mL/kaufkraftaequivalente-historischer-betraege-in-deutschen-waehrungen-data.pdf (20.04.2020).

Dickens, Charles: Oliver Twist, London 1838.

Dirr, Pius (Hrsg.): Sturmbewegte Zeiten. Universität, Studenten und Bürgerschaft im Februar 1848. Aus dem Geheimbericht des Münchener Bürgermeisters Kaspar von Steinsdorf im Münchener Staatsarchiv, in: Das Bayernland 37 (1926), S. 653–659.

Dürck-Kaulbach, Josefa: Erinnerungen an Wilhelm von Kaulbach und sein Haus. Mit Briefen, 160 Zeichnungen und Bildern, München 1917.

Dyer, Heman: The Story of a Penitent. Lola Montez, New York 1867.

Eden, Emily: Up the Country, Bd. 2, Cambridge 1866 (Neudruck London 1983).

Eisenhart, Johann August: Kleinschrod, Karl Joseph Frhr. V.K., in: Allgemeine deutsche Biographie 16 (1882), S. 111 f.

Erdmann, Paul Dr. (Pseud. v. Fenner von Fenneberg?): Lola Montez und die Jesuiten. Eine Darstellung der jüngsten Ereignisse in München, Hamburg 1847 (identisch: Dobmayer, Ignatz: Zustände und Ereignisse in München im Jahre 1847, Berlin 1847).

Escherich, Emilie: Altmünchner Erinnerungen aus der Zeit König Ludwigs I., München 1936.

Fitzball, Edward: Thirty-five years of a dramatic author's life, Bd. I, London 1859.

Forster, J. M.: Vor 50 Jahren. Lola Montez in München, München o. J., 16 Seiten.

Fournier, August: Lola Montez und die Studenten. Unedierte Berichte, in: Deutsche Revue. Eine Monatsschrift 39 (1914), S. 280–298.

Ders.: Lola Montez und die Regierungswechsel in Bayern in 1847. Neue Dokumente, in: Deutsche Revue. Eine Monatsschrift 34 (1909), S. 34–57.

Ders.: Lola Montez. Ein geheimer Bericht über Bayern im Jahre 1847, in: Deutsche Revue. Eine Monatsschrift 27 (1902), S. 214–230.

Ders.: Historische Studien und Skizzen, Bd. 1–3, Wien/Leipzig 1912.

Fouquier, Armand: Causes célèbres de tous les peuples, Paris 1859.

Francis, G. H.: The King of Bavaria, Munich and Lola Montez, in: Fraser's Magazine for town and country 37 (1848), S. 89–104.

Fuchs, Eduard: Lola Montez in der Karikatur, Berlin 1904.

Ders.: Ein vormärzliches Tanzidyll. Lola Montez in der Karikatur, in: Zeitschrift für Bücherfreunde. 2,1 (1898/99), S. 105–196.

Gagey, Edmond M.: The San Francisco Stage. A History. Based on Annals Compiled by the Research Department of the San Francisco Federal Theatre, New York 1950.

Glaser, Hubert (Hrsg.): König Ludwig I. von Bayern und Leo von Klenze. Der Briefwechsel Teil II: Regierungszeit König Ludwigs I., Bd. 3 (1839–1848), München 2007.

Guinot, Eugene: Der Sommer in Baden-Baden, o. O. 1846.

Hall, John Richard: The Bravo Mystery and other Cases, London 1923.

Hauser, Michael (Miska): Aus dem Wanderbuch eines österreichischen Virtuosen. Briefe aus Californien, Südamerika, und Australien, gesammelt und hrsg. von Sigmund Hauser, 2 Bde., Leipzig 1859.

Heigel, Carl Theodor von: Ludwig I., König von Bayern, Leipzig 1872.

Hof- und Staatshandbuch des Königreichs Bayern, München 1846–1849.

Hopf, Albert: Politische Soiree der Ex-Regenten in England und ihre Begegnung mit Lola Montez, Berlin 1848.

Keller, Gottfried: Gesammelte Werke, Bd. 2,3, München 1921.

Kieler Theatermuseum: Um Lola Montez. Blätter aus dem Kieler Theatermuseum, Wissenschaftliche Gesellschaft für Literatur und Theater, Kiel 1930.

Kobell, Luise von: Luise von Kobell und die Könige von Bayern. Historien und Anekdoten anno 1790–1890, hrsg. von Kurt Wilhelm, München u. a. 1980.

Kroye, Theodor/Zenger, Max (Hrsg.): Geschichte der Münchener Oper, München 1923.
Krünitz, Johann Georg: Oekonomische Encyklopädie oder allgemeines System der Staats- Stadt- Haus- und Landwirthschaft, Artikel Spanien, URL: www.kruenitz1.uni-trier.de (10.02.2020).
Kühn, Richard (Hrsg.): Hofdamen-Briefe um Habsburg und Wittelsbach (1835–1865), Berlin 1942.
Kurz, Ferdinand: Der Antheil der Münchener Studentenschaft an den Unruhen der Jahre 1847 und 1848, München 1893.
Lee, Sidney (Hrsg.): Dictionary of National Biography, Vol. X, London 1908, Kelly, Frances Maria, S. 1237; Vol. XIV, London 1909, Nicolls, Sir Jasper, S. 495.
Leland, Charles Godfrey: Memoirs, New York 1893.
Leveson-Gower, Edward Frederick: Bygone Years. Recollections, London 1905.
Lloyd's Register (1835), Seq. Nr. 136 (online)
Ludwig I. von Bayern: Gedichte Ludwigs des Ersten, Königs von Bayern. Erster Theil, Zweyter Theil, Dritter Theil, München 1839; Vierter Theil, München 1847.
Lumley, Benjamin: Reminiscences of the opera, London 1864.
Malmesbury, James Howard Harris, Earl of: Memoirs of an Ex-Minister. An Autobiography in three Volumes, Vol. 1, Leipzig 1885.
Mann, Heinrich: Professor Unrat oder Das Ende eines Tyrannen, Erstveröffentlichung 1905.
Marguerittes, Julie de (Pseud.): The Ins and Outs of Paris. Or, Paris by Day and Night, in: The Athenaeum, 20. Oktober 1855, S. 1206 f.
Mérimée, Prosper: Carmen. Novelle, in: Prosper Merimée's gesammelte Werke, übersetzt von Heinrich Elsner, Bd. 6, Reisebriefe aus Spanien. Carmen, Novelle. Dramatisches, Stuttgart 1846.
Mirecourt, Eugène de: Lola Montès. Les Contemporains, Paris 1857.
Montez, Lola: Memoiren der Lola Montez, 2 Bde., Berlin 1851 (Neudruck Frankfurt a. M. 1986).
Dies.: Lectures of Lola Montez (Countess of Landsfeld) including her Autobiography. The life, memoirs & lectures of Lola Montez, New York 1858.
Dies.: Autobiography, in: dies.: Lectures, S. 9–82.
Dies.: The arts of beauty or, Secrets of a lady's toilet. With hints to gentlemen on the art of fascinating, New York 1858.
Dies.: Anecdotes of love. Being a true account of the most remarkable events connected with the history of love, in all ages and among the nations, New York 1858.
Dies.: Die Kunst der Schönheit. Toilettengeheimnisse ausgeplaudert von Emil Maria Vacono und Lola Montez, Leipzig 1919.
Moulin-Eckart, Richard Graf du: Hans von Bülow, München 1921.
Moscheles, Charlotte (Hrsg.): Recent Music and Musicians. As Described in the Diaries and Correspondence of Ignatz Moscheles, New York 1870.
Mösslang, Markus u. a. (Hrsg.): British envoys to Germany 1816–1866, Vol. II: 1830–1847 (Camden Fifth Series, Vol. 21), Cambridge 2002; Vol. III: 1848–1850 (Camden Fifth Series, Vol. 28), Cambridge 2006.
Murger, Henri: Scènes de la vie de bohème, Paris 1888.
Odell, George C. D.: Annals of the New York Stage, Bd. VI (1850–1857), New York 1931.
Papon, August: Lola Montez. Mémoires accompagnés par de Lettres intimes de S. M. Le Roi de Bavière et de Lola Montès, Nyon 1849.
Ders. u. a. (Hrsg.): Lola Montez. Memoiren in Begleitung vertrauter Briefe Sr. Majestät des Königs Ludwig von Bayern und der Lola Montez, Stuttgart 1849.
Pfundtner, Fritz: Die Münchener politische Presse im Revolutionsjahr 1848, Würzburg 1939.

Pourtalès, Guy de: Franz Liszt. Roman des Lebens, deutsch v. Hermann Fauler, Freiburg 1926.

Q (Pseud. v. C. G. Rosenberg): You have heard of them, New York 1854.

Rauh, Reinhold/Seymour, Bruce (Hrsg.): Ludwig I. und Lola Montez. Der Briefwechsel, München 1995.

Ringhoffer, Karl (Hrsg.): Im Kampfe für Preußens Ehre. Aus dem Nachlaß des Grafen Albrecht von Bernstorff, Staatsministers und kaiserlich deutschen außerordentlichen und bevollmächtigten Botschafters in London und seiner Gemahlin Anna geb. Freiin v. Koenneritz, Berlin 1906.

Rogers, Andy: A Hundred Years of Rip and Roarin' Rough and Ready (Selbstverlag), o. O. 1952.

Ruederer, Josef: Die Morgenröte, Berlin 1848.

Saint-Laurent, Cecil (Pseud. v. Laurent-Cely, Jacques): Von Glück und Trauer trunken. Lola Montez, Bonn 1956 (franz.: La vie extraordinaire de Lola Montès, Paris 1955).

Schleucher, Kurt: Das Leben der Amalia Schoppe und Johanna Schopenhauer, Darmstadt 1978.

Schmeller, Johann Andreas: Tagebücher 1801–1852, hrsg. von Paul Ruf, Bd. II: 1826–1852, München 1856.

Schorn, Karl: Lebenserinnerungen. Ein Beitrag zur Geschichte des Rheinlands im neunzehnten Jahrhundert, Bd. I: 1818–1848, Bonn 1898.

Seacole, Mary: Wonderful adventures of Mrs Seacole in many lands, Cambridge 1858 (Nachdruck Cambridge 2014).

Seitz, Max: Die Februar- und Märzunruhen in München 1848, in: Oberbayerisches Archiv 78 (1953), S. 1–103.

Sepp, Johann Nepomuk: Ludwig Augustus. König von Bayern und das Zeitalter der Wiedergeburt der Künste, Schaffhausen 1869.

Signate König Ludwigs I., hrsg. von der Kommission für bayerische Landesgeschichte, Bd. 6: 1845–1848, München 1994.

Simon, Ludwik: L'extraordinaire aventure de Lola Montez, in: Archives internationales de la danse, Oktober 1935.

Sing, Achim: Die Memoiren König Maximilians II. von Bayern 1848–1864. Mit Einführung und Kommentar, München 1997.

Stephen, Leslie/Lee, Sidney (Hrsg.): Dictionary of National Biography Vol. II, London 1908, Brougham, Henry Peter, S. 513; Vol. VI, London 1908, Eden, Emily und Georg, S. 356; Vol. VII, London 1908, Gilbert, Maria Dolores Eliza, S. 1210–1211; Vol. XII, London 1909, Lumley, Benjamin, S. 269.

Uhde, Werner: Hermann Freiherr von Rotenhan. Eine politische Biographie, München 1933.

Valentin, Veit: Fürst Karl Leiningen und das deutsche Einheitsproblem, Stuttgart/Berlin 1910.

Vandam, Albert D.: An Englishman in Paris. Notes and Recollections, Bd. I u. II, London 1893.

Varnhagen van Ense, Karl August: Biographien, Skizzen, Aufsätze, Fragmente, hrsg. v. Konrad Feilchenfeldt/Ursula Wiedenmann, Frankfurt a. M. 1990.

Vehse, Carl Eduard: Bayerische Hofgeschichten, bearb., eingel. und hrsg. v. Joachim von Delbrück, München 1922.

Viel-Castel, Comte Horace de: Memoires du Regne de Napoleon III 1851–64, Paris 1883.

Vogt, Karl Wilhelm: Das Nachtlager in Blutenburg oder der Lola Montez letztes Verweilen in Münchens Nähe. Nach dem Berichte eines beglaubigten Augenzeugen, welcher das Angegebene eidlich zu erhärten bereit ist, o. O., o. J.

Wagner, Cosima: Die Tagebücher, Bd. I 1869–1877, Bd. II 1878–1883, ediert u. komm. v. Martin Dellin-Gregor/Dietrich Mack, München 1976.

Wagner, Richard: Mein Leben, Bd I: 1813–1842, München 1915.

Wolf, Joseph Heinrich: Die allgemeine politisch-moralische Volkserhebung in München, das Bittschreiben des Fürsten v. Leiningen und die kgl. Proklamation am 3. und 4. März 1848, München 1848.

Ders.: Geschichtliche Walhalla der großen Fest- und Versöhnungs-Woche zwischen König und Volk in München vom 6. bis 13. März 1848, München 1848.

Wyndham, Horace: The Magnificent Montez. From Courtesan to Convert, New York 1936.

Zentner, Wilhelm (Hrsg.): Gastfreundliches München. Das Antlitz einer Stadt im Spiegel seiner Gäste, München 1946.

Zeitungen

Abendzeitung, Dresden
Age
Allgemeine Musikalische Zeitung, Leipzig
Allgemeine Theater-Chronik. Organ für das Gesamtinteresse der deutschen Bühne
Allgemeine Theater-Zeitung, Wien
Allgemeine Zeitung
Alta California
Ansbacher Morgenblatt
Assemblée Nationale
Augsburger Allgemeine Zeitung
Augsburger Anzeigeblatt
Bayerische Landbötin
Bayerischer Eilbote
Bayerisches Volksblatt
Bell's Life in Sydney
Beiblätter zu den Korrespondenz-Nachrichten der Abendzeitung Dresden
Berliner Zeitungs-Halle
Berlinerische Nachrichten von Staats- und gelehrten Sachen
Boston Daily Advertiser
Charleston Mercury
Correspondenznachrichten aus Paris
Courier (Hobart)
Daily Argus Montreal
Daily Evening Bulletin
Daily Evening News
Daily News and Herald
Denver Evening Post
Der Bayerische Landbote
Der Ungar. Zeitschrift für magyarische Interessen
Der Wanderer, Wien
Die Grenzboten
Empire
Era
Evening Chronicle

Evening Journal
Fränkischer Kurier – Fürther neueste Nachrichten Mittelfränkische Zeitung
Frank Leslie's Illustrated Newspaper
Frankfurter Konversationsblatt
Frankfurter Ober-Post-Amts-Zeitung
Fürther Tagblatt. General-Anzeiger für Fürth und Umgebung
Gazette des Tribunaux
Herald Melbourne
Illustrated London News
Journal de Genève
Journal des Débats
Königlich privilegierte Berlinerische Zeitung
Kurier für Niederbayern. Landshuter Tag- und Anzeigeblatt unabhängige Tageszeitung für Heimat und Volk
La Presse
L'illustration Paris
L'Indépendance Belge
Locomotive Berlin
Mannheimer Abendzeitung
Morning Post
Münchener politische Zeitung
Münchner Bote für Stadt und Land
Neue Würzburger Zeitung
Neustadter Zeitung. Ältestes Amtsblatt im Amtsbezirk Neustadt
Nevada Journal
New York Herald
New York Tribune
Novelliste Vaudois
Nürnberger Friedens- und Kriegskurier
Originalblatt für Kunst, Literatur, Musik, Mode und geselliges Leben
Passauer Zeitung. Niederbayerische Volkszeitung
Philadelphia Press
Pictorial Times
Punch
Regensburger Zeitung
Sydney Morning Herald
The Argus Melbourne
Theatrical Journal
The Daily Cleveland Herald
The Daily Scioto Gazette
The Examiner
The Golden Era
The London Literary Gazette and Journal of Belles Lettres
The Sacramento Union
The Satirist
The Times
Vossische Zeitung
Weekly Herald Ballarat
Würzburger Anzeiger

Literatur

Alexandre-Debray, Janine: La Païva, 1819–1884. Ses amants, ses maris, Paris 1986.

Allgemeine Deutsche Biographie Bd. 16, Berlin 1882, Kleinschrod, Karl Joseph Frhr. v., S. 111–112, URL: https://www.deutsche-biographie.de/pnd116218983.html#adbcontent (04.04.2020).

Australian Dictionary of Biography, Montez, Lola; Dexter, Caroline, URL: http://adb.anu.edu.au/biography/montez-lola-4226; /dexter-caroline-3407 (03.03.2020).

Backer, Jean H.: Sisters. The Lives of America's Suffragists, New York 2005.

Barche, Gisela: Jenseits der biedermeierlichen Moral. Abeteuer Emanzipation: Lola Montez und Lady Digby, in: Ottomeyer, Hans (Hrsg.): Biedermeiers Glück und Ende. ... die gestörte Idylle 1815–1848. Ausstellungskatalog des Münchner Stadtmuseums, München 1987, S. 180–186.

Beck, Barbara: Mathilde, Großherzogin von Hessen und bei Rhein geb. Prinzessin von Bayern (1813–1862). Mittlerin zwischen München und Darmstadt, Darmstadt 1993.

Birkin, Kenneth: Hans von Bülow. A Life for Music, Cambridge 2011.

Blackwell, Alice Stone: Lucy Stone. Pioneer of Woman's Rights, Charlottesville (Virginia) 2001.

Blessing, Werner K.: Biergeselligkeit und Bierkrawall im bayerischen 19. Jahrhundert. ... die Bierpreise ... stets ein Krebsschaden für die öffentliche Ruhe und Ordnung!, in: Riepertinger, Rainhard u. a. (Hrsg.): Bier in Bayern. Katalog zur Bayerischen Landesausstellung 2016, Regensburg 2016, S. 94–101.

Bronfen, Elisabeth: Nur über ihre Leiche. Tod, Weiblichkeit und Ästhetik, München 1994.

Borejsza, Jerzy W.: Polnische politische Flüchtlinge in Mittel- und Westeuropa im 19. Jahrhundert, in: Bade, Klaus J. u.a (Hrsg.): Enzyklopädie Migration in Europa. Vom 17. Jahrhundert bis zur Gegenwart, Paderborn 2007, S. 885–889.

Caine, Barbara: English feminism 1780–1980, Oxford 1997.

Cannadine, David: Victorious century. The United Kingdom 1800–1906, London 2017.

Cannon, Michael: Lola Montez. The tragic story of a ‹liberated woman›, Melbourne 1973.

Casha, Kevin: The story behind the photograph, in: Academia.edu, URL: https://www.academia.edu/36487265/The_story_behind_the_photograph (05.05.2020)

Corti, Egon Caesar, Conte: Ludwig I. von Bayern, München 1982.

Dalrymple, William: The Anarchy. The relentless rise of the East India Company, London u. a. 2019.

Daniel, Ute: Hoftheater. Zur Geschichte des Theaters und der Höfe im 18. und 19. Jahrhundert, Stuttgart 1995.

Day, Diane L.: Lola Montez and her American Image, in: History of Photography 5 (1981), S. 339–353.

Denney, Coleen: Women, portraiture, and the crisis of identity in Victorian England. My lady scandalous reconsidered, Farnham 2009.

Dickerhof, Harald (Hrsg.): Dokumente zur Studiengesetzgebung in Bayern in der ersten Hälfte des 19. Jahrhunderts, Berlin 1975.

Dickopf, Karl: Georg Ludwig von Maurer 1790–1872. Eine Biographie, Regensburg 1960.

Dictionnaire de Biographie Française, Bournonville – Cayrol, Paris 1956, Brifaut, Charles, S. 309; Paris 1959, Chevalier, Henri-Emile, S. 1059; Espinas – Flers, Paris 1975, Fiorentino, Pier-Angelo, S. 1318; Gilbert – Guéroult, Paris 1985, Granier de Cassagnac, Bernard-Adolphe, S. 1029 f.

Droß, Elisabeth: Vom Spottgedicht zum Attentat. Angriffe auf König Ludwig I. von Bayern (1825–1848), Frankfurt a. M. 1994.

Encyclopaedia Britannica, 1911, Ballantine, William, URL: https://en.wikisource.org/wiki/1911_Encyclop%C3%A6dia_Britannica/Ballantine,_William (24.02.2020).

Engelmann, Roger: Öffentlichkeit und Zensur. Literatur und Theater als Provokation, in: Prinz, Friedrich/Krauss, Marita (Hrsg.): München – Musenstadt mit Hinterhöfen. Die Prinzregentenzeit 1886–1912, München 1988.

Eschenburg, Barbara: Darstellungen von Sitte und Sittlichkeit – das Genrebild im Biedermeier, in: Ottomeyer, Hans (Hrsg.): Biedermeiers Glück und Ende. … die gestörte Idylle 1815–1848. Ausstellungskatalog des Münchner Stadtmuseums, München 1987, S. 169–179.

Fevert, Ute: Ehrenmänner. Das Duell in der bürgerlichen Gesellschaft, München 1991.

Finken, Ursula: Gottlieb Freiherr von Thon-Dittmer 1802–1853. Politische Biographie eines bayerischen Frühliberalen, Kallmünz 1990.

Foley, Doris: The divine eccentric. Lola Montez and the newspapers, Los Angeles 1969.

Gailus, Manfred: Straße und Brot. Sozialer Protest in den deutschen Staaten unter besonderer Berücksichtigung Preußens, 1847–1849, Göttingen 1990.

Gash, Norman: Sir Robert Peel. The life of Sir Robert Peel after 1830, London u. a. 1986.

Gleadle, Kathryn: British women in the nineteenth century, Basingstoke 2001.

Götschmann, Dirk: Wirtschaftsgeschichte Bayerns. 19. und 20. Jahrhundert, Regensburg 2010.

Ders.: Franz von Berks (1792–1872). Karriere und politischer Einfluß eines Denunzianten im Vormärz, in: ZBLG 57 (1994), S. 735–785.

Gollwitzer, Heinz: Ein Staatsmann des Vormärz: Karl von Abel 1788–1859, Göttingen 1993.

Ders.: Ludwig I. von Bayern. Eine politische Biographie, München 1996.

Guest, Ivor: The Romantic Ballet in Paris, London 1980.

Hacker, Rupert: Die Beziehungen zwischen Bayern und dem Hl. Stuhl in der Regierungszeit Ludwigs I. (1835–1848), Tübingen 1967.

Hanken, Caroline: Vom König geküsst. Das Leben der großen Mätressen, Amsterdam 1996.

Härtel, Susanne/Köster, Magdalena (Hrsg.): Die Reisen der Frauen. Lebensgeschichten von Frauen aus drei Jahrhunderten, Weinheim/Basel 1994.

Helbich, Wolfgang (Hrsg.): Briefe aus Amerika. Deutsche Auswanderer schreiben aus der Neuen Welt 1830–1930, München 1988.

Hellwig, Karin: Ludwig I. zwischen Hispanismus und Spanienmode, in: Weidner, Thomas (Hrsg.): Lola Montez – oder eine Revolution in München, München 1998, S. 36–51

Hibbert, Christopher: London zu Dickens' Zeit, in: Tomlin, Eric W. F. (Hrsg.): Die Welt des Charles Dickens, Hamburg 1969, S. 37–99.

Hilmes, Oliver: Franz Liszt. Biographie eines Superstars, München 2011.

Hobsbawm, Eric: Industry and Empire. The Birth of the Industrial Revolution, New York 1999.

Holdredge, Helen: The Woman in black. The life of the fabulous Lola Montez, New York 1955.

Horstman, Allen: Victorian Divorce, Kent 1985.

Hughes, Kathryn: The Victorian Governess, London u. a. 1993.

Hummel, Karl-Joseph: München in der Revolution von 1848/49, Göttingen 1987.

Joller, Stefan: Skandal und Moral. Eine moralsoziologische Begründung der Skandalforschung, Weinheim/Basel 2018.

Jungmann-Stadler, Franziska: Johann Nepomuk Wilhelm Freiherr von Pechmann. Münchner Polizeidirektor zur Zeit der Lola-Affäre und späterer Staatsminister des Inneren, in: Das Bayernland 3 (1989), S. 67–71.

Keay, Julia: Mehr Mut als Kleider im Gepäck. Frauen reisen im 19. Jahrhundert durch die Welt. Geschichten von weiblicher Entdeckerfreude und Abenteuerlust jenseits aller Konventionen, Bern, München u. a. 1991.

Kent, Princess Michael of: Cupid and the King. Five Royal Paramours, New York 2005.

Kobelt-Groch, Marion: Judith – oder die Sehnsucht nach der grausamen Frau. Masochistische Phantasien im Werk Leopolds von Sacher-Masoch, in: Burschel, Peter/Conrad, Anne (Hrsg.): Vorbild Inbild Abbild. Religiöse Lebensmodelle in geschlechtergeschichtlicher Perspektive, Freiburg i. Br. 2003, S. 171–212.

Krauss, Marita: Unitarischer Radikalismus und technische Innovation im England der 1830er Jahre. William Bridges Adams – Kutschenmacher, Erfinder, Feminist, Vortrag GHI London 1996.

Dies.: Herrschaftspraxis in Bayern und Preußen im 19. Jahrhundert. Ein historischer Vergleich, Frankfurt/New York 1997.

Dies.: Reisen in die Selbstbestimmung. Prinzessin Therese von Bayern als Weltreisende des 19. Jahrhunderts, in: Bußmann, Hadomud/Neukum-Fichtner, Eva (Hrsg.): «Ich bleibe ein Wesen eigener Art». Prinzessin Therese von Bayern. Wissenschaftlerin – Forschungsreisende – Mäzenin (1850–1921), München 1997, S. 38–45.

Kristl, Wilhelm Lukas: Lola, Ludwig und der General, Pfaffenhofen 1979.

Langenstein, York: Der Münchner Kunstverein im 19. Jahrhundert. Ein Beitrag zur Entwicklung des Kunstmarkts und des Ausstellungswesens, München 1983

Love, Herold: The Australian Stage. A documentary history, Kensington (New South Wales) 1984.

Maccoby, Simon: English Radicalism. 1832–52, London 1955.

Maillier, Charles: Trois journalistes drouais. Brisset – Dujarier – Buré, Paris 1968.

Maretzek, Max: Revelations of an Opera Manager in 19th-Century America, New York 1968.

Marriott, John: The other empire. Metropolis, India and progress in the colonial imagination, Manchester 2003.

Martin, Jane: Woman and the Politics of Schooling in Victorian and Edwardian England, London 1999.

Maurois, André: Les trois Dumas, Paris 1957.

McCarthy, Michael: Lola Montez Down Under, in: The Old Limerick Journal 23 (1988), S. 88–93.

Metzger, Christof, «Der revolutionäre Fürst» Fürst Ludwig von Oettingen-Wallerstein, in: Weidner, Thomas (Hrsg.): Lola Montez – oder eine Revolution in München, München 1998, S. 66–80

Mlakar, Pia/Mlakar, Pino: Unsterblicher Theatertanz. 300 Jahre Ballettgeschichte der Oper in München, Bd. I, Wilhelmshaven 1992.

Moore, Lillian (Hrsg.): Russian Ballet Master. The Memoirs of Marius Petipa, London 1958.

Morton, James: Lola Montez. Her life and conquests, London 2007.

Müller, Frank Lorenz: Die Revolution von 1848/49, Darmstadt [3]2009.

Müller, Karl Alexander von: Am Rand der Geschichte. Münchner Begegnungen und Gestalten, München 1957.

Nadel, Stanley: Leben in der neuen Heimat, in: Hamm, Margot/Henker, Michael/Brockhoff, Evamaria (Hrsg.): Good Bye Bayern – Grüß Gott Amerika. Auswanderung aus Bayern nach Amerika seit 1683, Katalogbuch zur Ausstellung des Hauses der bayerischen Geschichte, Augsburg 2004, S. 67–76.

Nerdinger, Winfried (Hrsg.): Leo von Klenze, Architekt zwischen Kunst und Hof 1784–1864, München u. a. 2001.

Ders.: «Das Hellenische mit dem Neuen verknüpfen». Der Architekt Leo von Klenze als neuer Palladio, in: ders. (Hrsg.): Leo von Klenze. Architekt zwischen Kunst und Hof 1784–1864, München u. a. 2001, S. 8–49.

Neville, Amelia Ransome: The fantastic city. Memoirs of the social and romantic life of old San Francisco, Boston/New York 1932 (Nachdruck 1975).

Panzer, Marita A.: Lola Montez. Ein Leben als Bühne, Regensburg 2014.

Pask, Edward H.: Enter the colonies dancing. A history of dance in Australia 1835–1940, Melbourne 1979.

Paul, Ina Ulrike: Montez, Lola, in: NDB, Bd. 18, Berlin 1997, URL: https://www.deutsche-biographie.de/pnd118583719.html (20.03.2020).

Paulmann, Johannes: Pomp und Politik. Monarchenbegegnungen in Europa zwischen Ancien Régime und Erstem Weltkrieg, Paderborn u. a. 2000.

Pearl, Cyril: Always Morning. The Life of Richard Henry «Orion» Horne, Melbourne 1960.

Pellissier, Pierre: Émile de Girardin. Prince de la presse, Paris 1985.

Pelz, Annegret: Reisen durch die eigene Fremde. Reiseliteratur von Frauen als autogeographische Schriften, Köln 1993.

Pickard, Roy: Who played who in the movies. An A – Z, London 1979.

Prézelin, Jacques/Wilmes, Jacqueline: Lola Montès. Pavane pour un roi poète, Lausanne 1967.

Prinz, Friedrich: Die Geschichte Bayerns, München 1999.

Pudelek, Janina: The Warsaw Ballet under the Directorships of Maurice Pion and Filippo Taglioni 1832–1853, in: Dance Chronicle 11,2 (1988), S. 219–273.

Pulz, Waltraud: Lola-Montez-Darstellungen als Indikator für Sexualstrukturen im bayerischen Alltagsleben der Mitte des 19. Jahrhunderts, in: Oberbayerisches Archiv 107 (1982), S. 303–330.

Österreichisches Biographisches Lexikon 1815–1950 (ÖBL) Bd. 1, Wien 1957.

Ottomeyer, Hans (Hrsg.): Biedermeiers Glück und Ende. ... die gestörte Idylle 1815–1848. Ausstellungskatalog des Münchner Stadtmuseums, München 1987

Oxford Dictionary of National Biography, URL: https://www.oxforddnb.com/.

Rauh, Reinhold: Lola Montez. Die königliche Mätresse, München 1992.

Ders.: Von Lola Montez bis Madonna, in: Weidner, Thomas (Hrsg.): Lola Montez – oder eine Revolution in München. Ausstellungskatalog des Münchner Stadtmuseums, München 1998, S. 106–115.

Rolf, Malte: Imperiale Herrschaft im Weichselland. Das Königreich Polen im russischen Imperium (1864–1915), Berlin/München/Boston 2015.

Ross, Ishbel: The Uncrowned Queen. Life of Lola Montez, New York u. a. 1972.

Saxon, A. H.: P. T. Barnum. The Legend and the Man, New York 1989.

Schad, Martha: Bayerns Königinnen, Regensburg 1995.

Sepp, Christian: Ludovika. Sisis Mutter und ihr Jahrhundert, München 2019.

Seymour, Bruce: Lola Montez. A Life, New Haven 1996.

Ders.: Lola Montez. Eine Biographie, Düsseldorf 1998.

Ders.: «What I did in the Revolution» oder die Lügen der Lola Montez, in: Weidner, Thomas (Hrsg.): Lola Montez – oder eine Revolution in München, München 1998, S. 94–105.

Stollberg-Rilinger, Barbara: Maria Theresia. Die Kaiserin in ihrer Zeit. Eine Biographie, München 2017.

Taylor, Barbara: Eve and the New Jerusalem. Socialism and Feminism in the Nineteenth Century, New York 1983.

Urbach, Karina: Queen Victoria. Die unbeugsame Königin. Eine Biographie, München 2018.

Ursel, Ernst: Die bayerischen Herrscher von Ludwig I. bis Ludwig III. im Urteil der Presse nach ihrem Tode, Berlin 1974.

Valentin, Veit: Geschichte der deutschen Revolution 1848–1849, 2 Bde., Köln/Berlin 1970.

Varley, James F.: Lola Montez. The California Adventures of Europe's Notorious Courtesan, Washington 1996.

Vogel, Juliane: Elisabeth von Österreich. Momente aus dem Leben einer Kunstfigur, Frankfurt a. M. 1998.

Dies.: Die Furie und das Gesetz. Zur Dramaturgie der «großen Szene» in der Tragödie des 19. Jahrhunderts, Freiburg i. Br. 2002.

Dies.: Aus dem Grund. Auftrittsprotokolle zwischen Racine und Nietzsche, Paderborn 2018.

Walker, Alan: Franz Liszt. The Virtuoso Years 1811–1847, Bd. I, New York 1983.

Ders.: Hans von Bülow. A Life and Times, Oxford University Press 2010.

Weber, Hans-Eberhard: Ebersdorf in früher Zeit und als Residenz der Reußen (1694 bis 1848). Mit 8 Abbildungen, einem Ortsplan, 120 Quellenangaben und einem Verzeichnis 27 historischer Bilder (1755 bis 1850), in: Schriftenreihe zur Geschichte Ebersdorfs im Kreise Lobenstein, H. 2, Lobenstein 1987.

Ders.: Das Schloss in Ebersdorf. Seine Entstehung im Jahre 1692 und seine weitere Entwicklung bis 1945, in: Schriftenreihe zur Geschichte Ebersdorfs im Saale-Orla-Kreis, H. 4, Ebersdorf 1995.

Weidner, Thomas (Hrsg.): Lola Montez – oder eine Revolution in München. Ausstellungskatalog des Münchner Stadtmuseums, München 1998.

Ders.: Lola Montez oder eine Revolution in München, in: ders. (Hrsg.): Lola Montez – oder eine Revolution in München, München 1998, S. 116–317.

Ders.: Die Spanierin, in: ders. (Hrsg.): Lola Montez – oder eine Revolution in München, München 1998, S. 138–155

Ders.: Lolas Fuß, in: ders. (Hrsg.): Lola Montez – oder eine Revolution in München, München 1998, S. 212–216

Ders.: Kaulbach malt Lola Montez, in: ders. (Hrsg.): Lola Montez – oder eine Revolution in München, München 1998, 236–247

Wernitz, Axel: Lasaulx und die vorrevolutionäre Münchner Szene im Februar 1847. Ein unbekannter Brief des Professors an seinen Würzburger Kollegen Aloys Mayr, in: Oberbayerisches Archiv 93 (1971), S. 185–189.

Wilkens, Manja: «... er vergaß sich zuweilen soweit, mich ‹die Spanierin›, ‹die Fremde› zu nennen!». Das Bild der spanischen Frau im Frankreich des Zweiten Kaiserreichs. Eine klischeegeschichtliche Untersuchung, Diss. Frankfurt a. M. 1994.

Zerback, Ralf: Unter der Kuratel des Staates – Die Stadt zwischen dem Gemeindeedikt von 1818 und der Gemeindeordnung von 1869, in: Bauer, Richard (Hrsg.): Geschichte der Stadt München, München 1992, S. 274–306.

Ders.: München und sein Stadtbürgertum. Eine Residenzstadt als Bürgergemeinde 1780–1870, München 1997.

Ders.: König, Dame, Bürger. Eine Münchner Dreiecksbeziehung, in: Weidner, Thomas (Hrsg.): Lola Montez – oder eine Revolution in München, München 1998, S. 28–35.

Zuber, Karl-Heinz: Der «Fürst Proletarier» Ludwig von Oettingen-Wallerstein (1791–1870). Adeliges Leben und konservative Reformpolitik im konstitutionellen Bayern, München 1978.

PERSONENREGISTER (AUSWAHL)

Cristina De Stefano

»Skandalös«

Das Leben freier Frauen.
Von Marguerite Duras bis Nina Simone

192 Seiten, btb 71804
Aus dem Italienischen von Franziska Kristen

Diese Frauen waren ihrer Zeit voraus: Sie eckten an und haben im 20. Jahrhundert für den ein oder anderen Skandal gesorgt. Die Welt hatte ihnen nichts zu bieten, doch sie haben sich alles genommen. Sie kämpften mit ihren Mitteln für ihren Freiraum. Mit Übermaß. Mit Fantasie. Mit Fröhlichkeit. Mit Verzweiflung. Und der Nachhall ihrer Eskapaden ist bis heute nicht verklungen.

Porträts von: Tallulah Bankhead, Louise Bourgeois, Pearl S. Buck, Lydia Cabrera, Claude Cahun, Marguerite Duras, Elsa von Freytag-Loringhoven, Tove Jansson, Toto Koopman, Else Lasker-Schüler, Clarice Lispector, Mina Loy, Grace Metalious, Nahui Olin, Jean Rhys, Niki de Saint Phalle, Albertine Sarrazin, Annemarie Schwarzenbach, Nina Simone, Violet Trefusis.

»Cristina De Stefano schafft es, dass wir uns nach wenigen Seiten in diese Frauen verlieben. Sie haben gelebt, um uns Mut zu machen.«

La Repubblica

btb

Gloria Steinem

My Life on the Road

384 Seiten mit Abbildungen, btb 75703
Aus dem Amerikanischen von Eva Bonné

Gloria Steinem ist eine Ikone der modernen Frauenrechtsbewegung.

Sie ist klug, elegant und charmant. Eine Kämpferin mit Leidenschaft und Stil. Ein Vorbild für Frauen seit fünf Jahrzehnten. Hillary Clinton verehrt sie genauso wie die Schauspielerin Emma Watson. Lange vor Facebook-Chefin Sheryl Sandberg hat Gloria Steinem Frauen den Glauben an sich selbst gegeben. Sie hat provoziert, Mut gemacht und alte Rollenbilder über den Haufen geworfen. Auch heute noch, mit über achtzig Jahren, ist Gloria Steinem ein Star, der Frauen jeder Generation begeistert. In MY LIFE ON THE ROAD erzählt Steinem von einem rastlosen Leben, ausgefüllt mit Reisen und unvergesslichen Begegnungen.

»Eine der wichtigsten Frauen unserer Zeit.«
Diane von Furstenberg

»Steinem zeigt, dass in uns allen eine Kämpferin steckt – wir müssen nur unsere Sachen packen und ihr folgen.«
Lena Dunham

btb